« L'immobilier ne peut pas être p[...]
être emporté. Acheté avec [...]
et géré avec raison, il est le plac[...]

# LES SECRETS DE
# L'IMMOBILIER

**COMMENT BÂTIR
VOTRE LIBERTÉ FINANCIÈRE
& VOUS ASSURER
UNE RETRAITE CONFORTABLE**

Charles Morgan

EDITIONS ALDANIAS

**Les secrets de l'immobilier :**
comment bâtir votre liberté financière et vous assurer une retraite confortable

Copyright ©2015 Charles Morgan. Tous droits réservés.
Aucune partie de ce livre ne peut être reproduite ou transmise, sous quelque forme que ce soit, ou par quelque moyen que ce soit, électronique ou mécanique, en ce compris en le photocopiant, le scannant ou l'enregistrant, sans la permission écrite de l'auteur. Limite de responsabilité / Exonération de garantie : Bien que l'éditeur et l'auteur aient fait leurs meilleurs efforts en préparant ce livre, ils ne font aucune déclaration ni n'accordent aucune garantie quant à l'exactitude ou à l'exhaustivité du contenu du présent livre ; en particulier, ils rejettent spécifiquement toutes les garanties, y compris sans aucune limite, les garanties d'adéquation à un usage particulier. Aucune garantie ne peut être créée ou prorogée par des documents de vente ou de promotion. Les conseils et stratégies contenus dans le présent livre peuvent ne pas convenir à toutes les situations. Le présent livre est destiné à procurer une information compétente et pertinente en regard des sujets couverts. Toutefois, il est publié avec la compréhension que ni l'auteur ni l'éditeur ne s'engagent à fournir des services légaux, financiers, ou autres services professionnels. Les lois et les pratiques diffèrent d'un état à l'autre, et si une assistance légale ou toute autre forme d'assistance et d'expertise est requise, les services d'un professionnel devraient être recherchés. L'éditeur et l'auteur s'exonèrent de toute responsabilité quant aux conséquences liées à l'utilisation ou l'application des contenus de ce livre. La mention d'une organisation ou d'un site internet dans le présent livre, en citation et/ou comme source potentielle de renseignements supplémentaires, ne signifie pas que l'auteur ou l'éditeur entérine les renseignements ou les recommandations que peut fournir l'organisation ou le site internet. En outre, les lecteurs doivent savoir que les sites internet mentionnés dans le présent livre peuvent avoir changé ou disparu depuis la création du livre.

Création de la couverture et mise en page intérieure : www.manouvrier.com

Publié par les éditions Aldanias, Bruxelles.
ISBN 978-2-9601682-0-4 : **Broché**    ISBN 978-2-9601682-1-1 : **eBook**

# TABLE DES MATIÈRES

| | |
|---|---|
| INTRODUCTION | 5 |

## L'IMMOBILIER VOUS RENDRA RICHE — 13

1.1. Le meilleur des investissements — 13
1.2. Faites exploser votre patrimoine en quelques années — 33
1.3. La voie royale vers l'indépendance financière — 45
1.4. Affranchissez-vous des croyances qui vous retiennent — 50

## FINANCER L'ACHAT DES BIENS IMMOBILIERS — 57

2.1. Organiser votre financement — 57
2.2. Les crédits hypothécaires — 64
2.3. Les autres possibilités de financement — 72
2.4. Gérer son crédit dans la durée — 77

## TROUVER ET RECONNAITRE LES BONNES AFFAIRES — 84

3.1. Déterminez vos critères d'achat — 84
3.2. Devenez expert de votre marché immobilier local — 93
3.3. Trouvez des propriétés correspondant à vos critères — 103
3.4. Sachez reconnaitre les bonnes affaires — 113

## ACHETER POUR CONSERVER ET LOUER — 123

4.1. Acheter un immeuble de rapport — 123
4.2. Analyser le cash-flow des immeubles de rapport — 139
4.3. Attirez et gardez de bons locataires — 152
4.4. Gérez efficacement votre immeuble de rapport — 161

## ACHETER POUR REVENDRE — 167

5.1. Quelles propriétés rechercher ? — 169

| | |
|---|---|
| 5.2. Analyser les propriétés | 173 |
| 5.3. Rénover | 191 |
| 5.4. Vendre avec profit | 195 |
| 5.5. Acheter et vendre des immeubles de rapport | 205 |

## NÉGOCIER, FAIRE UNE OFFRE ET ACHETER — 209

| | |
|---|---|
| 6.1. Le processus d'achat | 209 |
| 6.2. Faire une offre d'achat | 214 |
| 6.3. L'art de négocier | 218 |
| 6.4. Quand l'offre est acceptée | 227 |

## COMMENT DÉBUTER QUAND ON EST PAUVRE ? — 232

| | |
|---|---|
| 7.1. Choisissez la stratégie qui vous convient | 233 |
| 7.2. Comment devenir riche ? | 244 |
| 7.3. Prenez le controle de vos finances personnelles | 252 |
| 7.4. Toutes les victoires commencent dans l'esprit | 263 |

## VOTRE PLAN POUR DÉMARRER EN 8 SEMAINES — 278

| | |
|---|---|
| 8.1. La première semaine | 280 |
| 8.2. La deuxième semaine | 283 |
| 8.3. De la troisième semaine à la cinquième | 287 |
| 8.4. De la sixième semaine à la huitième | 289 |

## ÉPILOGUE — 291

| | |
|---|---|
| Les documents complémentaires au livre | 295 |
| Adresses web des administrations fiscales | 296 |
| Lexique | 297 |
| Index | 300 |
| Références | 305 |

# INTRODUCTION

Beaucoup de gens pensent qu'il faut être riche pour acheter de l'immobilier. Mais en réalité, c'est en achetant des biens immobiliers que l'on devient riche !

Investir dans l'immobilier a en effet toujours été l'une des meilleures méthodes pour gagner de l'argent et accumuler de la richesse. Et il en sera toujours ainsi à l'avenir. La bonne nouvelle, c'est que tout le monde peut le faire, même avec peu d'économies personnelles, parce que l'immobilier s'achète à crédit. Il suffit de savoir comment procéder, et c'est précisément ce que vous allez découvrir dans ce livre.

La crise économique mondiale que nous connaissons depuis quelques années a engendré la peur. Les gens ont peur de perdre leur emploi et leur épargne. Et ils ont de bonnes raisons d'être inquiets ! Les économies de centaines de milliers de personnes se sont évaporées lors des crises boursières. Des entreprises toujours plus nombreuses doivent cesser leurs activités, et de plus en plus de personnes sombrent dans la précarité. C'est pourquoi ceux qui ont encore quelques économies préfèrent, par sécurité, laisser leur argent sur des comptes en banque rapportant moins que l'inflation, plutôt que de courir le risque de perdre leur bas de laine si péniblement gagné.

Au milieu de cette incertitude économique actuelle, l'immobilier apparaît comme une valeur refuge aux yeux des investisseurs avisés. Tout d'abord, parce qu'un bâtiment est une chose réelle, tangible, qui ne peut s'évaporer du jour au lendemain comme le font les actions lors des krachs boursiers.

Comme l'écrivait Franklin D. Roosevelt :
*« L'immobilier ne peut pas être perdu ou volé, et il ne peut pas être emporté.
Acheté avec bon sens, payé en totalité, et géré avec raison,
il est le placement le plus sûr du monde ».*

Ensuite, parce que lorsque l'on considère le long terme, les prix de l'immobilier ont toujours connu une progression régulière, et ce dans quasi tous les pays. Il est vrai que certains marchés immobiliers ont subi récemment des baisses spectaculaires, notamment aux USA, en Irlande et en Espagne. Mais ces crises sont temporaires, et les prix finiront toujours par remonter, comme ils commencent à le faire aux Etats-Unis, pour le plus grand bénéfice de ceux qui auront su profiter de la baisse pour investir à bon compte.

La sécurité n'est cependant pas le seul avantage de l'immobilier par rapport aux autres types de placements. Les rendements que vous pouvez obtenir avec un immeuble mis en location sont beaucoup plus élevés que ceux auxquels les banquiers vous ont habitué avec leurs produits bancaires. Et si vous contractez un emprunt pour financer votre achat, vous profiterez en plus d'un effet de levier financier qui décuplera le rendement de l'argent que vous avez investi. Sans parler du fait que votre placement bénéficiera en plus d'une bonne protection contre l'inflation.

Investir dans l'immobilier locatif est également un excellent moyen de vous constituer un complément de pension et de construire votre indépendance financière. Comme nous pouvons le lire régulièrement dans la presse, le financement des pensions et de la sécurité sociale au cours des décennies à venir représente un défi colossal pour la plupart des pays. Au vu des difficultés financières que connaissent aujourd'hui nombre d'Etats, personne ne peut désormais plus être certain que le système des pensions actuel continuera encore longtemps à exister. S'il venait à disparaître, en tout ou en partie, chacun devra alors assumer la responsabilité de sa propre subsistance pour sa retraite. Gare dès lors à ceux qui, tels la cigale de la fable de La Fontaine, n'auront fait que chanter toute leur vie, sans penser à investir pour leurs vieux jours !

Mais si vous possédez quelques appartements ou maisons lorsque vous prenez votre retraite, vous pourrez aborder celle-ci avec sérénité. Si ces propriétés sont mises en location, elles vous apporteront un revenu régulier qui sera peut-être égal, voire supérieur, au salaire que vous aviez lorsque vous travailliez. Et si vous décidez de revendre un bien, vous disposerez alors d'un intéressant pécule. Dans tous les cas, les résultats financiers que vous obtiendrez par l'immobilier seront beaucoup plus élevés que si vous aviez cotisé pour une épargne pension.

De plus, si vous investissez suffisamment, vos revenus immobiliers seront peut-être un jour suffisants pour pouvoir en vivre. A ce moment vous pourrez – si vous le désirez – choisir d'arrêter de travailler, complètement ou partiellement, bien longtemps avant l'âge de 65 ans, et vivre de vos rentes.

Tous ces avantages de l'investissement immobilier, j'en ai personnellement une longue expérience. Au cours des vingt dernières années, j'ai acheté, rénové, mis en location, fait construire et vendu un grand nombre de propriétés. Mais je ne suis ni agent immobilier, ni courtier en crédit hypothécaire, ni notaire, ni banquier, bien que j'aie eu très souvent l'occasion de traiter avec tous ces professionnels. Je suis plutôt ce que l'on pourrait appeler un investisseur privé. C'est pendant mon temps libre que j'ai investi, parallèlement à l'exercice d'une profession sans aucun rapport avec l'immobilier, à savoir celle de psychologue. Et je suppose d'ailleurs que c'est également le chemin que vous pourriez envisager de suivre.

J'ai acheté mon premier bien d'investissement à l'âge de 35 ans, en économisant sur mon salaire et en contractant un crédit. Il s'agissait d'un immeuble de quatre appartements que j'ai rénové de fond en comble et mis en location. Ensuite, j'ai continué à acheter progressivement d'autres maisons, en réinvestissant à chaque fois mes bénéfices et mes économies. Puis, à 46 ans j'ai perdu mon travail. C'est alors que j'ai décidé de devenir rentier et de ne plus vendre mon temps contre un salaire. Etant propriétaire d'un patrimoine immobilier qui me rapportait tous les mois des revenus locatifs supérieurs à mon ancien salaire, j'étais indépendant financièrement et donc libre de faire ce que je voulais de mes journées.

Le livre que vous tenez entre vos mains est l'un des projets qui me tenaient à cœur et auquel je me suis consacré depuis lors. Cela faisait en effet longtemps que ma famille et mes amis venaient régulièrement me demander conseil avant d'acheter ou vendre un bien immobilier. Puis, j'ai pris l'habitude de répondre aux questions des lecteurs lorsque j'ai créé le blog Liberté Financière (www.commentdevenir-riche.com) consacré, entre-autre, au thème de l'immobilier. Je me suis ainsi rendu compte que la demande d'information sur ce sujet était très importante. Et elle l'est d'autant plus que très peu de livres sur l'investissement immobilier existent en français, contrairement à la langue anglaise où ils sont nombreux. Le besoin pour un ouvrage de référence francophone se faisait donc cruellement ressentir. C'est ainsi que je me suis finalement décidé à prendre la plume pour rédiger un guide pratique à destination de toutes les personnes qui, comme je l'ai fait moi-même, veulent investir dans l'immobilier au cours de leur temps libre. Et c'est par conséquent avec beaucoup de plaisir que je peux aujourd'hui vous présenter cet ouvrage.

On dit souvent que pour écrire un excellent livre, il faut constamment garder en tête l'image du lecteur à qui il est destiné. C'est ce que je me suis efforcé de faire.

**Ce guide est donc fait pour vous si :**
- Vous pensez acheter un bien immobilier comme investissement, que ce soit une maison, un appartement ou un immeuble de rapport
- Votre expérience de l'immobilier est limitée à la possession de votre habitation personnelle ou à la location d'un appartement. Peut-être aussi possédez-vous déjà un petit investissement immobilier et, voyant combien c'est intéressant, vous aimeriez passer à la vitesse supérieure
- Vous vous demandez quelle est la meilleure stratégie à adopter dans votre situation :
    - → Soit vous disposez d'un capital et désirez le placer dans un investissement offrant à la fois sécurité et rendement élevé
    - → Soit vous n'avez actuellement que peu de moyens financiers et vous désirez construire un patrimoine et devenir riche
- Vous voulez apprendre des méthodes pratiques pour reconnaître les bonnes affaires et avoir une bonne rentabilité à la location ou à la revente
- Vous aimeriez savoir à l'avance quels sont les pièges à éviter

Si vous vous reconnaissez dans les points ci-dessus, ce livre ne manquera certainement pas de vous apporter les réponses à vos questions. C'est essentiellement un manuel pratique contenant des stratégies d'investissement prouvées. Les méthodes et les conseils qu'il contient vous accompagneront pas-à-pas dans le processus de recherche, d'analyse et d'achat des biens immobiliers. Vous saurez quand il faut acheter et à quel prix, et quand il faut au contraire fuir une propriété inintéressante. En tant que futur investisseur, ce n'est pas un cours théorique dont vous avez besoin. Ce qu'il vous faut, ce sont des méthodes et des outils pratiques ayant fait leurs preuves. C'est pourquoi j'ai évité, dans la mesure du possible, de m'étendre sur des considérations trop abstraites. Mais vous y trouverez cependant de solides bases théoriques qui vous permettront de comprendre la dynamique des marchés immobiliers, afin que vous puissiez devenir pleinement autonome dans vos décisions d'investissement.

Pour réussir dans l'immobilier, il faut aussi savoir gérer ses finances personnelles. C'est nécessaire avant même d'acheter, lorsque l'on cherche à rassembler l'argent de l'acompte et organiser le financement de l'achat immobilier. C'est aussi indispensable tout au long de la durée de l'investissement pour percevoir ses revenus locatifs et rembourser sans faute son crédit. Et ça l'est également après, pour utiliser à bon escient les profits réalisés lors de la location ou de la vente d'un bien immobilier. Pourtant, gérer son argent est quelque chose que l'on n'enseigne malheureusement pas à l'école. C'est pourquoi j'ai distillé tout au long du livre une grande quantité de conseils qui vous aideront à améliorer la santé de vos finances personnelles.

Vous remarquerez que l'ouvrage contient quelques formules et calculs. J'en suis désolé à l'avance pour ceux qui éprouvent des difficultés avec les chiffres, mais c'était absolument indispensable. L'investissement immobilier est en effet avant tout une affaire de chiffres. Si vous voulez connaître le succès dans ce domaine, vous devez apprendre à utiliser quelques formules simples. Vous ne pourrez pas y échapper. Mais rassurez-vous, cela n'a rien de compliqué, et vous pourrez y arriver en très peu de temps si vous vous y attachez. J'ai d'ailleurs fait tout mon possible pour expliquer les calculs de la manière la plus pédagogique possible afin de les rendre accessibles à tous.

Ce livre est constitué de huit chapitres. Ceux-ci sont organisés de façon logique, commençant brièvement par des aspects théoriques, puis abordant en détails tous les aspects concrets de la recherche et de l'analyse d'un immeuble, pour en aboutir finalement à l'acte d'achat.

Tout d'abord, **le chapitre 1** : *L'immobilier vous rendra riche* aborde les principes de base de la création de valeur par l'investissement immobilier. Vous y apprendrez pourquoi l'immobilier est le meilleur investissement et par quels mécanismes il vous rendra riche.

**Le chapitre 2** : *Comment financer l'achat de biens immobiliers* vous expliquera comment utiliser l'argent des autres en empruntant pour acquérir des propriétés, et profiter ainsi d'un puissant effet de levier financier.

**Le chapitre 3 :** *Trouver et reconnaître les bonnes affaires* vous apprendra à devenir un(e) expert(e) de votre marché immobilier local. On dit souvent que c'est à l'achat que l'on gagne de l'argent dans l'immobilier. Ce chapitre vous expliquera donc comment analyser les propriétés pour en estimer la valeur et reconnaître celles qui sont sous-évaluées et dignes d'achat.

Les deux chapitres qui suivent abordent en profondeur les deux grandes stratégies immobilières que sont la mise en location et la revente.

**Le chapitre 4 :** *Acheter pour conserver et louer* explique tout ce qu'il faut savoir pour conserver un bien immobilier à long terme, le mettre en location et en retirer des revenus locatifs réguliers. C'est la voie des millionnaires, mais il est impératif de faire les bons calculs avant de se lancer dans cette entreprise. Vous trouverez également dans ce chapitre de nombreux conseils pratiques pour gérer vos locataires et devenir un propriétaire qui peut dormir tranquillement la nuit.

**Le chapitre 5 :** *Acheter pour revendre* aborde une toute autre approche de l'investissement immobilier : celle qui consiste à revendre une propriété à court ou moyen terme en réalisant un profit. Ce genre d'opération ne peut réussir que si vous savez précisément comment calculer le prix d'achat maximum auquel acheter une propriété, afin de pouvoir réaliser un bénéfice malgré toutes les dépenses.

**Le chapitre 6** est intitulé *Négocier, faire une offre et acheter*. Faire une offre d'achat est la conclusion de toutes les recherches et analyses que vous aurez entreprises pour trouver une propriété. Ce chapitre vous expliquera comment négocier avec un vendeur pour obtenir les meilleures conditions. Après quelques dernières vérifications indispensables, tout le processus d'acquisition prend fin au moment de la signature de l'acte d'achat.

Ce livre s'adresse à deux grandes catégories de lecteurs : d'une part ceux qui ont de l'argent à investir, et d'autre part ceux qui n'en ont pas beaucoup mais voudraient que cela change. Les lecteurs qui disposent déjà d'un capital financier trouveront dans ce livre tous les conseils qu'ils recherchent pour placer leur argent dans un véhicule d'investissement qui allie sécurité et rendement. Mais j'ai aussi pensé aux autres, celles et ceux qui n'ont actuellement pas beaucoup de moyens financiers, qui ont un salaire modeste, qui sont fortement endettés et/ou qui doutent de leurs chances de réussite. Si c'est votre cas, le chapitre suivant vous est spécialement destiné. Mais je suis toutefois convaincu que tous les lecteurs, même les plus fortunés, trouveront également grand bénéfice à sa lecture.

**Dans le chapitre 7 :** *Comment débuter quand on est pauvre*, vous découvrirez quatre stratégies différentes pour commencer à investir, soit en choisissant d'habiter dans l'immeuble que vous aurez acheté, soit en restant locataire de votre logement actuel. Ce chapitre est également un guide qui vous montrera comment développer vos finances personnelles. Vous y trouverez des conseils pour vous préparer à un si gros achat en épargnant pour payer l'acompte et en réduisant ou éliminant vos dettes. Il vous expliquera également comment développer votre indépendance financière, ainsi que les quatre étapes à suivre pour devenir un investisseur immobilier millionnaire.

La dernière section de ce chapitre aborde quant à elle un contenu beaucoup plus large que l'immobilier, à savoir les aspects psychologiques de la réussite. Quand on veut commencer une nouvelle entreprise, ce qui est le cas d'un investissement immobilier, le pire ennemi se trouve souvent en nous-même. C'est pourquoi vous trouverez ici révélé en termes simples la « formule du succès » qui a de tout temps été utilisée par les personnes qui ont réussi.

Après avoir digéré les nombreuses informations contenues dans ce livre, il se peut que vous ne sachiez plus par où commencer.

**C'est pourquoi le chapitre 8 :** *Votre plan pour acheter en 8 semaines* vous procurera une feuille de route qui vous aidera à poser le premier pas et à ne pas vous perdre en chemin. Elle vous entraînera pas à pas pendant huit semaines, jusqu'au moment où vous achèterez votre première propriété. Il serait certes possible de le faire en quatre semaines, ou même en deux. Mais il ne sert à rien de vous précipiter, et je vous encourage à prendre le temps de connaître votre marché immobilier pour ne pas commettre d'erreur.

## Quelques informations pratiques concernant l'organisation du livre :

- A la différence de la plupart des autres livres sur l'immobilier, celui-ci ne se concentre pas sur la fiscalité immobilière d'un seul et unique pays. Il s'adresse en effet à vous tous, Lectrices et Lecteurs Francophones, que vous habitiez en France, en Belgique, en Suisse, au Canada, en Afrique, etc. Dans tous ces pays, les législations concernant l'immobilier sont très différentes, notamment en ce qui concerne les taxes et les impôts. Vous comprendrez dès lors aisément qu'il aurait été difficilement envisageable d'aborder ici en détail les législations fiscales de chaque pays. D'autant plus qu'il s'agit d'une matière tellement évolutive que les informations auraient risqué de devenir rapidement obsolètes. J'ai donc choisi de faire un ouvrage universel qui puisse s'appliquer partout dans le monde, parce que les principes qui régissent la rentabilité d'un investissement immobilier restent les mêmes quel que soit le pays et l'époque. Ce sera donc à vous, Chère Lectrice et Cher Lecteur, de vous informer sur la législation fiscale relative à l'immobilier en vigueur dans votre pays. Mais je vous indiquerai très précisément les informations que vous devrez chercher à chaque fois que nous aborderons la fiscalité, et vous trouverez en annexe 2 les adresses des sites internet des administrations fiscales de plusieurs pays.

Introduction

- En ce qui concerne les devises, l'euro a été utilisé tout au long de l'ouvrage. Mais, quelle que soit la devise que vous utilisez dans votre pays, cela ne change évidemment rien aux calculs expliqués, et ceux-ci restent valables sous toutes les latitudes.

- Plusieurs chapitres du livre font référence à des documents, notamment des feuilles de calculs automatisées, auxquels l'achat de ce livre vous donne droit. Vous pourrez télécharger ces informations complémentaires réservées uniquement aux lecteurs en visitant mon site internet à la page www.charlesmorgan.eu/immo/bonus. Je publie par ailleurs régulièrement sur ce site des articles sur l'immobilier, et vous pouvez m'y contacter et commenter les articles.

Finalement, j'aimerais partager avec vous ma conviction que deux choses sont nécessaires pour réussir : l'action et l'étude. La progression dans un domaine, quel qu'il soit, passe en effet toujours par des allers-retours entre la pratique et l'étude. L'étude vous montre comment agir, et l'action fait surgir des questions qui nourriront en retour votre étude. Etudier est le meilleur moyen de réduire les risques d'un investissement, et c'est l'information qui permet aussi de surmonter la peur de se lancer. L'immobilier étant un domaine très vaste et très varié, je vous encourage à vous efforcer de toujours continuer à l'étudier. J'apprends moi-même chaque jour quelque chose de nouveau sur l'immobilier. Mais à un certain moment, il faudra vous jeter à l'eau et poser une action ... ou plutôt une signature ! Car sans action, vous ne pourrez jamais espérer gagner un euro. J'espère que ce livre, et c'est là son but, sera le point de départ qui vous permettra de construire pendant votre temps libre un patrimoine considérable pour vous et votre famille. Des milliers d'autres investisseurs l'ont fait avant vous, et vous pouvez également obtenir les mêmes succès qu'eux. Bien entendu, les fruits que vous récolterez seront directement proportionnels aux efforts que vous serez prêts à fournir pour réussir.

Je vous souhaite une bonne lecture et de très bons investissements immobiliers.

*Charles Morgan*

# 1 L'IMMOBILIER VOUS RENDRA RICHE

## 1.1 Le meilleur des investissements

Avec la crise économique et financière que nous connaissons depuis plusieurs années, l'immobilier apparait aux yeux de beaucoup de personnes comme l'une des dernières valeurs refuge. C'est en effet un investissement peu risqué quand on le compare aux autres placements. Le rendement d'un investissement est bien sûr un critère important, et c'est en général la première chose que l'on regarde. Cependant, lorsque l'on décide d'investir l'argent gagné à la sueur de son front et économisé pendant des années, il n'y a pas que le rendement qui soit important. Ce qui l'est plus encore, c'est la sécurité, c'est-à-dire la certitude de pouvoir récupérer à terme l'argent que l'on a placé. En règle générale, le rendement et le risque sont en relation opposée. Plus un investissement est sûr et moins il rapporte. A l'opposé, plus grand est le risque que l'on accepte de prendre, et plus élevé est le rendement que l'on peut espérer en obtenir. Mais paradoxalement, l'immobilier est un investissement qui combine les deux : une sécurité parmi les plus élevées que l'on puisse trouver et un rendement très intéressant. Et l'investissement immobilier présente encore bien d'autres avantages sur les autres types de placement, notamment les actions et les produits bancaires. L'ajustement à l'inflation, les déductions fiscales et la possibilité d'utiliser un levier financier font parties de ces avantages que nous allons voir maintenant en détail.

### Un rendement élevé

Pour évaluer la qualité d'un investissement, quelle que soit sa nature, l'un des plus importants critères à prendre en compte est le Taux de Rendement ou Retour sur Investissement. C'est le rapport entre les revenus produits annuellement par l'investissement et le capital investi.

$$\text{Retour sur investissement} = \frac{\text{Revenu annuel}}{\text{Capital investi}}$$

**Par exemple** :
- Supposons que vous ayez un compte en banque qui vous rapporte 2% d'intérêts nets (ce qui est très élevé de nos jours). Lorsque vous y placez 1.000 euros, vous recevez 20 euros d'intérêts par an. Le Retour sur Investissement est donc de 20 euros / 1.000 euros = 2%

- Vous achetez un appartement pour 130.000 euros tous frais compris et vous le louez 700 euros par mois. Supposons que cela vous laisse mensuellement 600 euros nets, soit 7.200 euros par an. Le retour sur investissement est donc de 7.200 / 130.000 euros = 5,5 %.

Le rendement que l'on peut obtenir d'un investissement immobilier est nettement supérieur à ceux des dépôts bancaires. Ce n'est bien sûr pas très difficile lorsque l'on voit les taux d'intérêts ridiculement bas que les banques nous donnent aujourd'hui. Mais qu'en est-il alors du rendement de la bourse ? L'immobilier lui est-il également supérieur ? Dans la littérature boursière, il n'est pas rare de lire que les actions ont un rendement supérieur à l'immobilier. Les partisans de cet argument disent que les actions procurent sur le long terme des rendements de l'ordre de 10% par an, et qu'il est difficile d'avoir de tels rendements nets avec l'immobilier. De plus, selon eux, investir dans l'immobilier demande beaucoup plus de travail de gestion que pour maintenir un portefeuille d'actions. Mais tous ces arguments s'effondrent lorsque l'on prend en compte la possibilité de levier financier qu'offre l'immobilier, ainsi que les avantages fiscaux qu'il procure. Comme nous le verrons, il est en effet possible d'acheter des biens immobiliers en utilisant de l'argent emprunté, ce qui n'est pas le cas pour les actions. Et en faisant cela, on met en œuvre un levier financier qui permet d'obtenir des retours sur investissement des fonds propres (l'argent que l'on a personnellement investi) de 20, 30, 50 ou même 100 % par an.

Dans la bourse, les investisseurs cherchent idéalement à "battre le marché", c'est-à-dire à faire en sorte que leurs portefeuilles d'actions rapportent plus que l'évolution du marché global. Par exemple, si le NASDAQ (le marché américain des actions des sociétés technologiques) gagne 10% sur une année, les investisseurs se sentiront très performants s'ils arrivent à faire croître la valeur de leur portefeuille de 11 %. Mais c'est en réalité très difficile à faire, quoiqu'en disent les gourous de la Bourse. De plus, cela demande pour y arriver une attention constante et une tension nerveuse maximale. Dans l'immobilier par contre, il est relativement facile de battre le marché. Si vous faites par exemple une bonne affaire en achetant un bien en-dessous de sa valeur de marché, vous pouvez obtenir une plus-value qui dépasse de loin l'évolution moyenne des prix de l'immobilier de votre région.

Mais le plus intéressant, c'est qu'acheter de l'immobilier locatif est un investissement qui s'autofinance. Quand vous achetez une maison pour l'occuper personnellement, c'est vous qui devez payer de votre poche les remboursements mensuels du crédit. Vraisemblablement, vous y consacrerez une partie de votre salaire, et peut-être aussi de celui de votre conjoint. Mais si vous mettez le bien en location, ce sont vos locataires qui auront la gentillesse de se charger de payer votre immeuble. Quand les revenus locatifs sont suffisants, ils peuvent payer toutes les dépenses, et notamment le remboursement de l'emprunt, les taxes et l'assurance. Et, si l'immeuble est bien choisi et le financement adapté, il devrait même vous rester de l'argent en main. L'investissement se paie donc tout seul et, lorsque vous aurez terminé de rembourser votre crédit, le bien dont la valeur se sera considérablement appréciée avec le temps sera entièrement à vous. C'est mieux qu'un livret d'épargne, n'est-ce pas ? Le rendement est infiniment plus important, et en plus vous n'avez même pas à injecter régulièrement de l'argent personnel dans le système. On entend souvent revenir la discussion : Vaut-il mieux acheter ou louer ? Gary Eldred (2006) explique avec clairvoyance que la question est mal posée. En réalité, tous les locataires achètent parce qu'ils paient quand même le crédit hypothécaire de leur propriétaire. La bonne question est donc de savoir qui en profite ? Le propriétaire récolte les fruits de la propriété, tandis que le locataire en supporte les frais.

## La sécurité du capital investi

Laisser son argent sur un compte en banque est en général perçu comme l'investissement le moins risqué. Mais c'est aussi celui qui rapporte le moins, à peine un ou deux pourcents. Toutefois, depuis la crise financière de fin 2008, beaucoup de gens commencent à se rendre compte que même un compte bancaire n'est pas sûr à 100%. On a en effet vu que les banques, mêmes les plus grandes, ne sont pas à l'abri d'une faillite. En Europe et en Amérique, plusieurs pays ont dû injecter de manière répétée des capitaux publics pour sauver des banques au bord du gouffre. Et pour ce faire, ces pays ont emprunté et donc augmenté considérablement leur dette publique, fragilisant encore davantage leur propre situation financière déjà difficile. Ce sont donc en fin de compte les citoyens qui ont été obligés de payer pour sauver ces banques, alors que celles-ci avaient pourtant fait de graves erreurs de gestion. Cette situation a aussi amené les états de l'Union Européenne à garantir les comptes bancaires en cas de faillite des banques.!

La bourse a elle aussi connu des moments très difficiles et des périodes de chutes vertigineuses. Les actions sont des investissements très risqués, parce que leur valeur varie d'un jour à l'autre, et que ce mouvement est en grande partie irrationnel. Il suffit qu'une nouvelle information pessimiste soit diffusée pour qu'un vent de panique s'installe et fasse chuter les cours. Même s'il se trouve toujours des gourous pour prétendre savoir prédire les mouvements futurs de la bourse, celle-ci est perçue par beaucoup d'épargnants comme aussi risquée qu'un jeu de hasard. Lors des krachs boursiers, certaines actions ont perdu 99% de leur valeur, ruinant ainsi de nombreuses personnes. Ces dernières années, on a ainsi vu des fonds de pension perdre des sommes gigantesques, faisant s'envoler en fumée du jour au lendemain les économies de toute une vie de milliers de gens, et les placements qui étaient censés leur assurer une pension de retraite. Tous ces facteurs créent un climat d'incertitude qui fait que l'épargnant moyen ne sait plus où placer son argent. Avant la crise, la question principale était de savoir comment choisir le placement qui produira le rendement le plus élevé. Aujourd'hui, la question sur toutes les lèvres est juste de savoir comment être certain de ne pas perdre son argent ! Dans de nombreux pays, on constate que l'argent placé sur des comptes en banque par des particuliers atteint des montants colossaux. Les gens préfèrent en effet laisser leurs économies sur un compte qui ne rapporte que 1 ou 2 pourcents, plutôt que de courir le risque de le perdre. Pourtant, si l'on considère que l'inflation moyenne en Europe a été de 1,97% sur les 17 dernières années , cela signifie que leur argent perd un peu de sa valeur chaque année.

Dans ce contexte d'incertitude et de crainte pour l'avenir, deux valeurs semblent émerger du lot : l'or et l'immobilier. Pourquoi ? Qu'ont donc en commun ces deux investissements ? C'est simple, il s'agit dans les deux cas de choses matérielles, tangibles, qui ne risquent pas d'être effacées par une panne du réseau informatique ou l'intervention d'un hacker.!

Si vous assurez correctement votre immeuble, vous ne risquez pas de voir les économies de toute votre vie disparaître en quelques jours ! C'est très différent d'un compte bancaire qui, si l'on y pense bien, ne sont que quelques chiffres dans un système informatique. Si le système venait à disparaître, pfffttt ... , plus rien ! Heureusement, les états européens garantissent maintenant les comptes en banque jusqu'à 100.000 euros (bien que nous avons pu constater l'efficacité toute relative de ce système lors de la crise bancaire à Chypre en 2013 !). Et c'est la même chose en ce qui concerne la bourse, maintenant que les actions au porteur n'existent quasiment plus. Quand vous achetez des actions, la seule chose que vous recevez en échange de votre argent, ce sont quelques lettres et quelques chiffres sur un compte en banque virtuel. A l'opposé, la terre et la brique sont solides, vous pouvez les toucher ! Et vous pouvez aussi les assurer.

## La valeur des biens immobiliers augmente régulièrement

Dans tous les pays et à toutes les époques, les prix de l'immobilier ont régulièrement augmenté. Bien sûr, il y a eu des reculs à certains moments. Et c'est bien normal parce que, comme nous le verrons au chapitre 3, les marchés immobiliers connaissent tous des cycles avec des hauts et des bas. Mais l'immobilier est un investissement à long terme. Ce ne sont donc pas les fluctuations pendant les 5 dernières années qu'il faut regarder, mais les mouvements sur 15, 20 ou 30 ans.

Faisons à présent un rapide tour de quelques pays pour voir comment les prix de l'immobilier y ont évolué au cours de ces dernières décennies. Souvenez-vous cependant en regardant ces chiffres et ses graphiques, qu'il ne faut pas oublier de tenir compte de l'inflation. On ne peut en effet pas comparer le prix de vente d'une maison pour 400.000 euros en 2015 à son prix d'achat de 50.000 euros en 1990 sans ajuster ces prix à l'inflation. Ce serait comme comparer des pommes et des poires, parce que l'argent a perdu de sa valeur durant ce laps de temps. Acheter une maison pour 50.000 euros (ou son équivalent en devise nationale de l'époque) aurait été une charge beaucoup plus importante sur le budget d'une famille moyenne en 1990 que ce que cela serait en 2015.

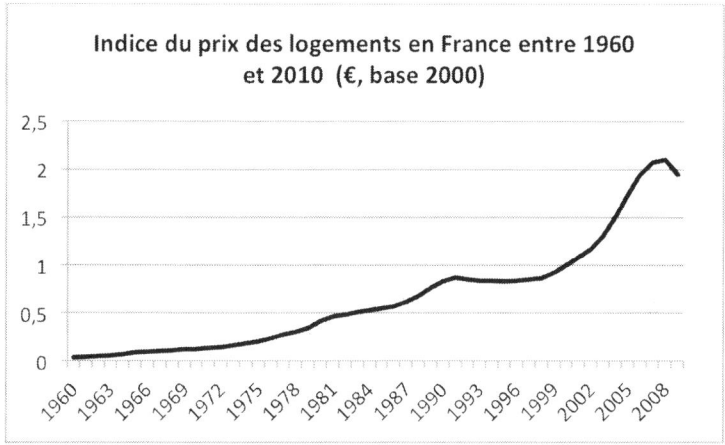

**Source des données** : CGEDD http://www.cgedd.developpement-durable.gouv.fr/rubrique.php3?id_rubrique=138 Ce graphique représente un indice et non les prix réels. Les valeurs de l'indice sont relatives à l'année 2000, à laquelle a été assignée une valeur de 1.

En France, depuis 1965 le prix de l'immobilier a été multiplié par 26, soit une hausse annuelle moyenne de 7,3%. La progression s'est surtout accélérée à partir de 1998. Entre 2000 et 2011 les prix ont été multipliés par 2,2, et les prix des appartements parisiens ont même été multipliés par 2,9 sur la même période. Cela représente pour cette période une augmentation moyenne de 7,6 % par an. A Paris celle-ci atteint 10,5 %, la plus belle année étant 2011 avec une croissance de 19,1%[2].

En Belgique, le prix de vente moyen d'une maison d'habitation a été multiplié par dix depuis 1975, alors que sur la même période, le niveau général des prix s'est accru seulement d'un facteur trois. En trente-cinq ans, la valeur des maisons a donc augmenté presque trois fois plus vite que celle des autres produits[3].

---

[2] **Source** : Sénat français http://www.senat.fr/rap/l11-757/l11-7571.html
[3] **Source** : SPF Economie statbel.fgov.be

*LES SECRETS DE L'IMMOBILIER*

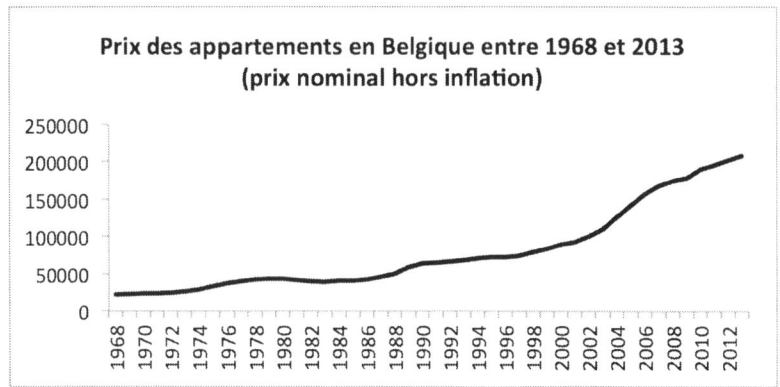

*Source des données : http://www.stadim.be/uploads/pdf/APP-N2013.pdf*

Entre 1953 et 2011, les prix des maisons ont été multipliés par 48 et ont évolué à un rythme de 7% par an. Pour les appartements, entre 1968 et 2010, la croissance moyenne des prix a été de 5,1% par an[4].

Au Canada, entre 2000 et 2010, la valeur moyenne des maisons a plus que doublé en 10 ans[5].

Aux Etats-Unis, les prix de l'immobilier ont également toujours connu une croissance soutenue sur le long terme comme le montre le graphique suivant :

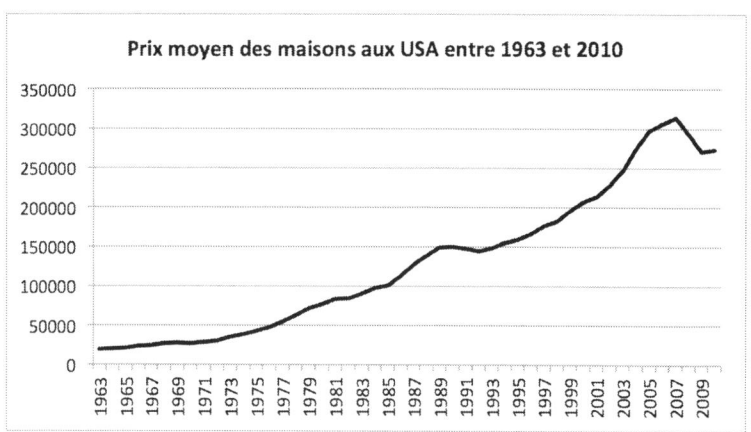

*Source des données : http://www.census.gov/*

Entre 1963 et 2011, les prix des maisons aux USA ont connu une évolution moyenne de 5,5%[6]. Et cela malgré l'effondrement qui s'est produit fin 2008 avec la fameuse crise

---

[4] **Source :** www.stadim.be
[5] *Point de vue économique. Desjardins Etudes économiques. 26/01/2012. http://www.desjardins.com/fr/a_propos/etudes_economiques/actualites/point_vue_economique/pv120126.pdf*
[6] **Source :** www.economagic.com

des subprimes ou prêts hypothécaires à risque. Tout le monde a entendu parler de cette débâcle dont les répercutions se font encore sentir des années plus tard. Elle fut causée par le fait que des banquiers avides et sans scrupules avaient proposé des crédits hypothécaires à des personnes peu fortunées, en les appâtant avec des taux d'intérêts extrêmement bas. Ce qu'ils avaient oublié de préciser, c'est qu'il s'agissait de crédits avec des taux d'intérêt variables, à une époque où les taux d'intérêts ne pouvaient que remonter. Ensuite, ce qui devait se produire arriva : les taux d'intérêt ont fortement grimpé, et les gens n'ont plus pu payer leurs mensualités devenues trop grandes au regard de leurs moyens financiers. On connaît la suite : expulsions, mises en vente publique des maisons, drames humains, misère .... Mais la crise n'est pas restée cantonnée aux Etats-Unis. Par un mécanisme appelé titrisation, c'est-à-dire le transfert d'une créance à un investisseur, des banques du monde entier avaient racheté en grandes quantités ce genre de créances. Lorsqu'il est devenu évident que celles-ci ne valaient plus rien, la crise à contaminé toute la planète. Si à peu près tous les marchés immobiliers ont été affectés par cette crise, certains ont récupéré beaucoup plus vite que d'autres. Depuis 2012, le marché US montre des signes de redémarrage, et de nombreux investisseurs étrangers essayent de profiter de l'aubaine en achetant des propriétés à bas prix.

Comme nous venons de le voir dans ce petit tour d'horizon de quelques marchés immobiliers, les immeubles prennent régulièrement de la valeur sur le long terme. Et en particulier depuis 2000, beaucoup de pays ont vu les prix de leur immobilier exploser, même si la crise de 2008 a ralenti le mouvement pendant un moment.

Tout le monde n'est cependant pas convaincu que les prix continueront de grimper comme ils l'ont fait ces dernières années. Certains évoquent le spectre d'une bulle immobilière qui serait prête à éclater dans plusieurs pays, notamment au Canada et en France, et spécialement à Paris. Une bulle immobilière apparaît sur un marché immobilier lorsque le prix des propriétés augmente rapidement pour la seule raison que les investisseurs pensent que les prix vont continuer à grimper, alors que les déterminants fondamentaux ne semblent pas justifier un tel prix. La crainte d'une bulle repose sur le fait que les prix de l'immobilier évoluent beaucoup plus vite que le revenu des ménages. Tant que le prix de l'immobilier augmente en parallèle avec les revenus des ménages, l'achat d'une maison reste abordable pour beaucoup de gens. Et quand il y a beaucoup d'acheteurs, cela signifie que les prix restent soutenus. Mais lorsque les prix de l'immobilier augmentent plus vite que le revenu des ménages, beaucoup de gens ne peuvent plus se permettre d'acheter une maison ou un appartement. Comme la demande va fortement diminuer, les prix des immeubles vont alors chuter. Ce mouvement peut être lent (atterrissage en douceur) ou au contraire brutal (on parle alors de krach immobilier).

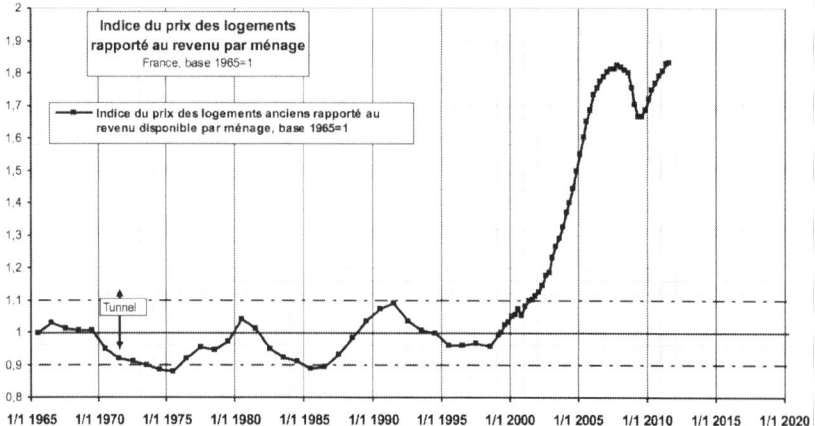

**Source** : CGEDD (Conseil General de l'Environnement et du développement durable (France)) d'après IN-SEE, bases de données notariales et indices Notaires-INSEE http://www.cgedd.developpement-durable.gouv.fr

Pour illustrer cela, regardez le graphique ci-dessus qui montre l'évolution de l'indice des prix de l'immobilier en France par rapport à l'évolution du revenu des ménages, en prenant pour base l'année 1965. On voit très nettement que les hauts et les bas évoluent dans un tunnel (dit de Friggit) de plus ou moins 10% pendant 40 ans. Puis les prix se mettent à flamber en 2000, avec toutefois une chute en 2008 lors de la crise des subprimes, avant de se remettre à grimper. A la lecture d'un tel graphique, on ne peut que conseiller aux acheteurs français de se montrer extrêmement prudents et de n'acheter que des biens très en dessous de leur valeur, car le marché sera bien obligé tôt ou tard de se remettre en accord avec les revenus des ménages.

Personnellement, je crois qu'une baisse passagère est probable, mais pas un effondrement brutal des prix. L'investisseur immobilier doit regarder le tableau à long terme et ne pas se laisser effrayer par les éventuels soubresauts à court terme du marché. Sinon, la meilleure manière d'éviter tout risque serait de ne rien faire. N'écoutez pas les pessimistes qui prédisent la chute inévitable du marché immobilier. Bien sûr, les prix peuvent quelque peu baisser à l'avenir. Mais de toute manière, il ne faut jamais acheter n'importe quoi n'importe comment. Si vous suivez les conseils de ce livre, vous éviterez d'acheter des biens surévalués. On peut gagner de l'argent avec l'immobilier dans les périodes de hausse, mais aussi et surtout dans les périodes de baisse. Et c'est justement dans ces périodes de baisse du marché que l'on peut réaliser les meilleures affaires.

En général, tous les genres d'immeubles prennent de la valeur avec le passage du temps, pour autant évidemment qu'ils soient bien entretenus. Cette hausse est en général comprise entre 3% et 10%, suivant les endroits et les époques.

Pourquoi en est-il ainsi ? Les raisons en sont multiples :
- D'abord, parce que le terrain disponible est limité, c'est quelque chose que l'on ne peut pas fabriquer. Particulièrement dans les grands centres urbains, là où la surface est limitée et où la demande est forte parce que s'y concentre l'emploi.
- Les prix des matériaux de construction augmentent régulièrement, comme tous les autres biens de consommation. Ainsi, le prix de revient des biens immobiliers neufs augmente, et donc également leur prix de vente. Ceci a pour conséquence de tirer vers le haut celui des biens anciens. Notons en passant que les prix des matériaux grimpent notamment parce que la demande en matières premières et en énergie augmente fortement de la part des nouvelles grandes puissances économiques comme la Chine et l'Inde, et ce phénomène ne risque pas de se s'arrêter de sitôt.
- Le coût de la main d'œuvre pour construire augmente aussi en même temps.
- Enfin, la population croît, surtout dans les grands centres urbains, ce qui accroît la demande pour des logements.

## Décuplez vos moyens avec un levier financier

La plupart des gens ont naturellement recours au crédit pour acheter un bien immobilier, car ils n'ont tout simplement pas d'autre solution. Mais peu se rendent compte qu'en faisant cela, ils mettent en place un mécanisme de levier financier qui aura beaucoup d'impact sur leur richesse personnelle future.

C'est pourtant quelque chose que les investisseurs avisés, eux, savent parfaitement ! Même s'ils disposent de liquidités suffisantes pour payer entièrement de leur poche un immeuble (par exemple après en avoir revendu un autre), ils préfèrent quand même souvent avoir recours à un emprunt pour financer leur achat.

Souvenez-vous d'Archimède et de sa fameuse exclamation : « Donnez-moi un levier suffisamment grand, et je soulèverai le monde ! ». Un levier est un dispositif mécanique destiné à amplifier un effort. Si l'on applique une force 1 d'un côté, celle-ci sera de l'autre côté multipliée par 2, 3, ou même 10. Le bras de levier est la distance séparant une extrémité du levier de son point d'appui. Plus celle-ci est longue, et plus la force est démultipliée. Appliqué à l'immobilier, cela signifie qu'en empruntant de l'argent pour acheter, on peut multiplier par 10 ou 20 les moyens financiers dont on dispose. C'est ce que les Américains appellent *To buy with Other People's Money* (OPM), que l'on pourrait traduire par « Acheter avec l'Argent des Autres ».

Supposons que vous disposiez de 50.000 euros en liquide. Que pouvez-vous acheter comme bien immobilier avec cette somme ? Si vous n'utilisez que votre argent, vous ne pourrez acheter qu'une propriété dont la valeur tourne autour de 50.000 euros frais compris, vraisemblablement un très petit appartement ou un studio, et loin des quartiers prisés. Mais si vous complétez cette somme par de l'argent emprunté, vous pouvez alors envisager un achat beaucoup plus important, et prendre par exemple le contrôle d'un immeuble dont le prix de vente tourne autour de 300.000 euros. Pour cela, vous mettrez vos 50.000 euros qui représentent environ 15% de la somme et serviront à payer les frais d'achat, et vous en emprunterez 300.000 supplémentaires.

Utiliser l'Argent des Autres, autrement dit investir avec de l'argent emprunté, est le « secret » des gens les plus riches du monde. La majorité des propriétaires de grandes entreprises ont en effet démarré leur fortune en utilisant de l'argent emprunté. L'argent appelle l'argent ! Si vous pouvez obtenir un rendement de 10% avec un investissement, votre profit sera très différent si vous placez 10.000 euros, ou si trouvez le moyen d'en placer 500.000.

Bien sûr, emprunter coûte aussi de l'argent, et il faut payer des intérêts à la banque. Mais d'un côté vous empruntez de l'argent à un certain taux d'intérêt, et de l'autre vous utilisez cet argent pour acheter un immeuble qui vous procure un certain taux de rendement si vous le mettez en location. Plus la différence entre ces deux taux est grande, et plus vous aurez un effet de levier important.

$$\text{Rendement de l'immeuble} > \text{Taux d'intérêt du crédit}$$

Le Rendement de votre immeuble, c'est le rapport entre ce qu'il vous procure comme revenus nets et le prix que vous l'avez payé.

$$\text{Rendement} = \frac{\text{Revenus locatifs nets}}{\text{Prix d'achat}}$$

Par exemple, si vous achetez un immeuble pour 250.000 euros tous frais compris et que vous en obtenez un revenu locatif net de 17.000 euros (les loyers moins les dépenses et taxes), cela vous donne un rendement de 17.000 / 250.000 = 7 %.

Les intérêts du crédit, c'est ce que la banque se fait rétribuer pour vous prêter la somme. Il y a d'autres variables qui interviennent pour calculer le coût réel de l'argent emprunté, comme notamment l'assurance vie, mais pour faire simple disons que c'est le taux d'intérêt. Par exemple 5 %.

Dans ce cas-ci, vous empruntez donc à 5 % pour acheter un immeuble qui rapporte du 7 %. Vous avez donc un effet de levier positif sur le rendement. Ceci n'est rien d'autre qu'un principe de base utilisé par toute entreprise qui emprunte de l'argent pour financer un projet. Avant d'approuver celui-ci, par exemple l'achat d'une nouvelle machine de production, elle calculera que sa rentabilité future sera suffisamment supérieure à ce que lui coûtera son financement.

Vous avez probablement déjà entendu parler du principe des intérêts composés et des formidables résultats qu'ils permettent d'obtenir avec le temps. C'est le fait d'investir un capital et de le laisser travailler sans toucher aux intérêts perçus. Ceux-ci seront alors ajoutés au capital (on dit qu'ils sont capitalisés), et rapporteront à leur tour des intérêts, créant un effet boule de neige allant en s'accélérant. Albert Einstein, qui en connaissait beaucoup sur les mathématiques, aurait parait-il déclaré que le principe des intérêts composés était la plus grande découverte mathématique de tous les temps. C'est en tous cas une stratégie de placement fondamentale et l'une des meilleures façons de faire fructifier son argent.

Mais vous êtes-vous déjà rendu compte que les investissements immobiliers fonctionnent comme des intérêts composés ? Nous avons vu précédemment que la valeur de l'immobilier croît régulièrement sur le long terme. Quand on dit que dans une région la valeur des immeubles s'apprécie de 5 % par an, cela signifie que chaque année la valeur vaut 5 % de plus que celle de l'année précédente. C'est donc de l'intérêt composé !

Or, le crédit avec lequel vous financez votre investissement est, lui, doté d'un taux d'intérêt simple, lequel s'applique au solde du capital emprunté. L'effet de levier financier est donc encore augmenté par le fait que l'on ne paie qu'un taux d'intérêt simple pour emprunter de l'argent qui produira de l'intérêt composé.

> **Quand vous empruntez de l'argent avec un taux d'intérêt simple, et que vous l'investissez dans un bien qui rapporte de l'intérêt composé, vous pouvez faire des miracles !**

Par exemple, supposons que vous achetiez un immeuble pour 100.000 euros. Si les prix de l'immobilier connaissent une croissance moyenne de 5% par an, la valeur de l'immeuble sera après 20 ans de 265.330 euros, soit une augmentation de plus de 165.000 euros. Si vous avez emprunté avec un taux d'intérêt de 5% pour l'acheter, vous aurez au final payé 58.390 euros d'intérêt. Vous pouvez donc constater qu'après 20 ans votre augmentation de valeur sera environ 3 fois plus importante que les intérêts que vous aurez payés. Nous avons ici supposé un taux de croissance équivalent au taux d'intérêt (5%), mais l'effet sera bien entendu d'autant plus grand que le taux croissance est supérieur au taux d'intérêt.

> En résumé, l'effet de levier est d'autant plus puissant :
> 1. que l'argent personnel investi est réduit (un faible pourcentage du prix total)
> 2. que le rendement de l'investissement est supérieur au taux d'intérêt du crédit
> 3. que la croissance moyenne des prix de l'immobilier sur la durée de l'investissement est supérieure au taux d'intérêt du crédit

Si vous arrivez à maximiser ces trois conditions, vous ferez exploser votre patrimoine ! Tout investisseur cherche à optimaliser le rendement de ses fonds propres, c'est-à-dire l'argent personnel qu'il investit dans une opération. Or, le fait d'emprunter vous permet d'obtenir un rendement bien plus important de votre capital. Cette démultiplication de la rentabilité concerne non seulement l'augmentation de valeur de la propriété avec le temps (laquelle reste un gain purement comptable tant que vous ne revendez pas l'immeuble), mais également le rendement en argent liquide de l'investissement.

Prenons par exemple deux investisseurs qui achètent chacun un immeuble pour 100.000 euros tous frais compris. Monsieur CASH paie tout en liquide avec ses économies, et Monsieur LEVIER ne met que 10.000 euros de sa poche et emprunte le reste. Quels rendements vont produire les sommes investies par ces deux personnes ? Autrement dit, quel sont les retours sur investissement de leurs fonds propres ?

Supposons aussi que Monsieur CASH et Monsieur LEVIER mettent en location les immeubles qu'ils viennent d'acheter, et que ceux-ci comprennent chacun 2 studios loués 400 euros par mois l'unité, ce qui fait un revenu annuel total brut de 9.600 euros par an. En considérant que les frais de fonctionnement et taxes soient de 2.000 euros par an, il leur reste donc un revenu net de 7.600 euros.

Voyons maintenant les différences de rendement à la fin de la première année si les valeurs des immeubles se sont appréciées de 3%, et qu'ils valent donc à ce moment 103.000 euros.

Dans le cas de Monsieur CASH, son gain sur l'accroissement de valeur de l'immeuble correspond à 3% des 100.000 euros qu'il a investis.

En ce qui concerne le rendement en espèces, Monsieur CASH obtient 7.600/100.000 = 7,6%, ce qui n'est déjà pas si mal.

Au total, la rentabilité de Monsieur CASH est donc de 10,6%[7].

Le tableau suivant montre l'évolution de la rentabilité de Monsieur CASH pendant les cinq premières années de possession de l'immeuble, en supposant que le taux de croissance soit toujours de 3% et que les loyers soient régulièrement indexés de 2%.

| | RENTABILITÉ DE MONSIEUR CASH | | | | |
|---|---|---|---|---|---|
| Ans | Valeur du bien | Gain de valeur (a) | Revenus nets (b) | Gain total (a+b) | Rendement des fonds propres |
| 0 | 100.000 | 0 | 0 | | - |
| 1 | 103.000 | 3.000 | 7.600 | 10.600 | 10,6% |
| 2 | 106.090 | 3.090 | 7.752 | 10.842 | 10,8% |
| 3 | 109.273 | 3.183 | 7.907 | 11.090 | 11,1% |
| 4 | 112.551 | 3.278 | 8.065 | 11.343 | 11,3% |
| 5 | 115.928 | 3.377 | 8.226 | 11.603 | 11,6% |

Voyons maintenant comment les choses se passent pour Monsieur LEVIER.

La valeur de sa propriété a également gagné 3.000 euros à la fin de la première année. Mais la différence est qu'il n'a dépensé que 10.000 euros pour acheter l'immeuble. Son gain est donc de 3.000/10.000 = 30%. Autrement dit, Monsieur LEVIER a placé 10.000 euros dans une opération qui lui a déjà rapporté la première année au moins 30% de bénéfice. Pas mal, non ? Mais cela ne s'arrête pas là.

Monsieur LEVIER recevra le même revenu locatif que Monsieur CASH, mais il devra aussi rembourser son crédit. Emprunter 90.000 euros sur 20 ans à 4% d'intérêt lui coûtera environ 545 euros par mois, soit 6.540 euros par an. A la fin de l'année, Monsieur LEVIER aura donc empoché la différence, soit 7.600 – 6.540 = 1.060 euros. Son rendement en espèces est donc de 1.060 / 10.000 = 10,6 %.

Enfin, Monsieur LEVIER rembourse un peu de sa dette chaque mois. Les remboursements mensuels de son crédit sont payés par les loyers des locataires. Ils comprennent une part d'intérêts dus à la banque, mais également une part de remboursement du capital emprunté. Cette dernière est donc une forme de bénéfice dont il faut aussi tenir compte. A la fin de la première année, le solde à rembourser aura ainsi diminué de 3.000 euros. Cela représente donc un rendement supplémentaire de 30% des fonds propres investis (3.000/10.000).

Au total, Monsieur LEVIER obtient donc un retour sur investissement de plus de 70% (30%+10,6%+30%). Et ceci ne vaut que pour la première année. Au fil des ans, la valeur de l'immeuble continuera de croître, et les revenus locatifs pourront être indexés, de sorte que

---

[7] *Afin de rendre plus claire l'explication, nous passons ici temporairement sous silence la question des frais d'achats. Ceux-ci constituent une dépense non-récupérable qui ne sera compensée qu'après quelques années (voyez p.39 pour plus de détails).*

la rentabilité de l'investissement de Monsieur LEVIER deviendra encore plus extraordinaire!

Le tableau ci-dessous montre comment évolue le retour sur investissement des fonds propres de Monsieur LEVIER pendant les 5 premières années de détention de son immeuble, en supposant que le taux de croissance soit toujours de 3% et que les loyers soient régulièrement indexés de 2%.

### RENTABILITÉ DE MONSIEUR LEVIER

| Ans | Valeur du bien | Gain de valeur (a) | Revenus nets (b) | Crédit (c) | Capital repayé (d) | Gain total (a+b+d - c) | Rendement des fonds propres |
|---|---|---|---|---|---|---|---|
| 0 | 100.000 | | | | | | |
| 1 | 103.000 | 3.000 | 7.600 | 6.540 | 3.000 | 7.060 | 70,6% |
| 2 | 106.090 | 3.090 | 7.752 | 6.540 | 3.121 | 7.423 | 74,2% |
| 3 | 109.273 | 3.183 | 7.907 | 6.540 | 3.249 | 7.799 | 78% |
| 4 | 112.551 | 3.278 | 8.065 | 6.540 | 3.381 | 8.184 | 81,8% |
| 5 | 115.928 | 3.377 | 8.226 | 6.540 | 3.519 | 8.582 | 85,8% |

Les résultats extraordinaires de Monsieur LEVIER sont dus au fait qu'il bénéficie de la croissance de prix et des revenus locatifs sur la valeur totale de la propriété, et pas seulement sur le montant de son investissement initial personnel. Autrement dit, moins vous mettez de votre propre argent dans l'achat, et plus élevé sera le rendement que vous obtiendrez sur cette somme. Et si vous parvenez à acheter l'immeuble sans y mettre un franc de votre argent personnel (c'est-à-dire en empruntant la totalité du prix et des frais d'achat), votre retour sur investissement sera ... infini !

Nous avions dit au début de cette section que des investisseurs avisés peuvent choisir délibérément d'emprunter, même s'ils ont les liquidités suffisantes pour payer cash. Jusqu'ici, vous aviez peut-être pensé que Monsieur LEVIER qui n'investit que 10.000 euros était plus pauvre que Monsieur CASH qui lui en place 100.000. Et si Monsieur LEVIER était en réalité aussi riche que Monsieur CASH ? S'il avait lui aussi 100.000 euros en liquide à investir ? Il pourrait reproduire dix fois le schéma ci-dessus et acheter 10 immeubles. Avec de tels rendements, je vous laisse calculer quels seront ses bénéfices ... !

On ne peut trouver facilement ce genre de levier financier que pour investir dans l'immobilier. Il est en effet très difficile de trouver des financements pour acheter des actions en bourse. Par contre, les banques aiment prêter de l'argent à ceux qui veulent acheter de l'immobilier. Cela est dû bien sûr au fait qu'elles détiennent l'immeuble en garantie (hypothèque), mais aussi parce qu'elles savent qu'il s'agit d'investissements à faible risque qui prennent régulièrement de la valeur.

Un mot de mise en garde cependant. Si l'utilisation d'un levier financier est la voie la plus rapide pour créer massivement de la richesse, elle est également la voie la plus rapide pour perdre beaucoup d'argent si vous ne le faites pas correctement. Vous devez en effet bien comprendre que vous augmentez aussi votre risque chaque fois que vous utilisez un levier. Le risque, c'est celui de ne pas savoir rembourser votre crédit, et que la banque doive saisir votre immeuble. Je vous encourage donc, lorsque vous analysez les chiffres d'une propriété et mettez en place votre financement, à toujours jouer la prudence et anticiper toutes les situations possibles (réparations, vides locatifs, loyers impayés, ..). Nous verrons au chapitre suivant quelques stratégies pour contrôler le risque!

Utilisé correctement, l'effet de levier vous offre l'opportunité d'acheter plus de propriétés avec votre capital de départ. Vous pouvez donc commencer à constituer votre portefeuille immobilier même avec un capital de départ limité. Tout ce que vous avez à faire est de trouver un bon immeuble de rapport qui rapporte suffisamment pour couvrir toutes vos dépenses, emprunter la proportion du prix d'achat maximale que vous autorise la banque, et surtout choisir une zone qui offre un excellent potentiel de croissance.

## Vous pouvez créer de la richesse par vos actions

Quand vous investissez dans la bourse ou que vous laissez votre argent sur des comptes bancaires, vous n'avez aucun contrôle sur votre investissement. Vous donnez aveuglément votre argent à un banquier ou à une entreprise, sans savoir ce que ces gens vont en faire. De plus, vous êtes entièrement dépendant de l'évolution des marchés et des taux d'intérêts. Si les actions que vous possédez montent, tant mieux. Mais si elles chutent, vous ne pouvez rien faire pour empêcher que cela se produise. Et, quand toutes les bourses du monde s'écroulent (ce qu'elles font de temps à autre) suite aux spéculations d'un petit nombre d'initiés qui s'enrichissent au passage, tout ce que vous pouvez faire, c'est retenir votre souffle et prier, tel un spectateur impuissant.

Avec l'immobilier, par contre, vous pouvez agir personnellement pour augmenter la valeur de vos investissements. Voici quelques exemples d'actions qui vous permettront d'augmenter la valeur de votre immeuble et/ou d'obtenir des revenus locatifs supérieurs :

1. **Créer de la valeur par des rénovations :** parfois un coup de peinture suffit à redonner une jeunesse à un appartement triste. Dans d'autres cas, il faudra entreprendre des travaux plus importants, voire faire des transformations. Mais dans la plupart des cas, une propriété rénovée vaut plus que le prix de son acquisition et le prix des travaux. Elle peut donc être vendue plus cher ou louée pour un loyer plus élevé.

2. **Créer de la valeur par une meilleure gestion** : il arrive souvent que des propriétaires ne sachant pas comment gérer leur immeuble de rapport le vendent parce qu'ils sont fatigués des locataires qui paient leurs loyers en retard. Lorsque vous rachetez un tel immeuble, vous pouvez en augmenter considérablement le rendement et la valeur, juste en appliquant un meilleur marketing et en le gérant mieux, notamment en faisant une meilleure sélection des locataires.

3. **Diviser physiquement la propriété** : des investisseurs gagnent de l'argent en achetant des immeubles de plusieurs appartements et en revendant ces derniers « à la découpe », c'est-à-dire individuellement. Cela se fait aussi très couramment avec les terrains, et on parle alors de lotissement. Achetez par exemple un demi-hectare de terrain à la campagne pour 100.000 euros, en vous assurant que le terrain est bâtissable, que sa façade à rue est suffisamment longue pour pouvoir le diviser, et que les conduites d'eau et l'électricité passent à proximité. Attendez quelques années et faites les démarches administratives pour obtenir un permis de lotir. Il se peut toutefois que pour obtenir l'autorisation, vous deviez ajouter des infrastructures telles qu'amener l'électricité ou l'eau. Ensuite revendez 5 terrains à bâtir de 1.000 m² à 50.000 euros pièce pour un total de 250.000 euros, ou 7 terrains de 7 ares (700m²) à 40.000 euros pièce.

4. **Créer de la valeur en changeant l'affectation** : moyennant l'obtention d'une autorisation de la part des autorités urbanistiques, il est possible de changer l'usage auquel est destiné un immeuble ou une partie d'immeuble. On peut ainsi chercher à en augmenter les revenus locatifs ou trouver un nouvel usage pour un bien qui se loue mal dans son affectation actuelle. Des bureaux inoccupés peuvent ainsi être transformés en appartements. L'inverse est aussi possible, par exemple un appartement situé au rez-de-chaussée peut devenir un cabinet pour une profession libérale. Une maison se loue mal ou a un faible loyer parce qu'elle est située sur un grand axe avec beaucoup de circulation ? Transformez-la par exemple en bureaux et louez-la beaucoup plus cher à une entreprise pour qui l'importante circulation dans la rue apportera une plus grande visibilité.

5. **Créer de la valeur avec d'autres formes de location** : quand on parle de location de logements, on pense généralement à des lieux loués à long terme à des personnes qui y élisent domicile. Pourtant, ce n'est pas la seule formule possible, et il en existe d'autres qui peuvent apporter des rendements beaucoup plus importants. Ce sont notamment les locations de meublés, les gîtes et les chambres d'hôte, ainsi que les chambres pour étudiants (voir page 135).

## Un investissement qui protège de l'inflation

Quand on parle du rendement d'un investissement, il ne faut surtout pas oublier de tenir compte également de l'inflation. Comme vous le savez, l'inflation représente l'augmentation du coût de la vie d'une année à l'autre. Une inflation de 3%, comme de nombreux pays ont connus récemment, signifie que toutes les choses que nous achetons pour vivre aujourd'hui coûtent en moyenne 3% de plus que l'année précédente. Donc, quand vous avez des économies et que vous les placez dans un investissement, il faut s'assurer que, au minimum, le rendement de cet investissement soit plus élevé que le taux d'inflation. Sinon, cela signifie que vous perdez de l'argent chaque année car votre pouvoir d'achat diminue d'autant.

C'est le cas avec les comptes bancaires qui rapportent aujourd'hui au mieux 1 ou 2% de taux d'intérêt. Avec une inflation de 2%, et si vous avez sur votre compte un intérêt de 1%, alors votre rendement réel, ajusté à l'inflation, est de -1% ! La valeur de l'argent que vous laissez sur un compte bancaire baisse donc petit à petit tant que vous ne l'investissez pas ailleurs.

On dit en général que la bourse permet de se protéger de l'inflation, et on constate en effet que la valeur des actions a tendance à augmenter proportionnellement à elle. Les actions dans certains domaines ont même gagné une réputation de protection contre l'inflation. Ce sont celles que l'on appelle défensives, et qui sont des actions d'entreprises fabriquant des produits dont nous ne pouvons pas nous passer, comme la nourriture et les médicaments.

En ce qui concerne l'immobilier, on peut dire qu'il offre une excellente protection contre l'inflation. En effet, comme nous venons de le voir, la valeur des immeubles augmente avec le temps, et parfois bien plus vite que l'augmentation du prix de la vie. Et les loyers que l'on obtient lorsqu'on met un bien en location s'adaptent également à l'inflation parce que le propriétaire a la possibilité de les indexer chaque année.

Par ailleurs, l'inflation peut même devenir l'amie de l'investisseur immobilier, parce qu'elle fait également diminuer avec le temps la part que représentent les remboursements de crédit dans le budget des emprunteurs. Les ménages dont les revenus sont adaptés à l'inflation (indexés) peuvent ainsi se constituer un patrimoine dans des conditions rendues plus intéressantes par l'inflation.

Prenons l'exemple d'un ménage ayant un revenu de 3.000 euros nets par mois. Il emprunte 150.000 euros sur 20 ans avec un taux d'intérêt fixe de 4 %. Cela donne un remboursement mensuel de 909 euros, somme qui restera identique pendant toute la durée du crédit. Mais à cause de l'inflation, la part que représente cette somme dans le budget du ménage ne cessera de diminuer au fil du temps. Si nous considérons que le revenu de ce ménage sera régulièrement indexé pendant toute la durée du prêt en suivant l'inflation, voyons maintenant comment évoluera la proportion des revenus consacrés au remboursement de l'emprunt :

| AVEC UNE INFLATION DE 2% | | | |
|---|---|---|---|
| | Mensualités | Revenus | Part des revenus consacrée au remboursement |
| A l'achat | 909 | 3.000 | 30% |
| Après 10 ans | 909 | 3.657 | 24,8% |
| Après 15 ans | 909 | 4.037 | 22,5% |
| Après 20 ans | 909 | 4.458 | 20,4% |

Comme nous pouvons le constater, la proportion du revenu disponible consacré au remboursement de l'emprunt diminue considérablement. Au plus le temps passe, au plus les remboursements deviennent légers. Et plus l'inflation est importante, plus ce phénomène est important. Bien entendu, cela n'est vrai que si les revenus du ménage sont indexés annuellement.

## Investir dans l'immobilier pour payer moins d'impôts

Nous payons tous une quantité énorme d'argent en taxes de tous genres. Cela commence par celles que l'Etat prélève sur le travail, et qui s'élèvent souvent à 40 ou 50 % de ce que gagnent les travailleurs. Et cela continue sur la moindre des choses que l'on achète, sous forme de TVA et autres taxes indirectes. Celui qui cherche à augmenter sa richesse doit donc chercher à minimiser les taxes qu'il paie, tout en restant bien sûr dans la légalité. On dit en effet souvent que les riches sont riches parce qu'ils ne payent que peu ou pas d'impôt. Et dans ce domaine, l'investissement immobilier offre des avantages indéniables.

Parmi ceux-ci, les déductions fiscales sont généralement les plus connues. Les lois relatives à la taxation de l'immobilier diffèrent fortement d'un pays à l'autre, et il est hors du propos de ce livre d'en faire un exposé exhaustif. De nombreuses sources d'informations existent à ce sujet (voir Annexe 2) et je vous invite avec insistance à les consulter (en profondeur !) pour connaître le contexte fiscal en vigueur dans le pays où vous possédez vos biens immobiliers.

Dans la plupart des pays, les législations favorisent largement ceux qui investissent dans l'immobilier. Souvent, vous pouvez prétendre à des déductions d'impôt pour le paiement des intérêts de l'emprunt et le paiement de l'assurance décès. Dans certains cas, vous pouvez aussi déduire vos frais ainsi que l'amortissement du bien. En France, par exemple, les pouvoirs publics mettent régulièrement en place des dispositifs accordant des réductions d'impôts aux personnes qui acquièrent un bien immobilier neuf destiné à la location (dispositif Duflot actuellement (2015)). Les possibilités de déduction fiscale dépendent bien entendu également du statut à travers lequel vous possédez l'immeuble, c'est-à-dire si vous agissez en tant que particulier ou en tant que professionnel. Bien que très intéressante, la déductibilité fiscale n'est cependant que la partie visible de l'iceberg. Il y a en effet beaucoup plus intéressant ! Mais pour bien comprendre cela, nous devons d'abord introduire la distinction entre les revenus réalisés et les revenus non-réalisés. Les revenus réalisés, ce sont toutes les rentrées financières que l'on perçoit en espèces, comme par exemple le salaire, les intérêts de comptes bancaires, les dividendes d'actions, les loyers, etc. Et ce sont ces revenus réalisés que le fisc prend en compte pour déterminer la base imposable sur laquelle le contribuable devra payer des impôts.

Mais il existe un autre type de gain que l'on appelle les revenus non-réalisés. Ce sont les gains auquel on a droit, mais que l'on n'a pas encore perçu en espèces. Par exemple, si vous avez acheté une maison 100.000 euros et qu'elle en vaut maintenant 200.000, vous avez 100.000 euros de revenus non-réalisés. Ils restent non-réalisés tant que vous ne vendez pas la maison. Mais lorsque vous la vendez, vous aurez alors 100.000 euros de revenus réalisés. L'important est que tant que ces revenus ne sont pas matérialisés, ils ne sont soumis à aucune taxation. La France fait toutefois figure d'exception dans ce domaine. L'impôt sur la fortune (ISF), qui ne s'adresse qu'aux contribuables français les plus nantis, taxe en effet les individus sur le montant de leur patrimoine. T. Stanley et W. Danko (1996) ont effectué une remarquable recherche portant sur 385 ménages américains dont le patrimoine net était supérieur à 1 million de dollars. Ils ont publié leurs résultats dans l'excellent livre The Millionaire Next Door. Le millionnaire typique de leur étude a un revenu annuel total réalisé de moins de 7% de sa richesse. Cela signifie que seulement 7% de sa richesse est soumis à une forme ou l'autre de taxation sur le revenu.

A l'opposé, la plupart des gens n'ayant que les revenus de leur travail ont un revenu réalisé (et donc taxable) correspondant à peut-être 90% de leur richesse. Par conséquent, ils sont donc taxés annuellement sur 90% de leur richesse.

C'est un point très important à comprendre, et pour l'illustrer, prenons l'exemple de Monsieur Pauvre et Monsieur Riche, deux personnes ayant chacune un revenu professionnel annuel de 30.000 euros. Monsieur Riche est propriétaire d'une maison valant 500.000 euros. Supposons également que la valeur des immeubles ait augmenté de 3% par an. Le tableau suivant montre les situations respectives de ces deux personnes.

|  | M. PAUVRE | M. RICHE |
|---|---|---|
| Revenus professionnels | 30.000 | 30.000 |
| Patrimoine net | 10.000 | 500.000 |
| Richesse (Patrimoine net + revenus de l'année) | 40.000 | 530.000 |
| Revenus réalisés (base imposable) | 30.000 | 30.000 |
| % de la richesse qui est taxée | 75% | 6% |
| Revenus annuels non-réalisés et non imposés (croissance de 3% du prix de la maison de M. Riche) |  | 15.000 |

Bien sûr, Monsieur Riche devra également s'acquitter de taxes foncières sur sa propriété. Mais celles-ci seront très inférieures à la taxation des revenus réalisés (et notamment des 40 à 50% de taux d'imposition frappant les revenus du travail dans de nombreux pays).

Ceux qui veulent développer considérablement leur patrimoine doivent donc chercher à maximiser leurs revenus non-réalisés (accroissement de valeur, appréciation de capital sans flux de liquidités) pour profiter d'un effet boule de neige. Il faut également comprendre que plus on mène un style de vie dépensier, et plus cela nécessite d'avoir beaucoup de revenus réalisés pour le financer. Par conséquent, l'exposition à l'impôt sera également plus importante. C'est pourquoi, comme nous le verrons plus loin, mener une vie modeste sans signes extérieurs de richesse coûteux est la voie la plus sûre pour devenir riche.

## 1.2. Faites exploser votre patrimoine en quelques années

### Le triste bilan financier des non-propriétaires

A quoi mesure-t-on la richesse financière d'un individu ? Contrairement à ce que l'on pourrait penser a priori, ce n'est pas à l'importance de son salaire ou de ses revenus professionnels mensuels. Quelqu'un peut en effet jouir d'un très gros salaire, et le dépenser intégralement tous les mois en menant une vie luxueuse et en arborant des signes extérieurs de richesse pour signifier son statut social.

En réalité, la seule vraie mesure de la richesse financière, c'est la valeur totale des biens que l'on possède, et non l'argent qui nous passe dans les mains chaque mois. Ce peut être des meubles, une voiture, des œuvres d'art, de l'argent sur un compte, des bijoux, ou bien sûr une maison. Et ceux qui ont de gros revenus mensuels ne sont pas forcément ceux qui possèdent le plus de biens. Ce sont deux choses totalement indépendantes !

Pour mesurer le niveau de votre richesse, il faut faire votre propre bilan financier. Un Bilan Financier Personnel est un tableau comptable avec deux colonnes. La colonne de gauche répertorie tout ce que vous possédez, c'est votre Actif. Celle de droite montre quant à elle toutes vos dettes, c'est-à-dire votre Passif. La différence entre les deux vous permet de déterminer le niveau de votre richesse, c'est ce que l'on nomme le Patrimoine Net, l'Actif Net ou encore la Valeur Nette. C'est ce qu'il vous resterait en main si vous vendiez tout ce que vous avez et remboursiez toutes vos dettes.

Avant de poursuivre la lecture, je vous encourage vivement à faire votre bilan financier. Vous saisirez en effet mieux ce qui sera développé dans les lignes qui suivent si vous pouvez le rattacher à votre situation personnelle. Vous trouverez à cet effet un fichier de tableur Excel intitulé *Mon Bilan Financier* parmi les compléments au livre téléchargeables à l'adresse www.charlesmorgan.eu /immo/bonus.

Le Patrimoine Net est donc le chiffre le plus important dont vous devez suivre l'évolution pour savoir où vous vous situez sur le chemin de la création de richesse. Beaucoup de gens ne comprennent pas cela. Ils ne regardent que ce qu'ils gagnent mensuellement, et si ce chiffre augmente, ils se sentent plus riches et ne cherchent pas plus loin. Mais comme nous l'avons vu, ce raisonnement est faux.

| BILAN FINANCIER PERSONNEL ||||
|---|---|---|---|
| ACTIF (vos avoirs) || PASSIF (vos dettes) ||
| Voiture | 18.000 | Carte de crédit | 1.500 |
| Meubles | 1.500 | Crédit auto | 15.000 |
| Argent liquide | 3.000 | | |
| Instruments de musique | 1.500 | | |
| **Total de l'Actif** | **24.000 euros** | **Total du Passif** | **16.500 euros** |
| Patrimoine Net = 24.000 – 16.500 = 7.500 euros ||||

Le bilan financier personnel ci-dessus montre la situation typique de quelqu'un qui n'est pas propriétaire. En effet, la plupart des locataires ont peu d'actifs : une voiture, une TV, des meubles, et peut-être de l'argent sur des comptes bancaires ainsi que quelques placements mobiliers. Leur Patrimoine Net est souvent très bas, de l'ordre de quelques milliers d'euros, et il peut même être négatif lorsque leurs dettes sont plus importantes que ce qu'ils possèdent.

A notre époque où la publicité omniprésente dicte les modes de consommation planétaires, beaucoup de gens choisissent d'utiliser leur argent pour acheter une belle voiture, une belle télévision ou le dernier gadget électronique à la mode que tout le monde se doit de posséder. Et quand je dis *« utiliser leur argent »*, je devrais écrire *« acheter à crédit »*. Chacun est bien entendu libre d'utiliser ses ressources financières comme il l'entend, mais il faut bien comprendre que la consommation effrénée hypothèque fortement votre avenir financier. Pourquoi ? Parce que la valeur de tous les biens dont nous venons de parler diminue avec le passage du temps. Par exemple, une belle voiture neuve est très agréable, mais à peine l'avez-vous achetée que sa valeur chute de 15 ou 20%. Et à chaque année qui passe, le prix auquel vous pourriez la revendre ne cesse de diminuer. C'est la même chose avec les appareils électroniques. L'évolution technologique est si rapide de nos jours qu'il ne leur faudra que quelques mois pour devenir des vieilleries démodées dont personne ne voudra plus, et qui ne vaudront donc plus rien.

Ainsi, lorsque vous n'avez que ce genre de biens qui se déprécient dans la colonne de gauche (Actif) de votre bilan financier, le total de celle-ci ne fera que diminuer d'années en années (sauf si vous achetez de nouveaux objets). Moralité : vous vous appauvrissez !

Heureusement, tous les biens ne suivent pas cette voie inexorable de l'érosion de leur valeur. Il y en a qui, au contraire, voient leur valeur croître avec le temps. Et pour celui qui veut devenir plus riche, ce sont évidemment ces types de biens qu'il faut accumuler. Lorsque vous pouvez inscrire ces biens dans la colonne actif de votre bilan financier, et les conserver plusieurs années, vous verrez votre patrimoine augmenter régulièrement chaque année. L'immobilier appartient bien sûr à cette catégorie de biens.

## Acheter vous enrichit

Quand vous achetez un immeuble avec un crédit, deux forces contribuent avec le passage du temps à augmenter votre patrimoine net, donc votre richesse :

1. **La valeur** de votre immeuble augmente avec le temps. Comme nous l'avons vu dans les graphiques représentant l'évolution des prix dans plusieurs pays, cette croissance est en dents de scie et il arrive que le marché baisse, même parfois pendant plusieurs années. Mais normalement, les prix s'apprécient souvent de 3 à 5% en moyenne par an. Et cette augmentation agit comme des intérêts composés. C'est donc comme si vous aviez placé le prix de la maison sur un compte qui vous rapporte de 3 à 5% par an.

**2. Vous remboursez** un peu du capital emprunté tous les mois. Lorsque vous achetez en contractant un crédit hypothécaire, vos remboursements mensuels comportent une part d'intérêts et une part de remboursement du capital. Le solde de votre dette diminue donc un petit peu à chaque mensualité. Si vous mettez le bien en location, ce sont vos locataires qui s'occuperont de votre remboursement, de sorte que vous ne devrez rien débourser de votre poche.

Le dessin ci-dessous illustre ce double mouvement dans le temps :

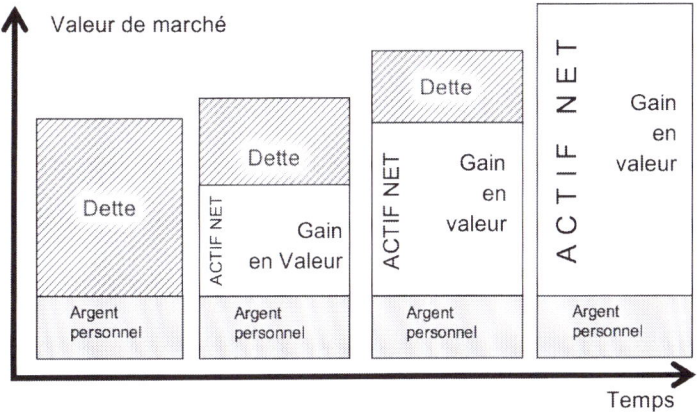

Voyons par un exemple comment les choses se passent. Supposons que vous achetiez un immeuble pour 300.000 euros avec un emprunt d'une durée de 20 ans et un taux d'intérêt de 4%. Pour rendre l'exemple plus simple, nous supposerons ici que vous avez emprunté la totalité de la somme.

Donc, au moment de l'achat, votre immeuble vaut 300.000 euros, et vous avez également 300.000 euros de dettes. Le tableau de bilan financier ci-dessous exprime cette situation. A gauche, vous avez votre Actif, c'est-à-dire ce qui vous appartient, et à droite, votre Passif, c'est-à-dire vos dettes. Votre Actif Net est la différence entre les deux, et c'est donc l'argent que vous possédez en propre dans cet immeuble. Dit autrement, c'est ce qu'il vous resterait en main si vous deviez vendre l'immeuble aujourd'hui. Dans notre exemple, au moment de l'achat votre Actif Net dans cet immeuble est de 0 euros, parce que vous avez emprunté la totalité de la somme.

| IMMEUBLE : 183, RUE DES FLEURS ||
|---|---|
| BILAN FINANCIER AU MOMENT DE L'ACHAT ||
| ACTIF (vos avoirs) | PASSIF (vos dettes) |
| 300.000 euros | 300.000 euros |

Actif Net sur cet immeuble = 300.000 – 300.000 = 0 euros

Mais votre colonne de gauche va progressivement augmenter car votre immeuble prendra naturellement de la valeur. Dans l'exemple qui suit, nous prendrons comme hypothèse que la valeur de l'immeuble augmente de 5 % par an pendant les 20 années suivant votre achat. C'est un chiffre réaliste, certaines années ce ne sera peut-être que 3%, mais d'autres cela pourrait être 8%.

Par ailleurs vos remboursements mensuels vont contribuer à abaisser progressivement le solde de votre dette. Comme les banquiers sont des gens rusés, ils font toujours en sorte d'être payés le plus rapidement possible. C'est pourquoi au début de la durée de votre crédit, ce sont les intérêts qui constituent la plus grosse partie des remboursements, tandis que le remboursement du capital est moindre. Ensuite, progressivement, la tendance s'inverse, et dans les dernières années du crédit les remboursements ne servent quasiment plus qu'à rembourser le capital.

Observons donc comment votre bilan va évoluer au cours des ans :

Après 1 an, la valeur de votre immeuble aura augmenté de 15.000 euros (5% de 300.000 euros) et vaudra donc 315.000 euros. Par ailleurs, vous aurez remboursé environ 10.000 euros de capital, et votre dette ne sera donc plus que de 290.000 euros. Votre Actif Net sur cet immeuble sera donc à ce moment de 25.000 euros (315.000 – 290.000).

A la fin de la deuxième année, votre immeuble aura encore gagné 15.750 euros en valeur et vaudra dès lors 330.750 euros (315.000 + (0,05 x 315.000)). Durant l'année écoulée, vous aurez également remboursé environ 10.400 euros, ce qui ramènera votre dette à 279.600 euros. Votre Actif Net sur cet immeuble sera donc à ce moment de 330.750 – 279.600 = 51.150 euros.

Après 3 ans, la valeur de votre immeuble aura cru de 16.537 euros supplémentaires, et il vaudra 347.287 euros (330.750 + (0,05 x 330.750)). Vous aurez également encore remboursé cette année environ 10.830 euros de capital, ce qui amènera votre dette à 268.770 euros. Votre Actif Net sur cet immeuble sera donc à ce moment de 78.487 euros (347.287 – 268.770).

| IMMEUBLE : 183, RUE DES FLEURS ||
|---|---|
| BILAN FINANCIER AU MOMENT DE L'ACHAT ||
| ACTIF (vos avoirs) | PASSIF (vos dettes) |
| 347.287 euros | 274.100 euros |

Actif Net sur cet immeuble = 347.287 − 268.770 = 78.487 euros

Après 20 ans, votre immeuble vaudra 795.989 euros (à supposer que la croissance reste en moyenne de 5%). A cette date, vous aurez remboursé la totalité des 300.000 euros empruntés. Comme vous n'aurez plus de dette sur cet immeuble, vous aurez donc un Actif Net de 795.989 euros. Le tableau ci-dessous montre le détail par année :

| AVEC UNE CROISSANCE MOYENNE DE 5% PAR AN ||||
|---|---|---|---|
| Durée | Valeur de l'immeuble | Dette restante | ACTIF NET (Valeur de l'immeuble - dette) |
| Achat | 300.000 | 300.000 | 0 |
| 1 an | 315.000 | 290.000 | 25.000 |
| 2 ans | 330.750 | 279.600 | 51.150 |
| 3 ans | 347.287 | 268.770 | 78.487 |
| 4 ans | 364.651 | 257.500 | 107.151 |
| 5 ans | 382.884 | 245.770 | 137.114 |
| 10 ans | 488.668 | 179.560 | 309.108 |
| 15 ans | 623.678 | 98.712 | 524.966 |
| 20 ans | 795.989 | 0 | 795.989 |

Et sous forme de graphique, cela donne :

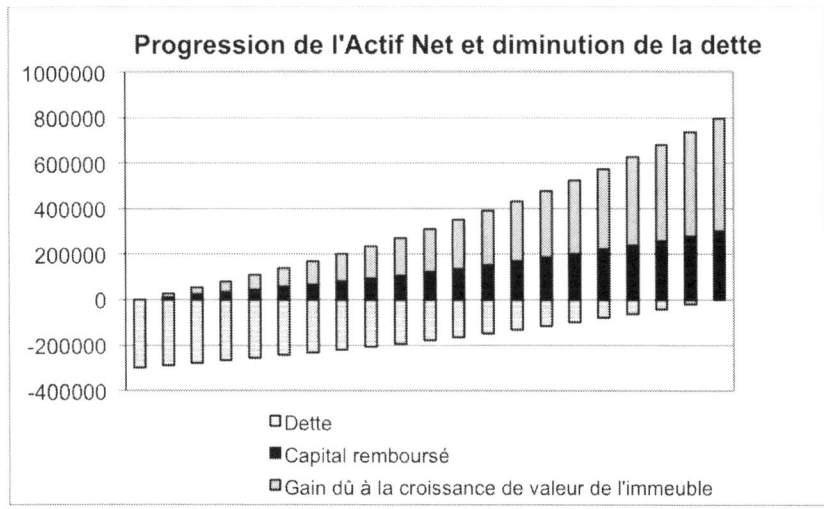

Au-dessus de la ligne des abscisses, vous avez l'évolution de l'Actif, et en-dessous celle du Passif, au cours des 20 années que dure l'emprunt. Tandis que la dette diminue progressivement, la partie du capital qui a été remboursée augmente. Et à celle-ci s'ajoute la croissance de la valeur de l'immeuble. Comme vous pouvez le constater, c'est surtout la croissance de valeur qui fait grimper votre Actif Net, beaucoup plus que le remboursement de capital. Cela est dû à l'effet de levier financier.

Certains diront que 5% de croissance annuelle est un chiffre exagéré. Personnellement je ne le pense pas, car c'est ce que j'ai connu depuis que j'ai commencé à investir dans l'immobilier. Mais admettons que les époques et les lieux soient différents, et regardons ce qu'il se passerait si la croissance était seulement de 3% par an. Le tableau suivant montre comment évolueraient la valeur de l'immeuble et votre actif net.

| AVEC UNE CROISSANCE MOYENNE DE 3% PAR AN ||||
|---|---|---|---|
| Durée | Valeur de l'immeuble | Dette restante | ACTIF NET (Valeur de l'immeuble - dette) |
| Achat | 300.000 | 300.000 | 0 |
| 1 an | 309.000 | 290.000 | 19.000 |
| 2 ans | 318.270 | 279.600 | 38.670 |
| 3 ans | 327.818 | 268.800 | 59.018 |
| 4 ans | 337.653 | 257.500 | 80.153 |
| 5 ans | 347.782 | 245.570 | 102.212 |
| 10 ans | 403.175 | 179.560 | 223.615 |
| 15 ans | 467.390 | 98.712 | 368.678 |
| 20 ans | 541.833 | 0 | 541.833 |

Les chiffres sont bien sûr moins impressionnants qu'avec une croissance de 5%, mais ils restent quand même très intéressants. Qui n'aimerait pas en effet être propriétaire d'un capital d'un demi-million d'euros le jour de sa retraite ?

## La perte inévitable qui s'avère très rentable

Je dois vous confesser qu'en réalité les calculs présentés à la section précédente ne sont pas totalement exacts. Ils négligent un élément important que les auteurs traitant de l'immobilier passent souvent sous silence. C'est quelque chose de difficile à conceptualiser, mais nous allons essayer de cerner le problème. Il s'agit du mystère de la disparition des frais d'achat, qui finissent quand même par produire une rentabilité.

Je m'explique. Supposons que vous avez 30.000 euros sur votre compte en banque. Ce sont vos économies et vous souhaitez les utiliser pour acheter un bien immobilier. On dit en général que cet apport personnel sert à payer l'acompte. Mais il est souvent plus exact de dire qu'il est utilisé pour payer les frais d'achat, ce que l'on nomme communément les frais de notaire. Ces frais sont constitués des rémunérations des professionnels intervenants (notaire ou avocat), et surtout des taxes. Ils varient selon les pays et peuvent aller de 5 à 20% du prix d'achat.

Avant d'acheter, votre bilan financier personnel se présente donc comme ceci (pour simplifier nous omettrons tous les autres postes non-concernés par l'opération) :

| AVANT D'ACHETER | | | |
|---|---|---|---|
| ACTIF | | PASSIF | |
| Compte en banque | 30.000 | | 0 |
| **Total des Actifs** | **30.000** | **Total des Passifs** | **0** |

Patrimoine Net = 30.000 – 0 = 30.000 euros

Vos 30.000 euros en liquide existent bel et bien, et vous allez pouvoir les utiliser. Vous trouvez ensuite un immeuble d'une valeur de 300.000 euros et vous l'achetez. Supposons maintenant que les frais d'achat dans votre pays soient de 10%, c'est-à-dire 30.000 euros. Cela correspond donc exactement au montant de vos économies, et vous financez le solde du prix d'achat par un emprunt hypothécaire. Après l'achat, votre bilan financier personnel ressemble à ceci :

| APRES L'ACHAT | | | |
|---|---|---|---|
| ACTIF | | PASSIF | |
| Compte en banque | 0 | Emprunt immeuble | 300.000 |
| Immeuble | 300.000 | | |
| **Total des Actifs** | **300.000** | **Total des Passifs** | **300.000** |

Patrimoine Net = 300.000 – 300.000 = 0 euros

Comme on le voit, vous avez « perdu » ici 30.000 euros ! Cet argent existait avant d'acheter, puis il a disparu de vos comptes (mais pas de ceux de l'administration fiscale !). Il s'est littéralement évaporé.

Pourtant, comme nous allons le voir, cet argent disparu va produire une rentabilité très élevée ! Mais pour le moment, on ne peut pas comptabiliser cette somme dans la valeur de l'immeuble. En effet, si vous deviez revendre immédiatement la propriété, vous ne pourriez vraisemblablement pas en obtenir 330.000 euros. Si vous l'avez achetée 300.000 euros et que ce prix correspond à celui du marché, c'est à ce prix que vous avez le plus de chance de pouvoir le revendre (voire moins si vous ne voulez pas que la vente traîne). Bien sûr, l'idéal serait de l'avoir acheté pour un prix plus bas que la valeur de marché (par ex 10% de moins = 270.000 euros). Dans ce cas, le revendre le lendemain à la valeur de marché couvrirait le prix d'achat et tous les frais d'achat.

Mais soyons conservateurs et considérons que les 30.000 euros qui ont servi à payer les frais d'achat sont perdus, disparus, envolés. On est malheureusement obligé de payer ces frais et il n'est pas possible de faire autrement. Pourtant, cet argent disparu est le prix à payer pour pouvoir prendre le contrôle d'un investissement qui va vous rapporter beaucoup d'argent. Pour prendre une comparaison boursière, c'est un peu comme les frais d'entrées existant sur certains fonds d'investissement. Pour pouvoir récupérer votre mise en cas de revente, il va donc falloir attendre que l'investissement produise des revenus pendant un certain temps. Voyons comment la situation va évoluer. Après un an, si nous considérons une croissance de 3%, votre bilan ressemblera à ceci :

| APRES 1 AN (CROISSANCE 3%) ||
|---|---|
| ACTIF | PASSIF |
| Immeuble 309.000 | Emprunt 291.700 |

Patrimoine Net = 309.000 − 291.700 = 17.300 euros

D'une part votre immeuble prend de la valeur, et d'autre part votre dette se réduit progressivement. Il arrivera donc un moment où ces deux gains combinés viendront compenser la perte subie lors du paiement des frais d'achat. Il faudra donc détenir le bien pendant un certain nombre d'années avant de pouvoir le revendre sans rien perdre. Autrement dit, vos fonds propres ne commenceront à produire une rentabilité qu'à partir d'un certain moment. C'est similaire au concept de point mort que l'on utilise dans le domaine de l'entreprise pour exprimer le nombre d'années nécessaire pour parvenir au seuil de rentabilité, c'est-à-dire le moment à partir duquel l'activité deviendra rentable.

Le tableau suivant montre l'évolution de la rentabilité des fonds propres de notre exemple pendant les cinq premières années, en ne prenant qu'un modeste taux de croissance de 3%.

| AVEC UNE CROISSANCE MOYENNE DE 3% PAR AN | | | | | |
|---|---|---|---|---|---|
| | Gain en valeur (a) | Capital remboursé (b) | Gain total (a+b) | Bénéfice | Rentabilité des fonds propres |
| Achat | 300.000 | 300.000 | 0 | - 30.000 *(1)* | -100% |
| 1 an | 309.000 | 290.000 | 19.000 | -11.000 *(2)* | -37% |
| 2 ans | 318.270 | 279.600 | 38.670 | 8.674 *(3)* | 29% |
| 3 ans | 327.818 | 268.800 | 59.018 | 20.378 | 68% |
| 4 ans | 337.653 | 257.500 | 80.153 | 21.105 | 70% |
| 5 ans | 347.782 | 245.570 | 102.212 | 21.859 | 73% |

*(1) Le paiement des frais d'achat*
*(2) Lors de la première année, la perte n'est plus que de 30.000 – 19.000 = 11.000 euros*
*(3) A la fin de la deuxième année, le gain total de 19.674 permet d'effacer la perte restante de 11.000, tout en laissant un solde de 8.674 euros (19.674 – 11.000)*

Comme on le voit, la perte initiale est effacée dès la deuxième année (dans notre exemple). Par la suite, la rentabilité des fonds propre atteindra des chiffres sans commune mesure avec les rendements auxquels sont habitués les épargnants traditionnels. Votre investissement de 30.000 euros vous rapportera des rendements de l'ordre de 70%, et cela ira en augmentant. Cela est dû à l'effet de levier financier, parce que vous bénéficiez d'une croissance annuelle de 3% sur la valeur totale de la maison, c'est-à-dire 10 fois la somme que vous avez investie personnellement.

Les calculs ci-dessus ne sont toutefois valables que pour l'investisseur qui met en location l'immeuble qu'il vient d'acheter, et qui obtient des revenus locatifs couvrant toutes ses dépenses. Dans ce cas, ce sont ses locataires qui paient les remboursements mensuels du crédit, ainsi que les taxes et assurances. L'investissement personnel se limite donc idéalement à l'apport en liquidité au moment de l'achat.

Il en va par contre autrement pour la personne qui achète une habitation qu'elle va elle-même occuper. Elle devra dans ce cas payer les mensualités de sa poche, ce qui représente un apport personnel supplémentaire régulier dans le temps. Calculer combien de temps il faudrait pour compenser les frais d'achat est dans ce cas plus compliqué, car d'autres éléments interviennent. Il faudrait notamment considérer les bénéfices que représentent pour la personne la jouissance des lieux et le fait qu'elle ne devra plus payer de loyer. Par ailleurs, si l'on peut considérer que la part des mensualités servant à rembourser le capital représente une économie forcée, celle qui correspondant aux intérêts est quant à elle perdue. Enfin, il ne faudrait pas oublier d'inclure dans le calcul les éventuels avantages fiscaux auxquels le propriétaire aura droit s'il habite personnellement le logement, et dont il ne pourrait pas bénéficier si ce n'est pas le cas.

## Le formidable bilan financier des investisseurs immobiliers

Nous avons vu au début de ce chapitre le triste bilan financier personnel d'un locataire typique. Il possède peu de biens, et ceux-ci sont en général des objets dont la valeur diminue avec le passage du temps. Ses dettes sont constituées de prêts personnels ou de soldes négatifs sur des cartes de crédits, qu'elle a contractés pour faire l'acquisition des objets dont nous venons de parler. Au total, son patrimoine net n'est le plus souvent que de quelques milliers d'euros.

Voulez-vous voir maintenant à quoi peut ressembler le bilan financier d'un investisseur immobilier ? Supposons que la même personne à laquelle appartenait ce bilan décide, par exemple après avoir lu ce livre, de commencer à investir dans l'immobilier.

La première année, elle achète un bon immeuble de rapport comprenant 3 appartements pour la somme de 300.000 euros. Elle contracte un financement sur 20 ans et apporte personnellement 30.000 euros pour payer les frais d'achat. Pour réussir à avoir cette somme, nous supposerons qu'elle a épargné un certain temps en suivant un plan d'épargne rigoureux (voir chapitre 7). Juste après avoir acheté, son bilan financier se présente comme ceci :

| AU MOMENT DE L'ACHAT | | | |
|---|---|---|---|
| ACTIF | | PASSIF | |
| Voiture | 18.000 | Carte de crédit | 1.500 |
| Meubles | 1.500 | Emprunt pour voiture | 15.000 |
| Argent liquide | 3.000 | Emprunt immeuble 1 | 300 000 |
| Instruments de musique | 1.500 | | |
| Immeuble 1 | 300.000 | | |
| **Total de l'Actif** | **324.000 euros** | **Total du Passif** | **316.500 euros** |
| Patrimoine Net = 324.000 – 316.500 = 7.500 euros | | | |

Comme nous pouvons le voir, son Patrimoine Net n'a jusque-là pas grandi car la même somme a été ajoutée dans les deux colonnes. Les appartements sont mis en location, et les revenus locatifs couvrent toutes les dépenses de fonctionnement et les taxes, ainsi que les remboursements du crédit hypothécaire.

Ensuite, deux ans plus tard, après avoir vu comment les choses se passent et après des recherches intensives, cette personne achète pour 200.000 euros un deuxième immeuble très rentable dont les revenus locatifs dépassent les frais et les remboursements de crédit. Elle y investit toutes les économies qu'elle a pu accumuler durant ces deux ans, et contracte un crédit sur 20 ans pour le solde. Pour avoir accès à ce financement, elle présente à la banque un dossier solide mettant en avant les excellents chiffres du nouvel immeuble, et prouvant qu'elle a su parfaitement gérer le premier et rembourser régulièrement ses mensualités.

Enfin, après une période supplémentaire d'encore deux ans, elle achète pour 300.000 euros un troisième immeuble qui, comme les deux premiers, a un excellent rendement et se paie tout seul. Pour le financer, elle investit à nouveau son épargne et contracte un crédit global sur 20 ans pour le solde.

Voyons maintenant à quoi ressemblera le bilan financier personnel de cette personne après 10 ans, en supposant que les prix de l'immobilier croissent en moyenne de 3 % par an. A cette date, l'immeuble 1 aura connu 10 ans de croissance et de remboursement de crédit, l'immeuble 2 en aura eu 8, et l'immeuble 3 seulement 6 ans. Pour simplifier, nous passerons sous silence tous les autres postes du bilan, car ils ne compteraient de toute manière que pour quelques milliers d'euros.

## 10 ANS PLUS TARD

| ACTIF | | PASSIF | |
|---|---|---|---|
| Immeuble 1 (achat 300.000) | 403.175 | Emprunt immeuble 1 | 186.665 |
| Immeuble 2 (achat 200.000) | 253.355 | Emprunt immeuble 2 | 142.710 |
| Immeuble 3 (achat 300.000) | 358.216 | Emprunt immeuble 3 | 238.863 |
| **Total des Actifs** | **1.014.746** | **Total des Passifs** | **568.238** |

Patrimoine Net = 1.014.746 − 568.238 = 446.508 euros

En 10 ans, la fortune de cette personne sera donc passée de quelques milliers d'euros à presque 500.000 euros. Et quatorze ans plus tard, lorsqu'elle aura fini de payer son dernier crédit hypothécaire, elle sera à la tête d'un patrimoine de 1.535.000 euros ! Ce résultat vaut si l'on considère toujours une croissance de 3%. Mais si la croissance moyenne venait à monter à 5%, son patrimoine s'élèverait à plus de deux millions d'euros !

À ce rythme, vous voyez qu'il est vraiment possible de s'enrichir en investissant dans l'immobilier, et de se préparer un joli complément de retraite. Et la personne fictive décrite ci-dessus, ce pourrait être vous !

Retenez bien ces principes, ils sont la clé du succès ! Vous pouvez vous aussi construire un patrimoine net considérable en achetant avec sagesse des biens immobiliers, et en les conservant pendant que leur valeur augmente toute seule. Peu de gens comprennent assez tôt dans leur vie la valeur de l'investissement immobilier. Ne faites pas partie de cette catégorie, et profitez des formidables possibilités qu'il peut vous offrir.

## 1.3 La voie royale vers l'indépendance financière

Investir dans l'immobilier vous permettra de construire votre fortune et d'accumuler progressivement un capital, pour votre plus grand profit ainsi que celui de vos enfants, voire de vos petits-enfants. Vous pourrez même devenir millionnaire si c'est cela que vous voulez vraiment, et si vous êtes prêt à faire les efforts et prendre les risques nécessaires pour y arriver.

Mais personnellement, ce que j'aime par-dessus tout dans l'investissement immobilier, c'est l'indépendance financière qu'il peut procurer. Lorsque j'ai perdu mon travail à l'âge de 46 ans, j'ai décidé que j'avais assez donné et que je ferais mieux de m'occuper d'autres choses qui me tenaient plus à cœur. Je suis donc devenu rentier. Si j'ai pu me permettre ce luxe, c'est parce que je m'y étais préparé suffisamment tôt. Bien que je n'aie jamais gagné de salaires mirobolants au cours de ma vie professionnelle, j'ai toujours économisé et investi mon épargne dans l'immobilier. De sorte que lorsque je me suis retrouvé sans emploi à l'approche de la cinquantaine, mes revenus locatifs étaient bien supérieurs à mes anciens revenus professionnels. J'ai donc pu, en toute liberté, décider de prendre un autre chemin que celui du travail de 9h à 5h. J'étais parvenu à quitter la Rat Race.

"The Rat Race" (La Course de Rats) est une expression que l'on retrouve souvent dans les livres américains sur le développement personnel et financier. La course de rats, c'est la course folle dans laquelle sont engagés la plupart des gens tout au long de leurs vies. C'est la routine du « métro-boulot-dodo », comme on dit en français. On se lève tôt le matin, on avale en vitesse un petit-déjeuner et on court pour conduire les enfants à l'école et arriver à l'heure au travail. Au passage on s'énerve dans les embouteillages ou on se presse dans des métros et des trains bondés de gens qui participent à la même course. Ensuite, on passe huit ou dix heures par jour à faire un travail que l'on n'aime pas forcément, en devant parfois supporter les humiliations de ses supérieurs et le stress de la productivité. A la fin de la journée, on reprend le métro ou les embouteillages en sens inverse pour rentrer chez soi. Enfin, le soir on peut quand même passer un peu de temps avec ceux qu'on aime ou se relaxer. Et le lendemain, le rythme infernal recommence !

Le terme « course de rats » est employé par analogie avec les efforts futiles que fait le rat de laboratoire pour essayer de s'échapper du labyrinthe, ou la souris qui tourne inlassablement dans sa roue. Dans nos cités modernes, beaucoup de gens courent aussi dans tous les sens et dépensent énormément d'efforts. Au fond d'eux pourtant, nombreux sont ceux qui voient leur travail comme une poursuite sans fin dont ils ne comprennent plus le sens. Le plus dramatique, c'est que pendant ce temps ils mettent de côté leurs aspirations personnelles et peinent à s'épanouir. S'ils se posent de temps à autre des questions sur le sens de tout cela, ils refoulent leurs doutes et continuent leur course folle en se disant que c'est normal, puisque tout le monde le fait.

Si nous acceptons de mener ces vies de fourmis, c'est parce que nous y sommes obligés. Non parce que nous sommes condamnés aux travaux forcés, mais tout simplement parce que nous avons besoin d'argent pour survivre. Sans travail, impossible de régler ses factures, de se loger ou de manger. Et la prolifération des crédits faciles contribue fortement à maintenir les gens dans cette obligation. Vous voulez une voiture neuve ? Vous n'avez qu'à demander un prêt pour l'acheter. Vous voulez une jolie maison ? Faites un emprunt hypothécaire. Vous voulez meubler cette maison ? Utilisez votre carte de crédit pour acheter des meubles. L'argent est très facile à trouver, trop peut-être.

Mais toute cette consommation facile à crédit impose un fardeau élevé sur la liberté de chacun. Le bonheur de posséder un objet se fait au prix de devoir passer les meilleures heures de la journée et la meilleure période de sa vie dans un bureau ou un atelier. Au risque de se retrouver en situation de faillite personnelle et de tout perdre, il faut continuer à travailler pour gagner de l'argent. Dépourvus de liberté financière, la plupart des gens sont esclaves de leur salaire, emprisonnés jusqu'à 65 ans dans la course de rats. Car c'est là que réside le piège : ne dépendre que de son seul salaire comme source de revenus. Or, ne dit-on pas souvent qu'il n'est pas sage de mettre tous ses œufs dans le même panier ? Mais c'est pourtant précisément ce que font la plupart des gens qui n'essayent pas de faire des investissements ou de diversifier leurs sources de revenus.

Heureusement, il y a des gens qui sont heureux et épanouis dans leur travail. Quand je faisais de l'orientation professionnelle en tant que psychologue, j'utilisais souvent la théorie d'un éducateur japonais du siècle passé qui s'appelait Tsunesaburo Makiguchi. Ce dernier expliquait que le travail idéal est celui qui combine à la fois la valeur économique, la valeur esthétique et la valeur morale. Toutes ces valeurs sont bien entendu subjectives et sont donc différentes pour chacun ; par exemple ce qui plaira à une personne sera désagréable pour une autre. On se sentira donc heureux au travail si l'on perçoit que ce dernier rapporte suffisamment d'argent (valeur économique), que l'on aime faire cette activité (valeur esthétique), et que l'on se sent utile pour la communauté (valeur morale). J'espère sincèrement que vous avez la chance d'exercer une occupation professionnelle que vous aimez et qui vous apporte ces trois types de bénéfices. Si c'est le cas, vous trouvez vraisemblablement du sens à votre vie, et ne vous sentez probablement pas comme un rat dans une cage. Par contre, si vous vous rendez au travail tous les jours uniquement par obligation et en rêvant d'une vie meilleure, vous devriez peut-être penser soit à changer de travail, soit à vous échapper de la course de rats.

Mais que vous aimiez ou non votre travail actuel, il est dans tous les cas de la plus haute importance que vous pensiez à construire votre indépendance financière, car votre revenu professionnel actuel n'est pas une chose garantie. Les crises économiques que nous connaissons vous ont en effet certainement montré à quel point la stabilité de l'emploi est précaire. L'entreprise pour laquelle vous travaillez peut faire faillite demain, et même si ce n'est pas le cas, ses dirigeants peuvent à tout moment décider de procéder à des licenciements pour augmenter sa rentabilité. Cela arrive quotidiennement, et à chaque fois des centaines et des milliers de familles voient leur vie chavirer du jour au lendemain. Sans ce travail sur lequel tout reposait, plus moyen de rembourser les crédits pour la maison et la voiture, plus possible de partir en vacances et parfois même de payer des études aux enfants. Et si vous avez la chance de garder votre emploi, que se passera-t-il le jour où vous prendrez votre retraite ? La pension pour laquelle vous aurez cotisé tout au long de votre vie active sera-t-elle suffisante pour vous assurer une existence décente dans un monde où le coût de la vie ne cesse chaque jour d'augmenter ? Et pire, y aura-t-il seulement encore un système de pension de l'Etat à ce moment ? Rien n'est moins certain, car le financement des systèmes de sécurité sociale est pour les gouvernements de tous les pays un véritable casse-tête qui risque bien de finir par exploser.

Cette vision quelque peu pessimiste, mais hélas très réaliste, montre que tout peut arriver, et que personne n'est à l'abri d'un accident. C'est pourquoi ma conviction profonde est que chacun a la responsabilité de développer autant qu'il le peut son autonomie financière, sans compter de quelque manière que ce soit sur l'aide des pouvoirs publics. De cette façon, votre vie ne risquera pas de s'arrêter si vous veniez un jour à perdre votre emploi ou vos revenus professionnels.

Comment dès lors sortir de la course de rats ? Non, je ne vais pas vous conseiller de tout quitter pour aller vivre dans une caverne à la montagne, et d'avoir trois chèvres et un potager qui vous permettent de vivre en autarcie. Il y a heureusement moyen de vous libérer tout en continuant à vivre dans la société ! Mais pour avoir cette liberté de choix, il faut en avoir les moyens financiers. C'est ici qu'intervient le concept d'indépendance financière ou liberté financière. On pourrait définir l'indépendance financière comme « la capacité de pouvoir vivre le genre de vie que l'on veut sans avoir l'obligation de travailler, et sans dépendre de quiconque ». C'est un concept qui tourne autour de deux éléments : l'argent et le temps. Etre financièrement indépendant veut dire avoir suffisamment d'argent pour pouvoir mener une vie équilibrée, et avoir suffisamment de temps à consacrer à ses passions et aux choses que l'on a vraiment envie de faire. Cela peut-être s'adonner à un art, pratiquer un sport, écrire un livre, faire des voyages, participer à des œuvres sociales, etc. Avoir l'indépendance financière comme objectif, c'est donc décider de réaliser ses rêves et de vivre ses passions. Et surtout, avoir les moyens de le faire. Lorsque vous serez financièrement libre, vous pourrez bien entendu continuer à travailler. Mais vous aurez la liberté de faire le travail que vous aimez, ou de travailler selon vos propres termes, de façon à trouver un meilleur équilibre entre vie personnelle et travail.

On confond souvent la liberté financière et la richesse, mais il s'agit pourtant de deux choses différentes. Il ne faut en effet pas forcément posséder plusieurs millions d'euros pour être financièrement indépendant. Tout dépend en fait du style de vie que l'on mène. Une personne qui ne ressent pas la nécessité d'acheter des produits de luxe pourra très bien devenir 100% indépendante financièrement avec un capital limité, par exemple en possédant un seul immeuble de quatre appartements.

La clé de l'indépendance financière, ce sont les *revenus passifs*. Les revenus passifs sont des rentrées financières que vous gagnez sans y travailler activement. En général, ils sont les produits des investissements, par exemple l'immobilier ou les valeurs mobilières (actions, obligations). Mais ils peuvent également provenir des fruits d'une création originale (royalties, droits d'auteur, etc.). Tandis que le revenu provenant d'une activité de travail s'arrête dès que vous cessez de travailler, une fois que vous avez créé une source de revenu passif, celle-ci continuera encore longtemps à travailler pour vous.

Vous serez financièrement indépendant lorsque les revenus passifs que vous recevez régulièrement seront suffisamment importants pour que vous puissiez en vivre. Pour arriver à ce stade, vous devez donc vous efforcer de faire grandir ceux-ci.

Vous serez financièrement indépendant lorsque les revenus passifs que vous recevez régulièrement seront suffisamment importants pour que vous puissiez en vivre. Pour arriver à ce stade, vous devez donc vous efforcer de faire grandir ceux-ci.

Au début de votre parcours, les revenus du travail représentent probablement la totalité de vos rentrées financières. Mais progressivement, au fil de votre épargne et de vos investissements, les revenus passifs prendront de plus en plus d'importance. Par exemple, lorsque vous êtes propriétaire d'un logement que vous mettez en location, les loyers que vous percevez vous donneront un degré de liberté grandissant par rapport à votre activité professionnelle. Bien sûr, au début vous devrez rembourser votre emprunt et la plus grande partie de vos revenus locatifs sera consacrée à cela. Mais avec le temps, l'argent qu'il vous restera en main tous les mois grandira et constituera un revenu passif non-négligeable

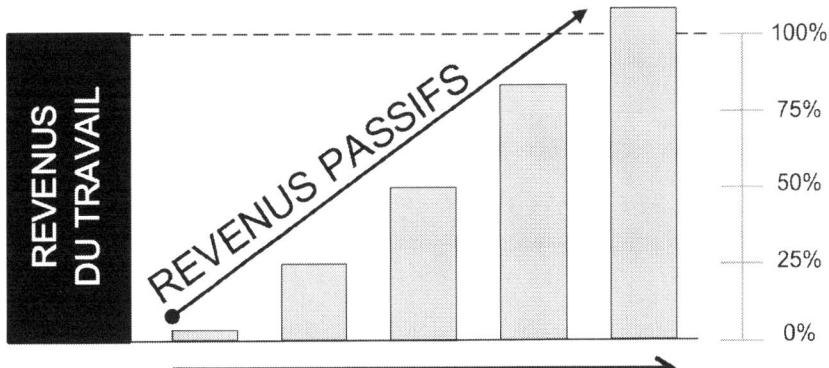

Progression de l'indépendance financière jusqu'au moment où les revenus passifs dépassent les revenus du travail

Vos revenus passifs représenteront au début peut-être 10 % de votre salaire, puis ce sera 20%, 60% ... et un jour 100%. Lorsqu'ils dépasseront vos revenus professionnels, cela signifiera que vous pourriez en vivre. Ce jour-là, vous serez financièrement libre. Vous aurez le choix entre continuer de travailler ou décider d'arrêter. Ou vous pourrez aussi préférer une solution intermédiaire et réduire votre horaire de travail pour avoir du temps à consacrer à d'autres activités.

Avoir des revenus que l'on appelle « passifs » ne veut absolument pas dire que vous n'avez pas besoin de faire des efforts pour y arriver. En fait, pour les construire vous devrez peut-être travailler dans un premier temps aussi durement, - et peut-être même encore plus -, que pour avoir des revenus du travail. Construire son indépendance financière demande donc de la discipline personnelle et des efforts. Mais c'est un objectif tout à fait réalisable, que vous pouvez atteindre en réduisant vos dépenses, en épargnant et en investissant. Nous verrons en détail le chemin à suivre pour construire votre indépendance financière dans le chapitre 7 : Comment débuter quand on est pauvre.

> Décider d'acheter de l'immobilier marquera un tournant décisif dans votre vie financière. Vous commencerez alors à avancer sur le chemin de la fortune et de l'indépendance financière. Pourquoi ?
> > parce que vous pouvez amasser une fortune, simplement en achetant des immeubles en dessous de leur valeur de marché. C'est quelque chose d'impossible avec des actions ou avec de l'or. Si vous voulez acheter pour 10.000 euros d'actions, vous devrez payez 10.000 euros ! Par contre, avec de la recherche et un peu de connaissances, il est possible d'acheter une maison 10, 20, 30% ou même plus, en dessous de sa valeur de marché.

> parce que l'immobilier s'achète en empruntant de l'argent. Vous pouvez donc acheter et contrôler de nombreux biens en utilisant très peu de votre argent personnel, et parfois même sans dépenser un euro.
> parce que des biens immobiliers mis en location se paieront d'eux-mêmes car vos loyers couvriront le remboursement de votre emprunt.
> parce qu'une fois que vous détenez un bien immobilier, vous pouvez l'utiliser comme garantie pour acheter d'autres biens immobiliers de rapport.

## 1.4. Affranchissez-vous des croyances qui vous retiennent

Si l'immobilier est un investissement aussi sûr, aussi rentable, et en plus accessible à tous, pour quelle raison ne voyons-nous pas plus de gens autour de nous se lancer dans ce type d'opération ?

Il y a deux grandes raisons à cela : l'Ignorance et la Peur.

Pour commencer, beaucoup de gens ne réalisent tout simplement pas ce que l'immobilier pourrait leur apporter. Ils n'ont pas connaissance de tous les bénéfices de l'immobilier que nous avons abordés dans ce chapitre. Ce ne sont malheureusement pas des choses que l'on enseigne dans les écoles, de même que l'on n'y apprend pas comment gérer ses finances personnelles. Souvent, les gens ne prennent conscience de l'intérêt de l'immobilier que lorsqu'ils vendent leur maison ou leur appartement. Quand ils voient la plus-value ainsi réalisée et la somme considérable qui arrive sur leur compte en banque, ils regrettent parfois de ne pas avoir acheté plusieurs maisons à l'époque.

Ensuite, acheter une propriété peut faire peur, surtout la première fois. Et c'est bien compréhensible : de grandes sommes sont en jeu et il y a la peur de l'inconnu. C'est pour beaucoup de gens la plus grosse dépense qu'ils réaliseront dans leur vie. Le prix d'un bien immobilier représente en effet facilement 10 ou 15 ans de salaire pour un individu moyen. L'importance de l'engagement personnel peut dès lors paralyser nombre de candidats emprunteurs. Signer, c'est aussi promettre de rembourser pendant une très longue durée, de l'ordre de 20 ou 30 ans. Lorsque l'on voit l'insécurité économique actuelle et la crise qui n'en finit plus, qui peut encore être certain de conserver son emploi à une échéance aussi lointaine ? Face à l'incertitude, beaucoup préfèrent donc ne pas prendre de risque, et même ceux qui sont convaincus des avantages de l'investissement immobilier peuvent rester inactifs.

Comme le disait le regretté chanteur belge Jacques Brel dans une interview : « Ce qu'il y a de plus dur pour un homme qui habiterait Vilvorde (une ville belge) et qui voudrait aller vivre à Hong Kong, ce n'est pas d'aller à Hong Kong, c'est de quitter Vilvorde. Hong Kong est à la portée de tout le monde, mais quitter Vilvorde, ça c'est dur ! » (Brel, 1971). Autrement dit, ce qui fait le plus peur, ce n'est pas d'aller dans des territoires inconnus, mais c'est de quitter la zone de confort que l'on connaît bien. Pourtant, la réussite de n'importe quelle entreprise est toujours à ce prix !

Souvent les gens croient ce qu'ils veulent bien croire. Ils trouvent des raisons qui les empêchent d'essayer des voies qui pourraient pourtant leur faire découvrir de nouveaux horizons, et ces raisons deviennent ensuite leur réalité. Voici ci-dessous onze croyances limitantes qui empêchent beaucoup de personnes de se lancer. Elles servent également d'autojustifications à la procrastination (le fait de remettre indéfiniment au lendemain). Ces « excuses » peuvent vous empêcher de faire le pas qui vous rendra libre ; ce sont des barrières entre vous et votre richesse financière. Il vous faudra donc les dépasser pour pouvoir passer à l'action, car sans action vous ne pourrez obtenir aucun résultat.

### Excuse n° 1 : Je n'ai pas d'argent

Beaucoup de candidats investisseurs pensent que l'argent (ou plutôt le manque d'argent) est ce qui les empêche d'acheter des biens immobiliers. En réalité, l'argent n'est jamais un problème lorsque l'investissement est de qualité. Dites-vous bien que 99% des acheteurs ont recours à un emprunt. Comme nous l'avons vu, même ceux qui ont les moyens d'acheter avec leur propre argent préfèrent souvent utiliser des fonds empruntés afin d'obtenir un effet de levier financier.

Votre salaire n'est pas assez élevé pour couvrir les remboursements mensuels ? Il est bien sûr plus facile de solliciter un emprunt quand on a un compte en banque bien approvisionné et un gros salaire. Mais si vous trouvez une bonne affaire, c'est-à-dire un bien immobilier vendu en-dessous de sa valeur et qui présente un fort potentiel de rendement, l'argent viendra toujours. Vous le trouverez en pensant avec créativité, et en cherchant avec persévérance une source de financement sur base d'un bon dossier bien ficelé.

Vous n'avez pas assez d'économies personnelles pour payer l'acompte sur un appartement ou une maison ? Dans ce cas, il se peut que vous deviez attendre un peu pour acheter, et utiliser ce temps pour mettre de l'ordre dans vos finances personnelles et économiser (voir le chapitre 7). Mais si vous persévérez, vous finirez toujours par y arriver et trouver quelqu'un qui acceptera de vous prêter le reste de la somme.

### Excuse n° 2 : Je n'ai pas le temps

Vous avez un travail, un conjoint, des enfants et très peu de temps ? Vous pensez que vous ne pourrez pas trouver de la disponibilité pour chercher des immeubles et ensuite les gérer ? Eh bien, fermez votre télévision, et vous aurez tout le temps dont vous avez besoin ! Les gens passent en moyenne trois heures par jour devant la TV, et encore plus le week-end.

De toute façon, investir dans l'immobilier n'est absolument pas une occupation à temps plein. Avec un peu d'organisation, vous pouvez très bien vous occuper de vos propriétés en n'y consacrant que quelques heures par mois. Vous voulez faire quelque chose d'amusant ce week-end ? Pendant la semaine, cherchez des annonces pour des propriétés intéressantes, et visitez-les le samedi en famille. Cela fera un but de promenade et vous découvrirez des endroits et des gens nouveaux. Par ailleurs, vous partagerez ainsi votre objectif avec vos proches, et celui-ci pourrait très bien de cette façon devenir un but familial.

### Excuse n° 3 : Toutes les bonnes affaires sont déjà prises

En vérité, il y a plus qu'assez de bonnes affaires pour enrichir tout le monde. Tous les jours, dans tous les pays, des maisons, des appartements et des immeubles sont mis en vente par des propriétaires fatigués ou en difficulté financière. Ces personnes sont impatientes de vendre leurs biens, même pour un prix inférieur à leur valeur de marché. Vous les débusquerez au cours de vos recherches en appliquant les principes expliqués dans la suite de ce livre.

En immobilier, comme dans tous les domaines de la vie, la Victoire appartient à ceux qui pensent positivement. L'immeuble idéal pour vous existe ! Celui qui correspond à tous vos critères d'achat est là et il vous attend ! Mais si vous n'y croyez pas fermement, vous vous découragerez et vous ne le trouverez pas.

### Excuse n° 4 : Je risque de perdre de l'argent

Bien sûr, chaque transaction immobilière, comme toute entreprise en ce monde, comporte des risques. Le plus grand étant d'un jour ne plus pouvoir payer les remboursements du crédit, par exemple suite à un vide locatif prolongé ou parce que des travaux importants et onéreux sont nécessaires. Mais une approche systématique et prudente permet de réduire les risques de ce genre de mésaventures. N'écoutez pas les pessimistes. Si vous vous laissez convaincre par eux, vous ne ferez rien et n'obtiendrez donc aucun profit.

Sur la bourse vous n'avez aucun contrôle, et les placements sur des comptes bancaires ne rapportent presque rien. En comparaison, l'immobilier est l'un des investissements les plus sûrs que vous puissiez faire. Plus vous améliorerez vos connaissances en ce domaine, et moins l'investissement sera risqué.

Si vous pensez que vous pouvez réussir, ou si au contraire vous pensez que vous ne pouvez pas réussir, dans les deux cas vous avez raison ! Si vous voulez construire votre indépendance financière, vous devez agir et décider que cela va marcher. Comme nous le verrons au chapitre 7, l'attitude psychologique est un élément essentiel de la réussite, et ce dans tous les domaines de l'activité humaine.

### Excuse n° 5 : Cela ne fonctionnera pas dans ma région

En vérité, l'investissement immobilier est rentable et permet de créer de la richesse, dans TOUS les marchés. Il y a bien sûr des différences locales, mais il y a partout des investisseurs qui gagnent de l'argent, dans chaque pays, dans chaque ville, et chaque jour.

Pour réussir, vous devez d'abord apprendre les principes fondamentaux de l'investissement immobilier. Ensuite connaître votre marché, c'est-à-dire le montant des loyers, les prix de vente, les tendances, etc. Ce livre vous apprendra toutes les bases et les ficelles de l'investissement immobilier, mais ce sera ensuite à vous de devenir spécialiste du marché immobilier de votre zone-cible en utilisant les outils que vous découvrirez dans cet ouvrage.

### Excuse n ° 6 : Ce n'est pas le bon moment

Vous constatez que la crise économique fait rage, que le nombre de licenciements augmente, que les banques ne prêtent plus, ..., et vous pensez que tout ce que vous allez acheter risque de perdre de sa valeur ? Les mauvaises périodes économiques sont en fait le meilleur moment pour acheter, parce que les prix sont plus bas et les vendeurs sont anxieux de vendre. Pour gagner des fortunes, il faut devenir ce que les investisseurs en bourse appellent un investisseur contrarien, c'est-à-dire quelqu'un qui avance dans le sens opposé de la foule. C'est justement quand tous les gens ont peur d'acheter que les meilleures affaires peuvent être faites.

Le bon moment pour commencer, c'est MAINTENANT ! Comme nous le verrons au chapitre 3, l'immobilier connaît des cycles : les prix augmentent pendant plusieurs années, puis ils baissent quelque peu, pour ensuite se remettre à croître de plus belle. La seule chose dont il faut avoir peur, c'est d'acheter au sommet d'un boom immobilier, quand les prix sont totalement surévalués et qu'ils ne peuvent que baisser. Pour le reste, tous les immeubles prennent généralement de la valeur avec le passage du temps s'ils sont bien entretenus.

### Excuse n° 7 : C'est trop compliqué, je ne sais pas comment faire

C'est vrai, l'immobilier est un domaine complexe. Investir demande de pouvoir comprendre les chiffres, de connaître les prix du marché et les règlementations, de savoir négocier, de pouvoir comprendre certains aspects techniques de la construction, etc. Mais ne vous effrayez pas, tout cela s'apprend, et si vous vous y attachez, vous jonglerez bientôt avec toutes ces notions.

Mais vous n'avez pas besoin de TOUT savoir pour commencer. Il faut des années pour avoir l'expérience et les connaissances d'un professionnel. Comme dans tous les domaines de la vie, la réussite en immobilier est un processus continu d'apprentissage. Par ailleurs, vous ne devez pas réinventer la roue ! Pour aller beaucoup plus vite, suivez les méthodes d'investisseurs qui ont réussi avant vous. C'est le but de ce livre que de vous fournir de tels modèles.

### Excuse n° 8 : J'ai un mauvais historique de crédit

Il est évident qu'avoir un bon historique de crédit peut grandement vous aider à obtenir un prêt rapidement. Les banquiers préfèrent naturellement prêter de l'argent à des personnes qui ont toujours remboursé correctement leurs crédits passés. Mais il y a quand même moyen de commencer à acheter des biens immobiliers si ce n'est pas entièrement votre cas. Pour cela, il faut être créatif et faire jouer la concurrence acharnée que se livrent les banques. Ficelez bien votre dossier de demande de crédit et allez voir plusieurs organismes de crédit hypothécaire. Le pire qui puisse vous arriver est que l'on vous dise « non ». Dans ce cas, allez voir ailleurs jusqu'à obtenir un « oui » ! Autrement, vous pouvez toujours utiliser un partenaire qui a un bon crédit, ou demander à quelqu'un de se porter garant (aval) pour vous. Vous pouvez aussi emprunter de l'argent à quelqu'un que vous connaissez.

De toute manière, vous avez tout intérêt à mettre de l'ordre dans vos finances avant d'acheter, et notamment résorber vos autres crédits. Tout cela améliorera naturellement l'image que vous présenterez au banquier.

### Excuse n° 9 : J'ai peur de m'endetter pendant 20 ans

C'est vrai que cela peut faire peur. Vous pouvez le percevoir comme un boulet que vous devrez traîner derrière vous où que vous alliez. Les remboursements mensuels seront comme une épée au-dessus de votre tête, prête à tomber au moindre défaut de paiement. Et 20 ans, voire 30 ans, c'est long, très long ! Au cours de cette période, des accidents de la vie peuvent survenir (perte d'emploi, divorce, maladie invalidante, etc.) et mettre à mal votre capacité à rembourser le crédit. A cela s'ajoute la crise économique et toutes les incertitudes qu'elle engendre.

Tout cela est vrai, mais d'autres l'ont fait avant vous et en sont sortis vivants ! De toute manière, il vaut toujours mieux être conservateur et envisager les pires scénarios, afin de prévoir ce que l'on fera au cas où cela se produirait. Mais il ne faut cependant pas voir tout en noir. A anticiper les malheurs, on les attire !

Par sécurité, je vous conseillerais de commencer petit et de grandir progressivement. Débutez par un petit appartement et essayez ensuite d'acquérir des immeubles plus grands. Si vous avez un bien de rapport, ce sont les locataires qui paieront vos remboursements mensuels. Ainsi, le crédit sera honoré même si votre situation financière personnelle se détériore. Et lorsque le crédit sera entièrement remboursé, vous jouirez d'un plaisant revenu complémentaire. Si l'immeuble que vous achetez est bien géré, il ne devrait pas y avoir de problème. De toute façon, vous n'êtes pas obligé de le garder pendant 20 ans. Au pire, vous pourrez toujours le revendre et empocher éventuellement une belle plus-value.

# L'IMMOBILIER VOUS RENDRA RICHE

**Excuse n°10 : Je ne peux pas commencer à investir car je n'ai même pas ma propre habitation**

Vous aimeriez investir dans l'immobilier, mais vous pensez qu'il serait plus sage de d'abord devenir propriétaire de votre propre logement pour ne plus être locataire ? Le problème, c'est que si vous commencez par acheter votre propre habitation, cela va manger toutes vos économies et mobiliser toute votre capacité d'emprunt.

Pourtant vous avez raison, car être propriétaire de son propre logement est un grand avantage dans la vie. Mais vous pouvez le devenir tout en satisfaisant en même temps votre esprit d'investisseur. Pour cela, vous devez penser à long terme, et considérer l'achat de votre habitation personnelle, non comme une fin en soi, mais comme une première étape, comme un moyen d'aller plus loin.

Vous pouvez par exemple trouver un appartement ou une maison sous-évaluée et y habiter quelques années tout en l'améliorant. Ensuite, vous la revendez avec une plus-value pour ensuite acheter quelque chose de plus grand. Vous trouverez plusieurs stratégies pour débuter votre carrière d'investisseur dans le chapitre 7 : Comment débuter quand on est pauvre ?

**Excuse n°11 : Je ne saurai pas m'occuper des locataires**

Il est exact que certains propriétaires ont beaucoup de problèmes avec leurs locataires, car ceux-ci ne paient pas régulièrement leurs loyers ou les appellent souvent pour se plaindre et exiger des réparations. Certains en deviennent tellement dégoûtés qu'ils revendent leur immeuble et jurent qu'ils n'auront plus jamais de locataires.

Pourtant, comme nous le verrons au chapitre 4, il n'est pas si compliqué de gérer des locataires et d'être un propriétaire heureux qui dort bien la nuit. Il suffit de mettre en place un système efficace et de respecter quelques règles simples. La toute première étant de ne pas louer à n'importe qui. Ensuite, il faut être prudent et organisé, et ne pas laisser les situations se détériorer. Si vous maintenez une attitude professionnelle, celle de quelqu'un qui offre un service de qualité contre rétribution, vous n'aurez pas de problème. Et puis, sachez que vous ne verrez pas souvent vos locataires. La plupart du temps, ce ne sera que lors de leur entrée et de leur sortie, ainsi que lorsqu'un problème technique apparaîtra. Mais même dans ce dernier cas, vous pouvez faire appel à un professionnel et gérer les choses à distance.

...

Quelle que soit votre situation actuelle, la richesse et l'indépendance financière vous sont accessibles. Même si vous avez peu d'argent et que vous ne connaissez encore rien à l'immobilier, vous pouvez réaliser de très grandes choses. Oui, vous pouvez y arriver ! Mais l'important est de commencer. Si vous êtes prêt à poser le premier pas sur le chemin de votre liberté financière, il est temps de dire adieu à toutes vos croyances limitantes et de commencer à penser comme un investisseur immobilier, en étant convaincu que c'est possible et que vous pouvez réussir.

Ce premier chapitre vous a montré POURQUOI vous avez tout intérêt à investir dans l'immobilier.

Le moment est à présent venu d'entrer dans le vif du sujet, et de découvrir dans la suite de ce livre COMMENT le faire de manière rentable et en minimisant vos risques.

# 2 FINANCER L'ACHAT DES BIENS IMMOBILIERS

Avant d'aborder les aspects pratiques de l'investissement immobilier, il nous faut d'abord parler de son financement. Sans argent, rien n'est en effet possible. Il vaut donc mieux savoir d'où proviendront les fonds qui vous permettront d'acheter avant même de commencer à chercher une propriété. Et cette somme ne doit pas forcément provenir de votre propre poche.

## 2.1 Organisez votre financement

Il y a plusieurs façons de financer l'achat d'un bien immobilier. Il importe donc que vous recherchiez celle qui est la plus adaptée à votre situation.

### Choisissez un financement adapté à vos objectifs

Tous les lecteurs de ce livre n'ont certainement pas les mêmes buts. Certains s'intéressent à l'immobilier dans le but d'investir leur capital et de se constituer un complément de revenus pour leurs vieux jours, tandis que d'autres voudraient avoir des revenus passifs qui leur permettront d'arrêter de travailler plus tôt. D'autres encore veulent devenir multimillionnaires, ou même pensent à faire de l'immobilier leur activité professionnelle. Tous ces objectifs sont différents et demandent des stratégies adaptées. Ils ne sont pas incompatibles entre eux, mais il vaut mieux en suivre un à la fois de façon à ne pas se disperser. Avant de vous précipiter chez votre banquier, prenez donc le temps de réfléchir dès maintenant à ce que vous voulez faire.

Fondamentalement, il y a deux stratégies de base pour investir dans l'immobilier : *Acheter pour Revendre* et *Acheter pour Conserver* (et mettre en location). La différence entre ces deux stratégies est une question d'horizon temporel, c'est-à-dire de durée pendant laquelle vous prévoyez de détenir une propriété. Selon que vous achetiez à court terme ou à long terme, vous privilégierez l'une ou l'autre formule de financement, de façon à obtenir la rentabilité maximale de vos fonds personnels et à limiter vos frais. Avant chaque achat, vous devez donc savoir si vous allez garder cet immeuble quelques mois, quelques années ou très longtemps.

Voyons maintenant plus en détail les types de financement adaptés à trois sortes d'horizons temporels : long terme, court terme et moyen terme.

### 1. Vous investissez à long terme.

Si votre but est d'acheter un immeuble pour le conserver et le mettre en location, vous profiterez pleinement de son augmentation de valeur avec le passage du temps. Vous pouvez le garder pendant dix, vingt ou trente ans, et jouir des revenus passifs qu'il vous procurera. Vous pourrez même le transmettre à vos enfants et petits-enfants qui en bénéficieront à leur tour.

Si tel est votre objectif, privilégiez les emprunts à taux d'intérêt fixe afin de vous protéger des risques d'augmentation des taux d'intérêt pendant une période aussi longue. Même si les remboursements mensuels sont un peu plus élevés qu'avec un taux variable, vous serez ainsi certains qu'ils ne changeront pas pendant toute la durée de votre crédit. Mieux vaut jouer la sécurité. D'ailleurs, lorsque les taux d'intérêt sont très bas, la différence entre les taux fixes et les taux variables devient généralement tellement minime qu'il serait stupide de ne pas en profiter. Et si les taux sont bas, il y a fort à parier qu'ils se mettront à remonter un jour ou l'autre.

### 2. Vous investissez à court terme

Si votre but est d'acheter pour revendre en faisant un bénéfice, vous ne garderez les immeubles que peu de temps, de quelques mois à maximum un an ou deux. Vous rechercherez des propriétés à acheter pour un prix inférieur à celui du marché, afin de les revendre avec une plus-value, le plus souvent après y avoir effectué des rénovations qui en augmentent la valeur (voir chapitre 5). Cela peut se faire en tant que particulier ou en tant que professionnel, mais beaucoup de pays taxent fortement les plus-values des particuliers qui revendent peu de temps après avoir acheté.

Pour ce genre d'opération, vous pouvez préférer un emprunt avec un taux variable, lequel est généralement moins cher que celui à taux fixe. Comme vous ne garderez le bien que peu de temps, vous ne devez pas trop vous inquiéter d'une éventuelle augmentation des taux d'intérêt. Ce qui vous importe, c'est de payer le moins de remboursements possible durant la période où vous détenez l'immeuble. Pour la même raison, préférez une durée du crédit la plus longue possible. Si vous n'êtes pas trop âgé, prenez un crédit sur 30 ans. Toujours dans cette même philosophie, vous rechercherez si possible un crédit à terme fixe (voir page 66), pour lequel vous ne paierez que les intérêts mensuels et n'aurez pas à effectuer de remboursement sur le principal. Cela vous permettra d'encore diminuer vos dépenses mensuelles.

Si vous investissez à court terme, soyez très attentif aux pénalités prévues dans le contrat d'emprunt en cas de remboursement anticipé. Vous aurez en effet contracté un emprunt pour une durée de 20 ou 30 ans et vous le rembourserez après peut-être 6 mois lorsque vous aurez vendu la propriété. Or, de nombreux organismes prêteurs

FINANCER L'ACHAT DES BIENS IMMOBILIERS 59

prévoient dans ce cas l'obligation de leur verser une pénalité appelée indemnité de remploi, qui est généralement égale à trois mois d'intérêts.

Les investisseurs à court terme utilisent le plus souvent un levier financier maximal, car cela leur permet d'augmenter considérablement le taux de rentabilité de l'argent qu'ils investissent personnellement. Avoir recours massivement à l'emprunt permet à ces investisseurs de négocier un nombre plus important de propriétés. Et un investisseur qui fait plusieurs opérations d'achat-vente sur l'année, même en ne prenant qu'une faible marge, a un taux de rentabilité plus élevé que celui qui n'en fait qu'une seule. Au lieu de gagner 20% avec une maison vendue sur une durée d'un an, s'il peut en vendre trois en ne prenant que 10% de marge, il obtient en fait une rentabilité annuelle de 30% (Voir le chapitre 5 : Acheter pour revendre).

### 3. Vous investissez à moyen terme

Votre stratégie se situe entre les deux précédentes, et vous envisagez de conserver un immeuble pour une durée de 2 à 5 ans. Pendant ce temps, vous effectuerez éventuellement quelques améliorations, mettrez l'immeuble en location et le revendrez finalement avec une plus-value.

En attendant quelques années avant de revendre, vous profiterez à la fois de l'augmentation de la valeur de l'immeuble avec le temps ainsi que des revenus locatifs. Le profit réalisé lors de la revente peut donc être beaucoup plus important qu'avec une revente à court terme. La taxation sera vraisemblablement plus avantageuse aussi, car dans la plupart des pays les taxes sur les plus-values diminuent lorsque l'on détient un immeuble pendant un certain temps. Et ces taxes peuvent même souvent totalement disparaître lorsque vous habitez personnellement la propriété que vous revendez.

La stratégie de financement est ici semblable à celle pour l'investissement à court terme. Si vous ne conservez la propriété que moins de 5 ans, il peut être intéressant de tirer avantage des taux plus bas qu'offrent les emprunts à taux variable. Sauf, bien sûr, si vous vous attendez à une hausse des taux d'intérêt à l'avenir. Dans ce cas, un taux fixe sera toujours plus sécurisant.

## Quelle est votre capacité d'emprunt ?

La question qui doit vous brûler les lèvres est « Quelle somme acceptera-t-on de me prêter ? ». C'est effectivement un élément déterminant qu'il est important de connaître assez tôt, et qui dépend directement de votre situation personnelle. Lorsque vous lui poserez la question, le banquier évaluera le montant du crédit qu'il peut vous accorder en fonction de plusieurs critères. Parmi ceux-ci, l'un des plus importants est la stabilité de votre emploi et le type de contrat de travail que vous avez (contrat de salarié à durée indéterminée ou à durée déterminée, intérim, revenus de remplacement, profession libérale, travailleur indépendant (autonome), etc.). Au plus votre source de revenus professionnels présente des garanties de constance dans le temps, au plus facilement on vous prêtera.

Généralement, la plupart des banques conseillent que le total des mensualités pour les crédits ne dépasse pas 33% (un tiers) des revenus disponibles. Par exemple, supposons que votre revenu mensuel soit de 1.800 euros. La somme maximale que vous pouvez consacrer au remboursement de vos dettes sera de 1.800 x 33% = 600 euros. Le ratio peut toutefois monter entre 40 à 55% pour les couples mariés, et est bien entendu fonction de l'importance des revenus. Ainsi, si une personne a des revenus très élevés, il peut être revu à la hausse tant que l'emprunteur est à même de faire face aux remboursements mensuels. Ces ratios varient d'une banque à l'autre, et celles-ci étudieront au cas par cas chaque dossier.

Par ailleurs, la banque regardera également ce qu'il vous restera pour vivre après déduction de tous vos remboursements de crédit. Le montant minimum demandé varie là aussi en fonction de la banque et du pays, et peut tourner autour de 700 à 1.000 euros pour une personne seule.

De manière pratique, voici comment déterminer votre capacité d'emprunt :

### 1. Calculez votre revenu mensuel total
Pour ce faire, faites la somme de toutes vos rentrées :
- Revenus professionnels (nets, c'est-à-dire ce que vous avez en main)
- Titres restaurant, chèques repas et avantages en nature (voiture, téléphone)
- Pensions
- Rentes
- Revenus de remplacement (chômage, maladie, ...)
- Allocations familiales
- Pensions alimentaires
- Revenus locatifs si vous êtes propriétaire d'un autre bien immobilier mis en location

Certains revenus, dits revenus incertains, ne peuvent pas être pris en compte, comme par exemple des primes exceptionnelles ou des dividendes d'actions.

### 2. Divisez votre revenu mensuel total par 3
Vous obtenez ainsi le montant maximum que vous pouvez consacrer au remboursement de l'ensemble de vos crédits.

### 3. Faites la somme des remboursements de tous vos crédits en cours
- Autres crédits hypothécaires
- Crédit pour l'achat d'une voiture
- Prêts personnels
- Achats à tempérament
- Cartes de crédits

FINANCER L'ACHAT DES BIENS IMMOBILIERS 61

### 4. Calculez votre revenu disponible pour un crédit hypothécaire
Pour cela, soustrayez les remboursements des crédits en cours (3) de votre montant maximum (2). La somme que vous obtenez correspond au remboursement mensuel maximum que vous pouvez normalement vous permettre pour un crédit hypothécaire. Par exemple, supposons que vos revenus mensuels totaux soient de 2.900 euros par mois, et que vous ayez comme seul autre crédit en cours un prêt pour l'achat de votre voiture pour lequel vous remboursez mensuellement 200 euros. Ainsi, le tiers de vos revenus est de 2.900 : 3 = 967 euros. C'est la somme maximale que vous pouvez consacrer au remboursement de vos dettes. Mais comme vous avez déjà un crédit en cours, votre capacité maximale de remboursement d'un crédit hypothécaire sera donc de 967 - 200 = 767 euros.

Avec un remboursement mensuel de 767 euros, vous pouvez emprunter (par exemple à du 5% d'intérêt) :
    74.653 euros avec un emprunt d'une durée de 10 ans
    125.085 euros avec un emprunt d'une durée de 20 ans
    159.156 euros avec un emprunt d'une durée de 30 ans

Pour trouver ces chiffres, utilisez un calculateur en ligne sur internet. Vous en trouverez de nombreux en introduisant les termes « crédit hypothécaire calculateur » dans un moteur de recherche.

### 5. Vérifiez si vous pourriez effectivement vivre de cette façon
Par mesure de sécurité, faites le calcul de toutes vos dépenses réelles :
- Assurances
- Electricité, chauffage, eau
- Essence
- Nourriture
- Vacances
- Ecoles
- Soins médicaux
- Etc.

Si vous consacrez 1/3 de vos revenus au remboursement de vos dettes, pouvez-vous continuer à assumer toutes ces dépenses ?

Veuillez noter que vous ne devez pas mentionner ici le montant de votre loyer actuel si vous comptez habiter personnellement dans l'habitation pour laquelle vous demandez un crédit. En effet, dans ce cas vous n'aurez plus de loyer à payer, et l'argent de votre loyer actuel pourra contribuer à honorer les remboursements de votre crédit. Par contre, si vous ne comptez pas habiter dans cet immeuble, vous devrez alors continuer à payer votre loyer et vous devrez tenir compte de celui-ci dans le calcul de vos charges.

Vous pouvez également utiliser des simulateurs sur internet afin de calculer votre capacité à emprunter. En général, les sites des organismes de prêts hypothécaires proposent de tels calculateurs. Mais il y a également une infinité d'autres sites qui offrent des outils parfois très sophistiqués. Pour les trouver, entrez dans un moteur de recherche les mots suivants : « crédit hypothécaire » + « capacité d'emprunt » + « Mon pays », ou en anglais : « mortgage calculator ».

Pour être complet à propos de la capacité de remboursement d'un crédit hypothécaire, il nous faut encore parler du cas particulier du financement d'un immeuble de rapport. En effet, si l'immeuble que vous désirez acheter produit des revenus locatifs, ceux-ci pourront également être pris en compte dans le calcul de vos revenus. Toutefois, les banques ne considèrent généralement que 75 % du montant des loyers, afin de tenir compte des frais de fonctionnement et des vides locatifs. Le financement d'un immeuble de rapport sera traité en détail au chapitre 4.

## La répartition de vos sources de financement

Le financement de votre investissement immobilier peut provenir de différentes sources, la plus commune étant la banque. Vous pouvez cependant aussi être créatif et faire appel à d'autres sources pour financer tout ou partie de votre investissement. L'argent se trouve toujours quand il s'agit de financer un bon immeuble de rapport.

En fonction de votre situation, vous aurez donc éventuellement une certaine liberté de répartition entre les différentes sources de votre financement. Typiquement, l'argent que recevront le vendeur et le notaire pourra provenir des origines suivantes :

### Vos fonds propres :
c'est l'argent dont vous disposez pour cet achat. Ce sont vos économies, ou une partie de celles-ci.

### Un crédit hypothécaire :
c'est votre emprunt principal à long terme, c'est-à-dire entre 10 et 30 ans. Pour se couvrir, la banque prendra en garantie l'immeuble pour l'achat duquel elle vous prête, sous la forme d'une inscription hypothécaire. Cela signifie qu'elle se réserve le droit de faire saisir l'immeuble et de le mettre en vente au cas où vous n'honoreriez pas vos remboursements mensuels.

### Un autre emprunt à plus court terme :
si vous ne disposez pas de liquidités suffisantes pour payer l'acompte (en général 10% du prix d'achat), vous devrez peut-être contracter un deuxième crédit. Il s'agira dans ce cas d'un emprunt à court ou moyen terme (moins de 5 ans), sans garantie hypothécaire (l'immeuble ne pourra pas être saisi en cas de défaut de paiement). Cet emprunt peut être de n'importe quelle nature, par exemple un prêt sans intérêt d'un membre de la famille, ou un prêt bancaire personnel avec un taux d'intérêt (beaucoup) plus élevé que le crédit hypothécaire.

FINANCER L'ACHAT DES BIENS IMMOBILIERS

Vous pouvez décider la répartition des sources de fonds entre ces 3 postes. Le tableau ci-dessous montre différentes allocations possibles des sources de financement pour un immeuble de 200.000 euros, en supposant des frais d'achat de 10 % du prix de vente :

|  | Fonds propres | Crédit hypoth. | Autre emprunt |
|---|---|---|---|
| Vous payez 100% cash | 220.000 | 0 | 0 |
| Vous payez cash l'acompte et faites un crédit hypothécaire pour le reste | 20.000 | 200.000 | 0 |
| Vous mettez une partie de l'acompte et empruntez le reste en prêt personnel. Le solde est financé par un crédit hypothécaire | 10.000 | 200.000 | 10.000 |
| Vous ne mettez rien et empruntez tout avec un emprunt hypothécaire qui couvre la totalité | 0 | 220.000 | 0 |
| Vous ne mettez rien, empruntez l'acompte en prêt personnel et le solde en crédit hypothécaire | 0 | 200.000 | 20.000 |

Comme vous le voyez, à un extrême vous payez tout de votre poche et n'empruntez rien, et à l'autre vous n'investissez rien personnellement et empruntez tout. L'élément déterminant est donc la quantité de fonds propres dont vous disposez, c'est-à-dire l'argent personnel que vous allez pouvoir investir dans l'opération. Au plus vous mettrez sur la table, au moins vous aurez à emprunter et donc à rembourser. Sans parler du fait que l'accueil des banquiers n'en sera que plus chaleureux ... !

A l'extrême de l'utilisation de l'effet de levier financier, il y a ce que l'on appelle « Acheter avec Zéro Cash ». Cela consiste à réussir à acheter un immeuble sans mettre aucun argent personnel. Ce n'est pas simple à mettre en place, mais si vous y parvenez, votre retour sur investissement sera infini ! En effet, vous créez de cette manière de l'argent sans avoir rien investi. Mais bien sûr, il y a un revers à la médaille : plus vous empruntez et plus vous devrez rembourser chaque mois. Il faut donc être bien certain que l'investissement génèrera des revenus supérieurs au remboursement de cette dette alourdie. Trouver un emprunt hypothécaire pour acheter un bien de qualité est relativement aisé. Mais faire un achat avec zéro cash, ou 120 % de financement, est plus difficile parce que les banques aiment que l'emprunteur risque aussi son propre argent dans l'entreprise. Et cela est d'autant plus vrai aujourd'hui en cette période de crise où les banques ont tendance à resserrer leurs conditions de crédit.

Nous verrons au chapitre 4 que pour l'achat d'un immeuble de rapport, on peut ainsi tester plusieurs scénarios de financement, jusqu'à trouver une configuration pouvant donner un cash-flow positif (c'est-à-dire quand les revenus locatifs couvrent au moins tous les frais).

Dans l'organisation de votre financement, prenez également en compte votre situation personnelle. Au niveau psychologique, demandez-vous quelle est votre aversion au risque. Si vous sentez que le fait d'emprunter va vous donner des nuits blanches pendant les 20 prochaines années, vous devriez rechercher des solutions de financement plus flexibles qui permettent, par exemple, de réduire le montant des remboursements en cas de difficultés. La plupart des banques et des organismes de prêt proposent de telles solutions. Même si ces formules ne sont pas les moins chères, elles peuvent cependant l'être pour votre équilibre personnel. Par ailleurs, réfléchissez bien avant d'acheter un bien en association avec une autre personne, fût-ce votre conjoint. Pensez à l'avenir et envisagez dès à présent ce qu'il se passerait en cas de séparation ou de mésentente. La revente de l'immeuble ne doit pas forcément être la seule solution, mais c'est malheureusement ce qui se passe le plus souvent.

Enfin, tout dépend bien sûr de ce que vous voulez faire de l'immeuble, c'est-à-dire y habiter personnellement ou le mettre en location. Le mettre en location, en tout ou en partie, allégera considérablement le poids de vos remboursements mensuels et diminuera fortement le risque de l'opération.

## 2.2. Les crédits hypothécaires

C'est le type de financement le plus classique. Le prêt hypothécaire porte exclusivement sur un bien immeuble. Le créditeur (la banque) avance le montant en une fois et l'acheteur rembourse selon un planning défini et moyennant le paiement d'intérêts. En général, un remboursement d'emprunt hypothécaire est convenu pour une période comprise entre dix et trente ans. Un prêt de trente ans sera plutôt accordé à de jeunes acquéreurs.

La caractéristique unique de ce type de prêt est que l'acheteur donne son immeuble en garantie au créancier pour la somme d'argent qu'il lui prête. L'hypothèque doit faire l'objet d'un acte devant un notaire et elle est inscrite auprès d'un organisme officiel (la Conservation des Hypothèques en France, le Bureau des Hypothèques en Belgique, etc.). L'acheteur peut garder son immeuble tant que le remboursement du prêt est assuré. Si l'acheteur ne paie plus ses remboursements, l'hypothèque est réalisée et le bien fait l'objet d'une saisie immobilière qui aboutit à une vente aux enchères. Si l'immeuble est revendu avant la date d'expiration de l'hypothèque, et que la dette est remboursée anticipativement, l'inscription d'hypothèque est radiée avec l'accord du créancier (c'est ce que l'on appelle la mainlevée).

Lorsque l'on contracte un crédit hypothécaire, les organismes de crédit proposent (ou imposent dans certains cas) de se couvrir par une assurance vie ou assurance solde restant dû. C'est une police d'assurance par laquelle l'assureur prend en charge le remboursement du solde restant dû en cas de décès de l'emprunteur ou de l'un des emprunteurs. Ce genre d'assurance protège donc les héritiers de l'emprunteur en leur évitant d'être obligés de vendre l'immeuble dans des conditions difficiles pour rembourser le solde du crédit. Le choix de la compagnie d'assurance est libre, et il n'est donc pas obligatoire que ce soit le même organisme que celui qui accorde le crédit hypothécaire. Le calcul de votre prime d'assurance sera déterminé en fonction de plusieurs facteurs : le montant et la durée de votre crédit hypothécaire, votre âge, votre sexe, et votre état de santé (notamment si vous fumez ou pas).

## Les différents types de prêts hypothécaires

Il existe de nombreuses formules de crédit hypothécaire. Elles ne sont pas toutes disponibles dans tous les pays et, quand c'est le cas, les appellations utilisées ne sont pas toujours les mêmes. Un recensement exhaustif de toutes les formes de crédit existantes dépasse donc le cadre de cet ouvrage, et il s'agit en plus d'un domaine qui évolue sans cesse. Je vous invite dès lors à effectuer votre propre investigation sur internet afin d'obtenir des informations adaptées à votre lieu de résidence. Pour cela, introduisez dans un moteur de recherche les termes « crédit hypothécaire » + « Mon pays ».

Voici les trois principales formules que l'on peut généralement trouver :

### Le prêt avec remboursement par mensualités constantes

C'est le plus répandu. On rembourse toujours le même montant pendant toute la durée de l'emprunt (à condition bien sûr de disposer d'un contrat à taux d'intérêt fixe). La mensualité se compose d'une part de l'intérêt et d'autre part du remboursement du capital. Si le total de la mensualité est constant, la part de chaque composante varie. Au début, vous remboursez énormément d'intérêts et très peu de capital. Mais petit à petit, la tendance va s'inverser et le remboursement du capital représentera progressivement la majeure partie de la mensualité.

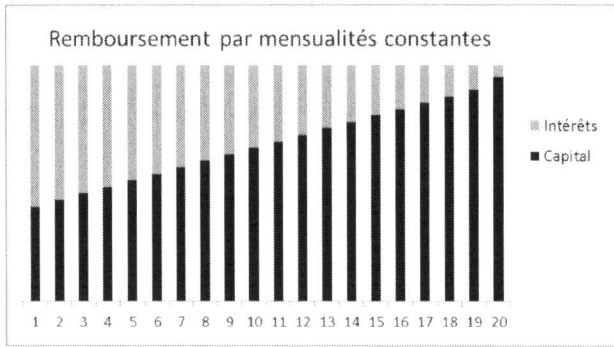

### Le prêt avec remboursement constant en capital

Dans ce cas-ci, la part affectée au remboursement du capital emprunté est constante pendant toute la durée du contrat. Par contre, la part des intérêts varie : elle est importante au départ mais va diminuer au fil du temps, ce qui fait que la mensualité totale va progressivement diminuer.

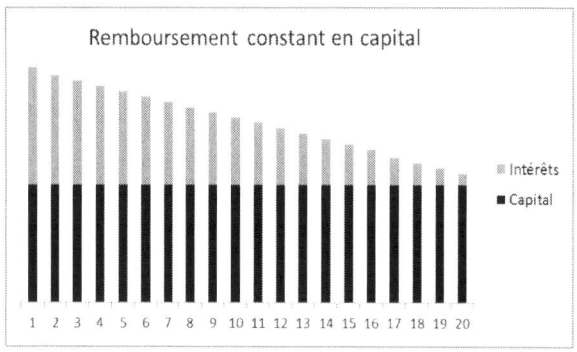

### Le prêt à terme fixe

Avec le crédit à terme fixe, la totalité du capital se rembourse en une fois au terme de l'emprunt. Les mensualités ne comprennent donc que de l'intérêt et aucun remboursement de capital. La banque vous demande en général de constituer une garantie sur le côté jusqu'au terme de l'emprunt, par exemple avec une assurance vie ou avec des investissements en action.

Pour l'investisseur, cette formule présente beaucoup d'avantages. En effet, celui qui achète en vue de revendre à court terme cherchera à réduire au maximum ses dépenses pendant le temps où il détient la maison. Le prêt à terme fixe répond parfaitement à cette exigence, et l'investisseur remboursera l'intégralité du montant lorsqu'il aura vendu son bien. Quant à l'investisseur qui achète pour mettre en location, il peut également être intéressé par cette formule car elle lui permet d'obtenir un flux de liquidité (cash-flow) maximal tous les mois. En effet, sa dépense mensuelle principale étant le remboursement de l'emprunt qui a servi à acheter l'immeuble, celle-ci se trouve ici réduite au maximum. L'inconvénient, c'est qu'avec ce type de crédit, les intérêts payés à la banque sont au total beaucoup plus importants qu'avec les autres types de crédits hypothécaires. Ils sont en effet dans ce cas calculés sur la totalité du capital emprunté pendant toute la durée du contrat, contrairement à un crédit « normal » où les intérêts sont calculés sur le solde restant dû, lequel diminue régulièrement au fil des remboursements.

**MAIS ATTENTION :** au terme du contrat, par exemple après 10 ans, la banque viendra sonner à votre porte et vous demandera de rembourser EN UNE FOIS la totalité du capital emprunté ! Avant de contracter un emprunt de ce type, vous devez donc parfaitement savoir ce que vous faites et avoir une stratégie claire et stricte pour reconstituer le capital afin de pouvoir rembourser la banque. Ceci peut se faire par différents moyens : avoir personnel (épargne, héritage...), reconstitution par assurance vie (ou crédit placement), terme d'une assurance groupe, ou en vendant l'immeuble.

## Les taux d'intérêt

Le coût du financement est exprimé sous forme d'un taux d'intérêt, et représente la partie de votre remboursement mensuel qui rétribue le banquier pour vous avoir prêté de l'argent. Tous les organismes de crédit hypothécaires n'appliquent pas le même taux d'intérêt, et vous devrez donc faire votre marché pour trouver le plus intéressant. Mais au-delà de ces différences commerciales entre banques, les taux d'intérêts subissent avant tout de grandes tendances internationales. A certaines époques ils ont été historiquement bas pendant des années, tandis qu'à d'autres ils ont été extrêmement hauts. Pour simplifier, disons que le taux de base des crédits immobiliers est fixé en fonction du taux auquel votre pays emprunte sur les marchés financier, et celui-ci dépend de la façon dont les investisseurs financiers perçoivent le risque du pays. Les crises financières des pays du Sud de l'Europe (Espagne, Italie et Grèce) ont effrayé les investisseurs quant à leur capacité à rembourser. En conséquence, ceux-ci ne veulent plus leur prêter qu'avec un taux d'intérêt beaucoup plus élevé. Et ce taux d'intérêt public élevé se répercute sur les crédits immobiliers des particuliers de ces pays. En contraste, les pays du Nord de l'Europe semblent plus sûrs et bénéficent de taux d'intérêts moindres. Au plus élevé est le taux d'intérêt de votre crédit, au plus vos remboursements seront bien sûr élevés. Si votre dette n'est pas trop importante, une faible différence de taux n'affectera pas beaucoup la rentabilité de votre investissement. Mais pour un montant de crédit conséquent, une différence de quelques dixièmes de pourcent peut représenter une somme non-négligeable.

Le tableau ci-dessous montre comment différents taux d'intérêts font évoluer les remboursements mensuels et le prix total du crédit pour une somme de 200.000 euros empruntée sur 20 ans :

| POUR UN CRÉDIT HYPOTHÉCAIRE DE 200.000 EUROS SUR 20 ANS | | | |
|---|---|---|---|
| Taux d'intérêt | Mensualités | Prix total du crédit | Total des intérêts |
| 3,5% | 1.157 | 277.758 | 77.758 |
| 4% | 1.208 | 290.038 | 90.038 |
| 4,5% | 1.260 | 302.594 | 102.594 |
| 5% | 1.314 | 315.420 | 115.420 |
| 5,5% | 1.367 | 328.508 | 128.508 |
| 6% | 1.424 | 341.850 | 141.850 |

Par ailleurs, le taux d'intérêt appliqué à un crédit dépendra aussi de plusieurs caractéristiques du crédit en lui-même, et notamment de la variabilité du taux, de la quotité empruntée et de la durée d'amortissement. C'est ce que nous allons voir maintenant.

### 1. La variabilité du taux

Les banques et les organismes de prêts vous proposent de choisir entre un taux Fixe et un taux Variable. Pour simplifier, disons tout de suite que plus le taux est variable (ou révisable), et moins le crédit apparaîtra cher à première vue.

Le taux fixe est le plus élevé, mais il ne variera jamais pendant toute la durée du crédit. Vous savez exactement ce que vous aurez à payer et vous pouvez dormir tranquille.

Avec un taux variable, vous acceptez que celui-ci soit modifié après une certaine période pour correspondre au taux du marché à cette époque, calculé sur un indice de référence. Il existe plusieurs formules en fonction du nombre d'années précédant l'adaptation du taux aux conditions du marché.
Par exemple :
    1-1-1 : le taux est adapté tous les ans
    3-3-3 : le taux est adapté tous les trois ans
    5-5-5 : le taux est adapté tous les cinq ans
    10-5-5 : le taux est adapté pour la première fois après dix ans, et ensuite tous les cinq ans. Ce taux est parfois appelé semi-fixe.

La plupart des emprunts variables sont proposés avec des taux plafonds à la hausse (certains sont plafonnés aussi bien à la hausse qu'à la baisse). On appelle cela un prêt

# FINANCER L'ACHAT DES BIENS IMMOBILIERS

à taux variable «capé». Par exemple, un taux variable à 3,5 % capé +1 signifie que le taux maximum de votre crédit ne pourra pas dépasser 4,5 %. Si vous optez pour un taux variable, prenez toujours un taux variable capé afin de vous protéger contre une forte augmentation des taux d'intérêts qui pourrait vous mettre en difficulté financière.

Bien que les taux variables soient moins élevés que les taux fixes, réfléchissez à deux fois avant de vous précipiter dessus. Quand vous achetez un bien immobilier, c'est en général pour une longue durée. Vous ne savez pas ce que sera votre vie dans 20 ans, alors imaginez un peu les angoisses que vous pourriez avoir si les taux d'intérêts venaient à monter fortement et que vos mensualités explosent ! La fameuse crise des subprimes aux USA qui est à l'origine de la crise économique sévissant depuis 2008, trouve justement son origine dans des crédits immobiliers à taux variables. Des banques avaient vendu en masse des crédits hypothécaires à taux variables à des personnes avec de mauvaises situations financières. Ensuite, les taux d'intérêts ont fortement grimpé et énormément de gens n'ont plus pu payer leurs mensualités.

Pour l'instant, les taux d'intérêts sont bas. Donc, ils ne peuvent que remonter un jour ou l'autre. Quand les taux d'intérêts sont bas, la différence entre le taux fixe et le taux variable est en général négligeable, alors choisissez plutôt le taux fixe.

## 2. La quotité empruntée

La banque attache une grande importance à la garantie que vous apportez, car si vous vous retrouvez en défaut de paiement, elle n'aura pas d'autre choix que de vendre l'immeuble pour récupérer sa mise. C'est dès lors sur base de la valeur de vente du bien qu'elle déterminera le capital maximum mis à votre disposition. Le paramètre qui représente l'étendue de cette couverture est appelé quotité. Exprimée en pourcentage, la quotité est le rapport entre le montant emprunté et la valeur de l'immeuble mis en garantie.

$$\textit{Quotité empruntée} = \frac{\textit{Montant emprunté}}{\textit{Valeur de l'immeuble mis en garantie}}$$

**Notez bien :**

    **a.** que le dénominateur de cette équation est la valeur de l'immeuble, et non son prix de vente. C'est pourquoi la plupart des banques vous demandent de procéder à une expertise de l'immeuble. Vous avez donc évidemment tout intérêt à ce que l'expertise donne à l'immeuble un prix supérieur au prix d'achat que vous allez réellement payer. Si vous suivez les conseils de ce livre et recherchez des biens sous-évalués, cela ne devrait pas poser de problème (voir chapitre 3). Je vous conseille à ce sujet de demander au préalable à la banque une liste des experts agréés par elle, afin d'être certain qu'elle reconnaîtra le rapport d'expertise que vous aurez payé.

    **b.** que les frais d'achat (frais de notaire) ne sont pas pris en compte dans la valeur de l'immeuble. En effet, si la banque devait remettre l'immeuble sur le marché, elle ne pourrait en aucun cas récupérer ces frais.

Pour une quotité de 80%, la banque pourra mettre à la disposition du preneur de crédit un capital égal à 80% de la valeur de vente de l'habitation à acquérir. En général, une quotité « normale » se situe entre 75% et 100%.

Si vous empruntez 200.000 euros pour acheter un bâtiment évalué à 200.000 euros et que vous payez les frais de notaire avec vos économies, vous aurez une quotité de 100%. Cela veut dire que si vous ne payez pas vos mensualités, et que la banque doit remettre en vente votre bien, elle pourra vraisemblablement récupérer la totalité de la somme prêtée.

Si pour le même immeuble, en plus des frais de notaire, vous pouvez mettre 40.000 euros supplémentaires de votre poche, la quotité descendra à 80%. Dans un tel cas, la banque aura une bonne marge de sécurité pour récupérer son argent.

Toujours pour le même bâtiment, si vous n'avez aucune économie, vous devrez emprunter la totalité de la somme, soit le prix d'achat augmenté des frais de notaire. Si ces frais sont de 20%, cela donnera à la banque une quotité de 120%. Cela signifie qu'en cas de défaut de paiement de votre part et que la banque doive procéder à la vente de votre immeuble, le prix de vente obtenu sera vraisemblablement insuffisant pour rembourser la totalité de la dette. En conséquence, vous serez toujours redevable à la banque d'une partie du montant de votre crédit.

La quotité que vous désirez emprunter influencera directement le taux d'intérêt du crédit et les banques vous proposeront des taux différents en fonction du risque qu'elles devront assumer. L'emprunteur qui aura une quotité basse aura généralement droit à un taux d'intérêt plus bas. Et si une quotité supérieure à la normale est octroyée (par exemple un crédit à 125% prenant en compte les travaux de rénovation), le taux d'intérêt du crédit sera plus élevé. Pour être complet, signalons enfin que toutes les banques n'acceptent pas de faire des crédits à 125%, mais que certaines sont spécialisées dans ce type d'opération. Si cela vous intéresse, faites une recherche sur internet pour trouver celles qui opèrent dans votre zone.

### 3. La durée d'amortissement
La durée d'amortissement est le nombre d'années utilisé pour calculer les remboursements mensuels. Elle est comprise entre 10 et 30 ans, mais vous pouvez demander une durée personnalisée, par exemple 13 ans et 4 mois. Généralement, plus longue est la durée du crédit, plus élevé est le taux d'intérêt. Et bien sûr, un long crédit vous coûtera (beaucoup) plus cher au final, parce que vous payerez des intérêts pendant plus longtemps.

Le tableau ci-dessous compare les mensualités et le coût total d'un crédit de 200.000 euros pour des durées de 20 et 30 ans, en fonction de différents taux d'intérêts.

| POUR UN CRÉDIT HYPOTHÉCAIRE DE 200.000 EUROS ||||||| 
|---|---|---|---|---|---|---|
| Intérêt | Sur 20 ans ||| Sur 30 ans |||
| | Mensualités | Prix total du crédit | Total intérêts | Mensualités | Prix total du crédit | Total intérêts |
| 3,5% | 1.157 | 277.758 | 77.758 | 895 | 322.298 | 122.298 |
| 4% | 1.208 | 290.038 | 90.038 | 951 | 342.373 | 142.373 |
| 4,5% | 1.260 | 302.594 | 102.594 | 1.008 | 363.035 | 163.035 |
| 5% | 1.314 | 315.420 | 115.420 | 1.067 | 384.257 | 184.257 |
| 5,5% | 1.367 | 328.508 | 128.508 | 1.128 | 406.012 | 206.012 |
| 6% | 1.424 | 341.850 | 141.850 | 1.189 | 428.273 | 228.273 |

Plus courte est la durée d'un prêt, plus élevés sont les remboursements mensuels. Inversement, plus la durée s'allonge, moins les remboursements sont élevés. Bien sûr, au plus vite vous remboursez, et au plus vite vous jouirez de la pleine propriété de votre immeuble. Et si vous l'avez mis en location, n'ayant plus aucun remboursement à payer, vous recevrez à ce moment la totalité de ses revenus locatifs.

Cependant, choisir une durée de crédit courte n'est pas toujours la meilleure solution. En effet, le seul fait de choisir une durée d'amortissement plus longue peut rendre rentable un investissement qui ne le serait pas avec une durée plus courte. Pour illustrer cela, imaginons que vous empruntiez 300.000 euros à un taux d'intérêt de 5% pour acheter un immeuble de rapport qui, après avoir payé les dépenses de fonctionnement, produit un revenu locatif net de 2.000 euros par mois. Selon la durée d'amortissement choisie, nous aurons les cash-flows mensuels suivants (le cash-flow est l'argent qui reste en mains après avoir payé les dépenses et les remboursements de la dette) :
  Emprunt sur 10 ans : cash-flow = 2.000 − 3.181  = -1.181 euros
  Emprunt sur 20 ans : cash-flow = 2.000 − 1.979  =     21 euros
  Emprunt sur 30 ans : cash-flow = 2.000 − 1.610  =    390 euros

Nous voyons nettement ici qu'un même immeuble peut générer un cash-flow négatif avec un emprunt sur 10 ans, rendant ainsi impossible l'achat même de l'immeuble, et au contraire produire un beau cash-flow positif si la durée de l'emprunt est de 30 ans. Bien sûr, l'emprunt en 10 ans sera plus vite remboursé, et à partir de ce moment le propriétaire encaissera 2.000 euros par mois. A vous de décider la stratégie que vous voulez suivre et adapter votre financement en fonction de vos objectifs et de vos moyens.
Certains investisseurs recommandent néanmoins de toujours opter pour la durée d'amortissement la plus longue quand cela est possible, et ce pour plusieurs raisons :

- Cela donne une plus grande flexibilité à l'investisseur car il conserve toujours la possibilité, s'il le désire, de rembourser son emprunt plus rapidement en effectuant des remboursements anticipés. Mais il n'est pas obligé de le faire.
- Cela permet de minimiser les liquidités qui sortent tous les mois pour rembourser la dette, et ainsi d'augmenter le cash-flow des immeubles de rapport.
- Si l'on achète avec l'intention de revendre rapidement, cela permet de minimiser les liquidités à sortir pour rembourser l'emprunt pendant la période de détention de l'immeuble.
- Cela permet d'améliorer le Taux de Couverture de la Dette. Il s'agit d'un ratio qui mesure le rapport entre les liquidités restantes après avoir payé toutes les dépenses et celles nécessaires pour payer les mensualités du crédit.

$$\textit{Taux de couverture de la dette} = \frac{\textit{Revenus locatifs - Dépenses}}{\textit{Remboursement de la dette}}$$

En d'autres termes, ce ratio montre si, après avoir payé toutes vos dépenses, il vous reste suffisamment d'argent pour rembourser votre dette. Pour cela, il faut qu'il soit supérieur ou égal à 1. C'est un élément très important pour les banquiers qui veulent ainsi s'assurer que votre immeuble produit assez d'argent pour les payer. Avec une période d'amortissement plus longue, le taux de couverture de la dette augmente, étant donné que le dénominateur de l'équation diminue.

## 2.3. Les autres possibilités de financement

Le crédit hypothécaire est le type de financement le plus courant pour l'achat d'un bien immobilier, mais il existe d'autres formules qui peuvent s'avérer intéressantes pour rassembler tout ou partie des fonds.

### Le prêt personnel

Comme nous l'avons déjà vu auparavant, l'acompte peut être financé en ayant recours à un prêt personnel, c'est-à-dire le même type de crédit que vous utiliseriez pour acheter une voiture ou financer des vacances. De cette manière, il est donc possible d'acheter en ne mettant rien de votre poche. Mais attention, car il faudra bien entendu rembourser aussi ce deuxième emprunt. Un prêt personnel est un emprunt à court ou moyen terme (remboursable en quelques années), pour lequel aucun immeuble n'est mis en garantie. C'est pourquoi son taux d'intérêt est nettement plus élevé que celui d'un crédit hypothécaire.

L'acompte demandé étant souvent de 10% du prix d'achat, il sera donc de 20.000 euros pour un immeuble dont le prix de vente est 200.000 euros. Si vous n'avez aucun apport personnel et empruntez la totalité de l'acompte avec un prêt sur 4 ans à 10% d'intérêts, cela vous fera une mensualité d'environ 500 euros. Cette somme s'ajoute donc aux mensualités du crédit hypothécaire. Si vous empruntez le solde, soit 200.000 euros, par crédit hypothécaire (sur 20 ans à 5%), le remboursement mensuel sera d'environ 1.320 euros. Donc, pendant les 4 premières années, vos remboursements mensuels totaux seront de 1.320 + 500 = 1.820 euros.

Il faut par conséquent que les revenus locatifs de l'immeuble soient suffisants pour couvrir ces mensualités (par ailleurs, il faut aussi penser qu'il peut vraisemblablement y avoir durant les premières années des frais supplémentaires et des réparations imprévues). Dans la mesure du possible, je vous conseille d'éviter de commencer votre carrière d'investisseur avec ce genre de montage. Si vous n'avez aucune épargne personnelle, il vaut beaucoup mieux attendre un peu pour acheter, et profiter de ce temps pour mettre de l'ordre dans vos finances et économiser (voir chapitre 7). C'est beaucoup plus sain et sûr.

## La famille et les amis

Pour financer un projet d'achat immobilier, il est également possible d'emprunter de l'argent à un proche. Cela se fait le plus souvent pour payer l'acompte, mais on pourrait aussi imaginer que l'emprunt porte sur une plus grande partie, voire la totalité, du prix de l'immeuble. Le taux d'intérêt généralement minime que réclame un proche parent est souvent attrayant, et certains prêtent même parfois sans réclamer aucun intérêt. Dans tous les cas, un prêt entre particuliers doit faire l'objet d'un document justificatif. Cela peut être une reconnaissance de dettes ou un contrat de prêt, et le document peut être signé devant notaire ou sous seing privé. Quelle que soit la formule choisie, il importe de mentionner clairement, en chiffres et en toutes lettres, la somme empruntée et les modalités ou dates de remboursement. L'acte doit être rédigé avec assez de précision pour permettre d'éviter toute contestation ou litige. Dans certains pays, dont la France, tout prêt dépassant un certain montant doit être déclaré auprès des services fiscaux pour enregistrement.

Faire un contrat de prêt est dans l'intérêt des deux parties. Le créancier pourra l'utiliser pour réclamer son dû en cas de défaut de paiement. Et de son côté, l'emprunteur pourra ainsi justifier l'origine de cet argent. Et cela peut être très important lorsque des parents prêtent à un de leurs enfants. En effet, après le décès du parent prêteur, les autres héritiers pourraient penser que l'emprunteur a bénéficié d'un privilège, et percevoir le prêt comme une avance sur la succession. Sans le contrat justifiant le prêt, l'emprunteur se verrait alors obligé de verser une compensation financière à ses cohéritiers. Mais il y a pire ! En effet, si le prêt a été octroyé pour financer l'acquisition d'un bien immobilier, et si l'emprunteur possède toujours ce bien, le montant de la compensation financière sera calculé en fonction de la valeur actuelle du bien. Et celle-ci pourrait donc être beaucoup plus élevée que le montant initialement emprunté.

De toute manière, comme dit le dicton : « Les bons comptes font les bons amis ». Si vous voulez conserver des relations harmonieuses avec vos proches, soyez très prudent lorsque vous leur empruntez de l'argent. Enfin, même si emprunter à des proches est souvent moins cher que de faire un prêt personnel, il n'en reste pas moins qu'il vous faudra quand même rembourser cet argent et que vous devez donc intégrer ce remboursement dans vos calculs dès le départ.

## Acheter à plusieurs

Lorsque les prix de l'immobilier deviennent très élevés, il peut devenir difficile pour une personne seule d'acheter un bien. Acheter à plusieurs peut alors devenir une solution intéressante.

Le cas le plus courant d'achat d'un même bien immobilier par plusieurs personnes est bien sûr celui d'un couple qui acquiert sa résidence familiale. Mais il y a d'autres situations où cela se pratique, par exemple lorsque deux investisseurs décident de grouper leurs moyens pour acquérir un immeuble de rapport, dont ils se partageront ensuite la gestion et les bénéfices.

Le problème est toujours de savoir ce qu'il se passera en cas de séparation, ou si l'une des parties désire un jour se retirer de l'investissement et récupérer ses parts. Souvent, la seule solution est malheureusement la revente de l'immeuble acheté ensemble. Il convient donc de toujours bien réfléchir avant de signer avec quelqu'un.

Lorsque deux personnes (ou plus) achètent ensemble un bien immobilier, les deux formes principales de participation sont l'indivision et l'achat en société.

L'indivision est la plus simple et la plus fréquente. L'acte d'achat rédigé par le notaire précise la répartition du bien entre les parties. La propriété peut être détenue à parts égales (50-50%) ou inégales (60-40%, 70-30%, etc.). Cette répartition doit correspondre à la participation financière de chacun, tant du point de vue de l'apport personnel, que de la responsabilité dans le remboursement du crédit hypothécaire. Si la situation se dégrade (le couple se sépare ou l'un des investisseurs veut se retirer), deux scénarios sont possibles : le rachat ou la vente. Si l'un des deux veut conserver l'immeuble commun, il devra acheter à l'autre son pourcentage de l'indivision. Mais si celui qui reste manque des moyens financiers pour racheter sa part ou reprendre à lui seul le crédit hypothécaire, la propriété devra être vendue. Dans tous les cas, demandez conseil à votre notaire, parce que de nombreux paramètres interviennent dans le calcul de la somme revenant à chaque partie.

La deuxième forme que peut prendre un achat commun est la formation d'une société qui possédera l'immeuble. En France, il existe à cet effet une forme juridique spéciale appelée *Société Civile Immobilière* (SCI). Dans ce cas, c'est la société, en tant que personne morale, qui achète le bien grâce à l'argent apporté par les associés. La SCI devient de fait l'unique propriétaire de l'immeuble, et les associés se partagent les parts sociales de la société, proportionnellement à leurs apports financiers respectifs. Il vaut mieux créer la société par un acte authentique devant un notaire, ce qui entraîne cependant des frais supplémentaires. Et il est préférable de le faire avant l'achat du bien afin de disposer de suffisamment de temps pour effectuer toutes les démarches d'enregistrement.

Lorsqu'un des associés désire se retirer, il peut céder ses parts aux associés qui souhaitent conserver l'immeuble. Par contre, si ceux-ci ne veulent pas ou ne peuvent pas acheter les parts proposées, la situation peut être bloquée, sauf en faisant entrer un nouvel associé. En cas de décès de l'un des associés, les parts du défunt reviennent à ses héritiers, sans que soit remise en cause l'existence de la société.

La formation d'une société est la meilleure solution lorsque plusieurs associés décident d'acquérir ensemble un patrimoine immobilier important. Elle est cependant beaucoup plus complexe que l'indivision. La société doit en effet respecter un certain nombre d'obligations légales, comme la possession d'un compte bancaire, la tenue d'une comptabilité et elle doit faire l'objet d'une déclaration fiscale annuelle, étant donné que ses revenus sont imposables. Pour connaître les types de sociétés immobilières existants éventuellement dans votre pays, introduisez les mots suivants dans un moteur de recherche sur internet : « type société immobilier » + « Mon pays ».

## L'hypothèque rechargeable

Si vous possédez déjà un crédit hypothécaire pour un immeuble que vous avez partiellement remboursé, vous pouvez utiliser cette hypothèque pour garantir de nouvelles dettes. Ce système, que l'on appelle *l'hypothèque rechargeable*, permet de souscrire un deuxième crédit à partir d'une seule et même hypothèque. En effet, au fur et à mesure que vous remboursez le prêt initial pour lequel cette hypothèque avait été constituée, vous reconstituez une capacité d'emprunt. Par exemple, si vous avez emprunté 200.000 euros et que vous en avez déjà remboursé 50.000, vous pouvez utiliser l'hypothèque initiale pour garantir un nouveau prêt à concurrence de 50.000 euros.

Une hypothèque rechargeable est en fait comme un second crédit hypothécaire qui est généralement d'une durée inférieure à celle du crédit initial. Ce peut être un moyen très intéressant pour emprunter par exemple l'argent nécessaire au paiement d'un acompte sur un immeuble de rapport, le solde étant financé par un crédit hypothécaire normal sur le nouvel immeuble. C'est aussi un moyen intéressant pour financer l'achat d'une résidence secondaire située à l'étranger. Peu de banques sont en effet enclines à prêter de l'argent pour financer l'achat ou la construction d'un bien situé dans un autre pays doté d'un système juridique différent. Par contre, de nombreuses banques proposent aujourd'hui de vous prêter de quoi acheter votre rêve au soleil en prenant comme garantie la maison que vous possédez dans votre pays d'origine. Si vous choisissez ce type de prêt, réfléchissez bien avant de signer, car si vous ne pouvez pas effectuer les remboursements, vous risquez de perdre votre résidence principale.

## L'achat en viager

Le viager est une forme de vente immobilière à laquelle peut avoir recours une personne âgée (ou un couple) propriétaire d'un bien immobilier, lorsqu'elle n'a pas d'héritiers ou que ses revenus sont insuffisants pour vivre. Cette personne vend sa maison en contrepartie d'une rente viagère, en conservant éventuellement le droit de continuer à l'habiter. Cette formule de vente est semblable à une vente ordinaire, sauf que les modalités de paiement différent. Au lieu de verser la somme en une seule fois, l'acheteur la paiera en plusieurs mensualités, jusqu'au jour du décès du vendeur ou pendant un certain nombre d'années spécifié dans le contrat de vente.

L'immeuble devient la propriété de l'acheteur dès la signature de l'acte. L'acheteur (aussi appelé *débirentier*) paie le bien sous la forme d'une rente viagère. C'est une somme mensuelle, trimestrielle ou annuelle, versée au vendeur (aussi appelé *crédirentier*) tant que celui-ci est vivant. La rente doit être indexée par rapport à un indice de référence. Suivant les cas, le contrat de vente viagère sera fait sur une tête ou sur deux têtes, selon que le bien appartient à un ou deux crédirentiers vivants. Le contrat peut prévoir le versement d'un montant initial, appelé *le bouquet*.

Il existe deux grandes formules de vente viagère :

- **Le viager libre au décès (ou nue-propriété avec réserve d'usufruit à vie)**
Dans ce cas, le vendeur conserve la jouissance du bien jusqu'à son décès, c'est-à-dire qu'il peut rester y vivre jusqu'à la fin de sa vie. S'il devait un jour quitter l'immeuble prématurément, par exemple pour aller en maison de repos, il conserve le droit de le mettre en location et d'en percevoir les loyers. L'acheteur ne pourra donc occuper le bien qu'au décès du vendeur.

- **Le viager libre ou pleine propriété**
Dans ce cas, le vendeur quitte le bien vendu et l'acheteur peut en avoir la jouissance immédiate. Il peut soit l'occuper personnellement, soit le mettre en location et en percevoir les loyers. Ce sera à l'acquéreur de supporter toutes les charges et taxes de l'immeuble. Dans cette formule, le bouquet (somme au comptant donnée au vendeur) ainsi que la rente seront supérieurs, étant donné que l'acquéreur a la jouissance complète et immédiate du bien.

Le montant de la rente viagère et le bouquet éventuel sont calculés en fonction de plusieurs facteurs, et notamment du nombre de têtes sur lesquelles repose le contrat (une ou deux), de l'âge du ou des vendeur(s), de la valeur du bien immobilier et de son état. Les frais de vente sont les mêmes que pour n'importe quel achat immobilier. Ils sont calculés sur la valeur du bien au moment de la vente et se règlent par l'acquéreur au moment de la signature.

Parfois, le contrat peut prévoir que le paiement de la rente soit limité dans le temps (par exemple 15 ans). C'est plus souvent le cas lorsque le vendeur est relativement jeune ou qu'il y a deux vendeurs. Dans le cas d'un viager libre au décès, lorsque le contrat prévoit une limitation dans le temps, cela ne concerne que le paiement de la rente. Le vendeur conserve toujours le droit de jouir du bien jusqu'à la fin de ses jours. Lorsque vous achetez un bien immobilier en viager, il n'y a pas de crédit hypothécaire. C'est le vendeur qui vous fait crédit. Vous n'aurez donc aucun frais d'inscription hypothécaire. Cependant, il vous faudra posséder en liquide au moment de la vente tout l'argent nécessaire pour payer les frais de vente et le bouquet. Et il vous sera impossible d'obtenir un crédit hypothécaire, parce que le bien vendu en viager ne peut pas servir de garantie.

Que se passe-t-il si l'acheteur ne paie pas les rentes viagères ? S'il reste sourd à tous les rappels de paiement, il perdra finalement tout droit sur le bien et toutes les sommes payées resteront acquises au vendeur. Cependant, avant d'en arriver là, l'acheteur a la possibilité de céder son contrat à tout moment. S'il le décide, pour une raison ou une autre, il peut revendre le contrat à une personne solvable à qui il pourra demander un bouquet. Quant au vendeur original, rien ne changera pour lui, parce que le contrat sera cédé aux conditions initiales.

## 2.4. Gérer son crédit dans la durée

### Refinancer son crédit hypothécaire

Supposons que vous ayez acheté un immeuble il y a quelques années, et que vous constatiez aujourd'hui que les taux d'intérêts ont fortement baissé par rapport à celui de votre crédit hypothécaire. Vous pourriez alors avoir envie de refinancer votre immeuble, c'est-à-dire de changer votre crédit à 5% pour un autre avec un taux d'intérêt plus intéressant, par exemple 3%.

Mais comment savoir à partir de quand une telle opération est intéressante ? De nombreux courtiers évoquent à ce sujet la règle de base selon laquelle un refinancement n'est intéressant qu'à partir du moment où la différence de taux atteint 1% et que la durée restante du contrat est d'au moins 10 ans. Mais il y a d'autres facteurs à prendre en compte, et il ne faut pas se focaliser exclusivement sur le taux d'intérêt. Tout d'abord, la situation diffère selon que vous optez pour un *refinancement interne* (auprès de la même banque) ou *externe* (auprès d'une autre banque).

Dans le cas d'un refinancement interne, vous négociez des conditions plus intéressantes auprès de la banque où votre crédit est en cours. Vous devrez payer une indemnité de remploi, qui correspond à 3 mois d'intérêts sur le capital restant. C'est une pénalité que la banque vous demandera de payer comme indemnisation parce que vous ne respectez pas la durée d'amortissement initialement prévue dans votre contrat. Un refinancement interne coûte moins cher que si vous changez de banque, du fait de l'absence de changement d'hypothèque (voir plus loin). Votre banquier le sait bien, et c'est pourquoi il ne vous proposera probablement pas spontanément son taux le plus bas, au contraire d'un banquier concurrent qui cherchera à vous attirer chez lui.

Dans le cas d'un refinancement externe, vous vous adressez à une autre banque pour ouvrir un nouveau crédit. Ici, outre les frais de dossier et l'indemnité de remploi que vous réclamera votre première banque, vous devrez également payer des frais de mainlevée (pour radier l'hypothèque au profit de la première banque) et de nouveaux frais d'hypothèque (pour inscrire la nouvelle hypothèque au profit de la nouvelle banque) pour votre nouveau crédit. En pratique, les frais de main levée tournent autour de 1.000 euros, et l'inscription hypothécaire est de quelques milliers d'euros en fonction du montant emprunté.

Ce n'est qu'après avoir fait vos calculs en tenant compte de tous ces éléments que vous saurez si l'option d'un refinancement est intéressante pour vous. Lorsque vous additionnerez toutes les dépenses que votre changement de crédit vous occasionnera, vous découvrirez peut-être qu'il est plus intéressant de conserver votre crédit actuel. Mais il se peut aussi que cela vous permette d'économiser une somme non-négligeable.

## Comment rembourser plus vite son emprunt ?

L'emprunteur est souvent étonné lorsqu'il se rend compte après quelques années qu'il n'a en fait remboursé que quelques milliers d'euros sur le capital emprunté. C'est parce la plus grande partie des remboursements durant les premières années du prêt est consacrée à payer d'abord les intérêts, au détriment du remboursement du principal. Mais en effectuant des paiements supplémentaires, il est possible de rembourser plus tôt le principal de la dette et de réduire cette montagne d'intérêts. Rembourser plus tôt le crédit hypothécaire de sa maison peut donc s'avérer être une décision intelligente pour de nombreux emprunteurs, qui leur permettra d'économiser de cette façon des milliers d'euros en intérêts.

Si rembourser plus tôt votre crédit hypothécaire est votre but, continuez à lire pour apprendre comment cela peut être fait. N'oubliez toutefois pas d'en lire la dernière partie, car consacrer l'argent que vous avez en main aujourd'hui pour réduire la durée de votre emprunt n'est pas forcément la meilleure décision financière à prendre. Tout dépend de votre situation et de vos objectifs.

Réduire la durée d'un emprunt hypothécaire peut se faire de plusieurs manières :

- **Refinancer le crédit sur une durée plus courte**
La première façon consiste à refinancer son prêt hypothécaire, c'est-à-dire à échanger celui que l'on a pour un autre, mais avec une durée plus courte. Par exemple, si vous avez un emprunt sur 30 ans, vous pouvez en contracter un nouveau sur 15 ans, avec comme bonus supplémentaire, que les taux d'intérêts seront généralement inférieurs. Mais l'inconvénient, c'est que vous devrez payer des frais pour clôturer le premier emprunt et ouvrir le second. Ensuite, bien entendu, les remboursements mensuels augmenteront, étant donné que vous remboursez la même somme sur une durée plus courte.

- **Faire un versement supplémentaire annuel**
Il est possible d'obtenir les mêmes résultats en effectuant des paiements supplémentaires. Cette solution à l'avantage de permettre de conserver une flexibilité d'action. Vous pouvez utiliser toutes vos rentrées inhabituelles d'argent pour effectuer un remboursement anticipé d'une partie du principal de votre emprunt : primes de fin d'année, remboursements d'impôt, héritage, etc... Vérifiez votre contrat de crédit hypothécaire pour savoir à quelle fréquence vous pouvez rembourser anticipativement, et pour quels montants. La plupart des contrats permettent de le faire, mais mettent des conditions quant à la fréquence (par exemple une fois par an) et au montant des paiements supplémentaires que vous pouvez faire (par exemple minimum 10% du solde restant dû). C'est donc quelque chose à vérifier lorsque l'on fait son shopping pour trouver un crédit.

Même si vous n'effectuez pas de remboursement systématique chaque année, vous pouvez progressivement économiser jusqu'à avoir assez pour effectuer le versement minimal prescrit par la banque. Mettez tout ce que vous pouvez afin de diminuer le principal, car chaque petit geste comptera. Par exemple, sur un crédit de 200.000 euros sur 30 ans et à un taux de 5%, un remboursement partiel de 20.000 euros (10%) après la troisième année réduira la durée de l'emprunt de 62 mois (plus de cinq ans) et vous fera économiser la modique somme de 47.000 euros d'intérêts. Effectuez des paiements supplémentaires le plus tôt que vous le pouvez après l'obtention de votre crédit hypothécaire, parce que les paiements des intérêts sont les plus lourds durant la première moitié de la durée du prêt. Comme les intérêts sont calculés sur le solde restant dû, au plus vite vous diminuez le principal au mieux c'est. Ainsi, si vous effectuez le même remboursement partiel de 20.000 euros après 10 ans au lieu de 3, votre économie ne sera plus que de 47 mois et 31.430 euros d'intérêts.

## Rembourser plus tôt son emprunt n'est pas toujours une bonne idée

Si rembourser un prêt hypothécaire plus rapidement peut-être une opération judicieuse pour de nombreux propriétaires, ce n'est pas forcément le cas pour tout le monde. Avant de décider de suivre cette voie, il vous faut en peser les avantages et les inconvénients. Dans certaines situations, rembourser plus tôt pour se libérer de l'obligation de payer tous les mois peut avoir tout son sens. Mais la plupart des gens pourraient trouver de meilleures choses à faire avec leur argent, plutôt que de le consacrer à rembourser une dette qui a souvent un taux d'intérêt réduit, et qui permet souvent d'avantageuses déductions d'impôt. Si l'on comprend vraiment l'argent et ses règles, on peut douter que les économies réalisées en remboursant plus tôt soient tellement intéressantes.

Voici quelques arguments à méditer avant de décider de rembourser anticipativement un crédit immobilier :

• **Les emprunts hypothécaires sont les moins chers du marché.** Les taux d'intérêt des crédits hypothécaires sont beaucoup plus faibles que ceux des autres formes de crédit. Cela est dû au fait que la banque prend l'immeuble en garantie (l'hypothèque). Comparez les 3 ou 4 pourcents actuels pour les crédits hypothécaires, et les 12 % pour les prêts personnels, ou les 15 ou 20 % pour les cartes de crédit, et vous comprendrez. Il n'y a pas photo ! Enfin, les économies en apparence impressionnantes que l'on réalise en remboursant plus tôt sont étalées sur de nombreuses années à venir. Mais il ne faut pas oublier l'inflation, grâce à laquelle un euro d'aujourd'hui ne vaudra probablement plus que 50 centimes ou même moins dans 20 ans.

• **Perte des avantages des déductions fiscales des intérêts.** Dans beaucoup de pays, les intérêts que vous payez au banquier sont fiscalement déductibles. Etant donné que la plus grosse partie des paiements mensuels dans les premières années d'un prêt sont le paiement des intérêts, le gain en impôt peut vraiment représenter une somme importante. Mais si vous remboursez plus vite, vous ne pourrez pas prétendre autant de déductions fiscales.

• **L'argent pourrait être investi ailleurs.** L'argent supplémentaire que l'on consacre à rembourser son crédit anticipativement pourrait être investi ailleurs et rapporter davantage, du moins si le taux de rentabilité de cet investissement est supérieur au taux d'intérêt du crédit hypothécaire. Par exemple, les liquidités dont vous disposez aujourd'hui pourraient être utilisées pour payer l'acompte afin d'acheter d'un autre immeuble. Cela leur offrira une rentabilité bien meilleure à long terme. D'autre part, si vous possédez un immeuble de rapport, c'est-à-dire une propriété que vous mettez en location, vous serez intéressé de conserver un cash-flow le plus élevé possible. Pour cela, les remboursements de votre emprunt doivent être maintenus aussi bas que possible. Et le cash-flow, c'est de l'argent aujourd'hui qui, à cause de l'inflation, vaut bien plus que de l'argent dans 10 ans. Par contre, et toujours dans le cas du propriétaire d'un immeuble de rapport, si vous approchez de la retraite et que vous voulez avoir les revenus mensuels maximaux pour complémenter votre pension, alors un remboursement anticipé peut avoir tout son sens. C'est également le cas si votre objectif est d'arrêter de travailler et de pouvoir vivre de vos revenus passifs. Dans les deux cas, ne plus avoir à effectuer de remboursements signifie que l'intégralité des revenus locatifs (moins les frais et les taxes) arrive dans votre poche.

Si vous désirez effectuer des simulations de remboursements anticipés, vous trouverez de nombreuses calculatrices en ligne sur internet. Les meilleures sont en anglais, et vous les chercherez en entrant les mots suivants dans un moteur de recherche : « mortgage calculator » + « what if I pay more » ou « mortgage early payoff ».

### Quelques recommandations de prudence

Pour conclure ce chapitre sur le financement des biens immobiliers, j'aimerais vous inciter à la prudence. Il est relativement facile pour tout citoyen « moyen » possédant un travail régulier d'obtenir un crédit afin d'acheter un bien immobilier. Mais la partie difficile du jeu consiste à pouvoir garder longtemps le bien que l'on a acheté. Pour cela, c'est très simple, il suffit de payer régulièrement ses remboursements et toutes ses factures. Il suffit ... oui, mais il faut le faire pendant 20 ou 30 ans !

Comme nous l'avons vu, emprunter de l'argent pour acheter permet d'utiliser un grand levier financier. C'est un formidable outil pour accélérer la croissance de votre patrimoine. Mais pour l'utiliser avec sagesse, vous devez aussi comprendre les risques qui y sont liés et apprendre à les gérer. Sinon, l'endettement est aussi le meilleur moyen de vous retrouver dans de gros ennuis financiers.

L'idéal est de pouvoir vous protéger au cas où, malgré votre bonne volonté et vos efforts, les choses venaient à mal tourner. Mais vous ne devez cependant pas laisser la peur du risque vous empêcher d'investir, parce que le risque peut être contrôlé. Comme nous l'avons déjà vu, l'immobilier est un investissement beaucoup plus stable que la plupart des autres types d'investissement. Ainsi, même un immeuble acheté avec un fort levier financier sera moins risqué que l'achat d'actions.

Les investisseurs sages sont prévoyants et essayent de prendre des mesures au cas où ils se retrouveraient en difficulté. Voici quelques stratégies que vous pouvez utiliser pour minimiser les risques liés au fait d'emprunter de l'argent :

• **La toute première règle est de n'utiliser le levier financier que dans les limites que permet le cash-flow.** Si vos remboursements mensuels sont supérieurs aux revenus de la propriété, vous vous plongerez dans de sérieux problèmes.

• **Soyez certain que ce que vous achetez est un bien de qualité avant de contracter une dette.** Un immeuble bien entretenu et bien situé augmentera toujours de valeur avec le temps, et attirera toujours des locataires de qualité. En cas de difficultés,

vous devrez pouvoir revendre le bien rapidement et avec profit. Acheter de la qualité est le meilleur moyen de réduire votre risque.
- **Pensez à mettre en place une structure juridique adéquate** sous la forme d'une entreprise si vous réalisez de grosses opérations pour lesquelles vous devez emprunter de très grosses sommes. Si vous agissez en tant que société à responsabilité limitée, la dette est contractée en son nom, et les créanciers ne peuvent pas s'en prendre à votre patrimoine personnel. Les investisseurs immobiliers professionnels séparent clairement dès le départ leurs activités commerciales de leur patrimoine personnel. Cela n'empêche que l'investisseur prudent peut aussi parfaitement développer un portefeuille immobilier important en tant que personne privée.
- **Ayez une réserve financière au cas où les choses tourneraient mal.** Ce fond d'urgence doit être suffisant pour payer de 3 à 6 mois de remboursement de vos dettes (immobilières et personnelles). Si vous remboursez à la banque 2.000 euros par mois, votre réserve devrait donc être idéalement d'au moins 12.000 euros.
- **Cherchez toujours le taux d'intérêt le plus bas.** Faites jouer la concurrence et cherchez les meilleures conditions. Si votre emprunt est considérable, quelques fractions de pourcent d'intérêt peuvent vous faire gagner beaucoup d'argent chaque année.
- **Améliorez votre immeuble afin d'augmenter ses revenus locatifs.** Vous augmenterez par la même occasion sa valeur (voir page 131).
- **Solidifiez régulièrement votre situation.** Il y a des investisseurs avides qui achètent sans cesse de nouvelles propriétés en s'endettant toujours plus. Je ne vous conseille pas de faire cela, car vous risqueriez de vous retrouver dans une situation d'équilibre financier instable. Si une grosse difficulté survient, c'est toute votre construction qui s'écroulera comme un jeu de domino, et toutes vos propriétés seront mises en vente publique pour payer les banques. Au contraire, vous devez régulièrement solidifier vos fondations avant d'avancer plus loin.
- **Réduisez votre endettement quand le marché immobilier est en haut du cycle.** Quand les prix des maisons sont élevés, cela peut être le moment de vendre l'une ou l'autre propriété afin de réduire votre endettement. Avec les bénéfices réalisés, vous pouvez rembourser une partie des dettes sur d'autres immeubles. A l'inverse, ce qu'il ne faut pas faire, c'est utiliser un levier maximum (c'est-à-dire s'endetter très fort) quand le marché est à son plus haut et que les prix risquent de baisser.
- **Augmentez le levier financier juste après que le marché immobilier ait atteint son bas de cycle.** Quand les prix baissent, c'est que la plupart des gens se détournent de l'immobilier. C'est dans ces périodes de bas de cycle que les meilleures opportunités d'achat se présentent, et c'est aussi le moment où l'utilisation du levier financier offre la plus grande capacité de créer de la valeur à moyen ou long terme. Vous pouvez vous endetter lourdement dans ces périodes, parce qu'il est plus facile de trouver des propriétés qui ont un cash-flow positif. Au plus le cash-flow est positif, au

plus vous réduirez votre risque. Et quand les prix de l'immobilier remonteront, vous bénéficierez pleinement de l'effet de levier sur l'augmentation de valeur de vos immeubles.
• **Réduisez le risque avec l'âge.** Au fur et à mesure que vous approchez de la retraite, vous devriez réduire votre endettement. De cette manière, vous serez plus en sécurité et vous pourrez également profiter pleinement de vos revenus locatifs

## Mettez de l'ordre dans vos finances personnelles avant une grande dépense

Acheter de l'immobilier représente une grande dépense et de grosses responsabilités financières. Avant de vous lancer dans cette aventure, il vaut mieux que vos finances personnelles soient en ordre.

Normalement, vous n'aurez pas à utiliser votre argent personnel pour payer les factures de vos propriétés. En effet, comme nous verrons en détail au chapitre 4, chaque propriété que vous achèterez pour la mettre en location devra produire des revenus locatifs supérieurs à ce qu'elle vous coûte. Elles doivent donc être entièrement autonomes financièrement.

Mais comme vous le savez, la vie est imprévisible. Il se peut par exemple qu'à un moment vous deviez faire face à un vide locatif prolongé, à des loyers impayés pendant plusieurs mois ou que vous ayez de grosses réparations à effectuer d'urgence. Dans des cas de ce genre, c'est dans votre portefeuille personnel que vous devrez puiser pour rembourser la banque ou payer le plombier. Si vos finances personnelles sont saines et sous contrôle, vous serez en mesure d'absorber le choc. Mais si vous vivez chaque mois sur le fil du rasoir, et que vous luttez constamment pour rembourser une multitude d'autres crédits, vous pourriez vous retrouver en grande difficulté. L'achat d'un bien immobilier pourrait bien alors être le clou de votre cercueil.

Faire votre bilan financier, établir un budget et réduire - voire éliminer - toutes vos autres dettes, sont autant d'actions qui vous permettront de préparer le mieux possible vos finances avant l'achat d'un bien immobilier. Tous ces points sont abordés en détail dans le chapitre 7.

# 3 TROUVER ET RECONNAITRE LES BONNES AFFAIRES

## 3.1 Déterminez vos critères d'achat

Parmi toutes les annonces de vente de propriétés que vous lirez, comment allez-vous sélectionner celles qui vous intéressent ? Pour éviter de perdre votre temps, vous devez d'abord déterminer vos propres critères d'achat avant même de commencer votre recherche. Ces critères sont les caractéristiques des biens immobiliers que vous recherchez. Ils découlent directement de vos objectifs et de votre stratégie d'investissement. Pour réussir, vous devez être sélectif, et ne considérer que les propriétés qui correspondent à vos critères. Et vous achèterez une propriété uniquement si elle répond à TOUS vos critères. Sinon, vous passerez votre chemin et vous en chercherez une autre.

**Voici les 7 critères que vous devez décider avant de vous lancer dans la recherche :**

### Critère n°1 : L'emplacement

L'un des plus importants critères est celui du quartier ou de la zone dans lequel vous allez acheter. Vous avez certainement déjà entendu le fameux dicton disant qu'il y a Trois Règles d'Or dans l'immobilier. Ce sont : 1. L'emplacement, 2. L'emplacement, et … 3. L'emplacement !

Vous ne pouvez en effet pas séparer votre immeuble du quartier ou de la ville où il se trouve. Quand vous achetez une maison, vous achetez aussi le quartier. Et comme vous le savez, il y a des endroits qui se développent et sont de plus en plus recherchés, et d'autres qui déclinent et que les gens aisés fuient.

Cibler précisément une zone vous aidera à économiser vos ressources, et vous passerez moins de temps à filtrer et rejeter les possibilités. Chercher peut en effet consommer beaucoup de temps et vous avez donc intérêt à identifier les quartiers avec le plus grand potentiel de succès. En achetant dans un « bon quartier », vous avez déjà une garantie de succès. Il vaut mieux acheter un petit bien dans un bon quartier plutôt qu'un grand bien dans un mauvais quartier en déclin. En vous spécialisant sur une zone, votre prise de décision deviendra claire, rapide et confiante. Vous deviendrez un expert de ce quartier et cela vous permettra d'évaluer rapidement le prix auquel peut se vendre ou se louer une propriété. Même des investisseurs chevronnés font des erreurs quand ils achètent dans des quartiers qu'ils ne connaissent pas.

**Qu'est-ce qu'un bon quartier ?**
Le bon quartier où investir n'est pas nécessairement le dernier endroit à la mode où les prix augmentent rapidement. Pour pouvoir profiter d'une croissance de valeur maximale, il faut rechercher les zones qui présentent un fort potentiel de hausse future. Vous trouverez les meilleures opportunités dans les zones en transition qui commencent juste à s'améliorer. Dans de nombreuses villes, il s'agit de quartiers plus anciens en rénovation. Regardez s'il y a de nouveaux propriétaires qui emménagent et effectuent des rénovations. Cherchez aussi les quartiers où les autorités investissent de l'argent afin de les améliorer. Une croissance régulière des prix des maisons dans un quartier est un bon signe. Par contre, un nombre élevé de maisons à vendre n'est pas de bon augure.

Voici une check-list des aspects à rechercher pour déterminer votre quartier-cible :
- L'accessibilité pour vous par rapport à votre lieu de résidence et votre travail. Si vous faites des rénovations, vous devrez souvent vous rendre sur place pour superviser les travaux. De même par après, si vous organisez vous-même les visites pour les acheteurs ou les locataires. Par ailleurs, si vous mettez en location, vous serez de temps à autre appelé par un locataire pour constater des problèmes. Vous n'êtes bien sûr pas obligé d'acheter une propriété à proximité de votre lieu de résidence, mais cela sera beaucoup plus facile pour vous, spécialement si vous habitez dans une ville où les embouteillages sont fréquents.
- Le quartier ne doit pas être situé dans une zone en déclin de la ville.
- Le quartier doit avoir un aspect agréable. Recherchez la proximité d'espaces verts et vérifiez l'absence d'immondices laissées à l'abandon.
- Le quartier doit être proche des voies de communications, de bonnes écoles et de centres commerciaux.
- La majorité des maisons sont bien entretenues.
- Les nouveaux propriétaires y effectuent des rénovations de qualité.
- Le niveau de criminalité est bas.
- Les ventes immobilières sont soutenues.
- C'est un quartier où vivent les citoyens de classe moyenne, qui sont par définition les plus nombreux.

Tenez compte du fait que les prix de l'immobilier reflètent la présence d'emplois dans la région. Plus il y a de nombreuses entreprises qui fournissent de l'emploi, plus les prix grimpent. Quand les entreprises – et les emplois qu'elles offrent - quittent une région, les prix baissent. C'est la loi de l'offre et de la demande : quand beaucoup de gens veulent la même chose, les prix montent.

Par ailleurs, au sein d'une zone ou d'un quartier recherché, tous les emplacements ne sont pas égaux. Certaines places peuvent être encore plus recherchées parce qu'elles bénéficient d'une jolie vue que n'ont pas d'autres propriétés pourtant proches. Ce peut être une vue sur un parc, une montagne ou sur un beau paysage. Mais dans ce domaine, le top du top est sans conteste la vue sur l'eau. Que ce soit une vue sur la mer, sur un lac ou sur un fleuve, les gens sont toujours prêts à payer davantage pour une maison d'où l'on peut voir l'élément liquide. Considérez ci-dessous l'exemple de deux maisons en bord de mer, proches l'une de l'autre et de mêmes caractéristiques.

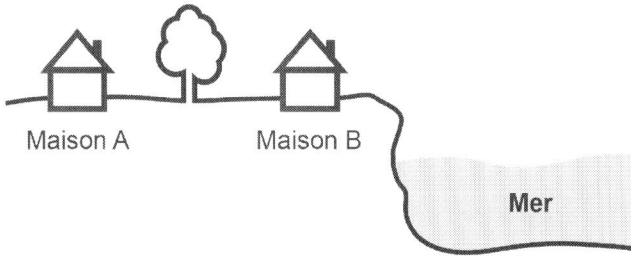

La maison B, qui bénéficie d'une vue directe sur la mer, pourra parfois valoir le double, voire le triple, de la maison A. Quand vous ciblez votre zone, n'oubliez donc pas de penser à la vue éventuelle qu'auront vos futurs acheteurs ou locataires.

De manière pratique, voici une méthode qui vous permettra de délimiter progressivement votre zone-cible :
- Prenez une carte de la ville où vous résidez avec les divisions par quartiers, arrondissements ou communes. Si vous habitez à la campagne, prenez une carte de la région. Pour la suite, utilisez un calque si vous ne voulez pas abîmer la carte.
- Pointez l'endroit où vous habitez.
- En prenant votre domicile comme centre, tracez un cercle définissant la zone dans laquelle vous voulez investir. Le rayon du cercle dépendra de votre temps de trajet, car vous devez pouvoir vous rendre relativement facilement et rapidement dans votre immeuble. Commencez par décider un temps de trajet maximum, par exemple une demi-heure. Ensuite, déterminez quelle distance vous pouvez parcourir durant cette période (tenez compte des embouteillages éventuels à certaines heures). Finalement, utilisez cette distance comme rayon du cercle que vous tracerez autour de votre domicile.
- Si vous habitez une petite ville, votre zone peut être toute la ville, mais s'il s'agit d'une grande métropole, vous zoomerez sur une zone, par exemple l'est. Si vous êtes à la campagne, votre zone peut couvrir plusieurs villages.
- Dans cette zone, prenez le temps d'analyser chaque quartier en fonction de vos critères et de ce qui a été dit ci-dessus à propos des bons quartiers. Promenez-vous dans les rues et n'hésitez pas à engager la conversation avec les voisins. Lisez les journaux locaux et parlez-en avec vos connaissances. Cherchez le site internet officiel de la commune ou de la ville, et lisez toutes les informations concernant les

plans de développement et d'aménagement futurs. Trouvez si certaines zones sont identifiées comme prioritaires par les pouvoirs publics.
- Pour faciliter vos déplacements, commencez par explorer les zones autour du trajet entre votre domicile et votre lieu de travail (si c'est dans la même ville, bien sûr). Ne vous limitez cependant pas à ce facteur, au cas où vous devriez un jour changer de travail.
- Eliminez en les barrant sur la carte tous les quartiers et les zones que vous rejetez (insécurité, trop chers, mauvaise réputation, zone de bureaux, trafic bruyant, zones industrielles, quartiers « chauds », proximité d'usines, d'aéroport, de voies ferrées, etc.)
- Finalement définissez clairement les frontières de la zone que vous retenez (rues, parcs, cours d'eau, ...)

Le dessin ci-dessous illustre, sur une carte imaginaire, le genre de résultat que vous devez obtenir :

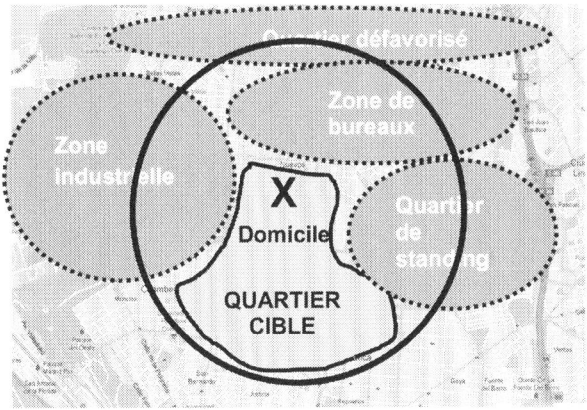

Vous savez maintenant clairement où chercher des biens immobiliers. Pensez également à identifier les codes postaux correspondants, car ils vous serviront pour vos recherches sur internet.

### Critère n°2 : Le type de bien immobilier

Il existe différents types de biens immobiliers que vous pouvez acquérir. A vous de décider lequel vous convient le mieux, en fonction non seulement de vos moyens et de votre stratégie, mais aussi de votre personnalité et de vos compétences. Allez-vous rechercher un appartement, un immeuble avec quatre appartements, ou une maison avec un jardin ? On considère en général que la demande pour les maisons unifamiliales est plus constante et que leur valeur augmente plus. En effet, la plupart de gens voudraient vivre dans une maison à eux, et sont prêts à mettre le prix pour acquérir celle qui leur plaît. Ce sont des non-investisseurs qui occupent ce marché, et ils peuvent se montrer très émotionnels dans le prix qu'ils sont disposés à payer.

Par contre, les immeubles de rapport comprenant plusieurs appartements sont achetés et vendus par des investisseurs, ce qui signifie que leurs prix de vente sont déterminés par le montant des loyers qu'ils génèrent. Normalement, au plus un immeuble produit des revenus locatifs élevés, au plus il se vendra cher.

Si vous choisissez d'acquérir un immeuble de rapport avec plusieurs appartements mis en location, vous aurez régulièrement à traiter avec des personnes. Si vous êtes à l'aise dans les contacts humains, ce rôle vous conviendra parfaitement. Par contre, si vous êtes du genre « ermite », vous pourriez vous sentir embarrassé dans ces relations. Si c'est le cas, vous pouvez toujours faire appel à une société de gérance d'immeuble qui s'occupera des contacts avec les locataires, mais cela aura un coût qui diminuera votre rentabilité.

A l'extrême, le type d'investissement immobilier qui ne nécessite aucune relation avec des locataires est l'acquisition de terrains nus dans l'espoir de les revendre plus tard avec une plus-value. Malheureusement, un terrain ne rapporte pas de revenus réguliers et vous coûtera donc de l'argent pour rembourser l'emprunt et payer les taxes immobilières (généralement dérisoires pour un terrain non-bâti).

De toute manière, si vous voulez investir dans l'immobilier, vous devrez traiter avec des personnes, ne fut-ce que pour négocier avec les vendeurs. Alors, même si ce n'est pas ce que vous préférez, je vous conseille cependant d'apprendre à le faire.

## QUEL TYPE DE BIEN IMMOBILIER VOULEZ-VOUS POSSÉDER ?

| | Avantages | Inconvénients |
|---|---|---|
| **Maisons unifamiliales** | Plus facile à revendre. Possibilité de forte plus-value à la revente | Pour la mise en location : un seul locataire = plus de risque de vide locatif |
| **Appartements** | Facile à revendre Possibilité de forte plus-value à la revente | Pour louer, un seul locataire signifie plus de risque de vide locatif Les charges peuvent être élevées |
| **Immeubles multi-appartements** | Revenus locatifs stables Le risque de vide locatif est réparti sur plusieurs unités | Nécessité de gérer des locataires / La maintenance peut être chère / Moins facile à revendre |

| | | |
|---|---|---|
| **Locaux commerciaux ou industriels** | Les loyers peuvent être très élevés | Moins facile à vendre Dépendant de la santé du business du locataire et du climat économique |
| **Garages et emplacements de parking** | Demande croissante dans les villes Faible investissement Rentabilité importante | Beaucoup d'unités sont nécessaires pour générer un revenu important / La gestion prend du temps |
| **Sites industriels ou commerciaux à réaffecter** | Plus-values potentielles importantes à la revente Très à la mode (lofts) | Complexité technique et administrative / Budget important, donc risque important / Pour les investisseurs expérimentés |
| **Terrain nu** | Le plus simple à gérer La valeur peut augmenter rapidement dans des zones qui se développent | Ne produit en général pas de revenus / L'investisseur doit supporter les crédits et les taxes de sa poche |

Personnellement, ce sont les immeubles multi-appartements que je préfère. A cela plusieurs raisons. D'abord, le prix de revient d'une unité locative (un appartement ou un studio) est généralement moins élevé que si l'on achetait chaque appartement séparément. Si l'immeuble est bien choisi, le prix au mètre carré peut être nettement inférieur à la moyenne du marché. Ensuite, le risque de vide locatif est diminué parce que même si un appartement venait à rester vide un mois ou deux, l'immeuble continuera à produire d'autres loyers. Vous trouverez plus d'informations concernant le choix des biens destinés à la location au chapitre 4, et concernant ceux destinés à la revente au chapitre 5.

### Critère n°3 : Les caractéristiques du bien

Lorsque vous avez cerné le type de bien qui vous intéresse, vous devez maintenant être encore plus précis. Au plus vous définirez précisément ce que vous voulez, au moins vous perdrez de temps à explorer les annonces, et vous pourrez aller droit au but. Décidez si vous recherchez : Une maison avec 1, 2 ou 3 chambres ? Un appartement ? De quelle surface habitable ? La présence d'un garage est-elle indispensable ? Et un jardin ? Avec quelle superficie minimale de terrain ? Si vous recherchez un immeuble comprenant plusieurs appartements, combien d'unités locatives voulez-vous au minimum ? Et quelle est la surface minimale par unité locative que vous recherchez ?

Comme nous le verrons souvent au cours de cet ouvrage, le meilleur moyen de réussir consiste à comprendre le marché dans lequel on se trouve et à s'adapter à lui. Concrètement, cela signifie que vous ne devez pas choisir en fonction de ce que vous aimez ou pas personnellement, mais plutôt comprendre ce que recherchent les locataires et les acheteurs, et acquérir précisément ce type de propriété. Pour étudier votre marché, interrogez les agents immobiliers que vous rencontrez, ainsi que votre notaire. Cherchez sur internet et dans la presse imprimée tous les articles qui parlent de l'évolution des ventes de biens immobiliers dans votre zone.

Donc, si vous recherchez un immeuble à appartements et que votre étude de marché vous montre que ce sont les appartements 1 chambre qui se louent le mieux, c'est un immeuble avec des appartements 1 chambre que vous devez acheter. De même, si vous recherchez une maison pour la rénover et la revendre, vous devez savoir quel type de maison se vend le mieux et le plus rapidement. Si ce sont les maisons de minimum 3 chambres, ne recherchez que celles-là, et ne perdez pas votre temps avec des maisons 2 chambres (sauf s'il s'avère possible d'y créer une troisième chambre).

### Critère n°4 : Votre gamme de prix

En fonction des liquidités dont vous disposez et de la somme que vous pouvez emprunter (voir page 59), il vous est possible de définir une fourchette de prix. Ainsi, si votre budget total est de 100.000 euros hors frais d'achat, vous pouvez par exemple décider de rechercher des appartements dont le prix de vente annoncé se situe entre 80.000 et 120.000 euros. Sur ceux mis en vente à 120.000 euros, même si cela dépasse votre budget, vous pourrez toujours faire une offre à 100.000 euros et il se pourrait que celle-ci soit acceptée par le vendeur.

Avant de décider votre gamme de prix, consultez les annonces pour connaître le marché, et déterminez une limite de prix raisonnable par rapport à vos choix de type de bien et de caractéristiques. Il faut que tous vos critères soient cohérents entre eux et réalistes. Pour cela, vous devez vérifier dans les annonces qu'il est effectivement possible de trouver ce que vous cherchez pour le prix auquel vous pensez. Par exemple, si vous ne disposez que d'un budget de 100.000 euros, il est irréaliste de rechercher un immeuble avec 10 appartements, car il est peu probable que trouviez cela sur le marché à ce prix. Il se peut donc que vous deviez adapter vos critères si ceux-ci étaient trop optimistes en ce qui concerne le prix.

### Critère n°5 : L'état du bien et l'ampleur des travaux

Vous pouvez rechercher uniquement des biens en parfait état, ou qui ont été rénovés récemment. C'est bien sûr le plus simple. Sinon, êtes-vous prêts à faire des travaux (par vous-même ou par un entrepreneur) ? Si vous achetez une propriété qui a été délaissée ou mal entretenue, et que vous y effectuez des travaux de rénovation, vous

# TROUVER ET RECONNAITRE LES BONNES AFFAIRES

pouvez considérablement augmenter la valeur de celle-ci que ce soit à la revente ou à la location. Mais vous devez savoir que cela demandera de l'argent et du temps, sans parler des autorisations urbanistiques que vous aurez éventuellement à demander s'il s'agit de grosses transformations.

Vous devez donc décider si vous voulez vous lancer dans ce genre d'aventure, et jusqu'où vous êtes prêt à aller. De quelle ampleur sont les travaux que vous accepteriez d'entreprendre ? Un peu de peinture ou une rénovation complète ? Et faites attention, car on a toujours tendance à sous-estimer le coût et la durée des travaux ! Vous trouverez plus de détails sur les travaux de rénovation dans le chapitre 5 qui traite de l'achat d'un immeuble en vue de la revente.

## Critère n°6 : Votre profit minimum si vous achetez pour revendre

Si vous achetez dans le but de revendre, vous devez déterminer à l'avance quelle est la plus-value minimale que vous considérez nécessaire pour vous lancer dans un achat (voir page 187). A ce stade, sans connaître un bien immobilier précis et l'ampleur des travaux à y effectuer, vous ne pouvez pas calculer votre futur bénéfice potentiel. Par contre, ce que vous pouvez déjà faire, c'est définir un pourcentage ou une somme que vous voulez gagner sur chaque opération. Par exemple, vous pouvez décider de ne rechercher que des biens que vous pourrez revendre avec un profit de 10% du prix de vente, ou sur lesquels vous pourrez gagner 15.000 euros, etc. Vous trouverez tous les détails concernant ce type d'opération dans le chapitre 5.

## Critère n°7 : Votre cash-flow minimum si vous achetez pour louer

Vous apprendrez plus loin comment calculer précisément le cash-flow d'un immeuble de rapport, c'est-à-dire ce qu'il vous reste en main après avoir effectué toutes les dépenses nécessaires et payé les mensualités de l'emprunt. Cependant, à ce stade de votre démarche qui consiste à seulement clarifier vos critères de recherche, vous pouvez déjà décider à partir de quel montant de cash-flow positif une propriété devient intéressante pour vous. Est-ce si vous recevez en main un excédent de 100 euros, 200 euros ou 300 euros par mois ? Ne voyez pas seulement cette somme comme un bénéfice, mais aussi comme votre sécurité. Elle vous permettra de constituer une réserve-tampon où puiser en cas de difficultés, comme par exemple des réparations urgentes, des vides locatifs ou des loyers impayés. Tout comme pour votre critère de prix d'achat, il convient d'être réaliste et de ne pas fixer un objectif trop élevé que vous ne pourrez jamais atteindre. Au fur et à mesure de l'avancement de vos recherches, vous serez donc peut-être amené à modifier vos exigences pour les adapter à la réalité du marché.

Lorsque vous aurez défini vos critères d'achat, vous serez prêt pour commencer vos recherches de la façon la plus efficace possible. En résumé, clarifiez dès le début vos critères, et tenez-vous-y ! Il n'existe malheureusement pas de formule miracle qui fonctionne pour tout le monde partout dans le monde. Chaque investisseur possède ses propres critères décidés en fonction de ses objectifs personnels et du marché où il agit. Beaucoup d'investisseurs sérieux qui ont de l'expérience se spécialisent dans une niche particulière. Ils travaillent avec un ensemble étroit et strict de critères qu'ils maîtrisent parfaitement. Ainsi, celui qui est spécialisé dans les immeubles de rapport dont le prix varie entre 200.000 et 300.000 euros situés dans une zone précise, sera capable TRES rapidement de faire une évaluation correcte du bien, et de prendre ou non sa décision d'achat. En effet, la compétition peut être féroce pour trouver un bien sous-évalué. Le jeu de l'offre et de la demande dicte les prix, et quand beaucoup de gens recherchent le même genre de propriété sur un marché, il peut être difficile de trouver une bonne affaire. Et lorsqu'on l'a identifiée, il faut alors se décider rapidement.

Souvenez-vous, au chapitre 2 vous avez pu définir si votre stratégie d'investissement est à court, long ou moyen terme. En y ajoutant les critères d'achat que vous venez de déterminer dans ce chapitre-ci, vous devriez être en mesure maintenant de définir un plan d'action clair. Prenez une feuille de papier et mettez-le par écrit. Ce sera la boussole qui vous indiquera où vous diriger. A titre d'exemple, voici à quoi pourrait ressembler le plan d'action de quelqu'un qui cherche à placer son capital et à s'assurer un complément de pension :

| \multicolumn{3}{c}{**EXEMPLE : MON PLAN D'ACTION**} |
|---|---|---|
| | Mon but | Investir rentablement et m'assurer une pension aisée |
| Mes objectifs | Mes objectifs | Posséder 4 unités locatives |
| | Echéance | Dans 20 ans, lorsque le crédit hypothécaire sera remboursé |
| **Mes objectifs** | Autres précisions | … |
| | Ma stratégie | Trouver un immeuble dont les loyers sont supérieurs aux dépenses et aux remboursements de l'emprunt |
| **Mes moyens** | Capital de départ | 50.000 euros |

TROUVER ET RECONNAITRE LES BONNES AFFAIRES

| | | |
|---|---|---|
| **Mes critères d'achat** | Type de bien | Immeuble de 4 appartements |
| | Surface minimale | 200 m² minimum |
| | Caractéristiques | Des appartements 1 chambre |
| | Localisation | Les zones X, Y et Z |
| | Gamme de prix | Entre 300.000 et 400.000 euros |
| | Travaux | Rénovations mineures |
| | Autres critères | … |
| **Mon critère de rentabilité** | Cash-flow positif minimum | + 100 euros par mois |

Prenez le temps de réfléchir et de rédiger votre propre plan d'action avant de commencer vos recherches d'immeubles. De cette manière, vous resterez concentré sur votre objectif et éviterez de vous disperser.

## 3.2. Devenez expert de votre marché immobilier local

La valeur d'un objet, quel qu'il soit, est toujours quelque chose de relatif par rapport à un contexte. Ainsi, cela n'a aucun sens de dire qu'un appartement en vente pour 300.000 euros est cher ou pas, si l'on ne précise pas l'endroit où il se trouve. Pour une petite ville cela pourra sembler exagérément cher, tandis que dans une grande métropole ce même prix paraîtra ridiculement bas.

La seule façon d'être certain de ne pas payer trop cher un immeuble, c'est donc de comprendre la situation de ce bien par rapport au marché immobilier dans lequel il se trouve. Une connaissance pointue du marché immobilier est donc sans conteste un élément essentiel du succès dans ce domaine.

Mais cette connaissance est en général justement ce qui manque le plus cruellement à un investisseur débutant. Si tel est votre cas, deux options s'offrent à vous :

1. **Ou bien vous suivez les avis de quelqu'un qui connaît le marché** et vous assure que tel immeuble est une bonne affaire. Ce peut être par exemple l'agent immobilier qui vous fait visiter. Mais cette personne travaille pour le vendeur et son avis risque de sérieusement manquer d'objectivité. Ce peut être un ami qui a déjà acheté un appartement l'an dernier. Ou votre Oncle Daniel qui vient de vendre sa maison. Ou votre Tante Agathe ... Mais êtes-vous bien certain que ces personnes, aussi sympathiques et dignes de confiance qu'elles puissent être, savent vraiment de quoi elles parlent ?
2. **Ou bien vous devenez vous-même un expert de votre marché immobilier local.** Vous décidez d'apprendre à faire vos choix de manière autonome, et vous développez la compétence de pouvoir reconnaître quelles sont les bonnes opportunités et quels sont les immeubles à problèmes.

Laquelle de ces deux solutions choisissez-vous ? Vous vous doutez bien je suppose, que je ne peux que vous encourager à suivre la deuxième ! Comment pouvez-vous devenir un(e) expert(e) de votre marché immobilier local ? Assez facilement, rassurez-vous. Nul besoin de faire des études universitaires pendant cinq ans. Cela ne demande que de visiter des biens, et d'en visiter encore et encore. Au plus vous en aurez vu, au plus rapidement et clairement il vous sautera aux yeux que telle propriété n'est pas chère et en bon état, tandis que telle autre est beaucoup plus chère et nécessite trop de travaux.

Mais avant d'aller plus loin, je vous propose de prendre le temps de comprendre ce qu'est un marché immobilier, et pourquoi il lui arrive de monter et de descendre.

## Qu'est-ce qu'un marché immobilier local ?

Un marché immobilier représente le rapport de force entre l'offre et la demande de biens immobiliers. L'offre, ce sont tous les biens mis en vente et leur quantité. Elle se caractérise par une certaine relation entre un type de bien et le prix que les vendeurs en veulent. La demande, c'est ce que les acheteurs sont prêts à payer pour acquérir ce type de bien, et c'est aussi la quantité d'acheteurs intéressés par cela. Le marché immobilier est donc la position d'équilibre entre les intérêts des acheteurs et ceux des vendeurs.

Quand beaucoup de gens veulent acheter et qu'il y a peu de maisons en vente, les prix montent. A l'inverse, lorsqu'il y a beaucoup de maisons en vente et peu de gens qui veulent acheter, les prix baissent.

|  | DEMANDE | |
|---|---|---|
| OFFRE | Beaucoup d'acheteurs | Peu d'acheteurs |
| Beaucoup de biens en vente | Equilibre | Les prix baissent |
| Peu de biens en vente | Les prix montent | Equilibre |

Nous avions vu au chapitre 1, notamment sur des graphiques, que les prix de l'immobilier dans tous les pays ont tendance à augmenter sur le long terme. En réalité, si l'on regarde de plus près ces courbes croissantes, on s'aperçoit qu'elles sont constituées de quantités de petites hausses suivies de petites baisses, elles-mêmes suivies de nouvelles hausses.

Il n'y a pas qu'un seul marché immobilier, mais plutôt une infinité de marchés immobiliers qui peuvent avoir des comportements très différents les uns des autres. Ils se caractérisent par deux éléments : le type de bien et la zone géographique.

On peut d'abord distinguer les marchés propres aux différentes sortes de biens immobiliers. On trouvera ainsi le marché des maisons unifamiliales, celui des appartements, celui des immeubles de rapport, des bureaux ou des surfaces commerciales. Tous ces marchés peuvent connaître des mouvements de hausses et de baisses très différents. Cela apparaît clairement dans les statistiques publiées par les fédérations de notaires ou d'agences immobilières qui détaillent les transactions pour plusieurs types de bien. En période de crise, par exemple, le marché des appartements peut avoir une demande plus forte que celui des villas de luxe. Ainsi, le premier verra une hausse de ses prix, tandis que ceux du second auront tendance à stagner, voire à reculer. Ou bien, si beaucoup de bureaux ont été construits au cours d'une période de boom économique, le marché des bureaux peut ensuite subir un ralentissement parce qu'il est saturé, alors que d'autres marchés resteront florissant, comme par exemple celui des immeubles de rapport.

Le second élément qui caractérise les marchés immobiliers est la zone géographique. Chaque pays, chaque région, chaque ville et même chaque quartier possède son propre marché immobilier. Bien sûr, on constate des grandes tendances internationales. Par exemple, quand on regarde des graphiques de l'évolution des prix comme ceux présentés au premier chapitre, on voit que la crise de fin 2008 a causé une baisse des prix de l'immobilier dans tous les pays. De même sur des graphiques s'étendant sur des périodes plus longues, on voit nettement partout une chute extrême des marchés immobiliers au cours de la seconde guerre mondiale. Et dans le village mondial interdépendant

que nous habitons aujourd'hui, la moindre évolution des marchés financiers, notamment en ce qui concerne les taux d'intérêts, peut avoir des répercussions dans tous les pays. Malgré ces événements globaux qui affectent les situations locales, il est toutefois indéniable que chaque endroit possède un marché immobilier qui lui est propre. En voici quelques illustrations :
- Lorsque les prix des maisons se sont effondrés de façon dramatique aux USA suite à la crise des subprimes en 2008, de nombreux autres pays ont été également touchés. Mais par la suite, on a pu voir la plupart des marchés récupérer beaucoup plus rapidement que celui des USA, notamment en Europe.
- Il se peut que les prix des maisons soient très élevés là où vous vivez, mais si vous roulez 30 km, vous trouverez certainement des quartiers et des villes où les prix sont restés bas.
- En général, les prix sont plus élevés dans les capitales et les grandes villes que dans les villes secondaires.
- La fermeture d'une grande entreprise qui employait beaucoup de personnes peut faire chuter les prix dans une petite ville, sans affecter ceux d'une ville voisine.
- La construction d'une nouvelle autoroute peut faire chuter les prix des maisons qui en sont proches à cause du bruit, tandis que le même événement fera monter les prix dans les zones dont l'accès s'en trouve maintenant amélioré.
- Un investisseur avisé voyant les prix surévalués là où il se trouve, et s'attendant donc à une baisse, peut rechercher un autre marché « émergeant », c'est-à-dire qui est entré récemment dans une phase de croissance et possède encore un potentiel de hausse.

Au début de ce chapitre, vous avez déterminé dans vos critères d'achat un type de bien et une zone géographique. Ces deux éléments définissent également votre marché immobilier local, celui dont vous devez devenir un expert. Personne ne vous demande de devenir un spécialiste mondialement reconnu. Mais vous devez devenir un(e) spécialiste de votre marché local pour le type de bien que vous avez choisi. Vous devez connaître en détail et en profondeur la réponse à la question suivante : « Dans ma zone-cible, qu'est-ce que l'on trouve correspondant à mes critères, dans quel état et pour quel prix ? ».
Gardez cependant un œil sur l'évolution du marché immobilier plus large de votre ville et celui au niveau national car, comme nous l'avons vu, votre petite zone est aussi influencée par des tendances plus générales.

## Le cycle des marchés immobiliers

L'idéal pour l'investisseur est bien entendu de pouvoir acheter de l'immobilier quand les prix du marché sont bas, et de revendre quand ils atteignent des sommets, juste avant qu'ils ne baissent à nouveau. Toute la difficulté consiste donc à comprendre le rythme du marché et à adapter sa stratégie d'investissement en fonction de cela. La bonne nouvelle est que le mouvement est cyclique.

La période de hausse d'un marché immobilier s'appelle un marché de vendeurs. C'est quand les taux d'intérêt sont bas, et qu'il y a donc beaucoup d'acheteurs qualifiés et pas assez de maisons à vendre. Ici, ce sont les vendeurs qui dictent les règles du jeu et les acheteurs doivent prendre des décisions rapidement car la concurrence est rude. Ils ont décidé d'acheter et sont certains que s'ils traînent, les prix risquent d'augmenter davantage.

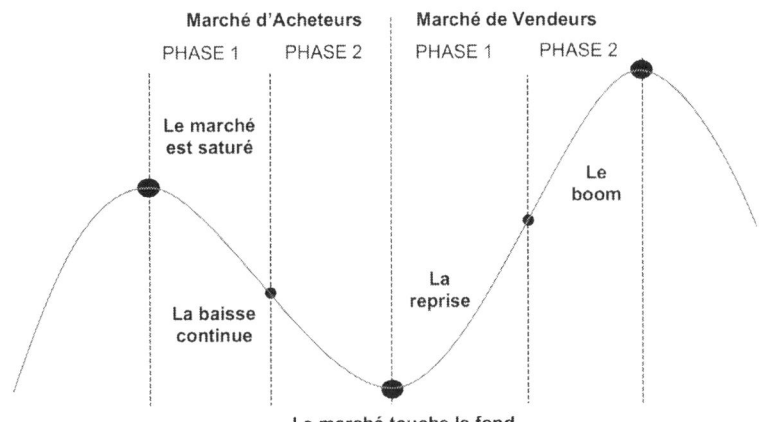

La période de baisse s'appelle un marché d'acheteurs. C'est quand il y a beaucoup trop de maisons en vente et que les acheteurs se font rares. En conséquence, les prix baissent au fur et à mesure de la déprime des propriétaires-vendeurs. Dans ce marché, les acheteurs sont les rois.

Chacune de ces périodes peut à son tour être divisée en deux phases. Examinons donc maintenant plus en détail la dynamique de succession de ces quatre phases. Comme il s'agit d'un cycle, nous pourrions commencer l'explication par n'importe quelle phase, mais nous allons commencer par la phase durant laquelle les prix se mettent à baisser, juste après avoir atteint des sommets.

### Marché d'Acheteurs Phase 1 : le marché est saturé

A la fin d'une période de boom où les prix se sont envolés, le marché commence à accumuler du stock et les ventes ralentissent. Les vendeurs demandent encore des prix exagérés et commencent à réaliser que le marché change, mais par entêtement ils gardent au début leurs prix toujours aussi élevés. Cependant, au fur et à mesure que la baisse se poursuit et que de nombreuses maisons restent sur le marché avec des prix surévalués, les vendeurs deviennent nerveux et ne peuvent qu'abaisser leurs prix. De leur côté, les acheteurs voient ce qui se passe et deviennent également nerveux. Ils n'osent plus acheter car ils se disent que leur nouvelle maison va rapidement perdre de sa valeur, ou alors ils attendent que la baisse s'accentue encore pour acheter moins cher. Comme il y a très peu de concurrence pour acheter, les acheteurs commencent à faire des offres très basses, ce qui conduit encore plus les vendeurs à devoir baisser leurs prix. Tout le monde attend que le marché sorte de sa phase baissière.

**Marché d'Acheteurs Phase 2 : le marché touche le fond**
Malgré les espoirs de tous, la valeur des propriétés continue à baisser et les maisons à vendre restent sur le marché pendant plus longtemps. Nous verrons plus loin que le marché immobilier est lié au climat économique général, et dans cette phase du marché l'économie est morose et le chômage est au plus haut. Les ventes publiques d'immeubles sont nombreuses, et les ex-propriétaires qui en sont victimes redeviennent des locataires.

Les prix des maisons chutent jusqu'à ce qu'ils s'accordent à nouveau avec les revenus des ménages, rendant ainsi à nouveau l'achat abordable. Et cela permet le démarrage de la phase suivante du cycle, le marché de vendeurs, au cours de laquelle les prix recommenceront à augmenter.

C'est un moment où vous devez observer les prix pour détecter lorsque le fond est atteint. Lorsque les prix semblent se stabiliser, c'est le meilleur moment pour acheter. Il se peut que les prix continuent de baisser un peu plus, mais dites-vous bien qu'il est malheureusement souvent impossible d'acheter exactement au plus bas du cycle. Cette phase du marché est celle qui fait les millionnaires. Les immeubles de rapport sont à leur plus bas niveau de prix et permettent d'obtenir des rendements très élevés. De plus, à la fin de cette phase, les loyers commencent à augmenter lentement à cause des nombreuses personnes qui louent.

**Marché de Vendeurs Phase 1 : la reprise**
La demande commence à revenir. Les prix ont cessé de chuter et commencent à augmenter. Les maisons qui étaient sur le marché depuis des mois sont maintenant vendues. La valeur des maisons va commencer à augmenter à un rythme plus rapide. Les vendeurs en phase 1 d'un marché de vendeurs sont généralement ignorants de ce qui se passe, et ne voient donc pas ce qu'ils perdent en vendant maintenant. Tout

ce qu'ils savent, c'est qu'ils ont essayé en vain de vendre leurs propriétés pendant des mois. Ils pensent que les prix vont continuer à baisser et ils sont heureux d'avoir enfin une offre sur la table. Leur attitude pessimiste est bonne pour les investisseurs. Ce qui provoque le changement du marché, c'est l'emploi. Les prix immobiliers dans une ville ou un village augmentent notamment parce que les gens y viennent en raison de bonnes perspectives d'emploi ou d'un meilleur niveau de vie, ce qui provoque une croissance démographique élevée. Pour rechercher un marché immobilier émergent, il faut donc toujours suivre l'emploi. Déterminer où les gens migrent pour l'emploi permet de comprendre où les marchés se développeront.

Dans cette phase du marché, les loyers augmentent en raison de la pénurie de logements à louer et d'une forte demande des locataires. En conséquence, les taux d'inoccupation sont à la baisse. S'il y a une pénurie de biens, les promoteurs commencent à le remarquer et construisent de nouvelles maisons et appartements pour répondre à la demande croissante.

Cette phase du marché immobilier est toujours un bon moment pour acheter, pour autant que vous soyez attentif à la valeur de l'immeuble et que vous payiez le prix juste. Le début de la phase 1 d'un marché de vendeurs a encore un considérable potentiel de hausse.

**Marché de Vendeurs Phase 2 : le boom**
C'est la période où les prix de l'immobilier sont les plus hauts. La valeur des maisons continue à augmenter. Tout le monde veut profiter du boom immobilier. Spéculateurs et investisseurs débutants achètent en étant certains que les prix vont continuer à augmenter et qu'ils pourront ainsi réaliser rapidement une jolie plus-value. A l'opposé, les investisseurs expérimentés commencent à sortir du marché car ils savent que ce boom ne va pas durer. Comme le dit un vieux dicton boursier : « Les arbres ne montent pas jusqu'au ciel ! ». Cela signifie qu'une hausse n'est jamais éternelle, et que les prix finissent toujours un jour par baisser.

C'est la phase la plus risquée pour acheter. De toutes les phases du cycle du marché immobilier, c'est la seule qui peut vous faire perdre beaucoup d'argent en peu de temps. Si vous cherchez à acheter, il vaudrait mieux attendre jusqu'à ce que le marché entre dans la prochaine phase 2 du marché d'acheteurs. Ou, si vous ne voulez pas attendre, recherchez un autre marché immobilier qui se trouve au début de la phase 1 du marché de vendeurs.

Par contre, si vous êtes propriétaire d'un bien que vous voulez vendre, cette phase du marché est évidemment le meilleur moment pour le faire. Vous transformez ainsi vos immeubles en liquidités, et vous conservez cet argent jusqu'à ce que le marché baisse, car le cash est roi dans un marché d'acheteurs. Ou, à nouveau, vous pouvez également investir cet argent dans un autre marché émergent, et voir votre investissement doubler ou tripler parce que vous surferez sur la vague de ce nouveau marché.

A la fin de cette phase 2 du marché de vendeurs, le nombre de propriétés en vente sur le marché augmente. Les vendeurs obtiennent encore des prix élevés, mais cela prend plus de temps. Le climat économique et la croissance de l'emploi commencent à ralentir. Les prix de l'immobilier dans cette phase de boom sont trop élevés par rapport aux revenus des ménages qui ne peuvent plus acheter. Ils doivent forcément diminuer pour que la demande reprenne. Et progressivement, le marché immobilier baissera et entrera dans une nouvelle phase 1 d'un marché d'acheteurs.

Et le cycle va se répéter ...

Voilà en gros la dynamique d'évolution d'un marché immobilier. La question que tout le monde se pose est « Combien de temps dure un cycle complet du marché ? ». Mais il est très difficile de répondre à cette question, et les recherches qui abordent le sujet ne donnent pas de résultats univoques. Pour certains auteurs, un cycle dure entre 8 et 15 ans, tandis que d'autres parlent de 20 ans ou plus. Personnellement, je ne crois pas que les cycles aient une durée fixe. Certains sont courts et d'autres plus longs.

Comprendre le cycle du marché immobilier peut vous rendre riche si vous apprenez comment anticiper les changements. Vous diminuerez ainsi vos risques de faire de graves erreurs. Pour faire une bonne affaire, il ne suffit pas de savoir que la maison A est moins chère que la maison B. Si l'on est au sommet du marché de vendeurs, vous courez un risque, même en achetant la maison la moins chère ! D'autre part, comprendre la dynamique des marchés immobiliers peut vous aider à détecter un marché émergent, c'est-à-dire une zone dans laquelle la demande pour des biens immobiliers va fortement croître à l'avenir. Si vous parvenez à découvrir un tel quartier ou une telle ville, vous pourrez acheter des propriétés pour une somme modique avant que les prix ne grimpent.

## Adaptez votre stratégie selon la situation du marché

Quand vous comprenez comment fonctionne le cycle immobilier et que vous prêtez attention à ce qui se passe dans votre économie locale, vous pouvez en déduire les meilleures stratégies à appliquer en fonction de la situation du moment. Vous pouvez ainsi déterminer si vous pouvez continuer à acheter, ou si au contraire il vaut mieux arrêter car les prix sont devenus trop élevés et que la rentabilité est trop faible. Dans ce dernier cas, il pourrait être plus judicieux de rechercher un autre marché qui est dans une autre phase. C'est par exemple ce que font actuellement beaucoup d'investisseurs en cherchant les bonnes affaires dans des pays où les prix de l'immobilier ont récemment fortement chuté, comme les Etats-Unis, l'Espagne ou la Grèce.

Dans un marché d'acheteurs, il y a peu de chance de faire des erreurs dont on ne puisse se tirer. En période de crise, les gens sont prêts à vendre leurs propriétés en-dessous de la valeur de marché puisque moins de gens achètent. Donc, en plus des prix des maisons qui ont diminué globalement, vous pouvez encore négocier une réduction supplémentaire avec le vendeur.

Pour investir avec succès, vous devez devenir un investisseur contrarien. C'est un terme issu du vocabulaire de la bourse, et qui signifie que vous faites le contraire de ce que fait la masse des gens. C'est quand tout le monde voit l'avenir en noir que vous pouvez acheter pour le meilleur prix. Lorsque tout le monde verra à nouveau l'avenir en rose quelques années plus tard, les prix exploseront et il sera trop tard.

Les périodes de crise sont donc les meilleurs moments pour acheter. C'est à ce moment précis que les meilleures affaires peuvent être réalisées. Comme disent les investisseurs en bourse : « Achetez au son du canon et vendez au son du violon ». Quand le marché commence à émerger, vous achetez alors que tous les autres essaient encore de vendre. Ensuite, quand le mouvement de croissance s'accélère, vous vous préparez à vendre.

Par contre, se tromper de stratégie dans un marché de vendeurs, surtout en phase 2, peut être désastreux. Chaque fois qu'il y a une période prolongée dans laquelle les prix immobiliers augmentent année après année, le marché devient de plus en plus chaud. Et au bout du compte, il y aura finalement un retournement vers le bas. Ce ne sera pas forcément une chute brutale des prix, semblable à un krach boursier, comme aiment à l'imaginer les défenseurs de la théorie de la bulle immobilière. Mais dans tous les cas, l'investisseur qui a acheté au plus fort du boom immobilier se trouvera alors dans la même situation que les ménages américains après l'éclatement de la crise des subprimes. Ils seront propriétaires d'une maison dont la valeur sera inférieure à l'emprunt qu'ils ont contracté pour l'acheter. Imaginez par exemple que, dans l'euphorie générale, vous ayez acheté un appartement pour 300.000 euros, et que vous ayez pour cela emprunté la totalité de la somme. Les remboursements sont à la limite de ce que votre couple peut supporter, mais comme les prix ne font que monter depuis des années, vous vous dites que si vous aviez du mal à payer les mensualités, vous pourriez toujours revendre l'appartement en réalisant un joli bénéfice. Puis quelques mois plus tard, une crise s'installe et les prix de l'immobilier se mettent à baisser de plus en plus. Comme les mensualités sont lourdes, vous décidez de revendre votre appartement tant qu'il vaut encore quelque chose. Vous le faites donc expertiser et vous vous évanouissez presque lorsque l'on vous annonce que votre appartement ne vaut plus aujourd'hui que 200.000 euros ! Même si vous le vendiez à ce prix, vous devriez encore 100.000 euros à la banque. Si vous ne voulez pas que ce scénario de cauchemar vous arrive, observez le marché immobilier avant d'acheter pour vous assurer qu'il n'est pas au sommet de la phase 2 d'un marché de vendeurs !

Le tableau ci-dessous synthétise les meilleures stratégies à adopter en fonction de l'état du marché immobilier :

| Marché d'acheteurs | | Marché de vendeurs | |
|---|---|---|---|
| PHASE 1 | PHASE 2 | PHASE 1 | PHASE 2 |
| Attendre | Acheter pour garder ou pour vendre | Acheter pour garder ou pour vendre | Vendre éventuellement |
| | Meilleur moment pour acheter car un prix d'achat très bas = potentiel de croissance de valeur maximal et rendement locatif élevé | Acheter avec prudence si le prix est inférieur au marché | Ne pas acheter<br><br>Baisse attendue des prix et rendements locatifs faibles<br><br>Cherchez un nouveau marché |

Je voudrais conclure cette partie sur les cycles du marché immobilier par deux remarques.

La première est que comprendre le marché est surtout important au moment où vous achetez et au moment où vous vendez, mais beaucoup moins entre ces deux événements. Si votre stratégie d'investissement est de conserver vos biens immobiliers à long terme et de les mettre en location, les hausses et les baisses successives à court terme du marché immobilier global n'auront pas beaucoup d'importance pour vous. Sur 20 ans, la valeur de votre immeuble aura considérablement augmenté, et c'est la seule chose qui vous importera !

La deuxième remarque est que les mises en garde ci-dessus ne doivent pas vous paralyser et vous empêcher d'agir. Le meilleur moment pour acheter un bien immobilier, c'est MAINTENANT dans 90% des cas. Les 10% restants sont les périodes de boom dont nous avons parlé. Certaines personnes attendent la baisse du marché pour acheter leur première propriété. Dix ans plus tard, elles continuent à attendre et n'ont toujours pas acheté. Pendant ce temps, les prix ont continué à augmenter et ces personnes ont manqué de belles opportunités de bénéfices. Ne faites pas comme elles. Lancez-vous, mais soyez prudent !

## 3.3. Trouvez des propriétés correspondant à vos critères

Lorsque vous avez clairement défini ce que vous cherchez, et que vous vous êtes assuré que votre marché immobilier n'est pas au sommet du marché de vendeurs, il est maintenant temps de passer à l'action et de commencer à rechercher une propriété. Cette recherche est un processus systématique qui doit vous permettre d'explorer de manière large toutes les propositions du marché qui rencontrent vos critères, pour ensuite les filtrer progressivement jusqu'à n'en retenir qu'une poignée constituée des plus prometteuses. Par après, vous analyserez en profondeur ces quelques propriétés retenues pour finalement n'en garder qu'une seule sur laquelle vous ferez une offre.

Ce processus de filtrage peut à première vue sembler long et fastidieux. Pourtant, c'est à travers lui que vous serez en mesure de minimiser vos risques et de maximiser la rentabilité de vos investissements. Tout le temps que vous passerez à la recherche ne sera pas perdu, bien au contraire. C'est justement en regardant les annonces et en visitant des maisons que vous pourrez affiner votre expertise du marché immobilier dans la zone que vous avez choisie. Et cette expertise, elle est sans prix !

### Où et comment chercher ?

#### a. Internet
Aujourd'hui, grâce à internet, on peut avoir accès à énormément d'annonces de ventes d'immeubles sans bouger de chez soi. Il y a plusieurs catégories de sites internet sur lesquels opérer votre recherche :
- **les sites d'annonces immobilières** où tous les vendeurs de biens immobiliers peuvent déposer leurs annonces et y joindre une description de la propriété ainsi que des photos. Vous pouvez y effectuer des recherches sur base de critères précis comme : la localisation (la région, le quartier ou le code postal), le type de bien (appartement, maison, immeuble de rapport, etc.), le prix (prix minimum et prix maximum), les caractéristiques du bien (nombre de chambres, état, etc.), la surface minimale, etc. Trouvez quels sont les principaux sites d'annonces immobilières de votre région. Inutile de les suivre tous, mais concentrez-vous sur les plus importants. Vous trouverez sur ces sites des annonces placées à la fois par des particuliers et par des agences immobilières. Nous parlerons plus loin spécialement des annonces mises par des particuliers. Très souvent, ces sites vous proposent de vous inscrire pour être tenu au courant gratuitement par email des nouveaux biens correspondants à vos critères de recherche. Je vous conseille vivement d'utiliser cette possibilité qui vous fera économiser un temps précieux.

- **Les sites des principaux journaux locaux.** La plupart des journaux imprimés ont maintenant la totalité de leurs petites annonces publiées sur internet et accessibles gratuitement en ligne. Recherchez-y la catégorie « Immobilier ». Intéressez-vous également aux magazines locaux gratuits distribués dans les boites aux lettres. Leurs sites internet de petites annonces locales sont souvent de vraies mines d'or.
- **Les sites des agences immobilières.** Lorsque vous explorez les grands sites d'annonces immobilières et que vous rencontrez une offre intéressante publiée par une agence immobilière, je vous conseille de suivre le lien vers le site internet de l'agence afin de voir toutes les propriétés que celle-ci a à vendre.
- **Les sites des notaires ou des fédérations de notaires.** Les notaires mettent souvent en vente des propriétés. Sur leurs sites vous trouverez des ventes « de gré à gré », mais également les annonces des prochaines ventes publiques.

### b. La presse imprimée

Même si aujourd'hui internet offre des possibilités de recherche incroyables, ne négligez cependant pas la presse écrite. On trouve en effet parfois dans les journaux locaux des annonces qui ne sont pas publiées sur internet. Pensez aux personnes âgées qui n'ont pas l'habitude d'utiliser internet, et qui se contentent de mettre une petite annonce dans une feuille de contact locale. De manière générale, soyez attentifs à toute publication accueillant des petites annonces. C'est justement parce que de nombreux acheteurs négligent ces publications secondaires que vous pourriez y trouver la bonne affaire que vous cherchez. Dans la même logique, pensez à regarder les panneaux d'affichages à la sortie des grandes surfaces commerciales sur lesquelles les gens peuvent déposer des annonces en tous genres.

### c. Les annonces de vente par des particuliers

Toutes les propriétés ne sont pas vendues par des agences immobilières. Il y a également un nombre croissant de personnes qui décident de vendre leur maison ou leur appartement elles-mêmes, sans l'aide d'aucun agent professionnel. Ce faisant, elles veulent économiser les dizaines de milliers d'euros de commission que ces derniers réclament. Je vous conseille de vous intéresser de près à cette catégorie de vendeurs. Le problème de ces propriétaires est qu'ils n'ont le plus souvent qu'une expérience très limitée du marché de l'immobilier et des prix des propriétés. En conséquence, ils ont tendance à mal estimer leur prix de vente. Soit celui-ci est trop élevé, soit il est inférieur à la valeur de marché de l'immeuble. Quand ils publient une annonce, c'est en effet souvent la première fois qu'ils mettent en vente une propriété. Ils ont une idée de ce qu'ils voudraient recevoir pour leur maison, mais celle-ci est parfois très éloignée de la réalité. S'ils ont passé dix ans dans leur maison sans penser à la vendre, ils n'ont probablement pas suivi l'évolution des prix pendant cette période. Leur seule référence est souvent le prix de vente obtenu pour une maison dans le voisinage, et ils alignent donc leur prix sur celui-là. Si le prix qu'ils demandent est trop élevé, leur propriété ne se vendra pas rapidement. Par contre, si le prix est inférieur à la valeur de marché, cela peut être une excellente occasion pour l'investisseur avisé qui connaît bien son marché et peut flairer tout de suite la bonne affaire.

Comment reconnaître les annonces de vente par des particuliers ? La réponse la plus simple est qu'il ne s'agit pas d'annonces faite par des agences immobilières ! Sur internet, vous ne trouverez pas au bas de ces annonces le nom d'une agence, mais en général seulement un numéro de téléphone et parfois un nom de personne. A côté du numéro de téléphone, des précisions du genre « Téléphonez après 19h » sont des signes certains qu'il s'agit d'un particulier. Mais il y a d'autres moyens de repérer ce type de vendeurs. Parmi toutes les annonces que vous verrez, vous remarquerez que certaines contiennent des expressions comme : *Prix à négocier, Urgent, A vendre en l'état, Pour bricoleurs, A vendre pour cause de départ à l'étranger, Agences s'abstenir*, Etc.

Toutes ces annonces valent la peine que vous vous y intéressiez, pour autant bien sûr que le bien corresponde à vos critères. Ces expressions peuvent indiquer que le propriétaire est impatient de vendre, et qu'il serait disposé à le faire pour un prix inférieur à la valeur de marché. Lorsque vous téléphonez, vous aurez directement le vendeur en ligne. Soyez donc préparé, parce que c'est à ce moment que la négociation commence. Vous parlez ici en effet directement avec le vendeur, alors que ce n'est pas le cas lorsque vous appelez une agence. Inspirez-vous du chapitre 6 dans lequel vous trouverez de nombreux conseils pour réussir une négociation avec un vendeur.

### d. Les annonces « à louer »

Outre les annonces « à vendre », il peut être aussi intéressant de garder un œil sur les annonces « à louer », parce que des bailleurs peuvent aussi être des vendeurs motivés. Certains ne sont pas devenus bailleurs par vocation, mais parce qu'ils ont hérité d'une maison. D'autres ont acheté une nouvelle maison et déménagé, et mettent leur première maison en location en attendant de pouvoir la vendre. Et puis, il y a aussi les propriétaires qui sont fatigués de devoir traiter avec des locataires. Le point commun de toutes ces personnes est qu'elles ne savent pas comment gérer un immeuble de rapport et sont parfois débordées par la situation. Si vous voyez dans votre quartier-cible un bien à louer qui correspond à vos critères, il ne vous coûtera pas grand-chose de téléphoner au propriétaire pour voir s'il serait intéressé de vendre.

Il existe une stratégie pour trouver des bailleurs fatigués et désireux de vendre qui peut s'avérer extraordinaire, mais qui n'est malheureusement pas faisable dans tous les pays. Si vous en avez la possibilité, essayez de trouver l'instance officielle auprès de laquelle les propriétaires intentent des actions en justice envers leurs locataires qui ne paient pas leurs loyers. Cela peut être des tribunaux ou des instances d'arbitrage. Si elle est publique dans votre pays, recherchez la liste des propriétaires plaignants ainsi que leurs adresses, et écrivez-leur une lettre. Expliquez simplement que vous avez appris qu'ils ont des difficultés avec leurs locataires et que vous recherchez justement à acheter le genre d'immeuble qu'ils possèdent. Vous pourriez apparaître comme le sauveur qui leur permettra d'être enfin libérés de tous leurs problèmes. Ce genre de stratégie permet de trouver des affaires en or, parce que vous serez le premier sur le coup.

**e. La prospection dans le quartier-cible**
L'une des meilleures façons de trouver de bonnes affaires est de vous promener dans la zone que vous avez choisie, que ce soit à pied, à vélo ou en voiture. Cela vous permettra par ailleurs de mieux connaître cet endroit. Regardez autour de vous et soyez à l'aguet des affiches « A vendre ». Particulièrement si celles-ci sont défraîchies et ont l'air d'avoir été placées depuis longtemps. Avec un petit coup de téléphone, vous pourriez très bien être en contact avec un propriétaire fatigué qui cherche désespérément à vendre son bien et serait prêt à le laisser partir pour pas cher.

Recherchez tout spécialement les affiches de mise en vente par des particuliers. Ce sont en général de petites affiches mises à la fenêtre du rez-de-chaussée. Elles contrastent avec les grosses affiches mises sur les façades par les agences immobilières. Des maisons vendues par des particuliers sans l'aide d'une agence restent parfois longtemps sur le marché parce que leur marketing est très mauvais, et le propriétaire peut être très motivé de vendre.

Comme nous l'avons déjà vu, les affiches « à louer » peuvent aussi être intéressantes, spécialement si elles ont l'air d'être là depuis longtemps. Soyez à l'affut des maisons vides parce que c'est là que l'on a le plus de chance de trouver à la fois une maison intéressante et un vendeur motivé. Une maison vide se reconnaît par des signes qui montrent qu'elle est laissée à l'abandon :
- Apparence générale négligée et sans entretien
- Les journaux et publicités débordent de la boite aux lettres et s'entassent par terre
- La pelouse et le jardin sont à l'état de jungle
- Aucune lumière n'est allumée le soir
- Aucune poubelle n'est mise le jour du ramassage

S'il y a une affiche de mise en vente sur la maison, vous pouvez directement contacter la personne ou l'agence. S'il n'y en a pas, vous devrez trouver par vous-même l'adresse du propriétaire. Et cela peut être dans certains cas un vrai travail de détective. En général, l'administration fiscale de l'endroit doit pouvoir vous renseigner sur le nom et les coordonnées du propriétaire. Elle sait en effet toujours à qui envoyer la facture pour les taxes foncières ! Il se peut toutefois que les informations ne soient plus à jour (le propriétaire est parti à l'étranger, entré en maison de repos, etc.).

Si vous en avez l'occasion, n'hésitez pas à parler avec les voisins d'une maison qui vous intéresse. Ils peuvent connaître l'identité du propriétaire, ou vous donner des informations qui peuvent vous aider à le trouver. Alternativement, ils peuvent aussi vous renseigner sur d'autres maisons abandonnées ou en vente.

Lorsque vous avez l'adresse du propriétaire, envoyez-lui une lettre pour lui demander s'il serait intéressé de vendre sa maison. Inutile de raconter votre vie dans ce courrier. Soyez bien sûr poli, mais aussi direct. Pensez également que des propriétaires futés introduiront votre nom dans un moteur de recherche sur internet pour voir qui vous êtes. Il m'arrive souvent de recevoir des lettres de ce genre pour des immeubles que je possède, écrites par des gens se présentant comme des investisseurs privés. Quand un courrier m'accroche suffisamment, je cherche sur internet, juste par curiosité. Et il arrive souvent que je découvre ainsi que ce sont en fait des agents immobiliers en quête d'une commission. Autant dire que si je voulais vendre, je ne m'adresserais surement pas à des gens qui commencent par me mentir !

Voici ci-dessous un modèle de lettre que vous pouvez utiliser, en l'adaptant, pour contacter un propriétaire :

---

**Exemple de lettre à un propriétaire**

*Madame, Monsieur,*
*Je suis un investisseur privé et je recherche actuellement à acheter un immeuble dans le quartier _____ .*
*En circulant dans cette zone, j'ai remarqué l'immeuble situé au 5, rue des Fleurs qui me semble correspondre exactement à ce que je recherche.*
*Ayant appris que vous en êtes propriétaire, je me permets de vous écrire pour vous demander si vous seriez intéressé(e) de vendre votre maison.*
*Je peux vous en offrir le meilleur prix et vous faire une offre rapidement. Vous économiserez ainsi la commission que vous demanderait un agent immobilier pour vendre votre bien.*
*Si vous le souhaitez, nous pourrions en parler plus en détails. Vous pouvez me joindre au numéro de téléphone _____ , ou par email à l'adresse ---@---.--*
*Je vous prie de recevoir, Madame, Monsieur, mes salutations distinguées.*

*Votre nom*
*Votre adresse*
*Votre téléphone portable*

---

**f. Les ventes publiques**

Quand des propriétaires ne peuvent plus rembourser les mensualités de leur crédit hypothécaire, leurs maisons sont saisies et mises en vente publique. Il peut y avoir de très belles affaires à réaliser dans ce type de vente. En effet, les maisons ne sont pas vendues à leur valeur de marché, mais selon ce que les personnes présentes dans la salle le jour de la vente sont prêtes à donner pour ce bien. Et s'il y a peu de personnes motivées dans la salle, le prix que vous payerez peut être très largement en dessous de la valeur de marché.

Mais attention, pour acheter des propriétés en vente publique, il faut parfaitement comprendre comment fonctionne la procédure de ce type de vente, laquelle est très différente d'une vente normale, de gré à gré. Les ventes publiques sont le plus souvent organisées par des notaires, et les règles diffèrent dans chaque pays. Elles se font au plus offrant, et se déroulent parfois en plusieurs séances, avec une faculté de surenchère sur le prix final. Souvent, les frais d'achat sont très supérieurs à ceux d'une vente classique et doivent être payés dans les quelques jours qui suivent la vente. L'acheteur doit donc être certain de posséder cette somme (qui peut atteindre dans certains cas 25% du prix de vente), ou de pouvoir la trouver très rapidement. Faute de quoi il s'exposera à de sérieux ennuis pour avoir fait ce que l'on appelle une « folle enchère ».

Beaucoup de gens s'imaginent qu'il est facile d'acheter des propriétés pour un prix dérisoire dans les ventes publiques. Mais ce n'est pas si facile que cela. Dans les endroits recherchés, beaucoup d'acheteurs sont présents aux séances de vente et les enchères sont donc très compétitives, avec des prix qui peuvent grimper très haut. Cependant, il est indéniable qu'un investisseur qui connaît bien le processus des ventes publiques et qui dispose des moyens financiers adéquats peut y réaliser de très belles affaires.

•••

Votre recherche sur base de vos critères vous fera trouver beaucoup d'annonces potentiellement intéressantes. Appelez pour prendre rendez-vous. Ensuite, visitez ! visitez ! et visitez !  Visitez beaucoup d'immeubles. Visitez-en le plus possible ! Plus vous en verrez, et plus vous serez à même de reconnaître « le bon investissement » quand vous le croiserez. Dites-vous bien que c'est la quantité qui fait la qualité. Vous allez regarder des centaines d'annonces, visionner des milliers de photos, et faire de nombreuses visites. De cette quantité, vous devez progressivement arriver à isoler la bonne affaire.

Cette recherche est comparable à la prospection de l'or. Pour trouver des paillettes et des pépites, le prospecteur doit travailler de grandes quantités de terre et de pierres qu'il extrait et tamise. De la même manière, avant de trouver la pépite immobilière que vous cherchez, vous devrez soulever de grandes quantités de ce que vous ne voulez pas. L'or étant plus lourd, il se trouve toujours au fond !

## Visitez les propriétés

Lorsque vous lisez une annonce, et éventuellement parlez avec le vendeur ou son agent au téléphone, vous vous créez progressivement une image mentale de la propriété en question. Le moment de la première visite est donc la confrontation de l'image que vous vous en faites avec la réalité. C'est un peu comme les personnes qui cherchent un conjoint sur un site de rencontre sur internet. Ils échangent des idées, voient la photo de l'autre et se construisent une image mentale de cette personne. Puis vient éventuellement le moment de la confrontation. Parfois la personne qui vient au rendez-vous correspond à l'image, mais parfois la déception est grande. Visiter une maison est un peu la même chose. Vous avez un temps limité pour la voir de près en trois dimensions, et estimer si vous pourriez éventuellement envisager de faire un bout de chemin avec elle.

Pour inspecter les propriétés, vous aurez besoin du matériel suivant :
- Un appareil photo
- Un cahier de notes et plusieurs stylos à bille
  (pour être sûr d'en avoir un qui fonctionne !)
- Une lampe de poche
  (indispensable si l'électricité a été coupée, en particulier pour visiter les caves)
- Un mètre ruban de 5 ou 7m
- Une boussole pour vérifier l'exposition des pièces

**Tenez un journal de vos recherches.** Comme vous allez visiter beaucoup d'immeubles, vous devez pouvoir vous souvenir des caractéristiques de chacun, et surtout de ses chiffres. Sinon, comment allez-vous les comparer et choisir le meilleur ? Je vous conseille pour cela d'utiliser un cahier que vous pourrez porter sur vous. Consacrez une page par immeuble que vous visitez, et notez-y les informations suivantes :
- L'adresse du bien
- Les informations de contact du propriétaire, de l'agence ou du notaire
- Le prix demandé
- La surface habitable
- Le nombre de chambres
- Les caractéristiques (garage, jardin, piscine, ...)
- Les réparations à effectuer
- Les taxes immobilières sur cet immeuble
- Les frais à charge du propriétaire
- Les photos du bien (classez-les au fur et à mesure dans des dossiers informatiques, et trouvez un système d'identification pour éviter de mélanger les photos de propriétés différentes)

S'il s'agit d'un immeuble avec plusieurs appartements, vous devez connaître des informations supplémentaires :

- Le nombre d'unités locatives
- Tous les appartements sont-ils actuellement loués ?
- Au cas où des appartements sont vides, y a-t-il des frais à prévoir avant de pouvoir les louer ?
- Les revenus locatifs, avec le détail pour chaque appartement
- Si les loyers sont améliorables
- Les échéances des contrats de location des locataires actuels ?
- Les appartements sont-ils loués charges comprises (pas l'idéal), ou chaque locataire a-t-il un compteur et paie ses consommations d'énergie (l'idéal) ?
- En cas de locations charges comprises, à combien s'élèvent les factures d'eau et d'énergie à charge du propriétaire ?

Notez toutes ces informations pendant la visite ou immédiatement après, mais n'attendez pas le soir. Ne vous fiez pas uniquement à votre mémoire, surtout si vous faites plusieurs visites l'une à la suite de l'autre.

Vous pouvez également vous aider d'une check-list. En vous rendant à l'adresse www.charlesmorgan.eu/immo/bonus, vous pouvez télécharger ma Check-list d'Inspection des Propriétés reprenant tous les points à vérifier lors de vos visites. Elle a été conçue pour vous permettre de rapidement et facilement faire un compte rendu de l'état d'une propriété, en étant certain de ne rien négliger. Faites-en des copies, et remplissez-en une par propriété visitée. Ne vous donnez bien entendu pas cette peine si la propriété que vous voyez ne correspond manifestement pas à ce que vous recherchez.

Quand vous faites une visite, commencez par regarder le bâtiment depuis l'extérieur afin d'en avoir une vue d'ensemble. Depuis la rue avant de pénétrer dans l'immeuble, ensuite depuis le jardin si cela est possible (vous n'aurez pas cette possibilité si c'est un appartement à l'étage que vous visitez). Ainsi vous pourrez mieux comprendre la disposition des lieux aux étages, et vous rendre compte de l'état des façades et éventuellement du toit.

On dit souvent qu'un acheteur sait dès les premières minutes si un bien l'intéresse ou non. Il en sera de même pour vous. Il arrivera notamment que vous vous rendiez compte dès le premier coup d'œil que la propriété que vous visitez ne correspond pas à ce que vous cherchez. Même si les photos sur internet semblent prometteuses, on se rend parfois compte sur place que les pièces sont trop petites, que leur disposition n'est pas optimale, ou simplement que le vendeur n'a pas fait de photos des éléments les moins avantageux de la propriété (l'autoroute au fond du jardin). Les visites servent justement à découvrir cela. Inutile de vous attarder si ce que vous avez sous les yeux ne correspond pas à ce que vous cherchez.

Nous verrons au chapitre 6 que la négociation entre l'acheteur et le vendeur commence dès le moment de la première visite. Pour mettre toutes les chances de votre côté, retenez-vous et évitez de trop parler devant le vendeur ou l'agent immobilier qui le représente et organise la visite. Ne vous émerveillez pas devant le rendement locatif élevé qu'offre l'immeuble. Ne parlez pas de votre idée de transformer les combles en chambre supplémentaire. Tous ces éléments pourraient en effet être utilisés par le vendeur comme argument pour refuser la diminution de prix que vous ne manquerez pas de demander. Silence donc, et gardez vos réflexions pour vous !

Lorsque vous êtes en présence d'une maison ou d'un appartement qui semble remplir l'ensemble de vos critères d'achat, prenez des photos de chaque pièce. Ceci vous permettra de continuer votre travail d'analyse chez vous, et de les montrer éventuellement aux entrepreneurs que vous solliciterez. Ensuite, lorsque vous rentrez à votre domicile, faites travailler vos méninges. C'est le moment de faire une analyse approfondie de la ou les propriété(s) qui semblent intéressantes. Faites un plan schématique de la surface et imaginez comment vous pourriez exploiter les lieux et augmenter au maximum leur valeur, par exemple en réalisant des transformations. Reportez-vous à la partie du chapitre 5 qui traite des travaux de rénovation et des différentes sortes de transformations envisageables. En bref, élaborez votre projet d'investissement.

Avant de vous précipiter pour signer une offre d'achat, vous devrez faire vos calculs, bien au calme chez vous. Comme vous le verrez dans la suite de ce chapitre, la première chose à faire sera de confirmer la valeur de la propriété. Ensuite, il vous faudra évaluer la faisabilité financière de votre projet. Cela passe par une analyse de cash-flow si vous désirez louer, et par un calcul du prix d'achat maximum si vous envisagez de revendre le bien à court terme.

Quand votre travail d'analyse aura confirmé la faisabilité de votre projet, il sera temps de visiter la propriété une seconde fois, et peut-être même une troisième si nécessaire. Après tout, vous n'êtes pas en train d'acheter une paire de chaussures, et vous ne devez donc pas vous sentir gêné de solliciter une visite supplémentaire. Choisissez des heures différentes pour chaque visite, par exemple l'une le midi et l'autre le soir. Vous pourrez ainsi vous rendre compte des lieux à deux moments différents. Une visite en plein jour est idéale pour voir tous les détails de la propriété à la lumière naturelle. C'est aussi à ce moment que vous pouvez constater l'exposition au soleil et la luminosité des pièces. Mais une visite le soir peut vous apprendre beaucoup d'autres choses que vous ne verriez pas pendant la journée. La soirée, lorsque tous les locataires et/ou les voisins sont chez eux, est notamment le meilleur moment pour vous rendre compte de l'acoustique des lieux. Vous pourriez ainsi apprendre, par exemple, que dans la chambre on entend la TV de la maison voisine comme si on y était ou chaque fois que le voisin du dessus va au WC, que le voisin d'à côté répare des voitures dans sa cour tous les soirs, ou qu'il y a à proximité une taverne fort bruyante jusque tard dans la nuit (exemples vécus).

Lorsque vous visitez une propriété prometteuse, ne soyez pas trop pressé de remonter dans votre voiture. Prenez le temps de regarder autour vous et, si l'occasion se présente, essayez d'engager la conversation avec un(e) voisin(e). Vous verrez que c'est souvent très intéressant. Il y a de cela de nombreuses années, j'étais sur le point d'acheter un immeuble de rapport dans un quartier que je ne connaissais pas bien, et j'avais même déjà fait une offre écrite. Mais en parlant avec un voisin, j'appris avec stupeur que le propriétaire avait été mis en demeure par la ville d'effectuer d'importants travaux, faute de quoi l'immeuble serait déclaré insalubre et inhabitable ! C'était en fait pour cette raison que le vendeur voulait s'en débarrasser, et l'agent immobilier ne m'en avait évidemment pas informé. Autant vous dire que j'ai rapidement trouvé une manœuvre pour me sortir indemne de la transaction, même si j'avais déjà signé. Mais si je n'étais pas allé parler avec le voisin, je n'aurais rien su avant de signer l'acte d'achat.

Utilisez tous les moyens de recherche expliqués ci-dessus, et persévérez jusqu'à avoir trouvé ce que vous cherchez. Ne faites aucun compromis et ne vous attardez que sur les propriétés qui correspondent à vos critères ! Malheureusement, beaucoup de débutants se découragent parce qu'ils ne trouvent pas tout de suite ce qu'ils cherchent, et ils sont alors tentés de baisser leurs exigences.

Mais vous devez avoir la patience et la persévérance de chercher jusqu'à ce que vous rencontriez la perle rare, tout spécialement au début de votre carrière d'investisseur. Il se peut que cela prenne des semaines voire des mois. Mais mon expérience m'a appris que si l'on persévère, la bonne propriété finit toujours par se présenter à vous. Pour un véritable investisseur, un bien est soit une bonne affaire, soit elle ne l'est pas. C'est noir ou blanc, mais pas gris. Si c'est gris, on entre dans le territoire des spéculateurs et on quitte celui des investisseurs.

## 3.4. Sachez reconnaître les bonnes affaires

Lorsque vous avez trouvé un nombre réduit de propriétés correspondant à vos critères, il est temps d'évaluer leurs valeurs réelles pour déterminer si, aux prix auxquels elles sont vendues, elles représentent vraiment de bonnes affaires. La phase d'analyse est la plus importante de tout le processus d'investissement. C'est dans celle-ci que les investisseurs avisés gagnent de l'argent et que les insensés en perdent.

On dit souvent que : « Dans l'immobilier, c'est à l'achat que l'on gagne de l'argent ! ». Pour le dire autrement, la victoire ou la défaite dans ce domaine est déterminée dès le moment où l'on choisit et achète une propriété. Si une erreur est commise à ce stade, c'est-à-dire si l'on paie trop cher pour un bien immobilier, il sera très difficile par la suite de compenser ce handicap car il pèsera lourdement sur la rentabilité de l'investissement. Savoir acheter avec sagesse est donc la toute première qualité d'un investisseur qui réussit.

## Prix et valeurs : quelques définitions

Avant d'aller plus loin, il est important d'introduire la distinction entre les notions de prix et de valeur. Bien que ces termes soient synonymes dans le langage courant, ils ne sont pas équivalents dans le domaine de l'immobilier.

**Le prix demandé**, c'est ce que veut en obtenir le propriétaire, c'est-à-dire le prix de vente indiqué dans l'annonce. Comme nous l'avons déjà vu, si le vendeur a décidé de vendre sans passer par une agence et s'il ne connaît pas bien le marché immobilier, le prix qu'il demande pour sa propriété peut être très irréaliste.

**La valeur d'une maison**, c'est le prix théorique auquel la propriété devrait idéalement se vendre, en fonction de l'offre et de la demande. L'estimation de la valeur est faite par un expert, c'est-à-dire quelqu'un qui connaît bien le marché immobilier local. Pour ce faire, il se base sur les caractéristiques de la maison (surface habitable, jardin, garage, etc.), celles de son emplacement (le prix au m² des propriétés voisines) et la situation actuelle du marché. Un rapport d'expertise établi par un expert professionnel fournit une base pour calculer le prix de vente, mais les vendeurs et les acheteurs sont libres de négocier.

Dans la suite de ce chapitre, vous apprendrez comment devenir vous-même un expert de votre marché immobilier local et être en mesure d'estimer la valeur d'une propriété. A la fin de votre analyse, vous saurez si la propriété est bien évaluée, surévaluée ou sous-évaluée :
→ si le prix demandé est plus bas que la valeur estimée : la maison est sous-évaluée
→ si le prix demandé est plus élevé que la valeur estimée : la maison est surévaluée
Ce sont bien entendu des biens sous-évalués que vous recherchez !

**Le prix de vente (ou d'achat)**, c'est ce qui est réellement payé par l'acheteur. Le prix apparaît lorsque l'offre et la demande se rencontrent réellement. Si la valeur estimée d'une maison est de 200.000 euros, cela ne signifie pas qu'elle sera vendue pour ce prix. Si le propriétaire est pressé de vendre, il se pourrait qu'elle soit vendue pour seulement 150.000 euros.

Comme vous l'aurez compris, le but du jeu immobilier consiste à trouver des immeubles qui ont une valeur maximale pour un prix minimum. A l'inverse, il faut être absolument certain de ne jamais payer un prix d'achat qui soit supérieur à la valeur réelle de la maison. Par ailleurs, en investisseur avisé, vous essayerez de ne jamais payer le prix demandé. Même si le prix que veut le propriétaire est déjà inférieur à la valeur de marché de la propriété, vous pouvez faire quand même une offre encore plus basse et négocier (voir chapitre 6). Si le vendeur accepte, vous aurez donc un prix d'achat qui sera inférieur au prix demandé. Par exemple, si vous parvenez à acquérir pour 150.000 euros une maison dont la valeur est de 200.000 euros, cela signifie que vous avez déjà gagné 50.000 euros le jour où vous signez l'acte de vente ! Vous avez acheté pour 150.000 euros une maison que vous pourriez théoriquement immédiatement revendre 200.000 euros.

Mais il faut aussi tenir compte des frais d'achats que vous devrez payer pour acquérir cet immeuble. Comme nous l'avons vu, c'est de l'argent disparu qu'il vous faudra quelques années pour compenser. Ceci nous amène donc au **prix d'achat total** qui inclut les frais d'achat. Si nous supposons qu'ils sont de 15% dans votre pays, le prix d'achat total sera donc de 150.000 + 22.500 = 172.500 euros.

Si vous projetez d'effectuer des travaux dans la propriété qui vous intéresse pour lui permettre d'exprimer son plein potentiel, vous devez encore tenir compte d'une autre sorte de valeur : **la valeur après rénovation (VAR)**. Comme nous le verrons plus loin, si vous achetez dans l'intention de revendre, c'est à partir de cette *valeur après rénovation* que vous pourrez déterminer votre prix maximal d'achat (voir p.181).

Reprenons l'exemple précédent, et supposons que vous effectuiez pour 50.000 euros de rénovations, ce qui portera **le prix de revient après travaux** à 222.500 euros. Si ces travaux amènent la valeur de l'immeuble à 300.000 euros, nous avons maintenant :
   Valeur estimée à l'achat : 200.000 euros
   Prix demandé : 180.000 euros
   Prix d'achat : 150.000 euros
   Prix d'achat total : 172.500 euros
   Prix de revient après travaux : 222.500 euros
   Valeur après rénovation : 300.000 euros

## Déterminez le prix moyen au mètre carré dans votre marché

Comment savoir si une propriété qui vous intéresse est surévaluée ou au contraire sous-évaluée ? La valeur d'un objet est toujours quelque chose de relatif, et celle d'un immeuble dépend fortement de l'environnement où elle est située. Dans une même ville, deux maisons strictement identiques, l'une située dans un quartier défavorisé, et l'autre dans un quartier bourgeois auront des valeurs complètement différentes.

Lorsque vous voulez déterminer la valeur d'une maison, il faut donc étudier son marché immobilier local. Pour cela, la première étape consiste à calculer le prix moyen au mètre carré des propriétés semblables dans la même zone. Ensuite, vous utiliserez cette information comme étalon pour estimer la valeur d'un bien particulier, en multipliant ce prix moyen au mètre carré par la surface de la propriété dont vous voulez déterminer la valeur (Note : pour les lecteurs Canadiens, ce sera un prix par pied carré, mais le principe reste évidemment le même).

Pour beaucoup de régions, il est relativement facile de trouver sur internet des informations sur le prix moyen au $m^2$ des maisons, par exemple auprès des fédérations

# TROUVER ET RECONNAITRE LES BONNES AFFAIRES

de notaires ou d'agences immobilières. Mais il s'agit souvent d'un chiffre peu précis, car cette moyenne est établie à partir des ventes de tous les types d'immeubles et sur une zone qui est certainement plus large que celle qui vous intéresse. C'est pourquoi, si vous utilisez un tel prix moyen au mètre carré dans vos calculs, je vous conseille de vérifier d'abord s'il correspond bien à la réalité des annonces que vous lisez.

Quoi qu'il en soit, le mieux est toujours de faire votre propre calcul vous-même. Cela va vous demander quelques efforts, mais vous posséderez ensuite un outil sur mesure, et cela renforcera par ailleurs votre expertise de votre segment de marché. C'est très simple à faire et voici comment procéder :

1. **Recherchez un certain nombre (au minimum 10) de propriétés qui correspondent à vos critères de recherche** : même quartier et mêmes caractéristiques. Notez leurs prix et leurs surfaces. L'idéal est évidemment d'utiliser des propriétés qui ont déjà été vendues récemment et d'en connaître le prix de vente final. Malheureusement, ce type d'information n'est pas toujours accessible au grand public (aux USA, par exemple, existe le MLS (MultiListing Service) qui permet aux agents immobiliers de connaître le prix de vente final de toutes les propriétés). Si l'on ne dispose pas du prix de vente réel d'un immeuble, il faut alors se contenter du prix de vente indiqué sur l'annonce, mais en gardant à l'esprit qu'il est peut-être supérieur de 5 ou 10% au prix que le propriétaire obtiendra réellement.
2. **Calculer le prix au mètre carré pour chacune de ces propriétés.** Pour cela divisez simplement le prix par le nombre de mètres carrés habitables (il s'agit donc ici de la surface construite, et non celle du terrain, bien que cette méthode puisse aussi être utilisée pour évaluer la valeur des terrains nus). Par exemple :
Propriété n°1 : 100 m² et prix de vente = 300.000 euros
Prix au m² = 300.000 euros / 100 m² = 3.000 euros/m²
Propriété n°2 : 80 m² et prix de vente = 250.000 euros
Prix au m² = 250.000 euros / 80 m² = 3.125 euros/m²
Propriété n°3 : 150 m² et prix de vente = 300.000 euros
Prix au m² = 300.000 euros / 150 m² = 2.000 euros/m²
3. **Calculez le prix moyen au m².** Pour cela, additionnez simplement tous les prix au m² et divisez la somme par le nombre de propriétés que vous avez utilisé.
Sur l'exemple ci-dessus : Prix moyen au m² = (3.000 + 3.125 + 2.000) / 3 = 2.708 euros le mètre carré.
4. **Calculez la valeur de l'immeuble qui vous intéresse.** Pour cela, multipliez simplement la surface de cet immeuble par le prix moyen au mètre carré. Par exemple, si la propriété qui vous intéresse a une surface de 110 m², vous pouvez donc estimer sa valeur a 110 m² x 2.708 euros/m² = 297.880 euros.

Conservez très précieusement le prix au mètre carré que vous aurez trouvé. C'est l'étalon qui va vous permettre une première estimation rapide de la valeur de toutes les pro-

priétés que vous allez rencontrer au cours de vos recherches. C'est la clé pour connaître votre marché immobilier local. Par exemple, si on vous demande 200.000 euros pour une maison de 100 m², cela fait un prix de 2.000 euros/m².
- → Si le prix moyen dans cette zone pour des propriétés semblables est de 1.500 euros/m², cela signifie que cet immeuble est cher.
- → Si le prix moyen est de 2.500 euros/m², vous ferez une affaire en l'achetant à ce prix !

Comme vous le voyez, c'est très simple. Au plus vous utiliserez un grand nombre de propriétés pour calculer le prix moyen, au plus précis sera votre calcul. Ne perdez cependant jamais de vue qu'il ne faut pas comparer des pommes avec des poires ! Cette méthode n'est valable que dans la mesure où vous comparez des choses semblables. Ainsi une propriété en ruine nécessitant d'importants travaux ne devra pas être mise sur le même plan qu'une autre en parfait état.

## Evaluez précisément la valeur d'une propriété

La méthode expliquée ci-dessus permet de rapidement estimer la valeur des propriétés et de faire un tri dans la grande masse des annonces que vous rencontrerez. Mais cette information n'est pas suffisamment précise pour que vous décidiez sur base d'elle seule d'acheter une propriété à un certain prix. En effet, dans la réalité les propriétés ne sont jamais identiques. En regardant les annonces et leurs photos, vous vous rendrez compte qu'un immeuble jouit d'une vue magnifique, tandis qu'un autre a un très grand jardin. Et une autre encore aura une piscine, une cuisine magnifique ou un garage. De plus, et c'est un point spécialement important, certaines propriétés seront en parfait état, tandis que d'autres auront besoin de travaux de rénovation plus ou moins importants.

Il faut donc pousser plus loin l'analyse en utilisant la méthode de comparaison des ventes similaires. Celle-ci ressemble à la méthode précédente, mais on affine les calculs en ajustant la valeur des propriétés en fonction des similarités et des différences entre elles. Par exemple, supposez que vous deviez estimer la valeur d'une maison qui ne possède pas de garage, et que vous disposez du prix de vente de plusieurs maisons semblables, mais que parmi celles-ci certaines aient un garage et d'autres pas. Pour pouvoir comparer les valeurs sur une base identique, vous devez estimer ce que la présence d'un garage ajoute à la valeur de la maison de comparaison, et soustraire ce chiffre de son prix de vente. De cette manière, vous comparez des biens dont les caractéristiques sont similaires. Bien sûr, si toutes les propriétés possèdent les mêmes caractéristiques, il n'est pas nécessaire d'ajuster les valeurs. Voyons la méthode sur base d'un exemple :

# TROUVER ET RECONNAITRE LES BONNES AFFAIRES

|  | Votre cible | Bien similaire 1 | Bien similaire 2 | Bien similaire 3 |
|---|---|---|---|---|
| Prix demandé | 280.000 | 300.000 | 250.000 | 300.000 |
| Surface | 110 | 100 | 80 | 150 |
| Garage | NON | OUI | NON | NON |
| Piscine | NON | NON | OUI | NON |
| Jardin | OUI | NON | NON | NON |

Pour pouvoir comparer des pommes avec des pommes, il faut mettre toutes les propriétés similaires au même niveau. Or, la propriété n°1 possède un garage, tandis que les deux autres n'en ont pas. Aussi, la propriété n°2 est la seule à posséder une piscine. Enfin, la propriété qui vous intéresse (votre cible) possède un jardin et les autres pas.

Pour mettre la propriété similaire n°1 au même niveau que toutes les autres, il faut diminuer son prix de la valeur d'un garage. Je sais, il n'est pas facile d'estimer ce qu'un garage apporte comme plus-value à une maison, mais disons que cela représente 15.000 euros sur le prix de vente. En conséquence, nous revoyons à la baisse la valeur de la propriété n°1, et sa valeur ajustée devient donc 300.000 – 15.000 = 285.000 euros.

Nous procédons de même pour la propriété n°2. Si nous savons que le prix d'installation d'une piscine est de 30.000 euros, nous ajustons la valeur de cette propriété en enlevant 30.000 euros de son prix qui devient dès lors 250.000-30.000 = 220.000 euros.

Ce sont donc ces valeurs ajustées que nous utiliserons dans le calcul du prix moyen par mètre carré. Dans la pratique, je vous conseille de chercher au moins 10 propriétés similaires dans le quartier qui vous intéresse. Calculez la valeur ajustée et le prix au mètre carré pour chacune d'elle, et faites un tableau inspiré de celui ci-dessous.

|  | Prix de vente | m² | Garage (valeur 15.000 euros) | Piscine (valeur 30.000 euros) | Jardin (valeur 50.000 euros) | Valeur ajustée | Prix/m² ajusté |
|---|---|---|---|---|---|---|---|
| 1 | 300.000 | 100 | OUI | NON | NON | 285.000 | ~~2.850~~ |
| 2 | 250.000 | 80 | NON | OUI | NON | 220.000 | 2.750 |
| 3 | 300.000 | 150 | NON | NON | NON | 300.000 | 2.000 |
| 4 | 400.000 | 150 | OUI | OUI | NON | 355.000 | 2.366 |
| 5 | 250.000 | 100 | NON | NON | OUI | ~~200.000~~ | 2.000 |

| 6 | 300.000 | 130 | OUI | NON | OUI | 235.000 | 1.807 |
|---|---|---|---|---|---|---|---|
| 7 | 250.000 | 100 | NON | NON | NON | 250.000 | 2.500 |
| 8 | 300.000 | 100 | OUI | NON | OUI | 235.000 | 2.350 |
| 9 | 460.000 | 140 | OUI | OUI | OUI | ~~365.000~~ | 2.607 |
| 10 | 300.000 | 150 | NON | NON | OUI | 250.000 | ~~1.666~~ |
| **Prix moyen au m² sur les propriétés restantes** | | | | | | | **2.295** |

Ensuite, supprimez la propriété qui a la valeur ajustée la plus basse, ainsi que celle qui a la plus élevée (les propriétés 5 et 9 dans le tableau ci-dessus).

Faites de même pour la propriété qui obtient le prix au mètre carré le plus élevé, et celle qui a le prix au mètre carré le plus bas (par exemple les propriétés 1 et 10 dans le tableau ci-dessus). En faisant cela, vous éliminerez les valeurs extrêmes qui pourraient fausser la moyenne.

Enfin, sur les immeubles restants, calculez la moyenne des prix au mètre carré. Vous avez maintenant une excellente estimation du prix au mètre carré spécifique des propriétés correspondant à vos critères dans votre marché immobilier local.

Pour obtenir la valeur de l'immeuble qui vous intéresse, il vous reste à multiplier sa surface par le prix au mètre carré obtenu. Cela nous donne 110 m² x 2.295 euros/m² = 252.450 euros.

A cette somme, il nous faut maintenant encore rajouter la valeur du jardin que possède cet immeuble. Si nous estimons que le fait de posséder un jardin augmente la valeur d'une propriété de 50.000 euros, nous ajouterons donc cette somme à la valeur obtenue. Cela nous donne ainsi une valeur de 252.450 euros + 50.000 euros = 302.450 euros.

On voit donc dans l'exemple que nous avons choisi, que le prix demandé par le propriétaire (280.000 euros) est inférieur à la valeur de marché du bien.

Lorsque vous appliquez cette méthode, vous pouvez bien entendu adapter les caractéristiques que vous prenez en considération en fonction de ce que vous cherchez (présence de terrasses, d'une cuisine équipée, d'une vue exceptionnelle, rénovation à neuf, etc.).

Cette Méthode de Comparaison des Ventes Similaires est la plus appropriée pour estimer la valeur des maisons unifamiliales, des appartements et des terrains. Elle est aussi la plus largement utilisée. Il existe également une autre méthode que l'on appelle Méthode de Capitalisation des Revenus, et qui est utilisée pour estimer la valeur des

TROUVER ET RECONNAITRE LES BONNES AFFAIRES 119

biens qui fournissent un revenu locatif, comme les immeubles de rapport, les surfaces commerciales et les bureaux. Nous aborderons celle-ci en détail au chapitre 4. Pour être complet, signalons qu'il existe une troisième méthode d'évaluation, dite Méthode du Coût de Reconstruction. C'est celle qui est utilisée par les compagnies d'assurance pour déterminer le montant de votre couverture. Pour calculer votre prime d'assurance, l'assureur doit en effet déterminer de combien il devrait vous indemniser pour reconstruire votre immeuble en cas de sinistre, par exemple s'il est détruit par le feu. Nous ne nous attarderons pas ici sur cette méthode d'évaluation parce qu'elle vous sera de peu d'utilité, et vraisemblablement hors de votre portée si vous n'êtes pas un professionnel de l'assurance ou de la construction.

## Confirmez la faisabilité de votre projet

Récapitulons à présent les étapes du processus de recherche.

Après avoir défini vos critères d'achat, vous effectuez des recherches et, parmi les innombrables propriétés en vente que vous trouvez, vous ne retenez que celles qui semblent correspondre exactement à vos critères. Vos critères d'achat sont donc **votre premier filtre de recherche.** Le schéma suivant illustre cette première partie du processus de décision (il est extrait du logigramme complet à la fin de ce chapitre).

En déterminant vos critères d'achat vous définissez par la même occasion quel est votre marché immobilier local. Assurez-vous que vous n'êtes pas au sommet d'un boom immobilier. Les prix peuvent être élevés dans votre marché, mais on ne doit pas être dans le scénario où les gens se précipitent pour acheter sans réfléchir, juste parce qu'ils croient que les prix vont continuer de grimper (ne rigolez pas, c'est comme ça que cela se passe).

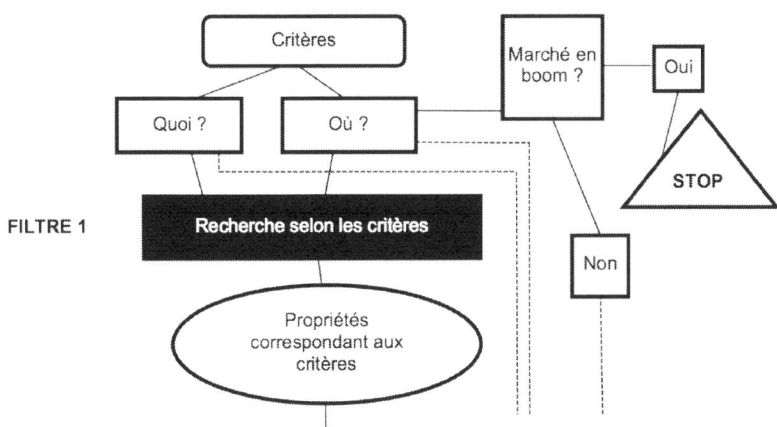

Ensuite, vous affinez votre recherche en éliminant les propriétés qui sont surévaluées. Pour ce faire, vous déterminez le prix moyen au mètre carré des propriétés correspondant à vos critères dans la zone que vous avez choisie. C'est **votre deuxième filtre de recherche** qui vous permet d'éliminer de votre liste les propriétés dont le prix demandé est trop élevé par rapport à leur valeur réelle.

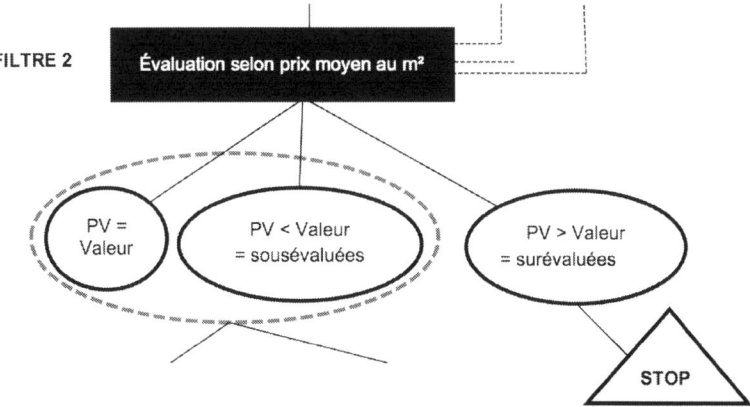

Par la suite, lorsqu'il ne vous restera plus dans votre liste qu'une poignée de propriétés et que le moment de faire une offre se rapprochera, vous pourrez encore affinez votre estimation de la valeur de ces propriétés en utilisant la Méthode de Comparaison des Ventes Similaires.

Ne vous précipitez cependant pas pour faire une offre sur ces propriétés ! En effet, jusqu'ici vous n'aurez fait qu'analyser les qualités intrinsèques du bien immobilier dont vous envisagez l'acquisition. Mais ce n'est pas suffisant !

Il convient maintenant d'aborder l'analyse de la rentabilité de votre projet d'investissement. Car ce que vous devez analyser en fin de compte, ce n'est pas la propriété en elle-même, mais bien votre projet d'investissement. Comprenez bien ce point, car il est important. La valeur de l'immeuble est une qualité attachée à ce bien. Votre projet d'investissement, c'est ce que VOUS allez faire avec ce bien (le revendre, le louer en tant qu'appartements, le louer comme chambres pour étudiants, le démolir et reconstruire, changer l'affectation, etc.). C'est donc la rentabilité de votre projet qu'il faut étudier, et celle-ci dépend également d'autres facteurs que le seul prix d'achat de l'immeuble. En fonction de votre stratégie, et notamment du type de financement que vous utiliserez, l'achat d'une propriété peut en effet se révéler rentable, alors qu'elle ne le serait pas avec une autre stratégie.

# TROUVER ET RECONNAITRE LES BONNES AFFAIRES

**Votre troisième filtre** de recherche sera donc celui de la faisabilité et de la rentabilité de votre projet d'investissement.

Au chapitre 2, je vous ai proposé de définir vos objectifs par rapport à l'immobilier, et en particulier de savoir si vous désirez acheter pour revendre rapidement, ou au contraire garder longtemps une propriété et la mettre en location. Et nous avons vu que ces deux stratégies ont chacune leur logique et leurs critères de rentabilité.

→ Si c'est la mise en location du bien qui est votre objectif, vous devrez au final ne retenir une propriété que si son prix d'achat vous permettra de façon certaine de dégager un cash-flow positif (c'est-à-dire que vos revenus locatifs paient plus que vos dépenses et remboursements de crédit : voir chapitre 4). Tant que vous n'avez pas trouvé cela, continuez à chercher !

→ Si votre objectif est la revente du bien, vous ne devrez retenir une propriété que si son prix d'achat vous permettra de façon certaine de dégager le profit minimum que vous avez déterminé. Autrement dit, son prix d'achat ne doit pas dépasser le Prix d'Achat Maximum (PAM) que vous allez calculer au chapitre 5. Tant que vous n'avez pas trouvé cela, continuez à chercher !

L'ensemble du processus de sélection des propriétés est représenté dans le logigramme sur la page suivante.

Ne vous découragez pas. La propriété que vous cherchez est là, elle attend que vous la trouviez ! Pensez au chercheur d'or qui doit remuer des tonnes de gravier pour trouver la pépite qu'il cherche. Ce n'est que lorsque vous aurez trouvé votre pépite immobilière, et alors seulement, que vous pourrez faire une offre.

Dans les deux chapitres suivant, nous allons maintenant aborder en profondeur les deux stratégies de base, à savoir la conservation et la revente d'immeubles. Nous y détaillerons notamment les outils à utiliser pour votre troisième filtre dont nous venons de parler.

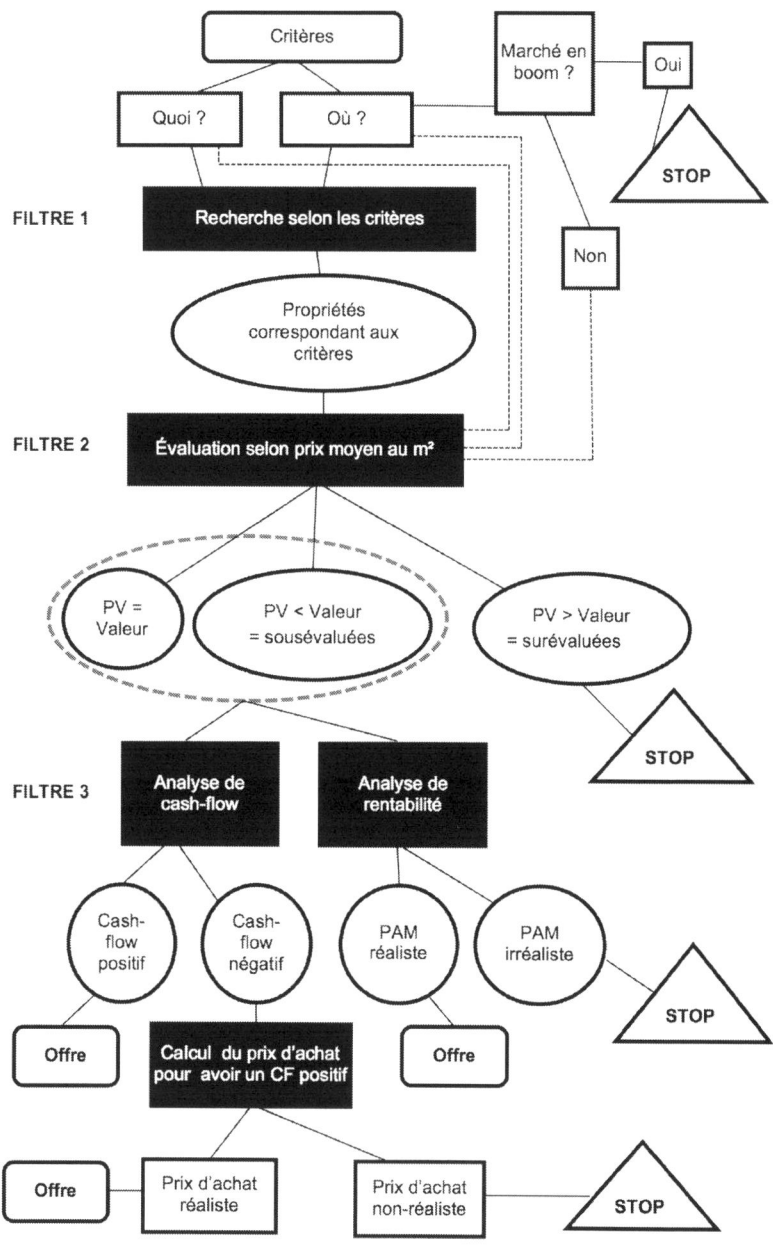

# 4 ACHETER POUR CONSERVER ET LOUER

Comme nous le verrons en détail au chapitre suivant, il est possible de gagner de l'argent en achetant des biens immobiliers et en les revendant rapidement. Mais les investisseurs qui suivent cette stratégie se privent du plus grand bénéfice de l'investissement immobilier, à savoir la croissance de la valeur des immeubles sur le long terme. A l'inverse, conserver des propriétés pour les mettre en location est une merveilleuse façon d'accumuler de la richesse avec le temps. Si votre investissement est bien choisi et bien calculé, vous n'aurez pas à y mettre beaucoup d'argent de votre poche. Ce sont vos locataires qui paieront le remboursement de votre emprunt hypothécaire et, lorsque celui-ci viendra à échéance par exemple dans 15 ou 20 ans, l'immeuble vous appartiendra en propre à 100%.

Le principe qu'il faut absolument respecter pour réussir un investissement locatif est que les loyers mensuels doivent être supérieurs à la somme des remboursements d'emprunts et de toutes les dépenses auxquelles vous devrez faire face en tant que propriétaire. C'est ce que l'on appelle le cash-flow positif, notion que nous approfondirons plus loin dans ce chapitre.

Etre propriétaire et gérer des locataires n'est cependant pas toujours chose facile ! Cela peut même parfois tourner au cauchemar. C'est pourquoi il n'est pas rare que des propriétaires fassent appel à des sociétés spécialisées dans la gestion d'immeubles. Celles-ci s'occupent de trouver des locataires, font les états des lieux d'entrée et de sortie, et gèrent tous les problèmes qui peuvent survenir. Bien sûr cela a un coût qui affecte la rentabilité. Mais en suivant les conseils donnés dans ce chapitre, vous pourrez sans problème gérer tout cela par vous-même.

## 4.1. Acheter un immeuble de rapport

### Quels types de biens immobiliers pour la location ?

Dans l'absolu, tous les types de biens immobiliers peuvent se louer. Cependant, en pratique, certains présentent pour l'investisseur particulier des avantages indéniables par rapport à d'autres :
- **Les maisons unifamiliales :** quand cela est possible, les familles préfèrent idéale-

ment habiter dans une maison, et si possible avec un jardin. Si les maisons se louent bien dans la zone géographique que vous avez ciblée, l'achat d'une maison unifamiliale que vous mettrez en location peut être une opération intéressante. L'avantage est que si le bien est de qualité, il prendra aussi une valeur certaine avec le temps. Mais ce type de propriété n'est pas forcément la meilleure option dans une optique d'investissement locatif. Tout d'abord, le prix d'achat en est généralement plus élevé que pour un appartement. Ensuite, les réparations que vous devrez éventuellement effectuer risquent d'être plus onéreuses. Comme le loyer que vous demanderez sera vraisemblablement plus élevé, une maison peut être moins facile à louer, et donc connaître de plus longues périodes de vide locatif. Enfin, un seul locataire signifie également plus d'exposition au risque de vide locatif qui ferait brutalement chuter vos revenus

• **Les appartements :** souvent moins chers à l'achat qu'une maison, un appartement se loue assez facilement, pourvu qu'il soit bien situé et en bon état.

Dans certains immeubles, il faut se méfier des charges incombant aux copropriétaires (ascenseurs, concierge, nettoyage des parties communes, etc.). Celles-ci peuvent être très élevées et manger une partie de votre profit. Et si elles sont à charges du locataire, cela peut dissuader les candidats-locataires de louer votre appartement. Combien de chambres doit contenir l'appartement ? Pour répondre à cette question, il faut observer l'évolution de la société et des familles. Par exemple, les appartements d'une seule chambre sont actuellement fort appréciés, non seulement des jeunes couples sans enfants, mais aussi parce que beaucoup de gens vivent seuls aujourd'hui. Depuis quelques temps, on note également une demande accrue pour des appartements avec beaucoup de chambres (ainsi que des maisons 4 chambres) de la part de familles recomposées qui doivent pouvoir héberger un plus grand nombre d'enfants.

• **Les garages et emplacements de parkings :** à l'heure où chacun veut avoir sa propre voiture, les grandes villes connaissent d'importants problèmes de stationnement. A Tokyo par exemple, celui qui achète une voiture doit apporter la preuve qu'il dispose d'un lieu où la parquer. La demande augmentant, posséder et mettre en location des emplacements de parking peut s'avérer rentable, particulièrement dans les grandes agglomérations. Cela peut être un emplacement à ciel ouvert, un emplacement couvert dans un grand garage ou un box individuel fermé. Dans tous les cas, le prix de revient d'un parking est très inférieur à celui d'un appartement, et le taux de rentabilité peut être élevé. Sans parler du fait que ses frais d'entretien sont minimes. L'inconvénient, c'est que pour parvenir à un revenu locatif conséquent il faut posséder beaucoup d'emplacements et donc gérer un grand nombre de locataires.

• **Les locaux commerciaux, les bureaux et les bâtiments industriels :** ces trois types de biens procurent en général des loyers beaucoup plus élevés au mètre carré que des biens loués à des particuliers pour leur résidence. Cependant, les risques liés à ces biens sont également plus élevés. Il s'agit de location à des professionnels ou des entreprises qui utilisent les locaux pour leur activité professionnelle. Le propriétaire de ces biens devient donc dépendant de la bonne santé économique de l'activité du locataire, qui est elle-même dépendante de la situation économique générale. Or, par les temps de crise économique que nous connaissons aujourd'hui, le nombre de faillites bat des records. Par ailleurs, lorsque vous louez à des professionnels, vous n'êtes en général pas taxé de la même manière que lorsque vous louez à des particuliers. En effet, lorsque l'Etat permet à l'entreprise de déduire votre loyer en tant que dépense de fonctionnement, il cherche souvent à se rattraper ailleurs, c'est-à-dire auprès du propriétaire (vous).

- **Les terrains nus** : ceux-ci peuvent parfois se louer, notamment à la campagne, comme pâturage ou pour entreposage. Les revenus ainsi produits sont cependant peu élevés et sont insuffisants pour couvrir les remboursements d'un emprunt hypothécaire. En cas de recours à un crédit pour financer l'achat, la mise en location ne doit être envisageable que temporairement, par exemple en attendant d'y construire ou de revendre le terrain avec une plus-value.

- **Les immeubles à plusieurs appartements** : ils peuvent contenir de 2 à 10 unités locatives (appartements ou studios), voire beaucoup plus. Les immeubles multi-appartements sont à mon avis le meilleur type d'investissement pour les investisseurs particuliers, parce qu'ils présentent de nombreux avantages par rapport à l'achat de plusieurs unités séparées. En voici quelques-uns :
  - **Prix de revient moindre au m² et à l'unité locative** : lorsque l'on achète un immeuble, le prix de revient d'une unité locative est généralement moins élevé que si l'on achetait chaque appartement séparément. Parce que l'on achète en quelque sorte « en gros », cela se traduit par un prix au mètre carré plus faible. Et un prix de revient moindre aura évidemment comme conséquence une rentabilité de l'investissement plus élevée.
  - **Dispersion du risque** : si vous avez un ensemble de quatre unités locatives et que l'un de vos locataires s'en va ou a un retard de paiement, il vous reste encore trois loyers pour payer vos remboursements de crédits. Au plus vous avez d'unités locatives dans un immeuble, au moins votre investissement est risqué. C'est également un élément de sécurité qui plaidera en votre faveur auprès du banquier.
  - **Economie d'argent** : acheter tout un immeuble vous fera faire des économies à plusieurs niveaux. Les frais d'achat (honoraire de notaire, inspection, frais de dossier bancaire, inscription hypothécaire, etc.) seront proportionnellement inférieurs pour un immeuble de plusieurs appartements par rapport à ce que vous auriez à payer en achetant les appartements séparément. En ce qui concerne les travaux de rénovation, des économies d'échelle pourront être réalisées à beaucoup de niveaux, notamment l'achat en gros des matériaux. La police d'assurance incendie que vous devrez contracter en tant que propriétaire vous coûtera également moins cher pour assurer un immeuble de 200 m² avec 4 appartements, que pour assurer 4 appar-

tements individuels de 50 m². Enfin, les taxes foncières (les taxes annuelles dont doit s'acquitter chaque propriétaire) sont souvent proportionnellement moins élevées pour un immeuble.
- **Economie de temps** : acheter un immeuble permet d'économiser une autre denrée de grande valeur : le temps. Et c'est quelque chose de précieux pour celle ou celui qui travaille à temps plein et investi dans l'immobilier pendant son temps libre. Avec un immeuble, vous gagnerez du temps à l'achat parce qu'acheter plusieurs unités locatives en une seule transaction ira plus vite que de les acheter séparément. Vous économiserez ainsi sur les temps de recherche, de visite, d'analyse, de recherche de financement et d'actes d'achat. Le fait d'avoir vos unités locatives regroupées vous permettra aussi de réduire vos déplacements. Si vous achetez un seul appartement à la fois, la chasse aux bonnes affaires peut vous amener à vous retrouver avec des biens très éloignés les uns des autres. Si vous habitez une petite ville, cela n'aura pas trop de conséquences, mais si vous habitez une grande métropole avec de nombreux embouteillages, vous risquez de passer votre temps à courir d'un bout à l'autre de la ville pour faire visiter vos biens à des candidats locataires. Par contre, si vos unités sont rassemblées dans un immeuble, vous pouvez regrouper plusieurs démarches et économiser des trajets. Vous économiserez également du temps sur les tâches administratives, notamment celles en rapport avec les impôts.
- **Un marché plus restreint** : lorsque vous cherchez un appartement peu cher, vous êtes directement en concurrence avec toutes les personnes et les familles qui recherchent un logement pour y habiter personnellement. Il en va tout autrement pour les immeubles de rapport parce qu'il y a moins d'acheteurs qui s'y intéressent. Cela ne veut cependant pas dire qu'il n'y ait pas de compétition pour les immeubles intéressants.

Parmi les désavantages des immeubles de rapport, le premier est bien entendu qu'ils sont en général plus chers à l'achat que des appartements. Mais comme les banquiers tiennent compte des revenus locatifs de l'immeuble dans le calcul de votre capacité d'emprunt, ils vous prêteront un montant plus élevé pour acheter un immeuble de rapport que pour un seul appartement.

L'autre désavantage des immeubles multi-appartements est que le jour où vous décidez de revendre, c'est tout ou rien. Tandis qu'avec des unités séparées, vous pouvez n'en vendre qu'une ou deux, par exemple pour financer un nouvel achat ou pour rembourser une partie de vos dettes afin de consolider votre position. Ce genre de choses est plus difficile à faire avec un immeuble. Mais il est toujours possible de revendre à la découpe, appartement par appartement. Il faut cependant savoir que c'est un processus qui nécessite des démarches administratives et donc du temps et des frais. Mais ce genre d'opération peut bien entendu se révéler très profitable, étant donné que les unités auront été acquises au prix de gros.

Si vous pouvez vous le permettre, acheter un immeuble de plusieurs appartements est donc sans conteste le choix le plus judicieux pour l'investisseur désireux de construire un portefeuille immobilier. C'est pourquoi nous parlerons principalement de ce type de bien dans la suite de ce chapitre.

## Financer l'achat d'un immeuble de rapport

Nous avons vu au chapitre 2 que lorsque vous approchez votre banquier afin d'obtenir un prêt pour acheter votre propre maison d'habitation, celui-ci se base principalement sur votre salaire (ou vos deux salaires si vous êtes en couple) pour déterminer votre capacité d'emprunt. Il applique en général la fameuse règle des 33%, c'est-à-dire que la charge d'emprunt mensuelle totale ne peut excéder un tiers des revenus du ménage.

Par exemple, supposons que vous soyez un couple ayant 3.000 euros mensuels de revenus nets et que vous désiriez emprunter pour acheter votre propre habitation. Votre remboursement mensuel maximum sera de 33% de 3.000 = 1.000 euros. Dès lors, votre capacité d'emprunt sera d'environ 165.000 euros. C'est à cette somme empruntée que correspondent 1.000 euros de remboursement mensuel avec un emprunt à taux fixe de 5% sur 20 ans.

Mais lorsque vous voulez acheter un immeuble de rapport, les choses sont un peu différentes. La règle des 33% continue à s'appliquer, mais pour calculer vos revenus, le banquier tiendra aussi compte des revenus locatifs de l'immeuble que vous envisagez d'acquérir. Autrement dit, on vous prêtera une somme plus importante pour acheter un immeuble de rapport que pour acheter votre maison d'habitation personnelle. Toutefois, les organismes de crédit ne prennent généralement en compte que 75% seulement des revenus locatifs, afin de compenser le risque de vide locatif et les frais de fonctionnement

Reprenons maintenant l'exemple précédent et voyons ce que serait votre capacité d'emprunt si ce n'est plus une maison que vous voulez acheter, mais bien un immeuble productif de revenus. Par exemple, supposons qu'il s'agisse d'un immeuble de rapport de 3 unités locatives louées à 500 euros par mois chacune.
Votre remboursement mensuel maximum = 33% de (3.000 + (3 x 500) x 75%) = 33% de (3.000 + 1.125) = 1.360 euros.

Votre capacité d'emprunt sera donc d'environ 220.000 euros. C'est à cette somme empruntée que correspondent 1.360 euros de remboursement mensuel avec un emprunt à taux fixe de 5% sur 20 ans.

Comme vous le voyez, acquérir un immeuble qui produit des revenus locatifs augmente votre capacité d'emprunt. Cela peut paraître étonnant, mais vous pourriez vous voir refuser un prêt pour une habitation personnelle parce que vos revenus ne sont pas suffisants, mais par contre voir votre demande de crédit acceptée pour acheter un immeuble de 10 appartements qui coûte beaucoup plus cher.

Vous remarquerez que dans les calculs ci-dessus, tous vos revenus (y compris professionnels) sont pris en compte pour déterminer si vous aurez la capacité de rembourser l'emprunt. Cela, c'est la façon dont pense le banquier. Mais cependant, vous devez quand même toujours faire en sorte que votre immeuble de rapport soit capable de se financer tout seul, sans que vous ayez à ajouter un euro prélevé sur vos revenus professionnels. Ainsi, même si vous avez la chance de disposer d'un ou plusieurs gros salaires capables d'impressionner votre banquier, rien ne le rassurera plus que de pouvoir lui présenter un projet d'investissement avec un excellent Taux de Couverture de la Dette. Pour rappel, le Taux de Couverture de la Dette est un ratio financier mesurant le rapport entre les liquidités disponibles après avoir payé toutes les dépenses et celles nécessaires pour effectuer les remboursements de la dette. Le banquier veut en effet être certain que l'immeuble que vous allez acheter avec son argent produira assez de revenus pour vous permettre de le rembourser.

$$\textit{Taux de couverture de la dette} = \frac{\textit{Résultat net d'exploitation}}{\textit{Remboursement mensuel}}$$

(Le résultat Net d'Exploitation = les revenus locatifs – les dépenses de fonctionnement)
Il faut toujours que le taux de couverture de la dette soit supérieur à 1. De cette manière vous disposez de plus de liquidités qu'il n'en faut pour payer la banque. En cas d'imprévus, vous pourrez y faire face parce qu'il vous reste de la marge. Fuyez les situations où le taux de couverture de la dette est inférieur à 1, car vous devrez mettre de l'argent de votre poche tous les mois pour rembourser la banque. Et même si le taux de couverture de la dette est égal à 1, cela reste une situation dangereuse, parce que si vos rentrées venaient à baisser (par exemple suite à un vide locatif), vous ne seriez plus en mesure d'honorer vos obligations envers la banque.

Remarquez que le Taux de Couverture de la Dette n'est pas uniquement une caractéristique de l'immeuble que vous désirez acheter. En effet, le type de financement que vous choisissez l'influence aussi directement. Si vous prenez un emprunt sur une durée de 30 ans au lieu de 20 ans, vos paiements mensuels seront moins importants. Donc, comme le dénominateur de l'équation diminue, le Taux de Couverture de la Dette augmentera.

## Acheter un immeuble de rapport *clé en main* ou *à rénover* ?

Plusieurs situations sont possibles. Depuis l'immeuble déjà entièrement opérationnel et loué, à l'achat d'une ruine à rénover entièrement, la gamme des choix est vaste.

**a. Acheter un immeuble déjà opérationnel**

Dans ce premier cas de figure, vous cherchez à acheter un immeuble qui est déjà loué. S'il comprend plusieurs unités locatives, il se peut que certaines soient vides au moment de la vente. Mais il s'agit d'un immeuble qui est déjà opérationnel et qui ne nécessite peut-être que des rénovations superficielles (quelques travaux de peinture, changer le revêtement du sol dans quelques pièces, etc.).

Acheter un immeuble de rapport qui fonctionne déjà est évidemment la solution la plus simple. Mais c'est souvent également la plus chère. Cela revient en effet à acheter « clé en main » une entreprise rentable. Dès lors, le prix d'achat sera en rapport avec les revenus locatifs de l'immeuble. Nous aborderons en détail comment estimer la valeur d'un immeuble de rapport dans la section suivante.

Il est primordial que vous vérifiiez avec minutie tous les chiffres relatifs à l'immeuble fournis par le vendeur ou son agent. Si vous vouliez reprendre une entreprise, par exemple un hôtel, vous scruteriez certainement avec la plus grande attention les comptes des années passées. Sans cela, vous ne pourriez jamais connaître la santé réelle de l'entreprise et évaluer ses chances de survie et de profits futurs. Eh bien c'est la même chose ici. Reprendre un immeuble de rapport est semblable à reprendre une entreprise, et vous devez faire preuve de la même prudence.

De manière pratique, vous devez voir exactement quels sont les revenus locatifs. Pour cela, le propriétaire doit vous montrer les contrats de bail, ainsi que les extraits du compte bancaire sur lequel les loyers sont versés. Attachez la même importance, sinon plus, aux preuves de dépenses d'exploitation (eau, électricité, taxes, etc.). C'est en général de celles-ci que proviennent les mauvaises surprises ultérieures.

Une précaution que beaucoup négligent, mais dont l'oubli peut s'avérer lourd de conséquences, consiste à vérifier la conformité urbanistique du bâtiment auprès des autorités locales. En effet, dans la plupart des pays il existe des informations cadastrales précisant l'affectation de chaque bâtiment (logement, bureaux, commerce, ...), ainsi que le nombre de logements qui y sont autorisés. Ainsi, si vous désirez par exemple acheter une maison qui était à l'origine unifamiliale, mais qui a été par la suite transformée en trois appartements indépendants, vous devez vous assurer que cela a bien été autorisé par l'administration urbanistique locale. Même si cet immeuble non-autorisé fonctionne comme trois appartements depuis dix ans sans aucun problème, rien ne permet de dire qu'il en sera encore ainsi à l'avenir. Si un accident venait à survenir, par exemple un incendie, c'est vous qui pourriez être tenu pour responsable d'avoir créé des logements dans un espace non-autorisé. Et si vous devez mettre en conformité urbanistique un immeuble qui ne l'est pas, cela vous coûtera toujours de l'argent, et nécessitera peut-être l'intervention d'un architecte.

Bien sûr, comme pour tout bien immobilier, il convient de toujours s'inquiéter de la qualité et la solidité du bâtiment, et qu'il ne recèle pas de gros problèmes techniques onéreux à réparer. Enfin, soyez attentifs à l'évolution des règlementations et aux normes que celles-ci peuvent imposer. En Europe par exemple, des normes de sécurité très strictes ont été édictées pour les ascenseurs. Les propriétaires ont donc l'obligation de mettre les appareils anciens en conformité, ce qui entraîne des dépenses considérables. Il se pourrait que le propriétaire de l'immeuble que vous convoitez ait décidé de vendre parce qu'il sait très bien qu'il devrait bientôt effectuer de grosses dépenses. Si tel était le cas, il y a fort à parier qu'il ne vous en parlera pas et que ce sera à vous de le découvrir !

### b. Acheter un immeuble à rénover ou transformer

Dans ce deuxième cas de figure, vous cherchez à acquérir soit un immeuble déjà divisé en plusieurs unités locatives mais nécessitant de gros travaux de rénovation, soit un autre type d'immeuble, par exemple une maison unifamiliale ou un immeuble de bureaux, que vous transformerez de façon à le diviser en plusieurs unités locatives. Cette solution revient souvent moins cher que d'acquérir un immeuble de rapport « clé en main », mais elle demande une implication personnelle beaucoup plus importante. La clé du succès réside ici dans votre capacité à estimer correctement le coût des travaux. Or, c'est quelque chose que l'on a généralement tendance à sous-estimer ! C'est le même type de réflexion à laquelle est confronté l'investisseur qui achète pour revendre rapidement après avoir effectué des travaux de rénovation. Pour éviter de reproduire deux fois les mêmes informations, tout ce qui concerne les travaux et les rénovations est traité dans le chapitre 5 : Acheter pour Revendre. Je vous invite donc à vous reporter à ce chapitre.

Si l'immeuble qui vous intéresse a besoin de beaucoup de travaux, demandez un devis à un entrepreneur professionnel. Si vous sous-estimez le coût des réparations, vous risquez de ne pas avoir suffisamment d'argent pour les financer, et votre immeuble ne pourra pas se louer ou se vendre tant que les travaux ne seront pas finis. Parallèlement à l'estimation du prix des travaux, celle du temps qu'ils dureront est tout aussi importante. En effet, vous aurez pendant cette période à rembourser un emprunt pour une propriété qui restera vide en tout ou en partie, et ne vous rapportera donc aucun revenu locatif. Vous devrez par conséquent vous assurer de disposer d'une réserve d'argent suffisante pour pouvoir payer vos traites, vos dépenses et vos taxes pendant la durée des travaux.

Faire des travaux importants ou créer des logements à partir d'un autre type de bien sont des opérations qui risquent de nécessiter des autorisations administratives. Et pour l'introduction d'une demande de permis d'urbanisme, il est souvent nécessaire d'avoir recours à un architecte. Toutes ces démarches sont onéreuses, et vous devrez donc prévoir leur coût dès le départ. De plus, il n'est pas certain que ce que vous voulez faire sera autorisé. Prenez donc vos renseignements le plus tôt possible, bien avant de signer l'acte d'achat, au risque de vous retrouver avec un bâtiment dans lequel vous ne pourrez pas réaliser vos projets.

## Analyser la valeur d'un immeuble de rapport

### a. La méthode de capitalisation des revenus

Nous avons vu précédemment une première méthode permettant d'estimer la valeur des immeubles : la *Méthode de Comparaison des Ventes Similaires* (voir p.116). Celle-ci est la plus adéquate pour évaluer les maisons unifamiliales, les appartements et les terrains. Elle est aussi la plus largement utilisée. Mais il en existe une autre, dite *Méthode du Taux de Capitalisation*, plus appropriée pour estimer la valeur des propriétés immobilières produisant une rentabilité régulière.

En économie et en analyse des investissements, la *capitalisation* est le procédé qui consiste à convertir une série de revenus attendus dans le futur en une seule valeur. Cela permet d'estimer la valeur actuelle d'un bien en calculant le prix qu'un investisseur serait prêt à payer pour le droit de recevoir les revenus futurs. Pour illustrer cela, prenons l'exemple d'un investissement simple, par exemple un compte en banque. Si vous savez que celui-ci produit un rendement (intérêt) annuel de 3%, combien un investisseur devrait-il investir pour obtenir un revenu de 1.000 euros par an ?

Revenu = Capital investi x rendement
Donc Capital investi = Revenu / Rendement = 1.000 / 0,03 = 33.333 euros

Il lui faudra donc placer 33.333 euros sur son compte pour obtenir 1.000 euros par an d'intérêt.

Cette méthode s'applique également à l'immobilier et permet par un calcul très simple d'estimer la valeur des immeubles de rapport à partir des revenus nets qu'ils produisent. Les investisseurs peuvent ainsi comparer plusieurs immeubles entre eux en fonction de leurs rendements. Taux de capitalisation et rendement locatif sont en fait synonymes, et se calculent de la même façon. Mais on utilisera l'un ou l'autre terme en fonction de la démarche dans laquelle on se trouve. Au moment d'acheter ou de vendre, on utilisera le taux de capitalisation pour déterminer un prix pour l'immeuble. Mais entre ces deux moments, on parlera plutôt de rendement, parce que c'est la variable que l'on essaiera de maximiser.

Le Taux de Capitalisation mesure donc le rapport entre les revenus générés par un immeuble et son prix de vente (hors frais d'achat). On peut le calculer brut ou net, selon que l'on ne considère que les revenus locatifs bruts ou que l'on tienne compte également des dépenses de fonctionnement. Comme ces dernières peuvent être très importantes dans certains immeubles, je vous conseille de ne pas les négliger et d'utiliser la formule suivante :

**Taux de Capitalisation = Résultat Net d'Exploitation[8] annuel / Prix de Vente**

Plus le taux de capitalisation est élevé, meilleur sera le rendement de l'investissement. Par exemple, considérons deux immeubles mis en vente :

L'immeuble 1 a un Résultat Net d'Exploitation mensuel de 2.000 euros et est vendu pour le prix de 300.000 euros.
L'immeuble 2 a un Résultat Net d'Exploitation mensuel de 4.000 euros et est vendu pour le prix de 800.000 euros.
Calculons maintenant leurs taux de capitalisation afin de pouvoir les comparer et savoir lequel des deux est le plus cher par rapport à son rendement :
Immeuble 1
Résultat Net d'Exploitation Annuel = 12 x 2.000 euros = 24.000 euros
Taux de Capitalisation = 24.000 / 300.000 = 8 %
Immeuble 2
Résultat Net d'Exploitation Annuel = 12 x 4.000 euros = 48.000 euros
Taux de Capitalisation = 48.000 / 800.000 = 6 %
L'immeuble 1 présente donc un meilleur taux de capitalisation que l'immeuble 2, même si à première vue il produit un revenu mensuel moins élevé. Il représente donc une rentabilité plus élevée pour l'investisseur (pour autant bien entendu qu'il s'agisse de deux biens similaires).

### b. Déterminez le Taux de Capitalisation Moyen dans votre quartier-cible

Pour estimer la valeur d'un immeuble de rapport, il faut d'abord connaître le taux de capitalisation moyen des immeubles de rapport dans le quartier qui vous intéresse. Comme nous l'avons déjà vu, les marchés immobiliers locaux peuvent être très différents d'un endroit à l'autre, et donc les taux de capitalisation des immeubles de rapport peuvent aussi fortement varier entre les quartiers d'une même ville. Par exemple, un immeuble de trois appartements situé dans un quartier chic n'aura pas le même rendement qu'un immeuble de trois appartements situé dans un quartier populaire. Le premier aura vraisemblablement des loyers plus élevés, mais le second pourrait avoir un prix d'achat par mètre carré nettement inférieur à celui du premier. Restez donc concentré sur votre quartier cible et déterminez-en le taux de capitalisation moyen. A partir de là, vous serez en mesure d'estimer la valeur de n'importe quel immeuble de la zone.

De manière pratique, je vous conseille de chercher au moins 10 immeubles similaires dans votre quartier-cible et de calculer le taux de capitalisation pour chacun d'eux. Idéalement, vous devriez utiliser le Résultat Net d'Exploitation, ce qui vous permettrait de calculer un taux de capitalisation net. Mais dans la réalité, il est rare que l'on trouve dans les annonces le montant des frais de fonctionnement de l'immeuble. A défaut, utilisez uniquement le montant des revenus locatifs, ce qui vous donnera donc un taux de capitalisation brut. Faites un tableau comme celui-ci :

---

[8] *Le Résultat Net d'Exploitation, ce sont les revenus locatifs moins les dépenses de fonctionnement. Nous aborderons ce point en détail à la page 139*

ACHETER POUR CONSERVER ET LOUER

| Immeubles de comparaison | Prix de vente | Résultat Net d'Exploitation annuel (À défaut Revenus Locatifs) | Garage (valeur 15.000 euros |
|---|---|---|---|
| 1 | 300.000 | 20.000 | 20.000 / 300.000 = 6,6 % |
| 2 | 400.000 | 35.000 | 35.000 / 400.000 = 8,75 % |
| 3 | 350.000 | 20.000 | 20.000 / 350.000 = 5,7 % |
| 4 | 350.000 | 25.000 | 25.000 / 350.000 = 7,1 % |
| 5 | 400.000 | 20.000 | 20.000 / 400.000 = 5 % |
| 6 | 500.000 | 28.000 | 28.000 / 500.000 = 5,6 % |
| 7 | 250.000 | 15.000 | 15.000 / 250.000 = 6 % |
| 8 | 600.000 | 20.000 | 20.000 / 600.000 = 3,3 % |
| 9 | 500.000 | 40.000 | 40.000 / 500.000 = 8 % |
| 10 | 300.000 | 25.000 | 25.000 / 300.000 = 8,3 % |

Vous pouvez ensuite déterminer le *Taux de Capitalisation Moyen* des immeubles de rapport de votre quartier-cible. Dans cet exemple, il est de (6,6% + 8,75% + 5,7% + 7,1% + 5% + 5% + 6% + 3,3% + 8% + 8,3%) / 10 = 6,4 %.

Pour affiner le calcul, et éviter que la moyenne ne soit déformée par des immeubles ayant des rendements anormalement bas ou élevés, vous pouvez supprimer les deux immeubles qui ont les pourcentages les plus bas ainsi que les deux qui obtiennent les pourcentages les plus élevés. Dans notre exemple, nous supprimerons donc les immeubles 2 et 10 (les plus hauts) ainsi que les immeubles 5 et 8 (les plus bas). Enfin, calculez la moyenne des taux de capitalisation sur les 6 immeubles restants. Pour notre exemple, nous aurons donc (6,6% + 5,7% + 7,1% + 5,6% + 6% + 8%) / 6 = 6,5 %.

**c. Déterminez la valeur d'un immeuble**

Lorsque vous avez déterminé le *Taux de Capitalisation Moyen* dans votre quartier, estimer la valeur d'un immeuble devient un jeu d'enfant.

Supposons que vous voyez dans cette zone un immeuble de rapport mis en vente pour 400.000 euros, et que son Résultat Net d'Exploitation soit de 25.000 euros par an. Si vous savez que le Taux de Capitalisation Moyen dans le quartier est de 6,5%, vous pouvez déterminer la valeur de l'immeuble.

$$\text{Valeur} = \frac{\text{Résultat net d'exploitation}}{\text{Taux de capitalisation}}$$

= 25.000 euros / 0,065 = 384.615 euros

Ce prix est inférieur au prix demandé de 400.000 euros, et vous ne vous porterez donc acquéreur de cet immeuble que moyennant une diminution du prix de vente.

Cette méthode est particulièrement utile si vous désirez acheter un gros immeuble contenant de très nombreux appartements. Par exemple, supposons que vous voyez une annonce pour un ensemble de 20 appartements. Le prix demandé est de 3 millions d'euros et le Résultat Net d'Exploitation est de 10.000 euros par mois. Par ailleurs, étant un spécialiste de cette ville et de ce type d'immeuble, vous savez que le taux de capitalisation moyen pour ces biens est de 6 %

Le prix de vente est-il trop élevé ? Et si oui, quel est le prix idéal ?
Résultat Net d'Exploitation annuel = 12 x 10.000 euros = 120.000 euros
Taux de Capitalisation = 120.000 / 3.000.000 = 4 %
Donc, nous constatons que le taux de capitalisation (4%) est moins élevé que le taux moyen pour des immeubles comparables (6%). Cela signifie par conséquent que le prix demandé est trop élevé. Pour déterminer un prix de vente acceptable, nous effectuons le calcul suivant :

Prix de vente = RNE / Taux de capitalisation
= 120.000 / 0,06 = 2.000.000 euros

Cette somme représente donc un prix plus raisonnable pour cet immeuble.
Le taux de capitalisation est l'une des plus importantes mesure pour l'investisseur. Vous pouvez vous rendre compte à partir de l'exemple ci-dessus comme il est très facile pour un investisseur débutant de payer beaucoup trop cher pour un immeuble s'il ignore cet outil. Rappelez-vous toutefois toujours que ces mesures de performance sont relatives. Cela signifie qu'elles permettent la comparaison entre plusieurs immeubles uniquement dans la mesure où ceux-ci sont semblables. Encore une fois, vous devez comparer des pommes avec des pommes !

**d. Travaillez avec vos propres critères de rentabilité**
Vous pouvez également déterminer au préalable votre propre critère de rentabilité minimale et n'acheter que les immeubles qui y répondent, comme je vous l'ai conseillé au chapitre 3. Par exemple, vous pouvez décider de n'acheter un immeuble que s'il a au minimum une rentabilité nette de 8%.

Reprenons l'exemple d'un immeuble de rapport mis en vente pour 400.000 euros, et ayant un Résultat Net d'Exploitation de 25.000 euros. Pour atteindre votre exigence de rentabilité de 8%, le prix maximum que vous pourriez payer pour cet immeuble serait :

$$\text{Prix} = \frac{\text{Résultat net d'exploitation}}{\text{Taux de capitalisation}}$$

= 25.000 euros / 0,08 = 312.500 euros

Toute la question est ici de conserver des exigences réalistes par rapport au marché, faute de quoi vous risquez de ne rien acheter parce que vous ne trouverez aucun bien remplissant vos exigences trop sévères.

Pour terminer, j'attire une fois de plus votre attention sur le fait que pour que ces calculs soient corrects, il faut qu'ils reposent sur des chiffres exacts ! Si vous souhaitez vous porter acquéreur d'un immeuble de rapport, demandez au propriétaire actuel tous les renseignements concernant les loyers, les contrats de location et leurs échéances, les frais de fonctionnement et les taxes. Méfiez-vous tout spécialement des formules du genre « 2.500 euros de loyers potentiels ». Les agences immobilières adorent ce genre d'arguments de vente. Peut-être que les loyers actuels ne sont que de 1.000 euros, et que vous devrez rénover l'immeuble de fond en comble pour obtenir ces revenus locatifs ! Non, ne vous fiez qu'aux chiffres prouvés noir sur blanc sur papier ! Et si l'immeuble est vide, faites votre propre étude de marché !

## Les différentes formules de location de logement

Dans certaines régions, et notamment dans les grandes capitales, les prix immobiliers ont souvent explosé ces dernières années. Dans ces conditions, il devient parfois difficile d'obtenir un cash-flow positif, c'est-à-dire que les revenus locatifs soient suffisants pour couvrir les dépenses de fonctionnement et les remboursements de l'emprunt. Si tel est le cas avec une location classique à long terme, il peut être intéressant de se tourner vers d'autres formules de location permettant d'obtenir des loyers plus élevés. En contrepartie toutefois, ceux-ci seront peut-être moins réguliers. Dans les lignes qui suivent, nous aborderons donc ces différentes formules de location en mettant en évidence leurs avantages et leurs inconvénients. (Nous nous limiterons ici au seul logement, et laisserons volontairement de côté les locations à usage professionnel).

### a. La location d'un logement vide (non-meublé) à long terme

C'est la location la plus classique. Le logement est loué par un locataire qui en fait sa résidence principale, et un bail est conclu pour une période de minimum 1 an, mais souvent de 3 ou 9 ans. Dans ce type de location, le logement est loué vide de mobilier (sauf éventuellement une cuisine équipée) et le locataire amène ses propres meubles et paie lui-même toutes ses consommations d'électricité et de chauffage. Pour trouver un nouveau locataire lorsque le précédent exprime son intention de quitter, le propriétaire met pour un temps court une annonce sur un ou plusieurs sites immobiliers. C'est la formule la plus simple de location, celle qui demande le moins de travail de gestion de la part du propriétaire.

**b. La location d'un logement meublé à moyen terme**
Dans cette formule, le logement est loué entièrement meublé (chambre à coucher, salon, TV, wifi, couverts, casseroles, machine à laver, etc.), pour des périodes allant de quelques mois à un an, voire plus. Ce type de location est particulièrement recherché dans les villes qui ont une forte orientation internationale avec de nombreux étrangers de passage (stagiaires, business, diplomatie, tourisme,...).

L'avantage principal d'une location meublée est que les loyers en sont plus élevés. Mais en contrepartie il y aura une plus grande fréquence de rotation des locataires. Le plus souvent, ces logements sont loués « tout compris », c'est-à-dire pour un prix incluant toutes les fournitures d'eau, d'électricité et de chauffage. Cette formule est beaucoup plus confortable pour le locataire qui ne doit pas se charger de faire ouvrir des compteurs pour une période réduite. Pour le propriétaire par contre, cela représente un risque de surconsommation de la part d'un locataire qui ne voit pas passer les factures. Il convient donc d'être prudent et de suivre de près l'évolution des consommations d'électricité et de chauffage de l'immeuble. Par ailleurs, les états des lieux d'entrée et de sortie devront faire l'objet d'un soin particulier, étant donné le nombre d'objets susceptibles de subir des déprédations durant la location.

Notons également que dans certains pays, la location d'un logement meublé est imposée différemment; l'administration fiscale faisant la distinction entre la partie mobilière (les meubles) et la partie immobilière (les murs).

On pourrait également inclure dans cette catégorie la location de chambres d'étudiant. Dans les villes possédant des universités ou des écoles supérieures renommées, de nombreux propriétaires divisent des immeubles en un grand nombre de chambres qu'ils louent à des étudiants venant de province ou de l'étranger. Le plus souvent, plusieurs chambres se partagent une salle de bain et une cuisine commune. Ce type de location permet en général d'obtenir un revenu très élevé. Toutefois, les contrats ne portent souvent que sur dix mois par an, les étudiants rentrant chez eux pendant les vacances. Il faut aussi ajouter que les étudiants ne sont pas toujours les locataires les plus calmes et les plus précautionneux envers les lieux, sans parler du fait que leurs revenus sont réduits ou incertains du fait qu'ils ne travaillent pas encore. Certains propriétaires ne louent par exemple que moyennant la garantie des parents.

**c. Location d'un meublé touristique**
C'est ce que l'on appelle aussi location saisonnière, location de gîte ou encore meublé

# ACHETER POUR CONSERVER ET LOUER

de vacances. Ce peut être une chambre, un appartement, un chalet, un bungalow ou une maison entière. Si les plus petites structures s'adressent à des personnes seules ou à des couples, il y en a d'autres qui sont conçues pour accueillir des groupes de 10, 20 ou même 30 personnes. Ces logements se louent à la journée ou à la semaine, voire au week-end. Par définition, on les retrouve dans tous les lieux touristiques où ils offrent une alternative financièrement intéressante par rapport aux chambres d'hôtel, particulièrement pour les familles ou les groupes.

Dans les endroits qui attirent un grand nombre de touristes, de telles locations peuvent générer un profit très intéressant. Cependant, toute chose ayant son revers, avant de vous lancer dans ce genre d'activité vous devez bien mesurer ce que cela implique. En effet, pour chaque nouvelle location, il faut :
- signer un contrat de location
- percevoir une garantie locative
- préparer le logement (nettoyage et remplacement des draps)
- accueillir les personnes, faire l'état des lieux d'entrée, leur donner les clés et leur expliquer tout ce qu'ils doivent savoir (par exemple les endroits où l'on ne peut pas fumer)
- vérifier lors de leur départ que rien n'a été détérioré (faire l'état des lieux de sortie), reprendre les clés et leur rendre leur garantie
- Remplacer les draps et nettoyer pour les locataires suivants

Si vous habitez à côté du meublé touristique, vous pourrez éventuellement vous en occuper vous-même, tout au moins en partie. Mais dans le cas contraire, vous devrez obligatoirement pouvoir compter sur une personne de confiance habitant à proximité à qui vous confierez la gestion journalière du logement. Cela a bien sûr un coût dont il faut tenir compte dans les calculs de rentabilité.

Lorsque ces logements meublés sont loués à la journée, ils fonctionnent un peu comme un hôtel, avec le service en moins. Mais ce qui est très intéressant, c'est que dans de nombreux pays, des particuliers peuvent le faire sans pour autant devoir créer une entreprise. Si cela vous tente, renseignez-vous donc sur la fiscalité en vigueur dans votre pays. Pour cela, introduisez dans un moteur de recherche sur internet les termes suivants : « fiscalité location meublé » + « Mon pays ».

A la différence des locations « classiques », trouver des locataires (j'ai envie d'écrire clients dans ce cas-ci) nécessite un réel effort marketing, notamment au niveau de la publicité. En effet :
- Vous devrez trouver beaucoup plus de locataires pour avoir un taux de remplissage élevé de votre logement
- Vous aurez beaucoup de concurrence, surtout si votre ville (région) est très touristique

L'outil marketing numéro 1 est bien sûr un site web dédié à votre meublé de vacances, munis de belles photos et de toutes les informations utiles (notamment le prix à la nuitée ou à la semaine). Mais posséder un site web ne sert à rien si personne ne le visite. Vous aurez donc intérêt à inscrire votre logement de vacances sur des sites de réservations touristiques. Ces sites sont souvent payants. Les plus intéressants sont ceux qui enregistrent les réservations pour vous (l'acompte est payé par carte de crédit) et qui permettent au client d'avoir un calendrier des disponibilités. Pour trouver de tels sites, introduisez les mots de recherche suivant dans un moteur de recherche sur internet : « location meublé vacances » + « Ma ville », puis cherchez sur les différents sites de réservation la rubrique vous proposant d'inscrire votre logement.

Enfin, je vous conseille également de visiter et étudier tous les sites web de votre concurrence, c'est-à-dire tous les autres meublés de vacances situés dans votre région. Cela vous donnera de l'inspiration pour faire le vôtre et vous renseignera sur les prix pratiqués. Regardez les calendriers de disponibilités pour vous faire une idée de la demande, et ainsi voir si ces meublés sont régulièrement occupés.

### d. Les chambres d'hôtes

C'est un mouvement qui s'est beaucoup développé ces dernières années, et qui représente en quelque sorte la version francophone du Bed and Breakfast. Le principe est qu'un propriétaire met des chambres en location dans sa propre maison. Le petit déjeuner est généralement inclus dans le prix. Les personnes, de plus en plus nombreuses, qui décident de passer leurs vacances ou un week-end dans une chambre d'hôtes recherchent particulièrement le contact avec le propriétaire qui pourra mieux les guider dans la découverte de sa région. C'est donc une activité locative qui réjouira les personnes aimant les contacts humains, mais qui pourrait se révéler difficile pour celles qui les apprécient moins. Dans certains cas, le propriétaire peut aussi organiser une table d'hôte, c'est-à-dire proposer à ses « invités » un repas complet, si possible avec des produits du terroir.

Dans de nombreux pays, l'activité de chambre d'hôtes est bien réglementée. Elle nécessite une autorisation officielle qui est délivrée sur base de la conformité du logement avec des critères d'accessibilité, de taille, de sécurité, etc. Souvent, les chambres d'hôtes bénéficient d'un statut fiscal intéressant si le nombre de chambres est limité (par exemple maximum 3). Pour ce type de location, ce sont les régions touristiques qui sont les plus intéressantes.

Comme pour les meublés touristiques, si vous voulez que vos chambres d'hôtes vous rapportent de l'argent, vous devrez fournir un effort marketing à la hauteur de vos ambitions. Tous les conseils donnés à la section précédente restent bien sûr valables ici. Pour connaître le marché des chambres d'hôtes dans votre pays, introduisez les mots suivants dans un moteur de recherche sur internet : « chambre d'hôtes » + « Mon pays ». Suivant vos intérêts vous pouvez également ajouter « réglementation », « fiscalité », « associations », etc.

## 4.2. Analyser le cash-flow des immeubles de rapport

Pour évaluer un investissement immobilier, seuls les chiffres comptent ! Pour être à même d'effectuer vos calculs de rentabilité (qui ne sont en réalité pas très compliqués), vous devez pouvoir disposer des données propres à chaque immeuble. Pour cela, quand vous faites vos recherches et dénichez des immeubles intéressants, vous devez absolument obtenir tous les chiffres dont vous avez besoin pour faire vos calculs, et les noter dans votre Journal de Recherche. Au minimum ayez les informations suivantes :
- Le prix d'achat de l'immeuble
- La nature et le coût des travaux éventuels nécessaires
- Les loyers actuels et/ou les loyers potentiels après travaux
- Les dépenses incombant au propriétaire (assurance, entretien, ascenseur, ...)
- les taxes afférentes à l'immeuble

En plus de ces chiffres qui sont propres à chaque immeuble, vous devez également disposer d'informations plus générales que vous adapterez en fonction des caractéristiques de l'immeuble envisagé. Ce sont :
- Le montant des remboursements mensuels correspondant à la somme que vous emprunterez. Une astuce pour aller vite consiste à connaître approximativement la mensualité correspondant à un crédit de 100.000 euros. Lorsque vous savez cela, vous pouvez par une règle de 3 avoir rapidement une idée de ce que vous coûtera l'achat d'un bien.
- Les frais liés à l'achat
- les impôts que vous devrez payer en tant que propriétaire en fonction des revenus locatifs que vous percevrez (à rechercher auprès de votre administration fiscale (voir annexe 2)

Sans tous ces chiffres, vous ne pourrez pas effectuer vos calculs.

La première chose à faire est de déterminer le *Résultat Net d'Exploitation*. Le *Résultat Net d'Exploitation* est ce qu'il reste des revenus locatifs après que toutes les dépenses de fonctionnement ont été payées. C'est donc ce dont vous disposez pour payer les remboursements de votre emprunt hypothécaire.

Le *Résultat Net d'Exploitation* est donc le rendement que vous obtiendriez de l'immeuble si vous l'achetiez 100 % cash, sans rien emprunter, et donc sans rien avoir à rembourser. Cependant, comme vous devrez probablement rembourser un emprunt, il faudra également en tenir compte, et c'est ce que nous ferons ultérieurement en calculant le cash-flow de l'investissement.

Mais penchons-nous pour le moment de façon plus approfondie sur les deux composantes du *Résultat Net d'Exploitation*, à savoir *les revenus locatifs* et *les dépenses de fonctionnement*.

## Les revenus locatifs

Les revenus locatifs totaux sont la somme de tous les loyers que vous percevez de cet immeuble. Si votre propriété est un appartement ou une maison unifamiliale, vous n'aurez qu'un seul locataire, et donc vous ne percevrez qu'un seul loyer. Mais si vous avez un immeuble de plusieurs appartements, ou un immeuble mixte (commerce au rez-de-chaussée et appartements aux étages), vous percevrez plusieurs loyers. En règle générale, les loyers sont payés mensuellement au début du mois, et anticipativement (le loyer est payé à l'avance pour le mois à venir).

Calculer les revenus locatifs totaux ne semble à priori pas difficile, une simple addition permettant d'obtenir ce premier élément de la formule de calcul du Résultat Net d'Exploitation. Cependant, les choses ne sont pas aussi simples qu'elles en ont l'air, et vous devez être extrêmement prudent lorsque vous estimez les revenus locatifs de l'immeuble que vous envisagez d'acheter. En effet, si vous surestimez les revenus locatifs, vous surestimerez aussi le cash-flow, et vous risquez de prendre une mauvaise décision d'achat. Pour éviter les mauvaises surprises, soyez toujours conservateur et réaliste !
En particulier, vous devez tenir compte de la vacance locative. Une unité locative n'est pas toujours louée 365 jours par an. Un jour les locataires s'en iront, et d'autres viendront prendre leur place. Mais entre les deux, il se peut que votre appartement ou votre maison reste vide pendant un mois ou deux, le temps que trouviez un locataire de qualité ou que vous effectuiez quelques travaux de rafraichissement. Durant cette période, vous ne recevrez pas de loyer, mais vous devrez quand même continuer à payer toutes vos charges. Dans vos calculs, je vous conseille donc d'être prévoyant et de réduire le montant total de vos revenus locatifs d'un pourcentage correspondant au vide locatif potentiel. Cette correction peut être de 5 ou 10%, en fonction du marché locatif de l'endroit où est située votre propriété. Ainsi, par exemple, si votre propriété comprend 3 appartements loués chacun 500 euros par mois, dans le calcul du cash-flow, vous n'utiliserez pas 1.500 euros (500 euros x 3), mais bien 1.350 euros (1.500 euros – 10 %).
Lorsque vous achetez un immeuble de rapport, il se peut que toutes les unités locatives soient louées au moment de la vente, mais il se peut également qu'il soit en tout ou en partie vide. Si tout est loué, vous avez alors une base très claire pour effectuer vos calculs. Toutefois, veillez toujours à demander au propriétaire de pouvoir voir des preuves du montant des loyers. Vous devez pouvoir consulter les contrats de location ainsi que les extraits de compte des six derniers mois qui prouvent que ces loyers ont effectivement été versés. Ne vous contentez surtout pas d'un chiffre global donné oralement. Les agents immobiliers s'occupent de dizaines de propriétés en même temps, et il

arrive qu'ils vous donnent « de mémoire » des chiffres approximatifs qu'ils ont entendus de la bouche du propriétaire.

Par contre, si l'immeuble est vide, en totalité ou en partie, vous devrez alors déterminer vous-même le montant des loyers que vous pourrez demander. La fixation du loyer n'est généralement soumise à aucune règle, sauf dans certains pays où les autorités encadrent les loyers dans des zones sensibles afin d'éviter qu'ils ne s'envolent. Mais le plus souvent, le loyer est libre et le propriétaire-bailleur peut demander le prix qu'il souhaite au locataire. A lui d'accepter ou de refuser ! Bien entendu, vous cherchez à tirer une rentabilité maximale de votre investissement, et vous voulez donc avoir les loyers les plus élevés possibles. Cependant, si le loyer est trop élevé par rapport au marché, vous risquez de ne pas trouver de locataire, ou pire, de trouver un locataire qui ne pourra pas assumer le paiement. Il est donc préférable de fixer un prix raisonnable en équilibre avec l'offre et la demande immobilière. Votre loyer ne doit pas être trop bas afin d'obtenir une bonne rentabilité et d'éviter d'attirer les impécunieux, ni trop haut pour attirer rapidement des candidats à la location. Pour déterminer votre loyer, la seule bonne manière de procéder consiste à étudier le marché locatif. Utilisez une approche systématique similaire à celle utilisée pour déterminer la valeur des propriétés. Consultez des sites internet immobiliers et recherchez quels sont les loyers demandés pour des appartements semblables au(x) vôtre(s) et situés dans le même quartier. Regardez les photos afin de vous faire une idée de la qualité des biens proposés par rapport aux loyers demandés. Vous aurez ainsi une idée des prix pratiqués. Mais le loyer que vous pouvez demander dépend évidemment aussi des caractéristiques de votre bien. Voici donc une liste des principaux critères à prendre en compte pour comparer les biens et fixer votre loyer :

- **La localisation :** comme nous l'avons déjà vu, deux propriétés similaires n'auront pas la même valeur locative selon qu'elles sont situées dans un village reculé ou au centre d'une grande ville. Votre bien se situe-t-il dans un quartier recherché ? La demande est-elle forte ? Est-ce que les affiches « à louer » disparaissent rapidement, ou au contraire restent pendant de long mois ? (Mais si vous avez suivi les conseils de ce livre, vous aurez certainement acheté dans un quartier où la demande est soutenue !).
- **L'étage de l'appartement :** dans un immeuble sans ascenseur, les candidats locataires aimeront moins un appartement situé au quatrième étage. Par contre, si l'immeuble possède un ascenseur, la vue sera d'autant plus appréciable que votre appartement sera situé à un étage élevé.
- **La surface :** pour un même niveau de qualité, un appartement de 100 m² se louera plus cher qu'un autre ayant seulement 60 m².
- **Le nombre de chambres :** chaque chambre supplémentaire augmentera la valeur locative du bien.
- **L'état du bien :** votre appartement est-il en bon état ou faudrait-il y réaliser quelques travaux de rafraichissement (peinture, sol) ?

- **La qualité des prestations :** la qualité des matériaux utilisés pour vos rénovations et l'équipement du logement entrent en compte pour la fixation du loyer. Vous pourrez exiger davantage si vous avez des parquets en chêne et une cuisine super-équipée, que si votre logement est purement fonctionnel.
- **Le prestige de l'immeuble :** la façade de l'immeuble et l'état des communs déterminent un certain standing. Les locataires peuvent retirer de la fierté à habiter dans de beaux immeubles, et être prêt à payer davantage pour cela.
- **La présence d'une terrasse :** une surface donnant sur l'extérieur est un avantage, et ce d'autant plus qu'elle est spacieuse et bien orientée (plein sud).
- **La présence d'un jardin :** elle augmentera la valeur locative de votre bien car il s'agit d'un élément rare et très apprécié dans les villes.
- **La présence d'un parking :** si la location comprend la mise à disposition d'un emplacement de parking ou d'un garage, il faut en tenir compte dans la fixation du loyer. Comme pour les jardins, cet élément est rare et très apprécié dans les villes. Renseignez-vous sur ce que coûte la location d'un box ou d'un emplacement de parking dans votre quartier, et ajoutez ce montant à votre loyer.
- **Si le bien est vide ou meublé :** le fait que le logement que vous offrez soit meublé vous permettra de demander plus cher. Cela se justifie bien entendu par la mise à disposition du mobilier, mais également parce que la fiscalité pour le propriétaire sera souvent plus lourde que pour une location vide. De plus, comme les périodes de location sont généralement plus courtes, un logement meublé peut connaître de plus grandes périodes de vide locatif, et beaucoup de propriétaires adaptent donc leur loyer en conséquence.
- **Les performances énergétiques :** avec les prix de l'énergie qui ne cessent de grimper, les locataires seront à l'avenir de plus en plus attentifs au fait qu'un logement soit bien isolé thermiquement et dispose d'un système de chauffage économe en énergie (dans les pays froids).

Une étude de tous ces éléments vous aidera à fixer un loyer réaliste : ni trop, ni trop peu. Cela vous demandera un peu de recherche, mais si vous décidez de vous lancer dans l'investissement immobilier et d'avoir des locataires, vous devrez de toute façon apprendre un jour à suivre le marché pour adapter vos loyers. Alors, autant commencer tout de suite ! Si vous avez des doutes, allez voir une agence immobilière. Elles sont de bonnes conseillères car les professionnels connaissent le terrain et les critères de recherche des locataires.

Jusqu'ici, nous n'avons parlé que des revenus locatifs pour des locaux. Cependant, certains immeubles produisent aussi d'autres types de revenus qui peuvent intervenir dans le calcul du Revenu Net d'Exploitation. C'est le cas notamment des panneaux publicitaires. Pour cela, l'immeuble doit être situé sur un axe fréquenté et posséder un mur de façade ou un terrain sur lequel pourraient être apposées des publicités. Ces espaces sont ensuite loués à des sociétés spécialisées qui y installent leur matériel et

ACHETER POUR CONSERVER ET LOUER

s'occupent de renouveler régulièrement les publicités qui y sont diffusées. Le propriétaire de l'immeuble perçoit en échange un loyer qui peut être mensuel ou annuel. Bien entendu, l'apposition d'un panneau publicitaire sur une façade ou sur le bord d'une route nécessite le plus souvent une autorisation administrative.

## Les dépenses de fonctionnement

Maintenant que vous avez déterminé le montant total des revenus locatifs de l'immeuble, il est temps de passer à l'estimation précise des dépenses mensuelles auxquelles vous devrez faire face lorsque vous en serez propriétaire. Voici une liste des principales catégories de frais que vous devez prendre en compte :

- **Les frais à charge du propriétaire :** cela dépend de ce qui est prévu dans le contrat de location (bail). Si l'immeuble est occupé lorsque vous l'achetez, vous hériterez de celui que l'ancien propriétaire avait conclu avec le(s) locataire(s). Veillez donc à le lire avec la plus grande attention, particulièrement en ce qui concerne les obligations du propriétaire. Dans le meilleur des cas, il se peut que vous n'ayez rien à payer. Mais lorsqu'il s'agit d'appartements faisant partie d'un très grand immeuble, il y a toujours des charges communes et il faut donc savoir à qui, du locataire ou du propriétaire, incombe la responsabilité de les payer. Ces charges concernent notamment le nettoyage des parties communes, l'électricité dans les parties communes, l'ascenseur, le salaire du concierge, etc.

  Notez que l'on ne prendra en compte ici dans le calcul du cash-flow que les dépenses de fonctionnement régulières, et non pas les dépenses ponctuelles comme les travaux et les réparations. Mais il faut cependant savoir que celles-ci existent. Dans les grands immeubles, il y a notamment les appels pour le fonds de réserve qui sont des montants mis de côté par la gérance en vue de travaux structurels dans le bâtiment, comme la toiture, la façade ou la mise en conformité de l'ascenseur. Et il y a aussi les grosses réparations éventuelles, par exemple si l'assemblée des copropriétaires décide de rénover les surfaces communes. Toutes ces dépenses incombent au propriétaire.

- **Les fournitures :** tout comme les précédentes, ces dépenses seront ou non à votre charge, en fonction de ce qui est prévu dans le contrat de location.
  - **L'eau :** dans beaucoup de pays, c'est le propriétaire de l'immeuble qui est responsable de la facture d'eau. Il reçoit cette dernière et doit ensuite la répercuter sur ses locataires. Le plus simple consiste à prévoir dans le contrat que le locataire paie tous les mois une provision, et que le décompte final est effectué annuellement au prorata de sa consommation. Pour pouvoir faire cela, un compteur de passage est installé sur la conduite d'arrivée d'eau de chaque unité locative, et son index est relevé annuellement par le propriétaire lors de la réception de sa facture.

- **Le chauffage (fioul (mazout), gaz, électricité)** : je ne saurais trop vous conseiller de toujours préférer que chaque locataire paie lui-même de façon autonome ses consommations de chauffage et d'électricité. Pour que cela soit possible, il faut deux choses : des compteurs individuels et un système de chauffage individuel pour chaque unité locative. De la sorte, vous éviterez beaucoup de problèmes et aurez infiniment moins de travail de gestion. Toutefois, cela n'est pas toujours possible. Dans des zones non-desservie par un réseau de gaz (à la campagne par exemple), il arrive que tous les appartements d'un immeuble soient alimentés par une seule chaudière au fioul (mazout). C'est alors au propriétaire à remplir régulièrement la citerne et à en répercuter le coût sur les locataires au prorata de leur consommation. Comme vous vous en doutez, cette situation n'est pas sans risque pour le propriétaire, et requiert de plus un travail de gestion dont on préfèrerait se passer. Tout cela bien sûr sans parler du fait que les factures énergétiques ne cessent d'augmenter.
- **L'électricité** : certains logements sont loués « toutes charges comprises ». Ce sont le plus souvent des meublés. Le locataire vient avec ses valises, paie son loyer et ne s'occupe plus de rien. Personnellement, je me méfie de ce genre de location. Lorsque tout est compris dans le loyer, rien ne vous garantit que le locataire aura un comportement économe. Il peut très bien laisser le chauffage tourner et les lumières allumées toute la journée. Et la surprise sera pour vous lorsque la facture arrivera !
- **L'assurance** : même si chacun de vos locataires doit contracter une assurance pour l'appartement qu'il loue, notamment contre l'incendie, vous devez également assurez votre bien en tant que propriétaire. Vous paierez pour cela une prime annuelle. Divisez celle-ci par 12 afin d'obtenir la dépense mensuelle correspondante que vous utiliserez dans vos calculs.
- **L'assurance contre le vide locatif** : certains propriétaires prennent systématiquement une assurance qui les couvre lorsqu'il y a une période de vide locatif entre deux locataires ou quand un locataire est parti précipitamment, voire a été expulsé. Personnellement, je n'y ai jamais eu recours et ne m'en porte pas plus mal.
- **Autres** : autres dépenses selon les cas.
- **Les taxes et impôts** : Il ne faut bien entendu pas oublier de prendre en considération les taxes et impôts qui viendront manger une partie de vos profits. Deux types de ponctions viendront diminuer vos revenus locatifs :
  - **Les taxes foncières relatives à l'immeuble.** Ce sont les taxes annuelles que vous devez payer lorsque vous êtes propriétaire d'un bien, que vous l'habitiez ou le mettiez en location.
  - **Les impôts sur le revenu provenant de la mise en location d'un bien.** C'est la taxe prélevée par l'Etat sur les revenus que vous réalisez en louant votre immeuble.

Comme pour toutes les législations relatives à l'immobilier, les fiscalités sont différentes dans chaque pays. Non seulement les taux de taxation diffèrent, mais les bases sur lesquelles les taxes et impôts sont calculés ne sont pas les mêmes.

En France et au Canada par exemple, les loyers que vous percevez lorsque vous louez un bien sont ajoutés à vos autres revenus, et imposés au barème progressif de l'impôt sur le revenu. Autrement dit, plus vous vous situez dans une tranche d'imposition élevée de par vos revenus professionnels, plus important sera le montant de votre impôt sur les loyers que vous percevez. Et si vos revenus locatifs sont très élevés, ils risquent de vous faire passer dans une tranche d'imposition supérieure. Vous ne serez toutefois jamais imposé sur la totalité de vos revenus locatifs, car il existe des mécanismes de déductibilité de nombreux frais. Autre exemple en Belgique, où le système est très différent car la taxation dépend de l'immeuble et non du montant réel des loyers. C'est l'administration fiscale qui décide d'un revenu forfaitaire pour chaque bien immobilier, et ce revenu augmenté de 40% est ajouté à vos autres revenus et soumis à l'impôt progressif.

Vous devez donc faire votre recherche personnelle afin de prendre en compte le montant des taxes et impôts dans votre calcul de cash-flow. Sinon, vous risqueriez d'avoir ultérieurement de mauvaises surprises. Pour ce faire, introduisez les mots suivants dans un moteur de recherche internet : « taxation revenus locatifs immobilier » + « Mon Pays ». Ou, mieux encore, adressez-vous directement à votre administration fiscale, laquelle a par ailleurs certainement un site internet que vous ne manquerez pas de consulter (voir annexe 2).

Lorsque vous avez déterminé vos revenus et vos dépenses, il ne vous reste plus qu'à calculer le Résultat Net d'Exploitation. (RNE = Rentrées locatives – Dépenses de fonctionnement).

Cela fait, vous savez maintenant ce qu'il vous restera après avoir payé toutes vos dépenses de fonctionnement. Si vous achetez l'immeuble cash avec vos économies, c'est ce que vous empocherez tous les mois. Mais si vous devez emprunter (comme 99% des gens), il faut maintenant s'assurer que l'argent qui reste sera suffisant pour rembourser la banque. Pour cela, nous allons nous intéresser au cash-flow de l'immeuble.

## Analyser le cash-flow

Le critère le plus important qui vous permettra de déterminer si l'achat d'un immeuble représente ou non un investissement rentable est le cash-flow. Le cash-flow (en français « le flux de liquidités ») est l'argent que vous gardez en main lorsque vous avez réellement fini de tout payer, y compris le remboursement de l'emprunt.

> **Cash-flow** = Revenus - Dépenses – Remboursement des dettes
> = Résultat Net d'Exploitation – Remboursement des dettes

Le schéma suivant montre l'évolution depuis les revenus locatifs bruts pour en arriver au cash-flow :

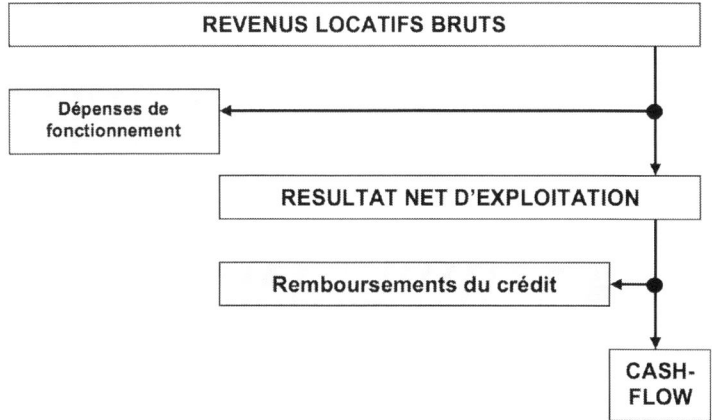

Idéalement, pour que l'investissement soit de qualité, le cash-flow doit être positif. Mais c'est loin d'être toujours le cas. Lorsque vous faite la soustraction pour calculer le cash-flow, le résultat peut être positif, nul ou négatif.
- **Cash-flow positif :** c'est la situation idéale. Vos revenus locatifs vous permettent de payer vos dépenses de fonctionnement, de payer les remboursements du crédit, et il vous reste encore un peu d'argent
- **Cash-flow égal ou proche de 0 :** vos revenus locatifs couvrent tout juste vos dépenses. Bien que cette situation soit jouable, vous n'avez pas la possibilité de constituer une réserve d'argent pour faire face aux imprévus. Vous devrez sortir de l'argent de votre poche lorsque des réparations ou des travaux se révéleront nécessaires.
- **Cash-flow négatif :** c'est une situation de déséquilibre financier. Les charges sont supérieures aux revenus produits par l'immeuble, et vous devez tous les mois rajouter de votre argent personnel pour remplir vos obligations. Comme vous l'aurez compris, cette situation risque de conduire à la faillite.

Les propriétés avec un cash-flow négatif sont comme des piranhas qui mangeront progressivement votre compte en banque ou vous amèneront à vous endetter plus fortement. Pire, elles risquent d'avoir sur vous un effet psychologique négatif et de vous dégoûter de l'immobilier. Il y a cependant des investisseurs qui choisissent de conserver un bien avec un cash-flow légèrement négatif pour attendre qu'il augmente de valeur à moyen terme et le revendre avec profit. Cela peut être rentable dans certains cas, mais au début de votre carrière d'investisseur, je vous conseille de n'acheter que des propriétés pour lesquelles vous êtes certain d'avoir un cash-flow positif. Ainsi, vous pourrez payer vos factures tous les mois et conserver longtemps votre propriété. Il est possible qu'une fois tous les frais payés, vous ne puissiez dégager que 200 euros par mois. D'accord, ce n'est pas grand-chose, mais c'est un début ! Si vous possédez cinq propriétés semblables, cela vous fera 1.000 euros de revenus passifs qui atterriront tous les mois sur votre compte en banque. Et bien sûr, pendant ce temps, les immeubles qui vous procurent ce cash-flow augmenteront en valeur. Même si vous êtes impatient, ne commencez donc pas avec une propriété en cash-flow négatif. Il y a partout des propriétés avec un cash-flow positif. Ne vous découragez pas, mais continuez à chercher et vous en trouverez !

## Votre stratégie de financement influence le cash-flow

En réalité, un immeuble n'est pas de façon absolue, de lui-même, en cash-flow positif ou négatif. C'est votre investissement qui a un cash-flow positif ou négatif. Cela dépend en effet de la façon dont vous financez votre achat. Si vous payez 100 % en liquide, la plupart des immeubles mis en location auront un cash-flow positif, parce que vous n'aurez aucune dette à rembourser. Mais si vous empruntez, ce sont les remboursements mensuels du crédit qui constitueront la plus grosse part de vos dépenses, et qui risquent de faire plonger le cash-flow du côté négatif.

Comme vous pouvez choisir entre plusieurs formules de financement ayant chacune un remboursement mensuel différent, le choix du financement influence donc directement le cash-flow. Comme nous l'avons vu dans le chapitre 2, le seul fait de choisir une durée d'amortissement plus longue pour votre emprunt hypothécaire peut rendre rentable un investissement qui ne le serait pas avec une durée plus courte. Plus la durée d'un emprunt s'allonge, et moins les remboursements sont élevés. Par exemple, pour un emprunt de 300.000 euros à 5%, nous avons les remboursements mensuels suivants :
Période d'amortissement de 10 ans : mensualités = 3.181 euros
Période d'amortissement de 20 ans : mensualités = 1.979 euros
Période d'amortissement de 30 ans : mensualités = 1.610 euros
Imaginons que cet emprunt soit utilisé pour acheter un immeuble de rapport qui génère un Résultat Net d'Exploitation de 2.000 euros par mois. Selon la durée d'amortissement choisie, nous aurons les cash-flows mensuels suivants :
Sur 10 ans : cash-flow = 2.000 − 3.181 = -1.181 euros
Sur 20 ans : cash-flow = 2.000 − 1.979 = 21 euros
Sur 30 ans : cash-flow = 2.000 − 1.610 = 390 euros
Nous voyons donc comment un immeuble peut générer un cash-flow négatif avec un emprunt sur 10 ans, et au contraire avoir un beau cash-flow positif avec une durée d'emprunt de 30 ans. En vous rendant à l'adresse www.charlesmorgan.eu/immo/bonus, vous aurez accès à des

fichiers complémentaires au livre qui vous aideront à réussir vos investissements immobiliers. Parmi ceux-ci, il y a un fichier Excel intitulé *Analyse de cash-flow*. C'est une feuille de calcul automatisée qui vous permettra d'évaluer les différents immeubles que vous trouverez lors de vos recherches et de les comparer entre eux. Après avoir introduit les données de l'immeuble, vous obtiendrez automatiquement l'analyse de son cash-flow. Vous pouvez également y tester plusieurs scenarios en fonction des types de financement choisis. Au plus vous utiliserez cet outil, au plus vous vous familiariserez avec les chiffres-clés de l'investissement immobilier. C'est donc un outil qui est également didactique.

## Etudes de cas

Afin d'illustrer la méthode d'analyse du cash-flow expliquée ci-dessus, je vous propose de faire l'exercice suivant qui vous montrera comment tester plusieurs scenarios de financement.

**Hypothèse de départ :** Au cours de vos recherches de biens immobiliers à acheter, vous avez trouvé un immeuble de 200 m² comprenant 4 unités locatives pour le prix de 250.000 euros. Le total des loyers mensuels est de 2.000 euros. Les dépenses de fonctionnement mensuelles (assurance, taxes, ..) sont de 200 euros. Vous disposez de 30.000 euros en liquide hérités de votre tante. Pour financer le reste de la somme, vous comptez demander un prêt à votre banquier sur une durée de 20 ans et à 5% de taux d'intérêt. Enfin, vos frais d'achat sont de 15% du prix d'achat.

Dans ces conditions, cet investissement sera-t-il rentable pour vous ?
Téléchargez le fichier Excel *Analyse de Cash-flow* en vous rendant à l'adresse www.charlesmorgan.eu/immo/bonus et entraînez-vous en y introduisant les données ci-dessus. Les résultats que vous obtiendrez sont les suivants : (les tableaux ci-dessous sont simplifiés et n'ont donc pas la même mise en page que le fichier Excel).

| Immeuble | | Financement | | |
|---|---|---|---|---|
| | | | Montant | Mensualités |
| **Prix d'achat** | 250.000 | Liquidités | 30.000 | - |
| **Frais (15%)** | 37.500 | Crédit hypothécaire | 257.500 | 1.700 |
| | | Prêt personnel | - | |
| **Total achat** | 287.500 | Total financement | | |
| **Revenus mensuels** | 2.000 | Durée crédit hypoth. | 20 ans | |
| **Frais et taxes mensuels** | 200 | | | |
| | | Résultat Net d'Exploitation = 1.800 euros<br>**CASH FLOW = 100 euros (1.800 - 1.700)** | | |

# ACHETER POUR CONSERVER ET LOUER

Comme nous le voyons, le résultat est bon : le cash-flow est positif. A la fin du mois, vous pouvez payer toutes les dépenses, et il vous reste 100 euros en poche. Vous pouvez donc acheter cet immeuble dans ces conditions avec un risque minimum

Etudions maintenant quelques variations de la même situation, et voyons comment évolue le cash-flow.

**Variante n°1 : Avec un prêt personnel à court terme**
Que se passerait-il si vous n'aviez pas les 30.000 euros en liquide d'apport personnel, mais seulement 10.000 ? Supposons que vous décidiez d'obtenir les 20.000 euros manquants en faisant un prêt personnel sur 4 ans (c'est-à-dire un crédit sans hypothèque sur l'immeuble, comme par exemple pour acheter une voiture).

Après recherche auprès des organismes financiers, nous déterminons que le remboursement d'un tel prêt est d'environ 500 euros par mois.

Le tableau suivant montre ce que cela donne :

| Immeuble | | Financement | | |
|---|---|---|---|---|
| | | | Montant | Mensualités |
| Prix d'achat | 250.000 | Liquidités | 10.000 | - |
| Frais (15%) | 37.500 | Crédit hypothécaire | 257.500 | 1.700 |
| | | Prêt personnel | 20.000 | 500 |
| Total achat | 287.500 | Total financement | 287.500 | |
| Revenus mensuels | 2.000 | Durée crédit hypoth. | 20 ans | |
| Frais et taxes mensuels | 200 | | | |
| | | Résultat Net d'Exploitation = 1.800 euros | | |
| | | **CASH FLOW = - 400 euros (1.800-1.700-500)** | | |

Le cash-flow est dans ce cas négatif (- 400 euros). Cela signifie donc que si vous choisissez cette solution, vous devrez payer 400 euros de votre poche tous les mois pendant quatre ans pour éviter que votre immeuble ne soit saisi et mis en vente publique ! Il s'agit pourtant du même immeuble qu'au premier exemple, mais le financement ici n'est pas approprié. Dans ce cas, vous avez deux solutions : soit vous laissez tomber cet immeuble (il y en a d'autres !), soit vous recherchez une autre solution de financement et essayez de descendre davantage le prix d'achat.

### Variante n°2 : Avec un emprunt sur 30 ans

Toujours pour le même immeuble, et en empruntant toujours 20.000 euros avec un prêt personnel, vous pouvez étudier ce que donnerait le fait d'allonger la durée du crédit, par exemple sur 30 ans (si vous avez moins de 40 ans !). En faisant cela, vous diminuerez le montant mensuel à rembourser. Après recherche auprès des organismes financiers, nous déterminons que le remboursement d'un tel prêt est d'environ 1.380 euros par mois pour 257.500 euros empruntés.

| Immeuble | | Financement | | |
|---|---|---|---|---|
| | | | Montant | Mensualités |
| Prix d'achat | 250.000 | Liquidités | 10.000 | - |
| Frais (15%) | 37.500 | Crédit hypothécaire | 257.500 | 1.380 |
| | | Prêt personnel | 20.000 | 500 |
| Total achat | 287.500 | Total financement | 287.500 | |
| Revenus mensuels | 2.000 | Durée crédit hypoth. | 30 ans | |
| Frais et taxes mensuels | 200 | | | |
| | | Résultat Net d'Exploitation = 1.800 euros | | |
| | | **CASH FLOW = - 80 euros (1.800-1.380-500)** | | |

Maintenant le cash-flow est presque positif, mais cette situation est quand même un peu trop précaire. Pour être à l'aise et pouvoir constituer une réserve pour les réparations éventuelles, il faut encore chercher le moyen d'augmenter le cash-flow positif (ou chercher un autre immeuble).

### Variante n°3 : Avec un emprunt sur 30 ans ET en obtenant une réduction du prix

La seule manière d'obtenir un cash-flow positif intéressant dans ces conditions est de négocier avec le vendeur jusqu'à obtenir qu'il accepte de baisser son prix. Le tableau ci-dessous montre la situation pour un prix d'achat de 225.000 euros, financé avec un emprunt hypothécaire de 238.750 euros sur 30 ans avec un intérêt de 5%, et un prêt personnel de 10.000 euros.

# ACHETER POUR CONSERVER ET LOUER

| Immeuble | | Financement | | |
|---|---|---|---|---|
| | | | Montant | Mensualités |
| Prix d'achat | 225.000 | Liquidités | 10.000 | - |
| Frais (15%) | 33.750 | Crédit hypothécaire | 238.750 | 1.282 |
| | | Prêt personnel | 10.000 | 250 |
| Total achat | 258.750 | Total financement | 258.750 | |
| Revenus mensuels | 2.000 | Durée crédit hypoth. | 30 ans | |
| Frais et taxes mensuels | 200 | | | |
| | | Résultat Net d'Exploitation = 1.800 euros **CASH FLOW = 268 euros (1.800-1.282-250)** | | |

Avec une telle structure du financement, et en obtenant une substantielle diminution du prix, nous obtenons un cash-flow positif de 268 euros par mois. Cela vaut pendant les quatre premières années, le temps de rembourser le prêt personnel. Ensuite, le cash-flow passera à 518 euros.

Comme vous le voyez, il peut être intéressant de tester plusieurs solutions de financement d'un immeuble. Cela permet non seulement de trouver une configuration qui rende l'entreprise rentable, mais aussi de déterminer celle qui permet de dégager le cash-flow le plus important. Je ne peux que vous encourager à vous entraîner le plus possible avec cette feuille de calcul avant toute décision d'achat.

**Soyez toujours prudent(e)**

Lorsque vous achetez un bien immobilier, assurez-vous que vous serez en mesure de le garder. En réalité, acheter est facile, mais c'est garder qui est difficile !

Si vos revenus locatifs venaient un jour à chuter fortement, par exemple suite à un vide locatif prolongé, vous pourriez vous retrouver dans une situation de cash-flow négatif. Vous devez donc être prévoyant et anticiper les problèmes qui pourraient surgir. Vous devez savoir ce que vous ferez « au cas où .. » vos revenus baissent ou vos dépenses augmentent. Le stress financier est quelque chose de terrible qui peut faire éclater des familles. Vouloir investir dans l'immobilier pour créer de la richesse est une chose, mais il ne faut pas que cela ait un impact négatif sur votre vie. Avant d'acheter une maison, posez-vous la question suivante : « Quel est le pire qui puisse arriver ? » Que se passera-t-il si les taux d'intérêt augmentent ? Qu'est-ce qui arrivera si vous achetez sur base de deux revenus et si, pour l'une ou l'autre raison (séparation, perte d'emploi, ..) vous en perdez un des deux ? Pensez à l'avenir et prévoyez dès aujourd'hui des stratégies de réaction en cas de difficulté. Cela peut être notamment la constitution d'une réserve financière que vous n'utiliserez qu'en cas d'urgence, ou la prise d'une assurance contre le vide locatif.

Toutefois, la meilleure des sécurités restera toujours d'avoir un gros cash-flow mensuel très nettement positif. Ainsi, vous pourrez toujours payer vos remboursements, et en même temps vous constituer un fonds de réserve pour faire face aux imprévus. Il ne faut cependant pas que les avertissements ci-dessus vous effraient et vous découragent. Beaucoup d'investisseurs réalisent tous les jours de très belles opérations, et il peut très bien en être de même pour vous. Mais ne vous lancez pas tête baissée et voyez toujours à long terme.

Dans ce chapitre, nous avons vu en détails comment analyser les chiffres d'un investissement immobilier locatif. Vous êtes maintenant en mesure de déterminer pour chaque investissement potentiel si le jeu en vaut la chandelle. Si ce n'est pas le cas, passez votre chemin et cherchez une autre propriété. Dans le domaine de l'immobilier, étant donné les sommes en jeu, il vaut mieux ne pas faire d'affaire que d'en faire une mauvaise !

## 4.3. Attirez et gardez de bons locataires

Vous avez acquis une propriété pour un bon prix, et vous avez décidé de la mettre en location. Avant de signer l'acte d'achat, vous avez analysé en profondeur les chiffres et le résultat vous a montré que l'opération vous laissera un confortable cash-flow positif tous les mois. Enfin, cerise sur le gâteau, ce sont vos locataires qui paieront les remboursements de votre emprunt.

Et nous y voilà ! Une fois toutes les difficultés liées à l'achat terminées, vous allez vous retrouver confronté à un autre type de problème : avoir des locataires !

Etre propriétaire-bailleur ne consiste pas seulement à mettre des annonces pour louer des appartements et collecter les loyers ! Vous aurez aussi à résoudre les problèmes que vos locataires auront avec vos appartements. Vous serez appelé parce qu'une chaudière tombe en panne, parce qu'un tuyau d'évacuation est bouché, ou parce qu'une chasse de WC ne cesse de couler. Rien de vraiment dramatique, mais suffisamment pour dégoûter un certain nombre de propriétaires. Si vous ne vous voyez pas dans ce rôle, vous pouvez toujours faire appel à un gérant d'immeuble professionnel, mais il vous en coûtera une partie de vos loyers. Si vous décidez de vous en occuper vous-même, ce qui est de loin la meilleure option, je vous conseille de mettre en place un système simple qui vous permettra de résoudre efficacement et rapidement les soucis de vos locataires ... qui seront aussi maintenant les vôtres. Dans les lignes qui suivent nous allons aborder en détail tous les principes de base à suivre pour être un bon propriétaire, et un propriétaire qui dort tranquillement la nuit !

## Trouvez de bons locataires

Le plus important pour gérer avec succès un immeuble de rapport est de bien choisir ses locataires. Tout commence par-là ! Dites-vous bien qu'il vaut mieux avoir un appartement qui reste vide pendant trois mois, plutôt que de laisser s'installer un mauvais locataire qui ne paie pas régulièrement son loyer et que vous aurez bien du mal à mettre dehors. Si vous êtes victime de ce genre de personne, vous devrez probablement faire appel à la Justice pour qu'elle s'en aille, et cela prendra du temps, peut-être une année. Pendant tout le temps que durera la procédure, vous ne recevrez pas vos loyers, mais vous devrez cependant continuer à rembourser votre emprunt. Et, lorsqu'enfin le locataire indélicat sera parti, qui sait dans quel état vous retrouverez votre appartement ? Ce seront encore des frais supplémentaires pour le rendre prêt pour le locataire suivant. Mais cette spirale infernale ne s'arrête pas là ! Le pire, c'est que ce genre de mésaventure risque de vous décourager et de vous donner envie de ne plus jamais avoir de locataire. Ce serait bien dommage, parce qu'avoir des appartements mis en location est un formidable moyen de devenir riche et d'obtenir un revenu conséquent tous les mois. Réussir dans ce domaine n'est pourtant pas si compliqué. Il suffit d'avoir une bonne organisation et d'appliquer certains principes simples.

**Comment trouver de bons locataires ?**

Tout d'abord, qu'est-ce qu'un bon locataire ? C'est quelqu'un :
- qui paie régulièrement son loyer
- qui reste longtemps
- qui entretient le bien et ne le dégrade pas

Des locataires responsables vous rendront la vie facile, mais des locataires irresponsables peuvent vous faire vivre un cauchemar. Dès lors, lorsque vous mettez une annonce pour louer votre bien, accordez le plus grand soin à la façon dont vous accueillez et observez les candidats-locataires, avant de dire « oui » et de signer. C'est comme cela que j'opère personnellement. Toute ma stratégie est basée sur le fait de pouvoir sélectionner mes locataires. Je veux les voir et essayer de savoir à qui j'ai affaire avant de signer. Je mets tout en œuvre pour éviter de me retrouver coincé et d'être obligé de dire « oui » à quelqu'un qui ne me convient pas. Je préfère perdre du temps à cette étape, mais être certain de mon choix !

Les conseils qui suivent vous permettront de trouver de bons locataires :

- **Mettez vos annonces sur le site internet immobilier le plus important de votre région.** Placez-la où le plus grand nombre de locataires vont lorsqu'ils cherchent un bien à louer. Inspirez-vous des autres annonces pour décrire votre appartement, mais pensez que vous devez VENDRE votre service. Utilisez des expressions comme « bel appartement », « très lumineux », « agréable », etc. Mettez aussi des photos de qualité qui montrent votre appartement sous son plus beau jour. Pensez que votre bien est en concurrence avec de nombreux autres, et efforcez-vous donc de faire en sorte que votre annonce se détache de la masse pour attirer le regard des candidats locataires. Restez toutefois réaliste et n'exagérez pas, car c'est vous qui perdrez votre temps si votre annonce attire une foule d'amateurs qui finalement ne loueront pas parce qu'ils seront déçus de ne pas avoir trouvé ce qu'ils cherchaient.
- **Evitez de mettre une affiche sur l'immeuble,** car si vous dites à une personne qui ne vous convient pas que l'appartement est déjà loué, et que cette personne continue à voir l'annonce sur la maison, elle risque de vous rappeler et vous serez ennuyé.
- **Quand les personnes intéressées appellent, donnez un rendez-vous individuel pour la visite.** Ne faites pas comme certains propriétaires qui, par facilité, organisent des rendez-vous collectifs. Ils donnent rendez-vous à tous les amateurs à la même heure et font la visite pour tout le monde en même temps. Leur raisonnement est d'une part qu'ils économisent leur temps en ne faisant qu'une seule visite, et d'autre part que les amateurs mis en concurrence directe les uns avec les autres seront mis sous pression pour signer rapidement. Mais personnellement, je suis convaincu que ce n'est pas la bonne méthode ! Pourquoi ? Parce que le propriétaire qui agit ainsi se met lui-même dans une situation où il se prive de tout recul, et sera moralement obligé de signer avec le premier amateur qui se décide ! C'est dans ce cas le locataire qui choisit, et le propriétaire manque ainsi l'occasion de pouvoir observer et connaître le candidat locataire avant de signer.
- **Essayez de regrouper les visites sur plusieurs soirées ou des moments où vous êtes libre, et donnez un rendez-vous toutes les 20 minutes.** J'essaye au maximum d'éviter que les candidats-locataires ne se croisent. Bien sûr, il m'arrive souvent de devoir attendre seul dans l'appartement entre deux visites, mais c'est le prix à payer pour rester maître du jeu. Prenez donc un bon livre avec vous.
- **Quand une personne est intéressée, renseignez-vous sur sa situation financière.** Faites-le poliment, mais demandez-lui si elle a un travail, et quel est celui-ci. Vous pouvez éventuellement demander à voir sa dernière fiche de paie. Personnellement, j'aime engager alors une petite conversation générale où, sans en avoir l'air, je peux un peu mieux estimer qui est cette personne et ce qu'elle fait dans la vie. Je m'assure au minimum d'avoir les réponses aux questions suivantes :

- Dans quel domaine travaille-t-elle ? (vous permet de situer un peu mieux qui elle est)
- Dans quelle entreprise ou institution ? (vous informe sur la santé économique de celui qui paie son salaire)
- Quelle fonction exerce-t-elle ? (vous donne une idée du niveau de son salaire et de sa facilité à retrouver un travail si elle venait à perdre son salaire)
- Depuis longtemps ? (pour estimer sa stabilité)
- Est-elle seule ou en couple ? (important pour les consommations, d'eau notamment)
- A-t-elle des enfants ? (pour les consommations et le bruit qui pourrait déranger si les autres locataires de l'immeuble n'en ont pas)

C'est un exercice qui n'est pas simple : vous avez quelques minutes pour évaluer quelqu'un ! Si vous doutez de votre jugement, faites-vous accompagner par une autre personne, votre conjoint par exemple. Vous pourrez ainsi partager vos impressions.

- **Si vous avez un doute, ou que vous ne « sentez » pas la personne, gagnez du temps !** Si lors de la visite une personne vous dit qu'elle veut louer votre appartement, mais que quelque chose vous déplaît en elle (même si c'est un sentiment indéfinissable), fiez-vous à votre intuition et ne lui louez pas ! Les bons locataires ne manquent pas, et vous ne devez donc pas confier votre appartement à n'importe qui. Mais comment faire pour se débarrasser « poliment » d'un amateur qui ne vous plaît pas ? Avec le temps et l'expérience, j'ai mis au point une formule infaillible que je tiens toujours prête à sortir lorsque je fais visiter un appartement. Je ne le fais pas souvent, mais en cas de nécessité, je suis prêt. Quand une personne douteuse me dit « OK, je loue l'appartement », je lui réponds : « Bien, mais je dois vous dire qu'une autre personne a déjà mis une option dessus, et je lui ai donné jusqu'à demain pour me donner sa réponse finale et signer le contrat. Si vous êtes toujours intéressé, téléphonez-moi donc demain pour savoir si l'appartement est loué ». En réalité, les gens retéléphonent rarement parce qu'ils visitent en général beaucoup d'appartements l'un à la suite de l'autre, et peuvent très bien trouver le même jour ailleurs ce qui leur convient. Mais si la personne retéléphone, je lui réponds que l'appartement est loué. Ainsi, tout se passe en douceur, et la personne ne se sent pas rejetée.
- **Quand vous avez trouvé un bon locataire désireux de louer votre appartement, faites-lui signer sans tarder un contrat de bail locatif.** Lorsque vous faites visiter, tenez prêts deux exemplaires de votre contrat de location. Ne tardez pas à le signer ensemble, car ce n'est qu'à partir de ce moment que vous pourrez commencer à penser que votre bien est loué.
- **Faites bloquer sans tarder la garantie locative.** Même s'il a signé un bail qui l'engage juridiquement, le locataire peut penser que vous n'irez pas jusqu'à lui faire un procès s'il venait à changer d'avis. Ce n'est que lorsque son argent sera déposé en garantie qu'il se sentira vraiment engagé, et que vous pourrez être certain d'avoir loué votre bien.

## Ayez un contrat de location en béton

Lorsque vous avez trouvé un bon locataire, vous devrez signer avec cette personne un contrat de location communément appelé bail locatif. Le bail de location est un contrat qui engage le bailleur (propriétaire) et le preneur (locataire). Il doit être signé avant la remise des clés, afin que les deux parties s'entendent sur les conditions de la location. Rédigez donc avec précision ce document afin qu'il prévoie toutes les situations conflictuelles qui pourraient surgir à l'avenir entre votre locataire et vous. Pour être valide, le bail locatif doit contenir les informations suivantes :

- Les noms et adresses du bailleur (propriétaire) et du preneur (locataire).
- L'adresse du bien et sa description. S'il s'agit d'un appartement, précisez l'étage et le numéro de l'appartement. Enumérez les différentes pièces constituant le bien.
- La durée du bail : généralement 1 an, 3 ans ou 9 ans.
- La date de début du contrat.
- Le montant du loyer mensuel, le numéro de compte bancaire du bailleur et la date à laquelle ce compte doit être crédité (généralement le 1er du mois).
- L'indexation annuelle des loyers (voir p.161)
- Le montant des charges éventuelles à payer en sus du loyer (provision pour l'eau, etc.).
- Les charges communes éventuelles de l'immeuble et le mode de paiement.
- Le montant de la garantie locative et ses modalités.
- Les états des lieux d'entrée et de sortie, et la façon dont ils seront effectués (par un expert ou par les parties elles-mêmes).
- L'obligation pour le locataire de prendre une assurance en responsabilité locative.
- La destination du bien loué. Pour un logement, vous avez tout intérêt à préciser qu'il s'agit uniquement d'un usage comme résidence principale, à l'exclusion de tout usage professionnel. Car si le locataire venait un jour à déduire le montant de votre loyer en tant que charge professionnelle, l'administration fiscale viendrait probablement vous réclamer des impôts supplémentaires.
- Le délai de préavis pour la résiliation du bail, et les éventuelles indemnités dues (vérifiez ce qui est prévu par la loi de votre pays).
- L'interdiction pour le locataire de procéder à toute modification du bien, sauf accord écrit du bailleur.
- Les visites et l'affichage que le locataire sortant doit accepter pour que le bailleur puisse relouer le bien. En général, deux fois par semaine en soirée pendant deux ou trois heures.
- La signature des parties avec la mention 'Lu et approuvé'.

Le contrat est validé lorsque le bailleur et le preneur le signent. Il doit au minimum être établi en deux exemplaires originaux, un pour vous et un pour votre locataire. Un troisième exemplaire sera nécessaire si vous devez faire enregistrer le bail. C'est le cas dans certains pays (par exemple en Belgique) où l'enregistrement du bail par le propriétaire est obligatoire dans les deux mois qui suivent la signature.

En annexe du contrat de bail de location, vous avez tout intérêt à joindre l'état des lieux d'entrée. Celui-ci permettra de comparer l'état du logement au début et à la fin de la location, de façon à pouvoir constater de manière non-équivoque les éventuelles dégradations causées par le locataire. Obligatoire dans de nombreux pays, il évitera toute contestation lors du départ du locataire. Il servira de base pour libérer totalement ou partiellement la garantie locative que le locataire aura déposée sur un compte bancaire bloqué lors de son entrée. L'état des lieux d'entrée doit être daté et signé en deux exemplaires, et joint au bail dont il fera partie intégrante.

L'état des lieux peut être réalisé par un expert indépendant, mais vous pouvez tout aussi bien le faire vous-même. Si vous choisissez cette dernière option, faites le tour du bien avec votre futur locataire et décrivez, pour chaque pièce, les éventuelles dégradations que le bien présente déjà à ce moment (éclats dans des portes, vitres fêlées, taches sur les murs, etc.). Soyez aussi précis que possible et prenez éventuellement des photos que vous joindrez au document. Lorsque vous aurez fait une première fois ce travail pour un bien, il vous suffira de le mettre à jour pour les prochains locataires.

Si l'immeuble est une copropriété, le règlement de copropriété devra être également joint au contrat de bail. Ce document décrit les règles de communauté relatives à l'immeuble.

S'il s'agit d'un bail de location concernant un meublé, il devra comporter en annexe un inventaire précis de tous les meubles mis à disposition.

Vous trouverez de nombreux exemples de contrat de bail locatif sur internet. Vous n'avez donc pas besoin d'en écrire un vous-même. Cependant, vérifiez bien que celui que vous utiliserez contient toutes les clauses mentionnées ci-dessus. Au besoin, rajoutez-les. Pour trouver ces documents, introduisez dans un moteur de recherche sur internet les termes « bail locatif » ou « contrat de bail » + « Mon pays ». Précisez bien le nom de votre pays, car vous avez absolument besoin d'un document adapté à votre législation. A ce sujet, profitez-en pour lire des articles concernant spécifiquement le cadre législatif relatif à la location dans votre pays. Ce sont des éléments très importants qu'un ouvrage comme celui-ci ne peut malheureusement pas aborder de manière exhaustive, mais que vous devez néanmoins connaître.

Enfin, exigez une garantie locative dont les modalités seront précisées dans le contrat de bail. Il s'agit d'une somme correspondant à un ou plusieurs mois de loyers que le locataire dépose sur un compte bancaire spécial, et qu'il ne pourra récupérer que moyennant la signature du propriétaire-bailleur. Si, lors de son départ, des dégradations sont constatées au cours de l'état des lieux de sortie, le prix de la remise en état sera déduit du montant de la garantie locative, et le locataire ne pourra récupérer que la différence. Le reste sera versé sur le compte du propriétaire. Dans la mesure du possible, demandez une garantie locative égale à trois mois de loyers, si cela est toutefois permis dans votre pays.

Beaucoup de propriétaires préfèrent encaisser la somme de la garantie en liquide pour pouvoir utiliser personnellement cet argent. Certains pays interdisent cependant désormais cette pratique, et obligent à ce que la garantie locative soit constituée sur un compte bancaire. Même si cela n'est pas une obligation dans votre pays, je vous conseille vivement de toujours passer par une banque. Plusieurs de mes amis propriétaires ont en effet connus des situations financières difficiles parce qu'ils avaient encaissé les garanties en espèces et avaient dépensé cet argent. Lorsque deux locataires choisirent de partir à peu près en même temps, ces bailleurs durent trouver rapidement le montant de 6 mois de loyers pour les rembourser. Ce genre de problème ne peut pas vous arriver quand la garantie locative est bloquée sur un compte bancaire.

Pour connaître les règlementations relatives aux garanties locatives dans votre pays, introduisez les mots suivants dans un moteur de recherche sur internet : « garantie locative législation » + « Mon pays ».

## Gardez les bons locataires

Trouver un nouveau locataire peut vous coûter beaucoup plus cher que de garder celui que vous avez déjà. En effet, chaque fois qu'un locataire quitte votre appartement :
→ **Vous aurez peut-être à y faire quelques travaux** (peinture, revêtement de sol, etc.) pour le remettre en état. Cela peut vous coûter plusieurs milliers d'euros, surtout si vous faites appel à des professionnels.
→ **Votre appartement restera vide** pendant le temps des travaux, et jusqu'à ce qu'il soit reloué. Cela peut durer un mois ... ou trois mois ! Pendant ce temps, vous ne percevrez pas de loyer, mais vous devrez continuer à rembourser la banque.
→ **Vous devrez passer du temps et consacrer de l'argent à trouver un nouveau locataire.**

Pour éviter cela, il vaut donc mieux tout mettre en œuvre pour que vos locataires restent longtemps. Et plus un locataire est satisfait, moins il a envie de partir. Pensez que vous offrez un service et que vos locataires sont vos clients. Vous fournissez en effet des logements décents et de qualité à des personnes qui vous rétribuent pour ce service. Et, comme dans toutes les formes de commerce, les relations humaines sont également primordiales. Aimez-vous retourner dans un magasin où le personnel est froid et désagréable ? Non, eh bien c'est la même chose ici ! En aucun cas vous ne devez donner l'impression à vos locataires que vous n'êtes intéressé par eux que pour recevoir leurs loyers. Par expérience, je sais qu'il existera toujours une distance entre le propriétaire et le locataire, et que l'on devient rarement de grands amis. C'est dans la nature des choses, et c'est mieux ainsi parce cela impose une certaine discipline aux deux parties. Mais je pense qu'il est cependant important de toujours œuvrer à créer une relation de confiance et de respect mutuel avec ses locataires.

Si vous faites cela, vous y gagnerez en retour. Par exemple, lorsqu'un de mes locataires s'en va, il arrive souvent qu'il me présente une de ses relations désireuse de reprendre la location. C'est tout bénéfice pour moi (pas de vide locatif, pas de travaux, pas d'annonce à mettre), et je pense que ce n'est pas seulement dû à la qualité de mes locations, mais aussi aux bonnes relations que j'ai entretenues avec ces personnes tout au long de leur séjour chez moi. Et, comme déclare le dicton : « Qui se ressemble s'assemble ». Des locataires responsables ont comme amis d'autres locataires responsables, et les gens qu'ils vous présentent font en général d'aussi bons locataires qu'eux. Bien sûr, il y a des propriétaires qui ne sont motivés que par l'avidité. Mais il est un fait que si l'on traite mal ses locataires, on attire exactement ce que l'on mérite : des locataires irresponsables (et leurs amis ou familles irresponsables) qui peuvent endommager votre appartement ou ne vous paient pas.

**Réagissez rapidement**

A un moment ou l'autre de votre vie, vous avez certainement vous aussi été locataire. Alors réfléchissez : de quoi se plaignent principalement les locataires à propos de leurs propriétaires ? Réponse : de ne pas faire les réparations nécessaires ! Ils ont beau lui téléphoner plusieurs fois et lui écrire ... mais le propriétaire ne bouge pas ! Bien sûr, un propriétaire essaye de faire le moins de dépenses possible afin de gagner un maximum d'argent. C'est un réflexe de base, et c'est la même chose dans tous les pays. En conséquence, les locataires sont déçus et la relation devient tendue. « Tout ce qui l'intéresse, c'est de toucher son loyer à la fin du mois ! », voilà comment ils perçoivent le propriétaire.

Pour éviter d'en arriver là, vous devez réagir rapidement quand un locataire vous signale un problème. Ne laissez pas traîner les choses. Si vous tardez à réagir – ou ne réagissez simplement pas – votre comportement aura deux conséquences néfastes :
   1. **la relation entre vous et votre locataire sera mise à mal.** En effet, il vous paie un loyer pour occuper un appartement en bon état où tout fonctionne correctement. Le locataire se sent donc lésé quand il doit continuer à payer le même prix alors que quelque chose est défectueux.
   2. **Votre bien risque de continuer à se dégrader.** Par exemple, une fuite d'eau non-résolue peut se propager aux autres étages, endommager les plafonds ou les murs, etc. Finalement, lorsque vous vous déciderez enfin à intervenir (peut-être parce que le locataire excédé sera parti !), vous devrez payer beaucoup plus cher pour réparer.!

Donc, intervenez rapidement ! Quoiqu'il arrive, répondez sans tarder. Traitez la location d'appartements ou de maison comme un business. Soyez professionnels !

Je dois vous avouer que j'ai personnellement mis un moment avant de comprendre ce principe. Au début de ma « carrière » de propriétaire, j'avais peur des appels téléphoniques de mes locataires ! Chaque fois qu'ils m'appelaient, c'était pour me signaler que quelque chose n'allait pas. A mes problèmes personnels, les locataires venaient encore en ajouter d'autres, difficiles, urgents et chers à résoudre. Alors, je faisais l'autruche et j'évitais de répondre au téléphone. En conséquence, les situations se sont aggravées jusqu'au moment où deux locataires m'ont menacé ensemble de faire appel à la Justice ! A ce moment-là, j'ai bien sûr été obligé de bouger. J'ai alors médité sur ce qui c'était passé et découvert l'importance de réagir rapidement. Depuis lors, j'ai totalement changé ma façon de faire, et je réagis TOUJOURS très vite quand un locataire m'appelle. Et, croyez-moi, les locataires apprécient beaucoup d'avoir un propriétaire qui prend soin d'eux !

A ce sujet, un petit conseil - que vous n'êtes bien sûr pas obligé de suivre -, mais que je trouve pratique. Quand un locataire m'appelle (je le sais parce que tous leurs numéros sont enregistrés sur mon téléphone mobile), je ne réponds pas toujours directement. Je le laisse parfois plutôt déposer un message dans ma boîte vocale. Ainsi, je prends calmement connaissance du problème (une réparation à effectuer, leur intention de quitter l'appartement, ..), et j'ai le temps de préparer ma réponse (contacter la personne qui réparera, revoir leur contrat de location, etc.). Ensuite, je le rappelle le plus rapidement possible, et de cette manière je suis certain de réagir de la façon la plus efficace et de donner la meilleure impression.

## Vérifiez vos comptes

Chaque mois, vérifiez que vous avez bien reçu tous les loyers. Dans le contrat de bail locatif, stipulez bien que les locataires doivent faire un ordre permanent auprès de leur banque, afin que le montant du loyer soit versé automatiquement sur votre compte au début de chaque mois

Si vous constatez qu'un locataire ne vous a pas payé, vous devez réagir. Vous pouvez lui laisser un peu de temps et ne pas le harceler tout de suite. Par exemple appelez-le après quinze jours et signalez-lui que vous n'avez pas reçu son loyer. Ce n'est pas quelque chose d'agréable à faire et, en ce qui me concerne, je déteste faire cela (heureusement, cela ne m'est pas arrivé souvent).

Dans ce cas également, ne laissez pas la situation empirer ! Si un locataire éprouve des difficultés pour payer un mois de loyer, la situation sera encore pire le mois suivant quand il vous en devra deux. Quoiqu'il arrive, gardez ouverte la communication avec votre locataire défaillant et restez aimable. Ce n'est peut-être qu'une difficulté passagère, et si vous savez vous montrer patient et compréhensif la situation rentrera dans l'ordre

Rappelez-vous que la pire situation pour un propriétaire est de devoir faire expulser un locataire qui ne paie pas ses loyers. Dans beaucoup de pays, la Loi protège les locataires, et la procédure d'expulsion est longue et fastidieuse. Pour éviter d'en arriver là, le meilleur moyen est de bien choisir ses locataires, comme je l'ai expliqué plus haut. Cela fait plus de quinze ans que je loue des appartements, et je n'ai JAMAIS eu de loyer impayé ! Et, fort heureusement, en dehors de l'épisode à mes débuts relaté ci-dessus, je n'ai JAMAIS eu de conflit avec mes locataires ! Mais je ne loue pas à n'importe qui ... c'est là le secret pour être un propriétaire heureux !

---

**Les 3 Règles d'Or du Propriétaire Heureux**

1. Choisissez bien vos locataires
2. Vérifiez régulièrement vos comptes
3. Réagissez vite pour faire les réparations

---

## 4.4. Gérez efficacement votre immeuble de rapport

Posséder un immeuble de rapport est une entreprise à long terme. Ce sont les premiers moments qui sont les plus difficiles : la recherche, l'achat, les travaux et trouver les premiers locataires. Par après, les choses deviennent beaucoup plus faciles et, comme je l'ai déjà écrit, il vous arrivera parfois de passer une année entière sans entendre parler de votre immeuble et de vos locataires. Votre petite entreprise fonctionnera toute seule, même pendant votre sommeil et vos vacances. Cela ne signifie pourtant pas que vous n'avez plus rien à faire. Vous pouvez en effet encore améliorer progressivement votre investissement au fil des années. Vous trouverez ci-après plusieurs choses à faire dans ce sens.

### Augmentez vos revenus locatifs autant que vous pouvez

#### a. Indexez ou révisez annuellement vos loyers

Comme nous le savons tous, le prix de la vie augmente d'année en année : c'est l'inflation. Il est donc logique que le propriétaire (le bailleur) qui donne son bien en location ait la possibilité d'adapter le montant du loyer au coût de la vie. C'est ce que l'on appelle l'indexation ou la révision du loyer. Les modalités pratiques diffèrent dans chaque pays, mais le principe en est le même. Le loyer ne peut être indexé ou révisé qu'une fois par an, à la date anniversaire de l'entrée en vigueur du contrat de bail. Elle n'est pas automatique. C'est le propriétaire-bailleur qui doit demander à son locataire de payer le montant du nouveau loyer indexé. S'il oublie de demander l'indexation à la date anniversaire du bail, il pourra le faire plus tard mais le locataire ne sera obligé de payer le loyer indexé que pour les mensualités futures (pas d'effet rétroactif).!

L'indexation est une simple règle de trois qui est calculée sur base de l'évolution d'un indice officiel du prix de la vie publié par les autorités du pays. Cet indice officiel est en général disponible sur internet et régulièrement mis à jour. Pour le trouver, entrez dans un moteur de recherche : « révision loyer » ou « indexation loyer » + « Mon pays ».

La formule de calcul est la suivante :

$$\text{Nouveau loyer} = \frac{\text{Loyer de départ x Nouvel indice}}{\text{Indice de départ}}$$

**Loyer de départ** = le loyer fixé au moment de la conclusion du bail (hors charges)
**Indice de départ** = indice officiel des prix du mois précédant le mois de la conclusion du bail
**Nouvel indice** = indice officiel des prix du mois qui précède la date anniversaire du contrat de bail

Envoyez une lettre à vos locataires un mois au moins avant la date anniversaire de la signature du bail, présentez-leur le calcul du nouveau loyer, et invitez-les à modifier en conséquence à partir du mois suivant l'ordre bancaire permanent par lequel ils versent le loyer. Vous trouverez sans difficulté sur internet des modèles de lettres de révision ou indexation de loyer.

### b. Gardez vos loyers en phase avec le marché

Il arrive que les loyers dans une ville ou un quartier croissent beaucoup plus vite que l'augmentation préconisée par l'évolution de l'index. Si c'est le cas dans votre zone, et si vous avez les mêmes locataires depuis très longtemps, vous pouvez vous retrouver dans une situation où vos loyers sont nettement trop bas, même s'ils ont été révisés régulièrement

Lorsque le loyer est manifestement sous-évalué par rapport à celui des logements comparables du voisinage, le propriétaire a généralement la possibilité légale de proposer une augmentation du loyer à l'occasion du renouvellement du bail (en général tous les 3 ans). De nombreux propriétaires-bailleurs hésitent cependant à le faire, préférant garder leurs locataires plutôt que de risquer de les perdre s'ils refusent l'augmentation. C'est un choix à faire, et il se pourrait donc que quand vos locataires restent plusieurs années, vous vous contentiez d'indexer régulièrement leurs loyers. C'est le revers de la médaille des locataires fidèles : une personne qui loue pendant 10 ans signifie un revenu régulier sans vide locatif, mais d'autre part, cela signifie généralement à moyen terme un loyer plus bas que les prix du marché.

Mais quand ces locataires fidèles quittent finalement l'appartement, alors sera enfin venu le temps d'adapter le loyer au niveau du marché. Gardez toujours un œil sur le marché locatif de votre ville et de votre quartier. Ainsi, vous pourrez au fil des ans déterminer un montant juste de loyer quand vous devrez chercher de nouveaux locataires. Qu'est-ce qu'un montant juste ? C'est une somme qui soit maximale pour vous, mais qui ne soit pas exagérée et acceptable par les locataires, de façon à ce que l'appartement soit vite loué.

En pratique, la somme totale de vos loyers augmentera donc plus vite que par la seule indexation. Sur le graphique suivant, j'ai représenté deux courbes. L'une représente la croissance d'un loyer indexé chaque année de 3 %.

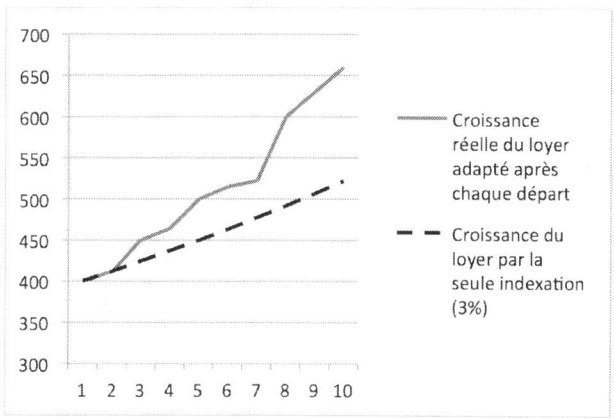

La deuxième est à quoi ressemble l'évolution réelle que l'on obtient en pratique. Celle-ci comporte des sauts parce que lorsque vos locataires partent et que vous en trouvez de nouveaux (disons tous les 3 ou 4 ans), vous en profitez pour augmenter un peu le loyer de vos appartements afin de les adapter aux prix du marché.

Pour être complet, signalons qu'il existe dans quelques pays des mesures d'encadrement des loyers, ou en tous cas des projets de lois allant dans ce sens. L'idée est d'empêcher dans certaines zones sensibles les propriétaires de trop augmenter le loyer entre deux locataires successifs. Lorsque de telles mesures existent, les loyers ne peuvent pas augmenter plus vite que l'évolution d'un l'indice de référence des loyers qui évolue lui-même en fonction de l'inflation. Renseignez-vous sans tarder pour savoir si ce type de réglementation existe dans votre pays. Pour cela, introduisez dans un moteur de recherche internet les termes : « encadrement des loyers » + « Mon pays ».

## Maintenez vos dépenses aussi basses que possible

Lorsque l'on possède un immeuble de rapport, il faut s'efforcer d'augmenter le cash-flow positif par les deux extrémités. Essayez d'augmenter les revenus locatifs quand vous le pouvez, mais essayez également de réduire vos dépenses de fonctionnement. En conjuguant les deux, vous augmenterez l'argent qui vous reste en main une fois tous les frais payés.

Au paragraphe précédent, nous avons parlé de l'indexation des loyers. Mais dites-vous bien que si les loyers augmentent, c'est parce que le coût global de la vie augmente également. Donc, toutes les charges que vous avez en tant que propriétaire vont croître aussi. C'est notamment le cas pour l'eau, l'assurance, l'électricité, etc. Vous ne pouvez pas empêcher cette augmentation des prix, mais vous pouvez par contre essayer de contrôler vos dépenses.

- **Gardez toujours un œil sur les dépenses qui sont à votre charge.** Par exemple, si en tant que propriétaire vous êtes responsable de la facture d'eau, observez attentivement toute augmentation anormale de la consommation. Faites-le au moins une fois par an lorsque vous recevez votre facture. Un WC dont la chasse coule peut vous coûter 800 euros par an. Soyez particulièrement vigilant si vous louez « toutes charges comprises », c'est-à-dire si le locataire vous paie un forfait et que c'est vous qui payez les factures d'énergie (électricité, gaz, chauffage). Ayez toujours un système pour contrôler leur consommation individuelle et les faire payer au prorata de celle-ci, sinon vous courrez à la catastrophe, spécialement en ces temps où les prix de l'énergie ne cessent de monter.
- **Faites votre marché et recherchez régulièrement les fournisseurs qui ont les prix les plus bas.** Cela peut se faire pour l'assurance, l'énergie, etc.

## Mettez en place un système de gestion efficace

On entend parfois des propriétaires dire qu'ils sont dégoûtés d'avoir des locataires. Certains ont des loyers impayés depuis trois mois, tandis que d'autres ne parviennent pas à trouver de locataire. Tout cela arrive uniquement parce qu'ils gèrent mal leur petite entreprise. Cela ne veut pas dire qu'un problème avec un locataire ne peut pas arriver, mais les propriétaires qui s'en sortent bien sont ceux qui ont un système de gestion efficace.

Pour avoir l'esprit tranquille, vous devez définir des procédures à appliquer quand survient un certain type d'événement (par exemple quand un locataire vous appelle pour vous dire qu'il va partir). Si vous ne mettez en location qu'un seul appartement, ou une seule maison unifamiliale, vous ne ressentirez probablement pas le besoin de formaliser votre système. Par contre, si vous avez quatre, cinq ou dix unités locatives, vous comprendrez vite l'avantage qu'il y a à se doter de procédures de fonctionnement efficaces. Au fil des années, vous verrez que vous aurez régulièrement à faire face aux mêmes sortes de situations : recherche d'un locataire, entrée d'un locataire, départ d'un locataire, indexation des loyers, chaudière en panne, WC qui coule, etc. Vous n'allez pas agir chaque fois de façon différente, et vous allez développer progressivement des habitudes, des façons spécifiques de réagir. Avec le temps, vous retiendrez les plus efficaces et les moins contraignantes pour vous, c'est-à-dire celles qui vous simplifient le plus la vie. Le but est que vous ayez à intervenir personnellement le moins possible et que cela vous prenne un minimum de temps et d'argent. En établissant vos propres règles de fonctionnement, vos propres procédures, vous serez en mesure de gérer de manière professionnelle votre petite entreprise immobilière.

Le tableau ci-dessous montre un exemple de ce à quoi peut ressembler le système mis en place par un propriétaire de plusieurs appartements ou maisons.

| Processus | Procédures | Détails |
|---|---|---|
| Payer le crédit | Virement automatique tous les 5 du mois à partir du compte où arrivent les loyers | Si le solde est insuffisant : prendre du compte à vue AAAAA |
| Paiement des frais fixes et taxes | Prélèvement automatique mensuel d'1/12 des frais annuels (assurance, taxes, …) du cpte des loyers et versement sur un cpte de réserve | |
| | Paiements quand arrivent les factures à partir du compte de réserve | Si solde insuffisant : prendre du compte réserve BBBBB |
| Trouver des locataires | Mettre une annonce sur le site internet Y et Z avec mon n° de portable | Conserver textes et photos des annonces pour la prochaine fois |
| | Faire des visites individuelles sur rendez-vous espacées de 20 minutes | Avoir une formule pour se débarrasser des candidats douteux |
| | Quand le locataire est trouvé, faire l'état des lieux, signer le bail, recevoir la garantie et donner les clés | Avoir un bail en plusieurs exemplaires, prêts à signer |
| Réparer les problèmes techniques | Si problème de chauffage : Appeler la société Z | Pour la peinture, le carrelage et le nettoyage : je fais moi-même |
| | Si problème d'installation sanitaire et petits travaux : appeler Monsieur X | |
| | Mettre en contact le réparateur et le locataire pour l'accès à l'appartement | |
| | Vérifier si les travaux sont bien faits et si le locataire est OK | |

| | | |
|---|---|---|
| **Réparer les problèmes techniques** | Payer le réparateur | Prendre du cpte xxx |
| **Vérifier les comptes** | Vers le 10 de chaque mois, vérifier que tous les locataires ont payé | Quand le locataire ne paie pas, tél après 1 semaine |
| | | Si ne réagit pas, rappeler 1 semaine après |
| | | Mettre en route la procédure légale après 45 jours dus. |
| **Gérer les fournitures (eau, chauffage)** | Faire le relevé des compteurs d'eau individuels une fois par an, lors de la réception de la facture annuelle | Tenir un cahier des index des compteurs pour suivre l'évolution des consommations et des dépenses |
| | En fonction de leur consommation, rembourser le trop-perçu, ou réclamer la différence | Si le locataire consomme beaucoup, augmenter sa provision |
| | Payer les factures aux fournisseurs | Conserver les factures pour voir l'évolution |
| **Départ d'un locataire** | Vérifier dans le bail la date d'entrée si une indemnité de rupture est due | |
| | Demander au locataire s'il connaît quelqu'un pour reprendre la location | |
| | Convenir de dates et heures pour faire les visites suite à l'annonce | |
| | Faire l'état des lieux de sortie | |
| | Remplir et signer le document de déblocage de la garantie bancaire | |

# 5 ACHETER POUR REVENDRE

Acheter pour revendre, c'est le fait d'acheter une propriété pour ensuite la revendre rapidement à un prix plus élevé en réalisant un profit. Cela peut se faire avec tous les types de biens immobiliers : appartements, maisons unifamiliales, immeubles à appartements, terrains, etc. La manière la plus répandue est l'achat-réparations-revente. Cela implique de trouver une propriété qui a besoin de réparations minimales, de réaliser celles-ci, et de la revendre sans tarder avec un bénéfice. Moins il y a de travaux à faire, meilleure est l'affaire. Parfois même, le bien peut être revendu en l'état, sans y faire de travaux, mais cela n'est en général possible que s'il y a une très forte demande, c'est-à-dire beaucoup d'acheteurs intéressés par ce type de bien.

Cette stratégie d'investissement immobilier est notamment très tentante pour les investisseurs débutants qui y voient une manière de gagner rapidement de l'argent. Ce genre d'opération n'est toutefois pas sans risque. Bien qu'elle soit par nature à court terme, il ne s'agit nullement d'une méthode pour devenir riche en un jour. Construire une fortune considérable de cette manière est tout-à-fait réalisable, mais cela prendra des années, comme avec tout investissement sérieux. Pour réussir dans cette activité, l'investisseur doit être persévérant et agir de manière systématique, en s'assurant d'analyser à fond toutes ses décisions d'investissement et en planifiant toutes ses actions.

Au niveau légal, un particulier peut le faire pour autant que ce soit occasionnel. Cependant, dans de nombreux pays, lorsque la revente a lieu peu de temps après l'achat, la taxe sur la plus-value réalisée est en général beaucoup plus importante que si la vente a lieu de nombreuses années plus tard. En France, ces mesures fiscales ont même récemment été fortement alourdies. Toutefois, la taxation appliquée en cas de revente de l'habitation propre (celle que l'on occupe personnellement) est souvent beaucoup plus avantageuse que celle appliquée aux résidences secondaires et aux propriétés d'investissement. C'est pourquoi une stratégie intéressante pour augmenter son capital au début, consiste à changer plusieurs fois de résidences principales et à revendre chaque fois celles-ci avec un bénéfice.

Si vous comptez multiplier ce genre d'opération d'achat-revente, il peut être beaucoup plus intéressant, et même obligatoire, d'adopter un statut professionnel pour devenir ce que l'on appelle un marchand de biens. Un marchand de biens est une personne dont la profession consiste à faire le commerce des biens immobiliers. Ce n'est pas un agent immobilier qui lui se contente de mettre en contact acheteur et vendeur en échange d'une commission. Pour un marchand de biens, une propriété représente un produit au même titre que n'importe quel autre produit pour un commerçant. Et on parlera d'inventaire ou de stock pour désigner l'ensemble des biens qu'il possède en portefeuille à un moment donné. Il peut acheter et vendre tous les types de biens immobiliers, mais il peut aussi réaliser des projets plus complexes. Par exemple, développer un lotissement en achetant un très grand terrain et en le divisant en lots. Après avoir obtenu toutes les autorisations urbanistiques, il peut y faire des aménagements (construction d'une route, d'un système d'égouttage, des canalisations d'eau et d'électricité, etc.) et revendre les terrains un par un. Il peut aussi décider de construire des maisons sur ses terrains pour ensuite les vendre. Certains achètent des immeubles comprenant plusieurs appartements, et revendent chaque appartement individuellement « à la découpe ». D'autres encore achètent de vieux immeubles industriels abandonnés pour les transformer en logements et en faire par exemple des lofts.

Comme nous le verrons plus loin, la clé du succès pour acheter et revendre est de commencer par la fin, c'est-à-dire déterminer le prix auquel on pourra revendre la propriété. C'est ce que l'on appelle la Valeur Après Rénovation ou VAR. Ensuite, à partir de là, on peut calculer précisément le prix maximum auquel on peut l'acheter, en tenant compte de toutes les dépenses qu'il y aura, et notamment le coût des travaux de rénovation. Procéder autrement conduirait à un échec certain.

Lorsque vous avez déniché une maison ou un appartement correspondant à vos critères, vous devez l'analyser en profondeur. Vous devez prendre des décisions quant aux améliorations exactes à y apporter pour en augmenter la valeur, et créer un plan et un budget de rénovation précis. Votre profit dépendra directement de votre capacité à mettre ce plan en action rapidement et correctement. Tout mauvais calcul peut diminuer ou faire disparaître intégralement votre profit. Finalement, il ne vous restera plus qu'à mettre votre propriété en vente en espérant la vendre rapidement. Pour cela, vous aurez besoin d'une bonne stratégie marketing.

Trouver, réparer et vendre une propriété peut ne prendre que quelques mois entre l'achat et la vente. Mais cela demandera du travail et de l'attention pendant tout le processus. Toutefois, ce travail ne doit pas forcément être le vôtre. Vous pouvez déléguer et, si les choses prennent de l'ampleur, mettre progressivement en place un système qui pourra être appliqué par d'autres personnes que vous engagerez.

Prudence, anticipation et planification sont donc les maître-mots de l'investisseur qui achète pour revendre.

Avant d'aller plus loin, un mot concernant l'organisation du livre. Afin d'éviter de répéter deux fois les mêmes informations, tout ce qui sera expliqué dans la suite de ce chapitre concernant les travaux et les rénovations est également valable pour les investisseurs qui envisagent d'acheter un immeuble en vue de le conserver et le louer. C'est pourquoi le chapitre 5 : Acheter pour conserver et louer contient plusieurs renvois vers des parties de ce chapitre.

# ACHETER POUR REVENDRE

## 5.1. Quelles propriétés rechercher ?

Le tout premier principe à comprendre est que pour gagner de l'argent en revendant rapidement une propriété, vous devez absolument l'acheter à un prix vraiment très bas ! Pour que l'opération soit réalisable, il faut en effet qu'il y ait une marge importante entre votre prix d'achat et le prix auquel vous pourrez revendre le bien.

Comme nous le verrons plus loin, vous devrez non seulement payer le prix d'achat, mais également beaucoup d'autres frais pour rénover la propriété et la garder jusqu'au moment où elle sera vendue. Et en plus, bien sûr, vous devrez réaliser un bénéfice et payer vos taxes et impôts.

Vous l'aurez compris, toute la difficulté consiste donc à trouver des propriétés dont le propriétaire actuel est prêt à se séparer pour un prix nettement inférieur à la valeur du marché. Et vous vous doutez bien que de telles propriétés ne se trouvent pas forcément après cinq minutes de recherche sur un listing internet ! Pour les dénicher, il faut faire son chemin parmi beaucoup d'annonces de propriétés à vendre, jusqu'à trouver ce que vous cherchez.!

Vous devez être comme un prospecteur d'or. Pour trouver une pépite d'or, il faut manipuler et laver minutieusement des tonnes de pierre et d'argile. L'or étant très lourd, il va toujours se cacher au plus profond des crevasses, et c'est là qu'il faut aller le chercher. Pour réussir, le prospecteur doit avoir beaucoup de persévérance, bien connaître la géologie de l'or, être courageux, et avoir de la chance.

C'est la même chose pour trouver des pépites immobilières. Il faut chercher sans se décourager, bien connaître le marché, et ne pas avoir peur de se lancer. Quant à la chance, elle vient naturellement à celui qui cherche sans relâche.

### Cherchez des propriétés laides dont personne ne veut

Bien entendu, vous devez commencer par définir une zone-cible dans laquelle vous voulez acheter. Ensuite, recherchez dans ce périmètre des biens immobiliers dont personne ne veut, des biens que les propriétaires n'aiment plus. Ces appartements ou ces maisons sont négligés, les peintures sont décrépies, l'herbe pousse comme dans une jungle, les corniches se détachent et l'intérieur est rempli de saletés. Ces propriétés appartiennent en général à des propriétaires en détresse.

Les gens qui cherchent une maison pour y vivre veulent en général une belle maison. Mais vous, en tant qu'investisseur, c'est la plus vilaine maison de tout le quartier que vous devez rechercher. Si vous voulez réaliser un bénéfice important, vous devez donc complètement changer votre perspective, de façon à être capable de voir le diamant sous sa carapace de saleté. Ne vous souciez pas si vous aimez ou non la propriété.

N'importe quelle maison ou appartement que vous pouvez décorer ou rénover peut être profitable. Votre but est de rendre une propriété plus belle, plus agréable à vivre et où les gens (acheteurs ou locataires) se sentent mieux. Quand vous visitez et analysez les propriétés, demandez-vous constamment ce que vous pourriez faire pour y ajouter de la valeur. Pour cela, il vous faudra parfois faire preuve d'imagination et considérer toutes les utilisations alternatives possibles pour un immeuble.

Au cours de vos recherches, vous trouverez des maisons et appartements dans des conditions qui peuvent aller de la ruine insalubre à des biens rénovés récemment en parfait état. C'est entre ces deux extrêmes que vous devez chercher. C'est là que vous pourrez réaliser un profit maximum et que vous pourrez faire pour un coût minimal des rénovations qui augmentent considérablement la valeur du bien.

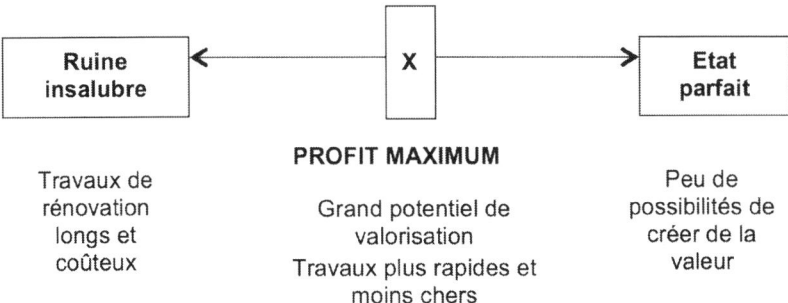

Même si des maisons délabrées peuvent être achetées pour un prix très bas, les travaux de rénovation nécessaires pour les remettre en état demanderont beaucoup plus de temps et d'argent. Et au bout du compte, ce qui apparaissait au début comme une très bonne affaire peut se révéler très peu profitable. En fait, le bien immobilier que vous cherchez doit être moche, mais en bon état. Il doit avoir l'air en plus mauvais état qu'il ne l'est réellement. Il doit surtout avoir besoin d'un rafraichissement : de nouvelles peintures, de nouveaux revêtements de sols, et surtout un nettoyage complet. En tant qu'investisseur, vous devez être capable de voir derrière l'apparence des choses. La plupart des gens regardent avec dédain une maison laide, mais vous devez être capable d'y voir le potentiel caché.

## Ciblez des propriétés autour du prix médian

Vaut-il mieux acheter pour revendre des propriétés chères et luxueuses, ou des propriétés « bas de gamme » moins chères ?

Avec des maisons chères, il est possible de gagner plus à la revente. En effet, si vous prenez un profit de 20% par transaction, il vaut mieux gagner 20% de 500.000 euros que de 100.000 euros ! Mais le problème est que l'achat de telles maisons est aussi plus cher et que les rénovations devront y être plus luxueuses, donc également plus coûteuses. Tout dépend de votre budget. Si vos moyens sont limités, ne perdez donc pas votre temps avec des propriétés onéreuses. A l'opposé, des propriétés très modestes peuvent être achetées avec moins de moyens, mais le potentiel de profit est également moindre. De plus, si ces maisons ou ces appartements sont situés dans des quartiers moins recherchés, ils risquent d'attirer moins d'acheteurs potentiels.

Un des facteurs les plus importants pour maximiser votre profit est la vitesse à laquelle votre maison va se vendre. Chaque jour que vous gardez la propriété, elle vous coûte de l'argent. Donc, toutes les décisions que vous prenez doivent aller dans le sens d'une vente la plus rapide possible. Et pour maximiser vos chances de vendre rapidement la propriété, il faut cibler la partie du marché où il y a le plus d'acheteurs. En général, au plus il y a d'acheteurs potentiels, au plus une maison se vendra vite.

Par définition, c'est autour, ou un peu en dessous, du prix médian dans le quartier que votre maison se vendra le plus vite. Pour rappel, la médiane est la valeur qui permet de partager une série de données en deux parties égales, c'est-à-dire que 50 % des valeurs sont supérieures à la médiane et 50 % lui sont inférieures. Pour l'immobilier, un prix médian de 200.000 euros indique que 50 % des propriétés se sont vendues au-dessus de 200.000 euros et les autres 50 % à moins de 200.000 euros. Pourquoi utiliser le prix médian plutôt que le prix moyen ? Parce que la médiane n'est pas influencée par les valeurs extrêmes. À l'inverse, l'inconvénient du prix moyen, est justement qu'il est influencé par ces valeurs extrêmes qui peuvent créer des distorsions majeures. Par exemple, prenons un quartier où le prix des propriétés tourne généralement autour de 200.000 euros. Si un jour s'y vend une propriété exceptionnelle pour 3 millions d'euros, cette transaction viendra tirer la moyenne vers le haut, et du même coup la croissance des prix dans ce quartier sera surestimée. Le prix médian, lui, ne sera pas influencé par cette transaction à 3 millions d'euros et donne ainsi une meilleure compréhension du marché.

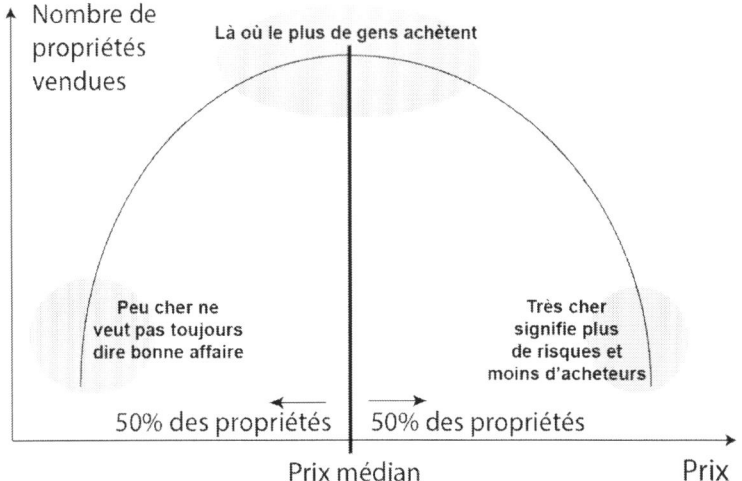

Ce sont donc les propriétés dans cet ordre de prix qu'il faudra cibler. Pour connaître le prix médian du type de biens que vous cherchez dans le quartier qui vous intéresse, renseignez-vous auprès des fédérations de notaires et d'agences immobilières de votre zone. Elles utilisent aussi le prix médian et publient régulièrement des statistiques à ce sujet. Vous pouvez aussi rechercher dans un moteur de recherche sur internet en introduisant les termes : « maison (ou appartement) prix médian » + « Ma ville ».

## Ciblez des zones ayant deux groupes de prix

Au chapitre 3, nous avons déjà abordé l'importance de bien choisir le quartier dans lequel acheter une propriété. Mais il y a quelques éléments supplémentaires dont il faut tenir compte si votre intention est de pouvoir revendre rapidement le bien.

La démarche d'acheter pour revendre suppose que l'on achète peu cher pour revendre beaucoup plus cher. Mais pour pouvoir faire cela, il faut que la zone dans laquelle vous achetez connaisse deux groupes de prix pour un même type de bien. En d'autres termes, il doit y avoir des propriétés qui se vendent peu cher, mais également des propriétés du même genre qui se vendent beaucoup plus cher, généralement parce qu'elles sont en meilleur état.

Comment procéder pour identifier l'existence de deux catégories de prix ?

Rappelez-vous, à la page 116 vous avez appris à analyser le prix moyen au mètre carré des propriétés similaires pour pouvoir déterminer la valeur de la propriété qui vous intéresse. Vous allez pouvoir utiliser la même technique pour analyser les différents groupes de prix dans la zone qui vous intéresse. Faites le même tableau, (des biens similaires et la même zone) mais essayez d'avoir un grand nombre de propriétés (environ 30).

|   | Adresse | Prix de vente | Surface | Prix / m² |
|---|---------|---------------|---------|-----------|
| 1 | Avenue de Janvier, 5 | 200.000 | 100 m² | 2.000 |
| 2 | Avenue de Février, 32 | 190.000 | 90 m² | 2.000 |
| 3 | Avenue de Mars, 5 | 210.000 | 100 m² | 2.100 |
| 4 | Avenue de Février, 15 | 170.000 | 80 m² | 2.125 |
| 5 | Avenue de Mars, 21 | 200.000 | 80 m² | 2.500 |
| 6 | Avenue de Février, 45 | 200.000 | 80 m² | 2.500 |
| 7 | Avenue de Juillet, 20 | 280.000 | 80 m² | 3.500 |
| 8 | Avenue de Juin, 56 | 400.000 | 100 m² | 4.000 |
| 9 | Avenue de Juin, 67 | 300.000 | 70 m² | 4.285 |
| 10 | Avenue de Septembre, 15 | 350.000 | 80 m² | 4.375 |

Lorsque votre tableau est réalisé, vous devez constater pour des propriétés similaires de grandes différences dans les prix au mètre carré. A une extrémité de la distribution, vous aurez un groupe de propriétés qui se vendent pour un faible prix au mètre carré, et à l'autre, un autre groupe dont le prix au mètre carré est plus élevé. Le premier groupe de propriétés est celui dans lequel vous trouverez des maisons ou des appartements à acheter. Ce sont vos opportunités d'achat. Le deuxième groupe vous montre s'il existe un marché potentiel pour votre propriété lorsqu'elle sera rénovée. Ce sont les propriétés de ce groupe qui vous permettront de calculer la Valeur après Rénovation (VAR) de votre bien. Cette VAR est, comme nous le verrons plus loin, un élément essentiel pour calculer le prix maximum auquel vous pourrez acheter un bien. Faites attention si vous ne trouvez pas ces deux groupes de propriétés dans le quartier qui vous intéresse. Cela voudrait dire que vous aurez du mal à vendre plus cher votre bien lorsqu'il sera rénové.

## 5.2. Analyser les propriétés

### Comment savoir le prix maximum que vous pouvez payer ?

On dit souvent que c'est à l'achat que l'on gagne de l'argent dans l'immobilier. C'est particulièrement vrai si vous achetez pour revendre à court terme, parce que vous ne pourrez pas compter sur le fait que la propriété prendra de la valeur avec le temps pour corriger une éventuelle erreur à l'achat. Si vous achetez trop cher, vous pouvez

même perdre de l'argent au final. Tout l'art consiste dès lors à savoir comment calculer le prix maximum que l'on peut donner pour une propriété, tout en étant capable de :
- payer tous les frais
- dégager un profit de l'opération
- garder un prix de vente compétitif qui permette de trouver rapidement un acquéreur

Une erreur commise par beaucoup de débutants est de déterminer le prix de vente en ajoutant au prix d'achat les frais et le profit escompté. Par exemple : « *J'ai acheté la maison 200.000 euros, mes frais d'achat sont de 20.000 euros et j'ai fait des travaux pour 50.000 euros, donc mon prix de revient est de 270.000 euros. Si j'ajoute à cela les 30.000 euros de bénéfice que je désire, je mets donc en vente la maison pour 300.000 euros* »!

En réalité, personne ne s'intéresse au prix que vous avez payé pour vos travaux. La seule chose qui intéresse les acheteurs, c'est si ce que vous avez à offrir représente ou non la meilleure valeur pour leur argent. Ce sont les acheteurs qui décident le prix auquel vous pouvez vendre votre propriété rénovée. Si vous suivez le calcul ci-dessus pour déterminer le prix de vente de votre propriété, vous risquez de demander un prix trop élevé par rapport au marché, ce qui aura pour conséquence que vous mettrez (beaucoup) plus de temps à la vendre. Et peut-être même que vous serez finalement obligé de la vendre à perte pour vous en débarrasser.

Quelle est alors la bonne méthode ? C'est celle qui consiste à toujours commencer par déterminer le prix qu'un acheteur informé serait prêt à payer pour la propriété après qu'elle ait été rénovée. C'est ce que l'on appelle la *Valeur Après Rénovation* (VAR). Une fois que vous avez déterminé une VAR réaliste, vous soustrayez ensuite de cette somme tous les coûts et le profit désiré, afin de déterminer le *Prix d'Achat Maximum* (PAM) que vous pouvez payer.

La formule pour arriver au prix d'achat maximum est donc la suivante :

```
      Valeur Après Rénovation (VAR)              (1)
    - Coûts des Travaux                          (2)
    - Frais d'achat, de Garde et de Vente        (3)
    - Coût du financement                        (4)
    - Profit Minimum                             (5)
    - Taxes et impôts                            (6)
      ---------------------------------------
    = Prix d'Achat Maximum (PAM)
```

*(1) Tout commence par estimer le prix auquel vous pensez réalistement pouvoir revendre la propriété après y avoir effectué les rénovations*

*(2) De ce prix, il faut ensuite déduire le coût des travaux de rénovation*

*(3) Soustrayez ensuite tous les frais que vous aurez à supporter pendant le temps que vous garderez la maison (notamment les frais liés à l'achat, les taxes immobilières et les frais liés à la vente)*

*(4) Déduisez ensuite ce que vous coûtera le fait d'emprunter pendant la durée de l'opération l'argent nécessaire à l'achat et éventuellement aux travaux*

*(5) Soustrayez le profit minimum que vous estimez devoir retirer de l'opération*

*(6) Finalement, enlevez le montant des taxes et impôts que vous aurez à payer sur le profit réalisé*

Cette technique vous donne une limite supérieure pour votre prix d'acquisition et vous garantit un profit, pour autant évidemment que vous ayez estimé correctement tous les frais nécessaires pour acheter, garder, réparer et vendre la propriété. Pour faire ces calculs, vous pouvez utiliser le fichier de tableur Excel intitulé *Analyse de Rentabilité pour Revendre* qui est téléchargeable avec les autres compléments du livre à l'adresse www.charlesmorgan.eu/immo/bonus.

Nous allons bientôt voir en détail tous les postes de ce calcul. Mais avant d'aligner les chiffres pour une propriété, vous devez d'abord clarifier la nature et l'ampleur des travaux que vous envisagez d'y effectuer, car c'est ce qui déterminera la qualité, et donc le prix, du produit que vous mettrez finalement en vente.

## Déterminez les travaux à effectuer

Quand vous commencez par estimer la Valeur Après Rénovation (VAR) avant de décider un budget pour les travaux, cela vous permet de reconnaître intuitivement que des rénovations trop importantes ou trop coûteuses vont manger votre profit. Mais avant de pouvoir déterminer la VAR, vous devez déterminer quels travaux vous allez effectuer pour augmenter la valeur de la propriété. Ce n'est en effet que quand vous saurez à quoi ressemblera la maison ou l'appartement après avoir été rénové, que vous pourrez estimer le prix auquel vous pourrez la ou le vendre.!

Lorsque vous trouvez une propriété en mauvais état, toutes les possibilités de rénovation s'offrent théoriquement à vous. Mais vous comprendrez aisément qu'il n'est peut-être pas opportun de mettre du marbre dans la salle de bain d'un appartement situé dans un quartier défavorisé. Cela vous coûterait cher et mangerait tout votre profit parce que vous ne parviendriez pas pour autant à vendre plus cher votre bien. Il faut donc choisir avec sagesse les améliorations qui vous permettront d'augmenter le plus la valeur de la propriété. !

Dès lors, comment décider quelles améliorations apporter ? Tout d'abord, comprenez que ce qui vous plaît ne plaira pas forcément à tout le monde ! Ne vous laissez pas guider par vos goûts pour décider les travaux à effectuer. Ce sont les acheteurs potentiels qui doivent guider vos décisions. Votre but n'est pas d'aménager un logement où vous vivrez, mais de faire un produit que vous pourrez vendre rapidement et facilement. Votre stratégie de rénovation doit être basée sur le marché. Essayez de déterminer quelles sont les caractéristiques que recherchent les futurs acheteurs. Inspirez-vous des constructeurs de maisons neuves ou d'appartements. Ces sociétés étudient en profondeur ce que recherche leur clientèle afin de leur proposer exactement cela. Visitez des maisons et des appartements témoins neufs et notez les couleurs utilisées, ainsi que les revêtements de murs et de sols. Recherchez les dispositions et le nombre de chambres qui se vendent le plus. Vous pouvez aussi demander à des agents immobiliers ce que les acheteurs aiment et ce qu'ils n'aiment pas. Inspirez-vous de la manière dont d'autres propriétaires ont rénové leurs propriétés pour les rendre plus agréables à vivre. Enfin, de nombreuses chaînes de télévision programment régulièrement des émissions sur la rénovation, le monde de l'immobilier et la décoration intérieure.

**Etablissez une Liste des Travaux à Effectuer**

C'est bien entendu en visitant la propriété que vous allez pouvoir déterminer les travaux à effectuer. Faire une évaluation complète de l'état d'une maison peut prendre plusieurs heures. Je vous conseille de prendre votre temps afin de ne rien oublier, car c'est ici que vous pouvez gagner ou perdre de l'argent. Pour être certain de ne rien négliger, parcourez et remplissez lors de votre visite toutes les rubriques de la *Check-list d'Inspection des Propriétés* que vous pouvez télécharger à l'adresse www.charlesmorgan.eu/immo/bonus. En l'utilisant systématiquement, vous éviterez de passer à côté d'une réparation importante.

Prenez des photos de chaque pièce. Cela vous permettra de continuer votre travail d'analyse chez vous, et de les montrer éventuellement aux entrepreneurs que vous solliciterez.

On peut diviser les travaux de rénovation en 3 catégories :
    a. Les réparations nécessaires
    b. Les rénovations esthétiques
    c. Les transformations possibles!

**a. Les réparations nécessaires**
Cette catégorie de travaux représente le minimum à faire pour rendre la maison 100 % fonctionnelle. Ce sont tous les travaux que vous devrez obligatoirement faire si vous voulez remettre sur le marché une maison ou un appartement qui, au minimum, ne soit pas insalubre. Cela signifie :
- **Sécuriser la maison** et s'assurer que les portes extérieures ferment à clé. Lorsqu'une maison reste abandonnée pendant un certain temps, il arrive en effet qu'elle

soit squattée et que les serrures aient été forcées.
- **Nettoyer à fond** et enlever tous les déchets qui peuvent s'y trouver. C'est souvent le cas si la maison est restée vide et a été squattée. Que ce soit pour la revendre ou pour la louer, vous devez toujours nettoyer minutieusement la propriété. Cela semble évident, mais vous verrez que beaucoup de propriétaires ne le font pas. Un bien propre se vendra plus vite et plus cher qu'un bien sale et mal entretenu. C'est la première impression qui compte.
- **Réparer tout ce qui est cassé** (vitres brisées ou manquantes, portes intérieures forcées, ...
- **Remettre en état de fonctionnement** correct tout ce qui ne fonctionne plus ou imparfaitement (eau, électricité, chauffage...), et éventuellement mettre les installations en conformité et aux normes.
- **Réparer les accidents et leurs conséquences.** Par exemple une fuite dans le toit et l'humidité que cela aura occasionné sur les murs des étages inférieurs.

Soyez très attentifs aux éventuels problèmes de structure des immeubles que vous comptez acquérir. De graves problèmes structurels dans les maisons ne sont pas très courant, mais quand ils surviennent, ils peuvent être difficiles et coûteux à réparer. Lors de la recherche d'un nouveau bien, soyez attentifs à certains symptômes qui trahissent des mouvements de la structure de l'immeuble.

- **Est-ce que la maison penche ?** Depuis la rue et depuis l'arrière de l'immeuble, regardez chacun des murs de façade pour vous assurer qu'aucun ne penche, est bombé ou semble vouloir se désolidariser de la maison. Beaucoup de problèmes structurels se voient de l'extérieur.
- **Y-a-t-il de grosses fissures sur les murs ?** De petites fissures fines sont normales, surtout dans une vieille maison. Mais si vous voyez de larges crevasses de haut en bas des murs qui continuent à s'agrandir avec le temps, ce sont des indicateurs d'un mouvement plus grave.
- **Est-ce que toutes les portes et les fenêtres s'ouvrent librement ?** Les ouvertures de la maison sont souvent les premières à témoigner des signes de mouvement de l'ensemble du bâtiment. Si elles s'ouvrent avec difficulté, regardez attentivement s'il y a des fissures autour des ouvertures ou des linteaux brisés.

Ces problèmes sont souvent la conséquence d'une mauvaise fondation et coûtent en général très cher à réparer. Si vous ne vous en rendez pas compte lors de l'achat, et que vous devez effectuer des réparations structurelles importantes avant de pouvoir revendre, vous risquez de perdre beaucoup d'argent sur l'immeuble. Si vous constatez des problèmes de structure, faites venir un ingénieur en structure ou un architecte pour obtenir son avis professionnel. De toute manière, il est plus prudent de toujours faire effectuer une inspection de l'immeuble par un expert professionnel avant d'acheter, surtout pour vos premières acquisitions. Mais si vous rencontrez ce genre de situation, personnellement je vous conseillerais plutôt de passer votre chemin et de chercher un autre immeuble !

Faites également attention aux dégâts des eaux. Vérifiez dans le sous-sol de l'immeuble s'il y a des dommages, et observez si la peinture est écaillée et s'il y a des traces de moisissures. Utilisez aussi votre odorat, car une pièce humide a une odeur très caractéristique. Si c'est le cas, c'est un signe qu'il y a des infiltrations d'eau. Cela peut être extrêmement coûteux à corriger, et il n'est pas toujours facile de trouver l'origine du problème. Si l'humidité est très importante, il est préférable de rester à l'écart de cette propriété. Mais si elle vous semble vraiment intéressante, demandez conseil à un professionnel avant de signer. Les photos que vous aurez prises pourront déjà lui permettre de se faire une idée.

### b. Les rénovations esthétiques

Les réparations nécessaires dont nous venons de parler au paragraphe précédent représentent le minimum à faire. Mais ce ne sont pas ces travaux qui vont vous permettre d'augmenter considérablement la valeur de votre investissement. Les acheteurs ne cherchent pas seulement une maison ou un appartement où tout fonctionne, et d'ailleurs beaucoup s'attendent au minimum à trouver cela. Ce qu'ils recherchent surtout, c'est une maison ou un appartement agréable où ils pourront s'imaginer vivre. Pour que votre propriété exerce cet attrait sur eux, vous devrez probablement effectuer des rénovations qui amélioreront son apparence et lui donneront un « look » agréable. Ces travaux comprennent typiquement :
- Réparer les fissures et les trous dans le plâtre des murs et des plafonds
- Repeindre les murs et plafonds
- Repeindre éventuellement les façades
- Changer ou repeindre les boiseries (portes, plinthes, escaliers)
- Changer les revêtements de sol
- Carreler des sols
- Rénover la (les) salle(s) de bain
- Rénover la cuisine

Dans ces types de rénovations, on peut aller très loin. Si l'on choisit des matériaux luxueux (parquet en chêne massif, plan de travail de cuisine en granit, électro-ménager haut de gamme, etc.), le prix des rénovations peut facilement être multiplié par dix comparé à l'utilisation de matériaux premiers prix. Souvenez-vous que votre objectif est de faire un profit, et non de réaliser une œuvre d'art qui fera l'objet d'un article dans une revue de décoration d'intérieur. Vous devez donc pouvoir déterminer le niveau de qualité des finitions que vous allez réaliser. Ce n'est qu'alors seulement que vous serez en mesure de déterminer le coût des travaux.

### Comment savoir quel niveau de finition choisir ?

Une première réaction pourrait être de penser qu'il faut chercher à dépenser le moins possible afin de maximiser son profit, notamment en prenant des matériaux de bas de gamme. Mais ce n'est pourtant pas la bonne façon de réfléchir. Demandez-vous plutôt ce qu'attendent les gens qui se présenteront pour acheter votre propriété, et rénovez en fonction de cela. L'attente des candidats-acheteurs dépendra de la gamme de prix dans laquelle se situe votre immeuble, mais aussi du quartier où il se trouve. Si votre maison ou appartement est dans un quartier populaire et que votre prix de revente est peu élevé, les acheteurs seront vraisemblablement satisfaits avec des rénovations de base (propre et rénové, mais sans rien d'exceptionnel). Par contre, si vous vendez pour un prix élevé une propriété située dans un quartier résidentiel recherché, les acheteurs s'attendront à trouver un niveau de finition supérieur. C'est par ailleurs ce qu'ils trouveront dans la plupart des autres propriétés qu'ils visiteront dans le voisinage.

Pour savoir ce qui constitue la norme dans votre quartier, référez-vous à ce que vous avez vu lorsque vous avez visité d'autres biens, et complétez votre étude en visitant autant de propriétés en vente ou en location que vous le pouvez dans le quartier. Si vous ne déterminez pas correctement le niveau de finition requis, vous courrez le risque de faire trop d'améliorations ou de n'en faire pas assez. Dans le premier cas vous réduirez votre profit parce que vos coûts de travaux augmenteront, et dans le deuxième, vous perdrez également de l'argent parce que votre maison risque de rester en vente plus longtemps.

#### c. Les transformations possibles

Dans votre recherche des moyens qui vous permettront d'augmenter la valeur de la propriété, vous pouvez identifier d'autres améliorations qui la rendront encore plus désirable. Réfléchissez, il y a peut-être mieux à faire que de seulement repeindre les murs. Ouvrez votre esprit et imaginez toutes les possibilités (dans un budget raisonnable). Voici quelques exemples de transformations parmi les plus courantes :

- **Ouvrir des espaces** : agrandir une pièce en abattant un mur, faire une cuisine américaine, etc. Cela donne plus de lumière, un look plus moderne et une impression de plus d'espace.
- **Réduire des espaces et créer des pièces supplémentaires** : il arrive que des pièces soient disproportionnées. La pose d'une cloison peut vous faire dans ce cas gagner une chambre, un bureau ou un lieu de rangement.
- **Ajouter des équipements :**
  - Un deuxième lavabo dans la salle de bain
  - Des placards dans les chambres
  - Un ilot central dans la cuisine
  - Remplacer un lavabo de salle de bain sur pied par un meuble intégré pour gagner de l'espace de rangement
  - Installer un système d'alarme, etc ...

- **Convertir des espaces :** transformer un grenier en chambre, un garage en pièce à vivre, une chambre en salle de bain supplémentaire, en dressing, ou en buanderie, etc.
- **Améliorer l'isolation acoustique.** Tant les acheteurs que les locataires aiment le calme et fuiront un logement bruyant. Avant d'acheter un appartement ou un immeuble de rapport, écoutez attentivement si vous entendez des bruits provenant des autres appartements. Faites attention si vous entendez la télévision du voisin, si vous entendez marcher ou parler, ou encore les chasses d'eau. Les locataires n'aimeront pas cela et ne resteront pas longtemps chez vous, et les acheteurs pourront y voir une raison de se détourner de votre bien. Sauf si vous trouvez une solution pour réduire le bruit.
- **Créer une vue.** En ouvrant une fenêtre là où il n'y avait auparavant qu'un mur (un permis est généralement requis pour cela), il y a parfois moyen d'améliorer considérablement l'atmosphère d'une pièce. Observez la course du soleil pour déterminer s'il serait possible de profiter davantage du lever ou du coucher du soleil.
- **Eliminer une vilaine vue :** Si la vue depuis une pièce donne sur un élément extérieur peu esthétique (une autoroute, une usine, des ruines) ou si le vis-à-vis des voisins est trop présent, cherchez s'il serait possible de réduire cette vue, par exemple en installant des écrans de jardin ou en plantant des végétaux à croissance rapide dans le jardin ou dans des pots sur une terrasse.
- **Améliorer la luminosité :** La plupart des gens préfèrent une maison ou un appartement avec beaucoup de lumière naturelle. De plus, des pièces lumineuses ont l'air plus grandes. Si une propriété est sombre, il y a parfois moyen de remédier à cela en changeant les fenêtres dont les châssis contiennent trop de parties opaques, en perçants de nouvelles fenêtres, en installant des fenêtres de toit, en créant un puits de lumière, en supprimant une cloison ou en remplaçant des portes pleines par des portes en verre. Un plafond bas contribue à assombrir une pièce et donne une impression de confinement. Supprimer un faux plafond d'une telle pièce augmentera son volume et la rendra plus agréable.
- **Ajouter une nouvelle surface :** la surface habitable peut être augmentée en construisant une annexe, une véranda, ou un étage supplémentaire. Cette option est particulièrement intéressante quand le prix de vente au mètre carré est beaucoup plus élevé que le prix de la construction.
- **Améliorer les performances énergétiques :** à l'heure où les prix de l'électricité et du combustible de chauffage ne cessent d'augmenter d'année en année, les gens deviennent de plus en plus intéressés par des logements peu énergivores. Les pouvoirs publics de nombreux pays ont d'ailleurs pris des mesures pour encourager les propriétaires à réduire la consommation énergétique de leurs maisons. Et les normes d'isolation thermique pour les nouvelles constructions deviennent de plus en plus sévères. En Europe, des certificats de performance énergétique sont

devenus obligatoires avant toute location et vente d'un bien, le but étant d'informer les candidats acquéreurs et locataires sur la qualité énergétique des bâtiments, et d'ainsi dévaloriser ceux qui consomment trop.

Dès lors, toute action de rénovation un peu conséquente devrait intégrer des mesures visant à améliorer les performances énergétiques du bâtiment. Cela comprend notamment l'isolation des murs et des toits, le placement de fenêtres double ou triple vitrages, l'isolation à l'air du bâtiment et la mise en place d'une ventilation, l'installation de systèmes de chauffage et de production d'eau chaude plus performants, etc. De nombreux sites internet regorgent d'informations à ce sujet et il existe de nombreuses revues spécialisées. Lorsque vous effectuez ce genre de travaux, veillez à garder des preuves de ce qui a été fait. Gardez vos factures et prenez des photos pendant le déroulement des travaux. Lorsque vous ferez venir un expert agréé pour obtenir un certificat de performance énergétique, vous devrez en effet lui prouver que vos murs et votre toit ont été isolés, or ces travaux ne seront plus visibles lorsque les rénovations seront terminées.

Toutes ces transformations peuvent coûter très cher, être très complexes à réaliser et nécessiter un permis d'urbanisme. Au plus le prix augmente, au plus votre risque augmente également. Je vous conseille donc de ne vous lancer dans de grandes transformations que si cela se justifie par rapport au quartier et au standing de votre propriété. Si ce n'est pas le cas, limitez-vous aux rénovations de base et esthétiques. Votre but n'est pas de dépasser les normes de qualité du quartier, mais au moins de les égaler si vous désirez que votre propriété se vende rapidement pour le prix que vous voulez.

## Déterminer la Valeur Après Rénovation (VAR)

Maintenant que vous avez déterminé les améliorations à effectuer, vous pouvez avoir une idée de ce à quoi ressemblera la propriété qui vous intéresse quand elle sera finie et prête à être vendue. L'étape suivante consiste donc à déterminer sa *Valeur Après Rénovation* (VAR), c'est-à-dire le prix auquel vous pourrez réalistement la mettre en vente lorsque vous aurez terminé les rénovations. Ce prix doit correspondre au marché et vous permettre de vendre rapidement votre bien. Lorsque vous avez trouvé une propriété, il est facile de devenir exagérément enthousiaste et de surestimer le prix auquel vous pourriez la revendre. Mais vous devez contrôler cet excès d'optimisme et déterminer votre *Valeur Après Rénovation* de la façon la plus rationnelle possible, en vous basant uniquement sur le marché.

Voici comment faire. Vous allez encore utiliser la méthode évoquée au chapitre 3 pour déterminer la valeur d'une propriété sur base du prix au mètre carré des propriétés semblables. C'est exactement la même méthode qui vous servira pour calculer la Valeur

Après Rénovation. Commencez par trouver sur internet 10 propriétés comparables à ce que sera votre propriété lorsque les travaux de rénovation seront terminés. Cela signifie des propriétés situées dans le même quartier, de même âge, de surface et de caractéristiques (nombre de chambres) proches, et dans le même état de rénovation. L'idéal est de pouvoir connaître le prix de vente final des propriétés qui ont effectivement été vendues dans les 3 mois précédents. Malheureusement, ce type d'information n'est pas directement disponible dans la plupart des pays. A défaut, vous prendrez les propriétés à vendre, mais en gardant à l'esprit que le prix indiqué sur l'annonce n'est que le prix demandé, et que la somme qu'en obtiendra le propriétaire sera généralement inférieure. Aussi, vous devez connaître le marché et l'observer depuis un moment pour savoir quelles sont les propriétés qui restent très longtemps à vendre sans trouver d'acquéreur. Il est probable qu'elles ne se vendent pas parce que leur prix de vente est trop élevé, et il ne servirait donc à rien de baser vos calculs sur le prix exagéré demandé pour ces propriétés.

Donc par exemple, supposons que le bien qui vous intéresse soit un appartement 2 chambres de 70 m² de 1970 dans le quartier X. Après rénovations, il aura une cuisine équipée. Votre recherche de propriétés comparables portera sur :
- Des appartements 2 chambres
- Bien sûr dans le quartier X
- Entre 60 et 80 m²
- Construit entre 1960 et 1980
- Rénovés (peinture et revêtements de sols neufs)
- Cuisine équipée

Si possible trouvez-en une dizaine. Procédez ensuite exactement comme expliqué en détail à la page 116. Pour rappel, pour obtenir la valeur d'un bien, vous devez :
- Ajuster les valeurs des différents biens en fonction de leurs caractéristiques afin d'obtenir une base de comparaison commune
- Ensuite, sur base de ces valeurs ajustées, calculer le prix moyen au mètre carré de toutes les propriétés
- Eliminer les valeurs extrêmes en enlevant les propriétés qui ont les valeurs ajustées la plus basse et la plus élevée, ainsi que celles qui ont les prix par mètre carré le plus bas et le plus élevé
- Calculer ensuite le prix moyen au mètre carré définitif sur base des propriétés restantes
- Puis multiplier la surface du bien que vous comptez acheter par ce prix moyen au mètre carré
- Finalement, ajouter à cette somme la valeur des caractéristiques particulières que possède le bien qui vous intéresse (par exemple une piscine) afin d'obtenir une estimation précise de sa valeur

Cela a l'air compliqué à première vue, mais le prix au mètre carré que vous aurez déterminé la première fois vous servira pour tous vos calculs ultérieurs. Et vous verrez que cela ira rapidement lorsque vous l'aurez fait quelques fois.

Vous avez donc maintenant votre Valeur Après Rénovation, premier poste de l'équation qui vous donnera votre Prix d'Achat Maximum.

Pour être tout à fait prudent, vous devez aussi prendre en considération l'évolution du marché et de l'environnement général. Les retournements de marché sont en effet le plus grand risque pour l'investisseur qui achète en vue de revendre. Comme nous l'avons vu, le marché de l'immobilier connaît des cycles. Parfois les changements durent longtemps, mais parfois le marché peut bouger plus rapidement que prévu, comme par exemple lors des récentes crises économiques et financières. Si vos travaux durent longtemps et que votre maison est mise en vente dans neuf mois ou un an, rien ne dit que les conditions du marché seront les mêmes à ce moment. Les taux d'intérêts peuvent par exemple évoluer, et s'ils augmentent les gens ne pourront plus emprunter autant, ce qui risque d'entraîner les prix à la baisse. Restez aussi attentif aux nouvelles constructions en développement. Si au moment où vous achetez vous voyez un grand immeuble en construction dans le quartier, cela signifie que de nombreux appartements seront mis en vente prochainement, probablement au moment où vous-même chercherez à vendre le vôtre. Donc, soyez prudent !

## Estimer le coût des travaux de rénovation

L'un des éléments les plus cruciaux dans l'achat-revente est de savoir correctement évaluer le coût des travaux. C'est l'une des compétences les plus essentielles à développer pour réussir dans ce domaine. Il est facile d'être beaucoup trop optimiste et de sous-estimer le prix des travaux. Il est en effet tentant de penser qu'il suffira d'un coup de peinture sur les murs et d'un bon nettoyage général, et que cela ne coûtera pas cher. Or, sous-estimer le coût des travaux est une erreur qui aura de lourdes conséquences. La première est bien sûr que la facture finale sera plus élevée et donc que votre profit sera diminué d'autant. Mais cela ne s'arrête pas là. Si lors de l'estimation des travaux certains postes ont été oubliés, la réalisation de ceux-ci demandera du temps supplémentaire. Et comme nous l'avons déjà vu, dans ce domaine le temps c'est de l'argent. Effectuer des travaux supplémentaires impliquera que vous devrez garder la maison plus longtemps, et donc que vos frais augmenteront.

> **Coûts des travaux sous-estimés** → Dépenses supplémentaires → Profit moindre
>
> **Travaux supplémentaires** → Conservation plus longue → Frais supérieurs → Profit moindre

Pour éviter cela, vos prévisions de coûts doivent donc être les plus exactes possibles. La base sur laquelle vous allez faire votre estimation est la liste des travaux à effectuer que vous avez établie lorsque vous avez visité la maison.

Le plus simple est de faire appel à un entrepreneur général qui vous remettra un devis précis pour l'ensemble des travaux. Toutefois, cette solution est également la plus onéreuse. Et même si vous optez pour cette solution, vous devrez quand même avoir quelques connaissances personnelles de base pour pouvoir comparer les devis de plusieurs entrepreneurs et choisir la meilleure offre. La seule manière d'arriver à estimer précisément les travaux est de vous informer du prix des matériaux et de la main d'œuvre du domaine de la construction. C'est surtout une question d'expérience, mais voici quelques conseils qui devraient vous aider à développer vos connaissances dans ce domaine :

- **Visitez les magasins de bricolage** : renseignez-vous sur le coût des matériaux et demandez conseil aux vendeurs sur les différents produits.
- **Lisez des livres et revues** sur le bricolage, la rénovation et la décoration d'intérieur.
- **Accompagnez l'expert immobilier** : lorsqu'il fait la visite avant votre achat, demandez-lui conseil sur les coûts potentiels et les solutions envisageables.
- **Obtenez plusieurs devis de la part d'entrepreneurs** : non seulement cela vous permettra de choisir la meilleure offre, mais vous pourrez profiter de l'occasion pour discuter avec eux et trouver les meilleures solutions pour remédier aux problèmes de la propriété.
- **Cherchez sur internet** : outre les sites expliquant les techniques, de nombreuses questions sur les forums concernent le coût des différents types de travaux. Introduisez dans un moteur de recherche les termes suivants : « prix travaux rénovation » + « Mon pays ».
- **Parlez avec d'autres propriétaires** : si vous connaissez d'autres personnes qui ont rénové et amélioré leurs propriétés, vous pouvez apprendre beaucoup de leurs expériences.

## Déterminez les frais d'achat, de garde et de vente

Outre le prix d'achat de votre propriété et le coût des travaux, vous devez également tenir compte de plusieurs frais qui peuvent vous surprendre et manger tout votre profit si vous ne les incluez pas dès le début dans vos calculs. Ce sont les frais d'achat, les frais de garde et les frais de vente.

### a. Les frais d'achat

Les frais d'achat, que l'on appelle souvent aussi « frais de notaires », sont dus quand vous achetez la maison. Ils varient considérablement suivant les pays, et parfois même les régions. Il n'est par conséquent pas possible d'en donner ici un montant ou un taux exact. A vous de déterminer ce qui s'applique à votre situation. Dans un premier temps, cherchez sur internet en introduisant dans un moteur de recherche les termes « immobilier frais d'achat » + « Mon pays » et en visitant le site de votre administration fiscale (voir annexe 2).

Les taxes constituent la plus grosse partie des frais d'achat (plus de détails à ce sujet page 213). Elles représentent un pourcentage du prix d'achat de la propriété, généralement entre 5 et 15% suivant le pays. Comme nous l'avons vu plus haut, vous devez déterminez le montant des frais d'achat pour compléter le calcul de votre *Prix d'Achat Maximum* (PAM). Le problème, c'est qu'à ce stade de votre analyse, vous ne connaissez forcément pas le prix d'achat, étant donné que c'est justement ce que vous cherchez à calculer.

Pour contourner cette difficulté, vous pouvez estimer un prix d'achat en fonction de ce que vous sentez que le vendeur serait prêt à accepter. Si le prix de vente annoncé est de 150.000 euros, et que vous pensez que le vendeur accepterait 140.000, prenez 140.000 comme base pour calculer vos frais d'achat. Ensuite, vous devrez affiner le calcul lorsque vous connaîtrez le prix d'achat final.

Si les taxes représentent la plus grosse part des frais d'achat, elles ne sont pas les seules dépenses dont vous aurez à tenir compte. Sont également à inclure dans les frais d'achat :
- **les frais d'inscription hypothécaire** que vous aurez à payer si vous demandez un crédit hypothécaire. Ces frais sont fonction du prix d'achat et peuvent être assez élevés (plusieurs milliers d'euros).
- **le coût de l'expertise par un expert immobilier indépendant.** La banque ou l'organisme prêteur vous en demandera certainement une, mais il est de toute façon dans votre intérêt de la faire.
- **Les honoraires du notaire** qui enregistrera la vente.

La meilleure solution, et la plus exacte, pour estimer les frais d'achat est d'en demander le calcul à celui à qui en incombera la responsabilité au moment de la signature de l'acte d'achat final, c'est-à-dire votre notaire.

**b. Les frais de garde**
Les frais de garde sont tous les frais que vous aurez à supporter pendant le temps que vous garderez la maison. Ces frais comprennent principalement l'assurance, les taxes foncières et les fournitures (eau, électricité, ...).

En effet, ne perdez pas de vue que si vous devez effectuer des travaux dans la propriété, vous aurez besoin d'eau et d'électricité. Vous devrez donc non seulement payer la consommation, mais peut-être également des frais d'ouverture et de fermeture de compteurs.

N'oubliez pas non plus de prendre en compte les éventuelles charges supplémentaires qui peuvent exister dans de grands immeubles à appartement (participation au salaire du concierge, entretien des ascenseurs, etc.).

Tous ces frais de garde varient fortement d'une propriété à l'autre, et peuvent être difficiles à estimer au moment où vous faites votre analyse pour déterminer votre Prix d'Achat Maximum. Comme règle générale, vous pouvez considérer que les frais de garde seront d'environ 1,5% du prix d'achat. Comme pour votre calcul des frais d'achat, vous devrez donc ici aussi à ce stade utiliser une estimation du prix d'achat.

Pour reprendre l'exemple précédent, sur un prix d'achat de 140.000 euros, vous compterez donc 2.100 euros (1,5% de 140.000 euros).

#### c. Les frais de vente
Les frais de vente sont toutes les dépenses que vous aurez à effectuer pour vendre la propriété. Celles-ci sont de plusieurs sortes :
- **Les taxes à charge du vendeur :** dans certains pays, le vendeur doit payer un pourcentage du prix de vente, tandis que dans d'autres tous les frais sont à charge de l'acheteur.
- **Les obligations légales :** par exemple, de nombreux pays imposent aujourd'hui la réalisation d'un certificat de performance énergétique avant la mise en vente d'un immeuble, afin que l'acheteur ait connaissance de la qualité de son isolation thermique. L'obtention de tels certificats est à charge du vendeur.
- **La commission de l'agent immobilier :** si vous décidez de vendre par l'intermédiaire d'un agent immobilier, il vous demandera en échange une commission qui pourra s'élever entre 3 et 5 % du prix de vente plus TVA.
- **Les frais de publicité :** si vous décidez de vendre vous-même votre bien, vous devrez payer la publication de vos annonces.

## Déterminez le coût du financement

Le coût du financement représente ce que vous cela vous coûtera pour emprunter l'argent nécessaire à l'achat de la propriété. Autrement dit, si vous empruntez 140.000 euros pendant 6 mois, combien cela vous coûtera-t-il au total ?

Trois éléments vont influencer ce coût :
- **Le montant que vous empruntez :** ce sera le prix de revient total de la propriété (prix d'achat + les travaux) moins ce que vous investissez personnellement.
- **Le taux d'intérêt** auquel vous empruntez.
- **La durée du prêt :** le nombre de mois entre l'achat et la revente.

La durée du prêt dépend directement de la durée des travaux et du temps que mettra la vente de la propriété. Ainsi, pour pouvoir estimer correctement le coût du financement, il faut d'abord savoir combien de temps dureront les travaux.

L'idéal, mais cela n'est pas toujours possible, est de pouvoir obtenir un emprunt à terme fixe pour lequel vous ne payez que les intérêts et remboursez le capital en une fois lorsque vous vendez (voir p.66). Un tel type d'emprunt permet de réduire les liquidités à sortir tous les mois. A l'opposé, si vous avez recours à un emprunt traditionnel, vous devrez en plus rembourser tous les mois une partie du capital. Mais comme vous revendrez à court terme, le remboursement du capital n'est pas votre priorité. Le plus important pour vous, c'est de devoir débourser le moins possible pendant le temps que vous gardez le bien.

Avec un crédit hypothécaire, vous devrez payer des frais d'inscription hypothécaire proportionnels à la somme empruntée. Le calcul en est complexe, de sorte que vous devrez en demander le montant à votre notaire. Ces frais ne sont pas négligeables et s'élèvent à plusieurs milliers d'euros. Or, pour celui qui veut revendre rapidement, il s'agit véritablement d'argent jeté par les fenêtres. Si vous êtes un particulier peu fortuné, vous aurez du mal à y échapper. Mais pour un professionnel, il est plus rentable de financer ce genre d'opération avec des fonds propres (quand c'est possible), ou en négociant avec la banque un découvert d'un montant convenu et garanti par une hypothèque de premier rang sur un bien immobilier personnel libre de toute hypothèque.

Par ailleurs, si vous achetez avec un crédit hypothécaire traditionnel, et mettez fin à celui-ci quelques temps plus tard lorsque vous revendez, vous devrez vraisemblablement payer à la banque une indemnité de remploi. Celle-ci est généralement égale à trois mois d'intérêts calculés sur la somme restant due. Par exemple, si vous avez emprunté 140.000 euros à 4% de taux d'intérêt, et que vous remboursez votre crédit quelques mois plus tard, l'indemnité de remploi sera calculée comme suit :
   **Intérêts sur un an :** 140.000 euros x 4 % = 5.600 euros.
   **Intérêts sur 3 mois :** 5.600 euros x 3/12 = 1.400 euros.
L'indemnité de remploi sera donc égale à 1.400 euros.

## Déterminez votre profit minimum

C'est évidemment la partie la plus intéressante, et le but final de toute l'opération. Vous devez dès le départ définir le profit minimal que vous voulez retirer de la transaction. Et ce profit doit être inclus dans la formule qui vous permet de calculer votre *Prix d'Achat Minimum* (PAM). Si vous ne le faites pas, vous risquez de ne rien avoir du tout en bout de course. Vous aurez pris des risques et fait beaucoup d'efforts pour rien, ce qui serait vraiment malheureux.

Certains investisseurs travaillent avec un montant en argent. Par exemple ils veulent que chaque opération leur permette de gagner 10.000 ou 20.000 euros. D'autres définissent un pourcentage du prix de vente, généralement entre 10 et 20%. A vous de décider la formule avec laquelle vous vous sentez le plus à l'aise. Cependant, toutes les opérations ne se ressemblent pas. Il y a une grosse différence entre une opération

où vous vous contenterez de nettoyer et de repeindre les murs, et une opération dans laquelle vous devrez refaire complètement un toit. Le risque que vous prenez est beaucoup plus important dans la dernière opération que dans la première. Il serait donc normal que le profit soit adapté en conséquence. Pour cela, vous pouvez décider de déterminer votre profit minimum à partir de deux composantes :
1. **une composante de base** qui représente un pourcentage minimum de profit en dessous duquel vous ne travaillerez pas, par exemple 10% du prix de vente.
2. **une composante liée à la complexité de l'opération et au risque encouru.** Ainsi, aux 10% de base, vous pouvez rajouter des pourcents supplémentaires en fonction du risque et de la complexité du projet. Par exemple, si 10% de profit est acceptable pour faire juste un gros nettoyage et les réparations de base, il faudra 15% pour repeindre tout l'appartement et refaire les sols, et un projet compliqué pourra exiger 20 % de profits, voire plus.

## N'oubliez pas les taxes et les impôts

Comme tout autre investissement, l'achat-revente d'un bien immobilier a des implications fiscales. Le calcul final de votre bénéfice est donc le suivant :

      Prix de vente
- le prix d'achat
- le coût des travaux
- les frais d'achat, de garde et de vente
- le coût du financement

-----------------------------------------------------------

= **Bénéfice Brut avant impôt** (= *la plus-value réalisée*)
- *impôts sur la plus-value réalisée*

-----------------------------------------------------------

= **Bénéfice Net de l'opération**

Les impôts que vous devez payer sur la plus-value (le gain net réalisé lors de la vente d'un bien immobilier) sont un important dévoreur de bénéfice ! Renseignez-vous donc le plus tôt possible sur la fiscalité en vigueur dans votre pays. Si votre pays vous impose, vous serez taxé sur la différence entre le prix auquel vous vendez l'immeuble et ce qu'il vous a coûté au total. Attention, vous devrez donc pouvoir justifier toutes vos dépenses ! Pour cela, conservez précieusement toutes vos factures, et réfléchissez à deux fois avant d'engager de la main d'œuvre non-déclarée. Ce genre de travailleurs vous coûtera moins cher sur le moment, mais il vous sera ensuite impossible de déduire ces frais auprès de votre administration fiscale.

Pour les particuliers, beaucoup de pays pénalisent les reventes rapides d'immeubles, et les taxes sur les plus-values à la revente diminuent en général proportionnellement à la durée de détention du bien, avec souvent une période minimale pendant laquelle le taux d'imposition est très élevé. Dans certains pays, toute taxe disparaît si le bien est conservé un certain temps (par exemple cinq ans). En France, la durée après laquelle toute taxe disparaît a été récemment considérablement allongée. Par ailleurs, la taxation est généralement beaucoup plus avantageuse lorsque l'on revend l'habitation que l'on occupe personnellement (résidence principale), par rapport à la revente d'un immeuble d'investissement ou d'une résidence secondaire. C'est pourquoi une stratégie intéressante pour commencer à investir peut-être de changer plusieurs fois de résidence principale, et de les revendre chaque fois avec un bénéfice (voir p.239).

Pour les professionnels, ceux que l'on appelle les marchands de biens, il en va différemment. Dans leur cas, au niveau comptable les immeubles ne sont pas considérés comme des actifs, mais bien comme du stock. Lors de la revente, ils sont imposés comme ils le seraient lors de la vente de n'importe quel produit.

## Déterminer votre Prix d'Achat Maximum (PAM)

Tout le travail d'analyse d'une propriété que nous venons d'effectuer ci-dessus débouche sur la détermination du Prix d'Achat Maximum (PAM). C'est-à-dire l'offre maximale que vous pouvez faire pour une propriété, compte tenu de toutes les dépenses que vous aurez à faire, et tout en réalisant un profit.

Pour rappel, la formule pour arriver au prix d'achat maximum, est la suivante :

*Valeur Après Rénovation (VAR)*
- *Coûts des Travaux*
- *Frais d'achat, de Garde et de Vente*
- *Coût du financement*
- *Profit Minimum*
- *Taxes et impôts*

-----------------------------------------------

= *Prix d'Achat Maximum (PAM)*

**Récapitulons sur base d'un exemple :**
Vous vous intéressez à un appartement 2 chambres de 80 m² pour lequel le propriétaire demande 140.000 euros. L'appartement est « à rafraîchir ».
Sur base des prix de vente d'appartements semblables dans le quartier, vous déterminez que ce type d'appartement - quand il est rénové - se négocie pour un prix moyen de 2.250 euros/m².
Ainsi, vous calculez une *Valeur Après Rénovation* (VAR) réaliste de 2.250 euros/m² x 80m² = 180.000 euros.

Ensuite, votre entrepreneur vous remet un devis de 10.000 euros pour rénover entièrement l'appartement et le mettre dans un état qui justifiera le prix de vente de 180.000 euros.
Pour calculer vos frais d'achat et vos frais de garde, vous n'avez d'autre choix que de choisir un prix d'achat vraisemblable, étant donné que vous ne connaissez pas encore le prix d'achat final. Vous décidez de faire vos calculs sur base de 120.000 euros, car vous pensez que le propriétaire serait disposé à baisser son prix.
Supposons que dans votre pays, l'ensemble des frais d'achat représente 15% du prix de vente. Cela nous donne 120.000 euros x 15% = 18.000 euros.
Supposons aussi que vos frais de garde représentent 1,5% du prix d'achat. Cela donne environ 2.000 euros.
Vous décidez de vendre l'appartement vous-même, et vos frais de vente sont donc très réduits (le prix des annonces sur quelques sites internet). Nous les négligerons donc dans le calcul ci-dessous.
L'ensemble des frais d'achat, de garde et de vente s'élève donc à 20.000 euros.
Passons maintenant à l'estimation des coûts de financement. A ce stade, votre budget total est estimé à :
    Prix d'achat estimé : 120.000
    Travaux : 10.000
    Frais d'achat : 18.000
    Frais de garde : 2.000
    Soit un total de 150.000 euros.

Supposons que vous disposiez de 15.000 euros personnels. Vos besoins de financement seront donc de 150.000 – 15.000 = 135.000 euros.
A partir de ce chiffre, vous pouvez calculer quel sera le coût de votre financement.
Si vous empruntez la somme avec un crédit sur 30 ans à 5% d'intérêt, vos remboursements mensuels s'élèveront à 724 euros (pour connaître le montant approximatif de vos mensualités, utilisez des simulateurs de crédit sur internet).
Si vous estimez que l'ensemble de l'opération durera 6 mois, le total de vos mensualités sera donc de 6 x 724 = 2.896 euros. (Pour simplifier la démonstration, nous ne tiendrons pas compte ici du fait qu'une (faible) partie du capital aura aussi été remboursée durant cette période).
A cette somme, vous devez encore ajouter les frais d'inscription hypothécaire, qui pour cette somme seront d'environ 3.000 euros.
Puis, comme vous résilierez votre crédit anticipativement, vous devrez à la banque une indemnité de remploi égale à 3 mois d'intérêts, soit environ 1.000 euros.
Ainsi, le coût total de votre financement sera de 2.896 + 3.000 + 1.000 euros = environ 6.900 euros.
Par ailleurs, vous décidez que votre profit doit être au minimum de 10% du prix de vente. Cela représente donc 180.000 euros x 10% = 18.000 euros.

Finalement, vous déterminez que sur vos 18.000 euros de profit, vous devrez payer 5.400 euros d'impôts (juste pour l'exemple, nous prenons un taux d'imposition de 30%, mais vous devrez bien sûr adapter celui-ci en fonction de votre situation et de votre pays).

Voilà, vous avez maintenant tous les éléments pour calculer votre Prix d'Achat Maximum. Cela nous donne :

-    180.000   *Valeur Après Rénovation (VAR)*
-    - 10.000   *Coûts des Travaux*
-    - 20.000   *Frais d'Achat, Garde et de Vente*
-    - 6.900   *Coût du Financement*
-    - 18.000   *Profit Minimum*
-    - 5.400   *Taxes et impôts*

-------------------------------------------------

= 119.700   *Prix d'Achat Maximum (PAM)*

En conclusion, 119.700 euros est le prix maximum que vous pouvez payer pour cet appartement si vous voulez rentrer dans vos frais et retirer de l'opération le profit escompté. Comme vous le voyez, déterminer votre Prix d'Achat Maximum vous permettra de rester objectif pendant le processus d'achat et de ne pas agir émotionnellement. Et surtout, cela vous permettra de vous éloigner sans regret d'une transaction risquée ou non rentable. Lorsque vous avez votre PAM, vous pouvez alors faire une offre au propriétaire. Vous trouverez dans le chapitre 6 des conseils pour présenter celle-ci et négocier le meilleur prix.

## 5.3. Rénover

### Planifiez les travaux longtemps à l'avance

Souvenez-vous que la rapidité est la clé du succès lorsque vous achetez des propriétés en vue de les revendre. Pour rendre votre profit maximum, vous devez donc tout faire pour garder les biens en votre possession le moins longtemps possible. C'est pourquoi vous devez planifier les travaux à effectuer bien avant la date de signature de l'acte d'achat.

Ne faites surtout pas l'erreur d'attendre après la signature pour commencer à réfléchir à la planification des travaux. Vous perdriez un temps précieux et donc de l'argent. Si vous faites les travaux vous-même, vous pouvez prendre vos outils immédiatement. Mais si vous faites appel à un entrepreneur ou à des corps de métiers spécialisés, vous devez les prévenir à l'avance si vous voulez qu'ils débutent le lendemain du jour de la signature.

Le meilleur moment pour commencer à établir un planning provisoire des travaux, c'est lorsque vous faites une première visite avec l'entrepreneur pour lui demander un devis pour les travaux. Lors de cette première visite ensemble, vous pouvez lui donner une idée approximative de la date à laquelle vous pensez être en mesure de signer l'acte d'achat définitif. Vérifiez d'ores et déjà à ce stade qu'il pourrait être disponible aux dates qui vous conviennent. S'il vous dit qu'il est complet pour les six prochains mois, vous saurez déjà que vous devez chercher quelqu'un d'autre.

Dès que vous avez établi de manière certaine une date de signature avec le vendeur, recontactez l'entrepreneur que vous avez choisi afin de fixer avec lui une date définitive de début des travaux. Surtout, n'hésitez pas à lui expliquer que vous ne voulez pas perdre un seul jour.

La clé est d'établir votre planning bien à l'avance et d'être prêt à l'exécuter aussitôt que possible après la signature de l'acte de vente. Vous ne pouvez toutefois pas commencer à travailler dans la propriété tant que vous n'avez pas signé l'acte final (et payé le prix d'achat). Mais vous pouvez mettre à profit la période qui s'étend entre l'acceptation de votre offre et la date de la signature définitive pour planifier les travaux. Planifier est crucial et vous aidera à garder le contrôle du temps, des coûts et de la qualité du résultat final. Et votre succès ou votre échec dépendra de votre capacité à respecter votre planning, à rester dans les limites de votre budget, à vous assurer de la qualité des rénovations et à gérer les surprises inattendues.

## Faire soi-même ou engager quelqu'un ?

Une question à laquelle sont confrontés beaucoup d'investisseurs est celle de savoir s'il vaut mieux faire les travaux soi-même ou engager quelqu'un pour les faire. Si l'on fait soi-même on peut certes économiser de l'argent, mais si on fait faire les travaux par un entrepreneur on peut en général gagner du temps.

Si vous êtes bon bricoleur, vous serez certainement enclin à penser que vous pourrez réduire vos frais en effectuant vous-même les rénovations. Mais cela va vous prendre du temps, et peut-être même beaucoup de temps ! Et, encore une fois, plus longtemps vous gardez la propriété, et plus vous aurez à payer d'intérêts sur l'argent emprunté. Tandis qu'un entrepreneur qui travaille avec une équipe d'ouvriers pourra rendre la maison prête à la vente beaucoup plus rapidement. Bien sûr, il vous en coûtera beaucoup plus cher. Egalement, soyez réaliste en ce qui concerne vos compétences. Tout le monde n'est pas bricoleur, et si ce n'est pas votre cas il vaut mieux engager quelqu'un.

La décision dépend aussi du nombre de transactions que vous vous voulez effectuer. Si vous n'en faites qu'une ou deux par an, ou si vous décidez de commencer votre activité à ce rythme, alors faire les travaux vous-même peut s'avérer être une stratégie efficace. Par contre, si vous visez un plus gros volume de transactions, vous ne pourrez pas vous permettre de dépenser votre temps à faire les rénovations vous-même. Vous devrez plutôt l'utiliser aux activités qui créent le plus de valeur, c'est-à-dire trouver des propriétés à acheter et organiser les opérations. En déléguant systématiquement les travaux à des professionnels, vous pourrez ainsi mettre en place un système qui vous permettra d'acheter et vendre dix propriétés ou plus par an.

Quelle que soit votre décision, lorsque vous effectuez l'analyse de la propriété afin de déterminer votre *Prix d'Achat Maximum* (PAM), incluez dans votre calcul le prix des travaux effectué par un entrepreneur, même si c'est vous qui les faites. Si ce calcul aboutit à un Prix d'Achat Maximum (PAM) beaucoup trop bas pour qu'il soit accepté par le propriétaire (mais on ne sait jamais !), passez votre chemin et cherchez une autre propriété. Ne tombez surtout pas dans le piège de croire que vous réduirez les coûts en faisant les rénovations vous-même, juste pour rendre les chiffres plus acceptables et justifier un PAM plus cher.

## Quels professionnels pour effectuer vos travaux ?

Si vous décidez de faire effectuer les travaux par quelqu'un d'autre, plusieurs solution d'offrent à vous. Vous pouvez en effet faire appel à un entrepreneur général, à des corps de métier spécialisés ou à des travailleurs individuels. Chacune de ces solutions a ses avantages et ses inconvénients.
- **Entrepreneur général :** il prend la responsabilité de l'entièreté du projet. Il est comme un chef d'orchestre qui dirige tout le chantier. Il coordonne les travailleurs et gère l'approvisionnement en matériaux.
- **Corps de métier spécialisés :** par exemple électriciens, maçons, plâtriers, plombiers. Ils assument la responsabilité d'une tâche spécifique de A à Z. Mais c'est à vous de coordonner et planifier leur présence, car certaines choses doivent être faites avant les autres (par exemple, l'électricité doit être faite avant de commencer à plâtrer).
- **Travailleurs individuels :** ils sont payés à l'heure et effectuent le travail que vous leur demandez. Vous devrez gérer vous-même le chantier et assurer l'approvisionnement en matériaux. Il n'y a pas de garantie sur leur travail.

| Qui fait les travaux ? | Leur responsabilité | Votre implication | Coût | Paiement |
|---|---|---|---|---|
| Entrepreneur général | Totale | Faible | Elevé | Forfait global |
| Corps de métiers indépendants | Limitée à leur domaine d'intervention | Moyenne : assurer la planification | Moyen | Forfait pour leur tâche |
| Ouvriers | Aucune | Elevée : planifier, distribuer les tâches, vérifier la qualité et approvisionner en matériaux | Moyen | A l'heure |

Pour votre première opération, le plus sage est de faire appel à un entrepreneur général. Le mieux est de le rencontrer régulièrement sur le chantier pour en vérifier l'avancement et la bonne exécution des tâches. Enfin, bien sûr, votre responsabilité principale sera de le payer selon l'échéancier que vous aurez convenu ensemble. Si vous avez fait un emprunt, vous devrez présenter ses factures à votre organisme prêteur afin qu'il soit payé.

## Agissez en accord avec les règlementations

Faites en sorte que vos travaux soient en accord avec les réglementations urbanistiques locales. Faire des travaux sans autorisation est interdit par la loi dans la plupart des pays, hormis pour les petits travaux d'aménagement. Une demande d'autorisation d'urbanisme est requise notamment pour les nouvelles constructions, les extensions de constructions existantes, toutes les transformations ou aménagements qui impliquent des modifications sur des murs porteurs, la démolition partielle ou totale d'un immeuble et les changements de destination du bien.

En cas de réalisation de travaux sans autorisation, vous vous exposez à des sanctions qui peuvent être lourdes. Si la réalisation de travaux sans autorisation cause un préjudice à un voisin, ce dernier peut engager une action en réparation devant le tribunal. Le propriétaire des travaux peut ensuite être contraint par le juge de démolir l'ouvrage en infraction et/ou de payer des dommages et intérêts au voisin lésé. Tous les responsables (propriétaire, architecte, constructeur...) des travaux réalisés sans autorisation sont en outre passibles de sanctions pénales, notamment amende, destruction de l'ouvrage, obligation de remettre les lieux dans leur état initial et éventuellement emprisonnement en cas de récidive.

Pensez que ces infractions urbanistiques peuvent toujours être découvertes inopinément par des inspecteurs qui passent dans le quartier et remarquent quelque chose, par l'expert immobilier de votre acheteur, par des entreprises qui viennent faire un devis ou parce que les voisins portent plainte. Il vaut donc mieux intégrer la mise en conformité avec les lois et règlements dans vos estimations de coûts. A défaut de faire cela, vos profits pourraient se transformer en pertes.

## 5.4. Vendre avec profit

La vente de votre propriété est la conclusion de tout le travail que vous aurez fourni pour la trouver, l'analyser, l'acheter et la rénover. C'est le moment où vous allez enfin pouvoir récolter le fruit de vos efforts.

En tant qu'investisseur qui achète des propriétés pour les revendre, vous ne pouvez pas vous permettre d'attendre longtemps l'acheteur qui vous donnera un prix très élevé. Vous devez vendre le plus vite possible, parce que pour chaque jour supplémentaire où vous gardez une propriété vous coûte. Au plus vite vous vendez, au plus vite vous pouvez vous libérer de ces obligations. Par ailleurs, tant que vous n'avez pas vendu, vous ne pouvez pas profiter d'autres opportunités qui se présentent à vous. Votre capital et votre capacité d'emprunt sont liés à cette propriété. Quand vous vendez, vous récupérez votre capacité à entrer dans une autre opération qui générera à son tour un profit. Plus vite vous vendrez, et plus vous pourrez gagner d'argent. Nous allons dès lors voir maintenant quelques conseils qui vous permettront de vendre rapidement.

### Prévoyez la vente avant d'acheter

Une planification du début à la fin est la clé de la réussite. J'ai déjà insisté sur ce point à propos des travaux de rénovation. Mais la planification doit également prendre en compte la vente du bien. Vous devriez en effet établir une stratégie de vente avant même d'acheter la maison ou l'appartement.

Une bonne stratégie de vente commence par une bonne stratégie d'achat. Cela signifie que l'objectif de revente doit guider vos décisions dès le moment où vous choisissez le quartier et le type de biens que vous recherchez. Vous devez en effet dès le départ choisir minutieusement la zone dans laquelle vous allez investir pour vous assurer que la demande y est suffisamment soutenue et que les biens comme celui que vous allez acheter sont recherchés et ne restent pas longtemps en vente. Ces décisions doivent être prises avant d'acheter. Vous ne pouvez pas attendre le moment de la vente pour y penser !

Vous devez également définir les méthodes que vous allez utiliser pour attirer à vous les acheteurs. Lorsque votre stratégie de vente est clarifiée assez tôt dans le processus, vous serez prêt à la mettre rapidement et efficacement en œuvre quand le moment sera venu. Votre stratégie de vente doit englober tous les points traités dans les paragraphes suivants.

## Offrez un produit que les gens recherchent

Pour vendre rapidement votre propriété, vous devez offrir un produit que les gens veulent. Au plus votre produit sera susceptible d'intéresser un grand nombre de personnes, au plus vous aurez d'acheteurs potentiels. Et au plus vous aurez d'acheteurs potentiels qui visitent votre bien, au plus vite vous le vendrez.

Les gens vont évaluer la propriété que vous avez à vendre en la comparant avec les autres propriétés sur le marché. Ils choisiront finalement celle qui correspond le mieux à leurs besoins et à leurs moyens financiers. Ils baseront leur décision d'achat sur des critères tels que l'état du bien et son prix. Mais ils prendront également en compte d'autres facteurs liés à sa localisation, comme la proximité de commerces, la présence de transports en commun, la qualité des écoles pour leurs enfants, et à cela s'ajoutent encore d'autres considérations personnelles comme la distance par rapport au lieu de travail ou la proximité de la famille.

Si vous n'avez aucune emprise sur les motivations personnelles des acheteurs, vous pouvez par contre faire en sorte que le bien que vous vendez présente le plus possible des qualités qu'un acheteur pourrait désirer.

## Annoncez un prix compétitif

Si vous avez procédé de manière rationnelle, comme l'enseigne ce livre, vous aurez dès la phase d'analyse une idée précise du prix auquel vous pouvez vendre cette propriété. La première étape pour calculer votre *Prix d'Achat Maximum* (PAM) aura en effet été d'évaluer avec précision la *Valeur Après Rénovation* (VAR) de la propriété. Si vous avez bien fait votre travail, et si les conditions du marché n'ont pas changé durant ces quelques mois depuis que vous avez acheté, c'est à ce prix que vous mettrez en vente votre bien.

Comme nous l'avons déjà vu, il ne faut pas commettre l'erreur de fixer le prix de vente en additionnant votre prix d'achat, le coût des travaux et tous vos autres frais. Si l'opération vous a coûté plus cher que prévu, vous pourriez être tenté d'augmenter le prix de vente afin de compenser votre surcoût. En pensant de cette manière, vous risquez d'arriver à un prix de vente qui soit trop élevé pour le marché. En conséquence, vous pourriez mettre plus longtemps à vendre la propriété et donc augmenter encore vos frais.

Vous pourriez aussi être tenté d'annoncer le bien à un prix élevé fort au-dessus de sa valeur, en vous disant qu'il sera toujours temps de négocier quand un amateur se présentera. Pourtant, ce ne serait vraiment pas une bonne idée ! Que risque-t-il en effet de se passer ? Les amateurs verront votre annonce sur internet, mais ils se laisseront décourager par le prix excessif et n'essaieront même pas de négocier. Peut-être même qu'ils ne prendront pas la peine de téléphoner, et ils achèteront un autre bien à un prix plus réaliste. Puis le temps passera, et vous vous direz alors que vous devriez peut-être baisser un peu le prix. Ce que vous ferez une fois, puis une deuxième fois ... Mais les acheteurs potentiels qui regardent régulièrement les annonces reconnaitront votre propriété et se diront : *«Si elle est à vendre depuis si longtemps, c'est qu'il y a un problème».* Elle finira bien par se vendre, mais le prix de vente risque d'être fortement inférieur à ce que vous auriez pu obtenir tout de suite, en la proposant à sa vraie valeur.

C'est donc toujours en fonction du marché que vous devez fixer votre prix de vente si vous ne voulez pas rester longtemps avec votre propriété sur les bras. L'idéal est d'annoncer le bien à un prix légèrement inférieur à ce qui se pratique pour des biens équivalents dans la région. Ensuite, justifiez ce prix et maintenez-le puisqu'il est justifié !

## Faut-il avoir recours à une agence immobilière ?

Vendre votre propriété en passant par une agence immobilière vous simplifiera grandement la tâche. Elle annoncera la maison sur son site internet, mettra des annonces sur les sites de ventes immobilières, répondra aux coups de téléphone des gens intéressés et leur fera visiter le bien. Lorsqu'un acheteur sera décidé, l'agent lui fera signer une offre, vous la communiquera et servira d'intermédiaire entre vous et l'acheteur. Vous ne vous occupez de presque rien, et vous pouvez commencer à penser à votre prochain achat.

Bien sûr, l'agent immobilier ne fera pas tout cela pour vos beaux yeux. Il vous demandera en échange une commission correspondant à un pourcentage du prix de vente. Les pratiques sont différentes pour chaque pays, et vous devrez donc vous renseigner à ce sujet. Quelques coups de téléphone à des agences dans votre zone vous apprendront ce que cela vous coûtera. Vous pouvez vous attendre à une commission entre 3 et 5% du prix de vente, plus TVA. Cela représente donc un coût non négligeable que vous devez absolument prendre en compte dans le poste « Frais d'Achat, de Garde et de Vente » lorsque vous calculez votre *Prix d'Achat Maximum* (PAM).

Vous pourriez dès lors avoir envie de vendre votre propriété par vous-même, en économisant de la sorte la commission de l'agent immobilier. C'est quelque chose de parfaitement réalisable. Pour cela, vous allez devoir agir et penser comme un professionnel, et remettre immédiatement votre casquette de vendeur sur la tête lorsque le téléphone sonnera et que vous aurez en ligne un inconnu qui vous dira : « *Bonjour Monsieur (Madame), j'ai vu votre annonce pour un appartement à vendre et j'aimerais avoir plus de renseignements ...* ».

Ensuite, lorsque vous ferez visiter votre bien à des acheteurs potentiels, vous devrez avoir la bonne attitude. Il faudra leur faire remarquer tous les avantages de la propriété, mais sans insister trop lourdement comme un vendeur faisant le forcing. Vous devrez apprendre à contrôler vos émotions lorsque vous parlerez prix, et à appliquer logiquement une stratégie de négociation bien réfléchie.

Enfin, si vous avez affaire à un acheteur combattif qui vous entraîne dans un échange d'offres et de contre-offres, vous devrez rester rationnel et maître du jeu. En réalité, tout cela n'est pas si difficile. Si vous doutez de vos capacités de vendeur, faites-vous aider par votre conjoint, un membre de votre famille ou un(e) ami(e) en qui vous avez toute confiance.

Pour ce qui est des aspects pratiques de la mise en vente d'un bien, rassurez-vous, c'est beaucoup moins compliqué que ce que votre agent immobilier voudrait vous faire croire. Pour la publicité, il existe maintenant dans tous les pays de nombreux sites immobiliers où les particuliers peuvent déposer leurs annonces. Ces sites sont parfois ceux de publications imprimées, de sorte que votre annonce sera également distribuée sur papier. Choisissez les sites les plus importants et publiez votre annonce pour une durée d'un mois minimum. Cela vous coûtera à chaque fois quelques dizaines d'euros. Vous pouvez également publier votre annonce sur des sites qui permettent de placer gratuitement des annonces. Mais ne vous limitez jamais à ces sites gratuits.

Attachez de l'importance au contenu de votre annonce. Vous devrez en effet décrire votre propriété de façon alléchante, pour que l'acheteur potentiel ait envie d'en savoir plus et vous contacte. Et, comme les images parlent plus que les mots, vous devrez y mettre des photos de qualité et attirantes qui mettent votre bien en valeur.

Je vous conseille de terminer votre annonce par la mention « agences strictement s'abstenir », car sinon vous recevrez beaucoup d'appels téléphoniques d'agences immobilières qui vous proposeront de leur confier la vente de votre propriété. Elles savent en effet comment reconnaître les annonces faites par des particuliers en appliquant les principes que je vous ai expliqués au chapitre 3. Typiquement, ces agences vous proposeront de passer avec elles un contrat d'exclusivité, et vous promettront quasi toujours de réaliser une vente rapide parce qu'elles ont de nombreux clients en attente pour exactement le type de bien que vous proposez et exactement dans ce quartier. Dans les grandes métropoles, elles essayent aussi souvent d'appâter le propriétaire en précisant que ses clients en attente sont « internationaux », ce qui laisse présager un pouvoir d'achat important et une faible connaissance du marché local. Si votre décision est de vendre votre propriété par vous-même, ne vous laissez pas tenter par leurs arguments ! Refusez poliment leur offre et poursuivez votre chemin. Si vous n'arrivez vraiment pas à vendre votre immeuble par vous-même, il sera toujours temps alors de faire appel aux services d'une agence.

En ce qui concerne les aspects juridiques de la vente, c'est de toute façon votre notaire qui s'en chargera. Prenez donc contact avec lui dès que vous mettez la propriété en vente, et demandez-lui de réceptionner les offres des acheteurs.

Vous pouvez donc parfaitement vendre vous-même votre propriété et économiser ainsi de trois à cinq pourcents du prix de vente que vous auriez autrement du donner à un agent immobilier. Mais si vous commencez à avoir une certaine fréquence de transactions, vous vous rendrez compte que cette stratégie n'est pas forcément la plus rentable parce qu'elle vous prendra du temps. C'est un peu le même problème que de choisir entre faire soi-même les travaux ou les faire exécuter par quelqu'un d'autre. D'un côté l'économie d'argent, de l'autre l'économie de temps.

Si vous envisagez d'acheter et vendre trois, quatre ou cinq propriétés par an, il vous deviendra difficile de gérer les coups de téléphone et les visites. Votre temps sera mieux employé à trouver de nouvelles affaires, et avoir recours à un agent immobilier pour vendre vos propriétés vous permettra justement de vous concentrer sur ce que vous avez de plus important à faire.

Par ailleurs, les agents immobiliers aiment ce genre de relation où ils peuvent gagner avec vous deux fois sur une propriété : quand vous l'achetez et puis quand vous la revendez. Si vous développez une bonne relation avec des agents immobiliers de qualité et que vous leur confiez régulièrement des propriétés à vendre, il est probable que vous puissiez obtenir de leur part qu'ils réduisent leur commission.

## Quand faut-il mettre l'annonce ?

Mettrez-vous l'annonce de vente quand tous les travaux seront finis, ou essaierez-vous déjà de trouver des acheteurs un peu avant que tout ne soit terminé ?

Si vous mettez déjà la propriété en vente alors qu'il reste encore des finitions à terminer, vous pouvez gagner du temps. Votre bien pourrait être vendu avant même d'avoir finalisé les travaux. Et moins de temps signifie plus de profit pour vous. Cette stratégie fonctionne le mieux quand on est dans un marché de vendeurs et qu'il y a beaucoup de demandes pour le genre de bien que vous avez.

Cependant, attendre que tout soit fini et nettoyé a aussi ses avantages. Dans un appartement rénové et propre, l'acheteur peut beaucoup plus facilement imaginer ce que sera sa vie en ce lieu. Il vous sera plus facile d'obtenir un prix de vente maximum si vous présentez un produit fini au client. A l'opposé, quand vous faites visiter à l'acheteur un chantier où les sols sont couverts de bâches, où tous les murs ne sont pas peints et où se trouvent encore tous les outils, il doit faire un effort d'imagination pour se projeter dans le lieu terminé et nettoyé.

## Sachez vendre votre bien immobilier

Lorsqu'une personne intéressée vous téléphone, et après avoir répondu à ses premières questions, n'hésitez pas à lui en poser à votre tour de façon à vérifier que ce que vous proposez correspond bien à ce qu'il cherche. Si votre offre rencontre ses exigences incontournables, fixez un rendez-vous pour une visite. Sinon, ne perdez pas votre temps et ne lui faites pas perdre le sien.

- **Connaissez vos arguments de vente. Avant même de mettre votre annonce, faites une liste de tous les aspects positifs de votre bien susceptibles d'attirer les acheteurs :** sa superficie, sa luminosité, son exposition idéale, les rénovations récentes, sa proximité avec les transports en communs, les commerces et les écoles, ses performances énergétiques, sa façade de charme, un jardin sans vis-à-vis, un quartier calme (vivant, aéré, sûr,...), le potentiel locatif, la cuisine super équipée, etc. Mettez ces qualités en avant dans votre annonce et quand vous parlez à vos acheteurs potentiels. Mémorisez-les de façon à ne rien oublier.
- **Anticipez les critiques éventuelles.** Préparez à l'avance vos réponses aux commentaires négatifs sur les défauts de votre propriété. Par exemple, si le candidat acheteur vous fait remarquer que les châssis doivent être remplacés, répondez-lui que le prix demandé en tient compte et que si l'acheteur commande lui-même les travaux, il pourra bénéficier de primes et déductions fiscales (si c'est le cas dans votre pays, bien entendu). S'il critique le fait que votre maison ou appartement ne dispose pas de terrasse ni de jardin, anticipez en expliquant que l'on trouve à proximité un parc, une forêt, une plaine de jeux, etc. Si la salle de bain ou la cuisine lui paraît vieillotte, dites-lui que vous avez pensé que les nouveaux propriétaires préféreront probablement le faire eux-mêmes à leur propre goût. Il aurait dès lors été inutile que vous fassiez ces travaux, et le prix que vous demandez en tient compte.
- **Faites remarquer les possibilités de transformation.** Il est toujours intéressant de vanter le potentiel du bien que vous vendez. Une chambre particulièrement grande peut être divisée pour créer une salle de bains supplémentaire ou un dressing, le mur de la cuisine peut être ouvert sur la salle à manger, les combles peuvent être aménagés en chambres supplémentaires, une terrasse pourrait être aménagée sur une plateforme, une fenêtre pourrait être percée pour profiter d'une vue, etc. Même si ces éléments n'existent pas encore, la perspective de leur existence peut

augmenter la valeur de votre bien aux yeux de l'acheteur. Dans ce sens, certaines agences immobilières proposent des images de synthèse en 3D permettant à l'acquéreur de visualiser à quoi ressemblera la propriété après transformation.
- **Faites jouer la concurrence entre les acheteurs.** Pour cela, **regroupez plusieurs premières visites le même jour.** Vous vous souvenez que pour mettre en location, je vous avais conseillé d'organiser vos visites de façon à recevoir les candidats locataires un par un, plutôt que de faire des visites collectives. Mais pour vendre, c'est le contraire. Si d'autres amateurs sont présents, les candidats acheteurs comprendront que de nombreuses personnes sont intéressées. Arrangez-vous toutefois pour qu'ils ne soient pas trop nombreux afin qu'ils puissent se déplacer confortablement et que vous puissiez répondre à toutes leurs questions. Si vous avez **déjà reçu des offres ou des marques d'intérêt** pour votre bien, n'hésitez pas à le signaler. Cette concurrence permet de renforcer l'intérêt pour le bien et de réduire les possibilités de tergiversation et de négociation. Si l'acheteur ne se décide pas vite ou s'il fait une offre trop basse, l'affaire risque de lui passer sous le nez. Il faut toutefois quand même lui laisser le temps de programmer une visite avec un expert ou un architecte et finaliser l'offre de crédit avec sa banque.
- **Etablissez une fiche d'information** aussi complète que possible que vous remettrez à toutes les personnes intéressées. Elle doit reprendre toutes les données de votre bien (superficie totale et surface de chaque pièce, taxes immobilières, plan du bien, etc.). Rédigez cette fiche de façon commerciale et n'oubliez surtout pas de mentionner ses atouts et ses améliorations potentielles. Mettez-y des photos du bien et vos coordonnées pour les questions complémentaires. Indiquez aussi les coordonnées de votre notaire, en précisant que les offres d'achat doivent lui être adressées.
- **Faites réceptionner les offres d'achat par votre notaire.** Vous bénéficierez ainsi directement de son regard quant à la forme des offres que vous recevrez. Par ailleurs, tout le monde sait que signer devant un notaire n'est pas un acte à prendre à la légère, et cela contribuera ainsi à éliminer les candidats acquéreurs moins sérieux.
- **Enfin, ne signez pas trop vite !** Lorsque vous recevrez une offre d'achat de la part d'un candidat acquéreur, ne vous précipitez pas pour la signer, même lorsque elle correspond au prix que vous souhaitez obtenir. Comme nous le verrons plus loin au chapitre 6, lorsqu'une offre d'achat est signée par le vendeur et l'acheteur, la vente est juridiquement considérée comme parfaite, c'est-à-dire conclue. Avant de la contresigner, vous devez donc vous assurer qu'elle ne contient aucun élément contraire à vos intérêts.

En particulier, regardez attentivement les clauses suspensives (voir p.217) dont le candidat acquéreur aura peut-être assorti son offre. Ces clauses sont des conditions qui permettent à l'acheteur de se retirer de la transaction si elles venaient à ne pas être remplies. La plus fréquente est que l'offre n'est valable que moyennant l'acceptation du crédit par la banque de l'acquéreur. Méfiez-vous donc d'une offre comportant plusieurs conditions suspensives, parce qu'elle ne représente aucune certitude que la vente se fera. Mais si vous la signez, vous serez lié par elle et vous risquez entretemps de perdre d'autres acheteurs. Lorsque vous avez accepté une offre, organisez la signature du compromis de vente le plus rapidement possible. C'est à cette occasion que l'acheteur versera à votre notaire l'acompte, généralement égal à 10% du prix de vente. Ce n'est que lorsque l'acompte sera versé que vous pourrez raisonnablement vous dire que votre propriété est vendue. Attention toutefois, car le compromis de vente peut lui aussi comporter des clauses suspensives.

Soyez prudent, car si l'offre d'achat est mal rédigée, ce n'est pas l'acheteur qui prend le plus de risques, mais bien le vendeur ! En cas de litige, la loi sera en effet plus souvent défavorable à ce dernier. Avant de contresigner une offre d'achat pour un bien immobilier que vous vendez, vérifiez qu'y sont aussi présentes des clauses qui vous protègent. Tout d'abord, le document doit explicitement exonérer le vendeur de sa responsabilité en cas de vices cachés que l'acquéreur n'aurait pas vu. Ainsi ce dernier saura qu'il lui sera interdit de demander une résiliation de la vente ou une indemnité pour ce fait (sauf, bien sûr, si ces vices ont été délibérément cachés par le vendeur).

Ensuite, si votre bien a subi des transformations en infractions urbanistiques, c'est-à-dire qui n'ont pas été autorisées par un permis d'urbanisme (division d'une maison en plusieurs appartements, construction d'une véranda, garage non autorisé, etc.), vous devez le stipuler explicitement dans l'offre, même si ces modifications ont été réalisées par un propriétaire précédent. De cette manière, l'acheteur pourra signer en connaissance de cause et ne pourra pas prétendre que vous lui avez vendu un bien illégalement modifié sans le lui dire. Ceci n'est pas quelque chose à prendre à la légère ! Un de mes amis en a fait la douloureuse expérience. Il avait contresigné une offre pour vendre sa maison, et ensuite également un compromis de vente au cours duquel il avait reçu de l'acheteur un acompte de 10% du prix de vente. Tout se déroulait donc comme sur des roulettes. Mais quelques années auparavant, mon ami avait transformé son garage en une chambre supplémentaire, et cela sans en avoir demandé l'autorisation. Lorsque le vendeur s'en aperçu en se rendant auprès de l'administration urbanistique, il décida alors de se retirer de la transaction. Mais c'est au vendeur que fut attribuée la responsabilité de la rupture, car le bien ne correspondait pas à ce qui avait été présenté à l'acheteur. La vente fut annulée, et c'est mon ami qui fut condamné à verser des dommages et intérêts au candidat acquéreur ! Si vous savez que le bien que vous vendez n'est pas conforme, prenez donc les devants.

Finalement, certains pays imposent qu'un bien vendu réponde à des normes, notamment en ce qui concerne l'installation électrique. Si votre installation est ancienne, il est donc essentiel que l'offre d'achat que vous signerez identifie clairement qui, de l'acheteur ou du vendeur, devra la mettre en conformité.

Lorsque vous recevrez une offre d'achat, ces trois sortes de clauses n'y figureront probablement pas, et vous devrez donc les rajouter vous-même. Pour ce faire, demandez conseil à votre notaire quant à la meilleure manière de procéder.

## Le staging ou l'art de bien présenter une propriété

Pour que votre propriété se vende plus rapidement, vous devriez la présenter sous son plus beau jour. Neuf fois sur dix, l'achat se fait sur un coup de cœur. Les acheteurs potentiels décideront dans les trois premières minutes de la visite s'ils ont envie d'acheter votre maison ou votre appartement. Il faut donc soigner la première impression et rendre votre bien à la fois chaleureux et impersonnel, pour que le candidat acquéreur puisse s'y projeter facilement.

Ces dernières années, le *home staging* est devenu un concept répandu. Il s'agit de préparer la maison à la vente et d'augmenter son attractivité, afin de donner aux acheteurs potentiels un goût de ce que serait leur vie dans cette maison. Il ne s'agit pas forcément d'effectuer une rénovation lourde, mais plutôt de mettre l'endroit en scène pour lui donner un sentiment de neuf, de fraîcheur et de convivialité à moindre coût.

Si vous venez de terminer les travaux, vous mettrez probablement votre bien en vente vide, sans aucun mobilier, et vous n'aurez donc pas recours au home staging. Si vous avez de grands moyens, vous pouvez faire appel à des sociétés spécialisées qui vous loueront des plantes et des meubles pour « mettre en scène » votre maison. Mais cela revient cher, et je ne le recommanderais donc que pour des maisons ou des appartements haut de gamme, où la dépense et les efforts seront justifiés par un prix de vente et un profit élevés.

Mais vous en arriverez peut-être un jour à mettre en vente le logement dans lequel vous habitez personnellement, notamment si vous suivez certaines des stratégies qui seront expliquées au chapitre 7 : Comment débuter quand on est pauvre. Vous pouvez dans ce cas vous inspirer des principes du home staging pour mettre votre propriété en valeur. En voici quelques-uns :
- **Nettoyez et rangez le logement :** avant tout, l'appartement ou la maison doit être nettoyé de fond en comble, pour supprimer toute odeur désagréable et donner une impression de fraîcheur. Attachez une importance spéciale à la cuisine et la salle de bain. Nettoyez la baignoire et la douche afin qu'elles soient pimpantes et comme neuves. Dans la cuisine, rangez proprement les casseroles et la vaisselle. Des armoires bien rangées donneront l'impression d'être plus spacieuses. Faites le tri dans votre garde-robe. Un placard bien rangé démontrera qu'il y a suffisamment de

place pour tout mettre. Les acheteurs aiment ouvrir les armoires. Quelle impression auront-ils si des objets tombent ? A l'opposé, pensez au message qui leur sera envoyé si tout ce qu'ils voient est bien organisé : ils penseront que vous prenez également bien soin de tout le reste de la maison. Cela peut signifier accorder de l'attention à de petits détails comme tourner les anses des tasses dans la même direction, aligner les chaussures, etc.
- **Réparez les petits défauts ou dégradations** (petites fissures dans les murs, carrelages abimés, coups dans les portes, peintures écaillées, etc.).
- **Dépersonnalisez l'endroit :** ranger les photographies personnelles. Les acheteurs doivent pouvoir imaginer leurs propres photos sur les murs, et ils ne peuvent pas le faire si ce sont les vôtres qui s'y trouvent. Les acheteurs doivent pouvoir se voir vivre dans votre appartement.
- **Harmonisez le bien.** Choisissez des couleurs neutres qui s'harmonisent entre elles. Ajoutez des coussins, un bouquet ou un autre objet qui mettra une touche de couleur.
- **Enlever des meubles :** la plupart des logements présentent mieux avec moins de meubles. Retirez les meubles superflus, ils rapetissent visuellement l'espace. Enlevez surtout ceux qui bloquent les passages. Laissez juste assez de fournitures dans chaque pièce pour montrer sa destination et beaucoup d'espace pour se déplacer.
- **Ajouter des éléments de décoration** permettant de donner un sentiment de confort ou de bien-être. Dans la salle de bains, mettez un nouveau siège pour la toilette et disposez de beaux essuies sur les étagères ou aux barres prévues à cet effet.
- **Enlever et remplacer les objets que vous n'incluez pas dans la vente.** Si vous désirez reprendre des tentures, des éléments de la cuisine ou des lustres, enlevez-les avant. En effet, si un acheteur insiste pour qu'un objet soit inclus dans la vente et que vous lui refusez, vous risquez de le froisser et de perdre la vente. Mais si les acheteurs ne les voient pas, ils ne voudront pas les avoir. Emballez-les et remplacez-les par d'autres si nécessaire.
- **Eliminez les traces des animaux domestiques.** Tous les candidats-acheteurs n'aiment pas forcément les animaux ou y sont allergiques. Certains pourraient même être dégoûtés de savoir qu'un animal a habité dans la maison. Laissez donc vos compagnons à quatre pattes chez des amis le temps des visites. Eliminez aussi toutes les preuves de leurs présences et aérez bien toutes les pièces.
- **Faites l'entretien du jardin.** Taillez les haies, tondez la pelouse, éliminez les feuilles mortes, enlevez les mauvaises herbes, etc. Si nécessaire, pensez à l'avance à semer du nouveau gazon. Disposez quelques jardinières fleuries le long de la façade. Nettoyez les dalles et les carrelages avec un nettoyeur haute pression. Traitez toutes les boiseries de jardin (abri, carport, bancs, bardage de façade, terrasse, etc.) à l'aide d'un produit embellissant. Installez vos meubles de jardin, même en hiver. Cela permettra aux visiteurs d'estimer les dimensions du jardin.

Quand des acheteurs potentiels ou leurs agents vous contactent pour voir votre propriété, tâchez d'être aussi disponible et flexible que possible. Faites-en sorte que votre maison ou votre appartement soit prêt à être vu à tout moment, au cas où un acheteur potentiel venait à la dernière minute. Ainsi, faites votre lit tous les matins et rangez les déchets avant de partir au travail. L'accès est très important, et si vous limitez trop les heures de visite, les agents immobiliers auront tendance à ne pas montrer votre propriété quand ils font le tour avec leurs clients. Beaucoup de gens voudront voir la propriété au milieu de la journée, lorsque vous serez peut-être au travail. Si vous ne pouvez pas y être pour les rendez-vous, arrangez-vous avec un ami proche ou un membre de la famille pour faire la visite.

Créez une atmosphère relaxante et confortable avant que les acheteurs potentiels n'arrivent. Allumez les lumières et mettez une bougie odorante. S'il fait beau ouvrez quelques fenêtres, et s'il fait froid allumez un feu ou mettez le chauffage. Toutes ces petites choses aideront votre maison à paraître plus chaleureuse et calme.

Soyez honnête, mais ne vos attardez pas sur les aspects négatifs de votre propriété. Ne discutez pas avec les acheteurs des raisons pour lesquelles vous vendez. Ayez une raison prête à leur donner, mais ne rentrez pas dans les détails. Faites-en sorte que votre interaction avec les acheteurs potentiels soit aussi positive que possible. Vous voulez qu'ils quittent votre maison en étant heureux et excités par ses potentialités.

Enfin, n'oubliez pas de mettre en sécurité vos objets de valeur avant d'ouvrir votre maison à des étrangers. Ne laissez pas les acheteurs se promener seuls dans les pièces, sauf bien sûr si l'appartement est vide. S'ils demandent pour rester un moment seul pour discuter et réfléchir, essayez de faire en sorte que ce soit dans la cuisine ou dans le jardin.

## 5.5. Acheter et vendre des immeubles de rapport

Jusqu'ici nous avons envisagé l'achat et la revente de maisons unifamiliales ou d'appartements individuels. Cependant, certains investisseurs choisissent également d'acheter et vendre des immeubles de rapport, c'est-à-dire des biens immobiliers comprenant plusieurs appartements et produisant des revenus locatifs. Cela peut être de petits immeubles avec seulement trois appartements, ou de bien plus grandes structures avec dix, vingt ou cinquante unités locatives. Cette sorte de transaction est un peu différente de celle qui consiste à acheter et vendre une maison ou un seul appartement.

D'un côté, le principe de base est le même : acheter une propriété en dessous de sa valeur de marché, y apporter des améliorations qui en augmentent la valeur, et la revendre avec un profit. Mais là où les choses diffèrent, c'est sur la manière de calculer les prix d'achat et de vente.

Souvenez-vous, au chapitre 4, nous avions déjà abordé la méthode du Taux de Capitalisation qui permet d'estimer la valeur d'une propriété de rapport. Pour rappel, cette méthode commence par déterminer le Taux de Capitalisation Moyen dans un quartier, c'est-à-dire le rendement typique des immeubles semblables dans cette zone. Lorsque l'on connaît ce taux et le Résultat Net d'Exploitation (les revenus locatifs – les dépenses de fonctionnement) d'un immeuble, estimer la valeur de ce dernier est très facile. Supposons un immeuble de cette zone dont le Résultat Net d'Exploitation est de 25.000 euros par an. Si vous savez que le Taux de Capitalisation Moyen est de 6,5%, vous pouvez déterminer la valeur de l'immeuble :

$$Valeur = \frac{Résultat\ net\ d'exploitation}{Taux\ de\ capitalisation}$$

*Valeur = 25.000 euros / 0,065 = 384.615 euros*

Etant donné que la valeur d'un immeuble est liée à son Résultat Net d'Exploitation, on voit tout de suite que l'on peut augmenter sa valeur en faisant grandir ce dernier. C'est ce que s'efforcera de faire l'investisseur afin de pouvoir revendre le bien avec profit. Pour cela, on peut agir sur différents postes qui contribuent soit à augmenter les revenus, soit à réduire les dépenses :

- **Augmenter les revenus locatifs :** pour ce faire, le plus facile est de vérifier que les loyers ont été régulièrement indexés, et sinon procéder à l'indexation. On peut également vérifier que tous les loyers sont bien en phase avec le marché, et s'il est possible de réviser à la hausse des loyers trop bas (voir p.161). Souvent, le meilleur moyen d'obtenir des loyers plus élevés est d'effectuer des travaux de rénovation. Ceux-ci peuvent être purement cosmétiques (peintures), ou beaucoup plus profonds (nouvelle cuisine équipée, …). Attention toutefois, il n'est pas toujours facile d'effectuer des travaux lorsque les appartements sont occupés par des locataires avec un contrat de bail. Si vous comptez faire de gros travaux, l'idéal est donc que l'immeuble soit vide lorsque vous l'achetez.
  Toutes les pistes supplémentaires peuvent ici être envisagées afin d'augmenter les rentrées locatives. Par exemple, si la configuration de l'immeuble ou le terrain s'y prêtent, il est peut-être possible de louer des surfaces pour des publicités. Une autre piste pourrait être de mettre en place un système de location en meublé.
- **Réduire les vacances locatives :** quand beaucoup d'unités locatives de l'immeuble restent vides pendant longtemps, cela peut faire chuter dramatiquement le Résultat Net d'Exploitation. Cela peut être dû à des caractéristiques de l'appartement en lui-même, mais aussi à une mauvaise stratégie marketing : annonces peu attrayantes (texte banal et photos médiocres), annonces mise dans des médias inadéquats, délégation à une agence immobilière incompétente et peu active, etc. Un meilleur marketing des appartements à louer contribuera à réduire considérablement un taux de

vacance locative anormalement élevé (pour autant, bien sûr, que vous vous soyez assuré au préalable de la demande locative dans la zone où vous avez acheté).
- **Réduire les dépenses** : Cela peut se faire en remplaçant des équipements par d'autres moins gourmands en énergie, et en traquant et solutionnant les gaspillages (les chasses de WC qui coulent, etc.), ou en réduisant les frais de gestion (par exemple en revoyant les contrats des éventuels sous-traitants pour le nettoyage ou pour la gestion locative).

En résumé, il faut chercher à augmenter le Résultat Net d'Exploitation par tous les moyens possibles, en travaillant simultanément à augmenter les rentrées et à diminuer les sorties d'argent. Comme la valeur d'un immeuble de rapport dépend directement des revenus qu'il génère, vous augmenterez ainsi automatiquement sa valeur. Par exemple, pour reprendre l'exemple précédent, si vous parvenez avec ces différentes mesures à faire passer le RNE annuel de 25.000 euros à 30.000 euros, vous faites passer la valeur de l'immeuble à 30.000 / 0,065 = 461.538 euros (contre 384.615 euros initialement, soit une augmentation de valeur de presque 77.000 euros ou encore 20%). C'est donc cette valeur que vous utiliserez pour estimer la *Valeur Après Rénovation* (VAR) de l'immeuble.

Mais attention toutefois, car réaliser un profit dans ce type d'opération suppose que vous puissiez estimer avec exactitude le montant des loyers que vous pourrez demander après les travaux. Pour ce faire, recherchez sur internet le loyer moyen auquel se louent des appartements semblables aux vôtres après rénovation. Comme nous l'avons vu, ne vous fiez surtout jamais aux loyers potentiels fantaisistes que l'on trouve souvent dans les annonces de vente d'immeuble. Faites vos calculs vous-même et ne faites confiance à personne.

Ensuite, lorsque vous avez votre *Valeur Après Rénovation* (VAR), il faut procéder exactement de la même manière que pour une maison individuelle, et déduire tous les postes de dépenses pour déterminer votre *Prix d'Achat Maximum* (PAM).

Avant de vous lancer dans ce type d'opérations, il faut bien sûr analyser le marché immobilier local pour savoir s'il y a de la demande pour le type d'immeuble auquel vous vous intéressez, et ce à deux niveaux : la location et la vente. Tout d'abord, il faut connaître la santé du marché locatif à cet endroit. Si peu de gens cherchent à louer dans cette zone et que beaucoup d'appartements restent vides longtemps, il est vraisemblable que peu d'investisseurs chercheront à acheter ce type de bien (je ne le vous conseillerais pas non plus). Ensuite, il faut savoir s'il y a un marché d'acheteurs potentiels pour ce type d'immeuble. Selon toute logique, s'il y a du rendement, il y aura des acheteurs. Si le marché locatif est en bonne forme, avec beaucoup de candidats locataires et des loyers élevés, cela intéressera beaucoup d'investisseurs.

Pour terminer, je voudrais attirer votre attention sur le fait que les personnes qui s'intéresseront à votre immeuble de rapport à vendre seront des investisseurs. Pour les convaincre d'acheter, vous devrez donc leur parler le langage qui est le leur, c'est-à-dire les chiffres. Je suis personnellement toujours étonné de voir à quel point sont mal rédigées les annonces de vente d'immeubles de rapport. Bien que celles-ci soient le plus souvent rédigées par des agents immobiliers professionnels, les chiffres et les calculs y manquent dans 99% des cas. C'est pourtant ce qui intéresse le plus les investisseurs ! Ne commettez pas cette erreur. Exposez les chiffres et démontrez aux acheteurs potentiels qu'ils pourront gagner de l'argent avec votre immeuble !

> **Quelques points à garder à l'esprit quand vous commencez à acheter dans l'intention de revendre :**
> - **Cherchez des biens immobiliers qui ne nécessitent que peu de dépenses pour les rendre prêts à vendre.** Concentrez-vous sur les maisons ou les appartements qui n'ont besoin que d'un rafraichissement : nettoyage, peinture, revêtement de sols.
> - **Ne rénovez pas plus que nécessaire.** Moins vous dépensez d'argent pour préparer la maison à la vente, plus grand sera votre bénéfice.
> - **Ayez un plan B.** Recherchez des propriétés qui peuvent être louées au cas où la revente prend plus de temps que prévu.
> - **Cherchez les propriétaires motivés** qui ont besoin de vendre rapidement, et sont prêts à vendre leur bien en-dessous de sa valeur.
> - **Ne soyez pas trop avide !** C'est une règle importante pour revendre rapidement. Si vos frais de rénovation restent minimes, vous pouvez vous permettre de ne pas vendre trop cher la maison.
> - **Gardez toujours une réserve d'argent** de façon à pouvoir agir avec rapidité pour acheter une bonne affaire quand elle se présente, ou pour pouvoir vous en sortir quand vous rencontrez une difficulté inattendue, par exemple si une propriété ne se revend pas aussi vite que prévu.
> - **Soyez préparés à l'imprévisible.** Prévoyez les pires scenarios et anticipez comment vous pourriez réagir si cela venait à arriver.
> - **Constituez-vous un réseau d'experts** auxquels vous pouvez faire appel à toutes les étapes de votre investissement : notaire, conseiller fiscal, expert pour l'inspection des immeubles, entrepreneur, etc.
> - **Estimer le plus précisément possible le coût des travaux.** A moins que vous ne soyez un expert dans la construction, faites appel à un professionnel pour expertiser les immeubles et évaluer les travaux.

# 6 NÉGOCIER, FAIRE UNE OFFRE ET ACHETER

Vous êtes maintenant prêt à passer à l'action, que ce soit pour mettre en location ou pour revendre. Vous avez sérieusement étudié votre marché immobilier local, et vos recherches vous ont amené à découvrir un certain nombre de propriétés potentiellement intéressantes. Après en avoir analysé plusieurs en profondeur, votre choix s'est arrêté sur l'une d'entre elles qui remplit tous vos critères d'achat et vous assurera un cash-flow positif à la location ou un profit à la revente. Les choses sérieuses vont donc pouvoir commencer !

Le moment est venu de faire une offre d'achat pour informer le vendeur de votre souhait d'acquérir sa propriété et lui soumettre un prix auquel vous êtes prêt à conclure l'affaire. S'il trouve que le prix que vous proposez est trop bas, il peut s'ensuivre une négociation pour arriver à un terrain d'entente. Si celui-ci est trouvé, ce sera alors le moment de terminer la procédure d'achat, de payer et de repartir avec les clés de l'immeuble.

Avant de parler de quelques techniques de négociation qui peuvent vous aider à convaincre les propriétaires de réduire leur prix de vente, commençons par survoler ensemble les différentes étapes du processus d'achat d'un bien immobilier.

## 6.1. Le processus d'achat

Comme pour tout ce qui concerne les aspects légaux de l'immobilier, le processus d'achat varie d'un pays à l'autre. Mais généralement, il comprend plusieurs étapes pendant lesquelles acheteur et vendeur se rapprochent chaque fois un peu plus. Ces étapes sont souvent au nombre de trois (par exemple en France et en Belgique) : offre d'achat, compromis de vente et finalement acte de vente définitif.

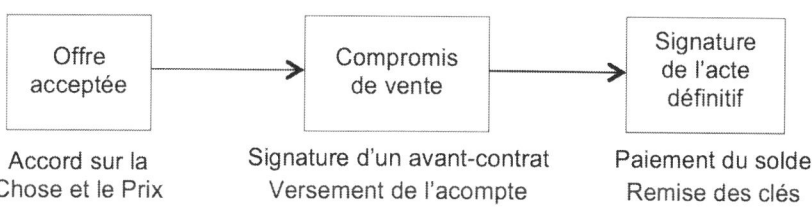

## L'offre d'achat

L'offre d'achat est donc la première étape dans le processus d'achat d'un bien immobilier. C'est une proposition de prix chiffrée que le candidat acquéreur soumet au vendeur d'un bien ou à un agent immobilier qui le représente. L'offre d'achat doit toujours être écrite. Une offre verbale n'a aucune valeur juridique et n'engage en rien l'acquéreur. Attention de ne pas faire à la légère des offres qui vous lieraient plus que vous ne le croyez. Cet acte simple et parfois rédigé dans la précipitation a quasiment la valeur d'un avant-contrat. En effet, l'affaire est juridiquement considérée comme conclue lorsque le vendeur et l'acheteur sont d'accord sur la Chose et sur le Prix. Donc, si le vendeur accepte votre offre et la signe, vous êtes légalement liés et le vendeur pourrait vous réclamer des dommages et intérêts si vous veniez à changer d'avis. Si le candidat acheteur qui a signé une offre désire se retirer de la vente, il peut le faire sans conséquence dans deux cas :
   a. si le vendeur fait une contre-offre par écrit
   b. si le vendeur ne répond pas par écrit dans le délai précisé par l'acheteur dans l'offre d'achat

Par contre, il peut y avoir conflit avec le vendeur si la vente n'aboutit pas alors que le vendeur a accepté par écrit l'offre d'achat. Pour être certain de ne pas faire d'erreur, faites votre offre à travers votre notaire. Celui-ci saura vous conseiller sur la façon de la rédiger de manière à ce que vous puissiez garder une porte de sortie (voir plus loin : les clauses suspensives) si, pour une raison ou une autre, vous décidiez de ne pas conclure l'affaire. Prenez garde si l'agent immobilier du vendeur vous propose d'utiliser un formulaire de remise d'offre d'achat préétabli par sa société ! Ne signez jamais ce genre de document avant d'en avoir lu toutes les lignes jusqu'à la dernière, même celles en petits caractères. Et dans tous les cas, faites-le relire par votre notaire avant de le signer.

Pour être valable, l'offre d'achat doit mentionner les éléments suivants :
   • L'identité du candidat acheteur et ses coordonnées
   • L'adresse du bien concerné
   • Le prix que propose le candidat acheteur
   • Le délai de validité de l'offre (de 1 à 14 jours, mais le plus souvent 3 jours ou 72 heures). Par sécurité, il vaut mieux préciser explicitement que l'offre d'achat ne sera plus valable passé ce délai
   • Les formalités de réponse du vendeur (par l'intermédiaire de son agent immobilier, de son notaire, ...)
   • Les éventuelles clauses conditionnelles dont le candidat acheteur désire assortir son offre (voir p.217)
   • La signature du candidat acheteur

(Vous trouverez un modèle d'offre d'achat parmi les compléments au livre téléchargeables à l'adresse www.charlesmorgan.eu/immo/bonus).

Une fois signée, présentez votre offre d'achat au vendeur ou à son agent immobilier qui lui transmettra. Le vendeur devra alors vous répondre endéans le **délai spécifié**. Trois réponses sont possibles :
- **Le vendeur accepte votre offre et la contresigne :** elle devient alors irrévocable et les deux parties doivent respecter toutes les conditions stipulées. On peut directement passer à l'étape suivante qui est la signature du compromis de vente et le versement de l'acompte.
- **Le vendeur vous fait une contre-offre :** si vous l'acceptez, vous devez répondre selon le délai fixé et retourner l'offre signée. Mais si le prix est toujours trop élevé à votre goût, vous pouvez à votre tour faire une autre contre-proposition, et ainsi de suite jusqu'à arriver à un prix qui satisfasse les deux parties. Si vous ne répondez pas à la contre-offre du vendeur dans le délai, elle devient nulle et non avenue.
- **Le vendeur refuse votre offre ou n'a pas répondu dans le délai prescrit :** votre offre d'achat devient alors nulle et non avenue.

Nous verrons de manière pratique dans la section suivante comment utiliser l'offre d'achat dans une stratégie de négociation.

Lorsque l'offre d'achat est acceptée, il est grand temps de contacter votre notaire (vous devriez déjà l'avoir fait) qui vous donnera la marche à suivre pour la suite des événements, et notamment la signature du compromis de vente.

Par ailleurs, lorsque le vendeur a accepté votre offre, c'est le moment d'entreprendre d'autres démarches qui n'ont rien à voir avec le processus d'achat, mais qui n'en sont pas moins importantes et doivent se faire en parallèle. D'abord, vous devrez finaliser le financement de votre immeuble, et pour cela remettre une copie de l'offre d'achat signée à l'institution bancaire que vous avez préalablement choisie. Ensuite, vous devrez organiser les inspections de la maison et l'établissement des éventuels devis pour les travaux de rénovation. Nous reparlerons en détail de ces deux aspects après en avoir terminé avec le processus d'achat.

## Le compromis de vente

Lorsque vous êtes parvenu à un accord avec le vendeur, un contrat de vente provisoire (également appelé avant-contrat ou compromis de vente) est rédigé. Globalement, il s'agit du contenu de l'offre d'achat signée par les deux parties, mais à laquelle on ajoute toute une série d'articles juridiques qui préfigurent le texte de l'acte de vente définitif. Par le compromis, le vendeur s'engage à ne pas vendre le bien à un tiers, en échange du paiement d'un acompte. Vous n'êtes pas toujours obligé de faire appel à un notaire à ce stade de la vente, mais je vous le conseille fortement. Cela ne vous coûtera rien de plus, étant donné que le notaire ne se fera rétribuer que lors de la signature de l'acte de vente définitif.

Comme pour l'offre, l'acheteur peut faire insérer dans le compromis de vente une série de conditions suspensives. Il peut notamment y figurer que la vente n'aura lieu que s'il obtient le prêt, ou si l'expertise de l'immeuble ne décèle aucun problème majeur. Dans ce cas, la date à laquelle l'acheteur doit acquérir une certitude quant à ces éléments doit être mentionnée clairement. La vente peut être annulée s'il s'avère que l'une de ces conditions n'est pas rencontrée.

Lors de la signature du compromis de vente, il est d'usage que l'acheteur paie un acompte s'élevant généralement à 5 ou 10 % du prix de vente. Si la vente se poursuit jusqu'à son terme, le montant de l'acompte est déduit de la somme totale. Par contre, l'acheteur perdrait le montant de son acompte s'il venait à se désister. D'où l'importance des clauses suspensives qui réservent à l'acheteur une porte pour sortir de la transaction en récupérant son acompte. Lors du compromis de vente, l'acompte pourrait techniquement être versé sur le compte bancaire du vendeur. Mais si vous êtes acheteur, je vous conseille de ne jamais faire cela et de toujours payer l'acompte au notaire chez qui le compromis de vente est signé, c'est-à-dire le vôtre. Le notaire le conservera en dépôt jusqu'à la passation de l'acte authentique. En cas de problème, si vous faites jouer une clause suspensive, il sera plus facile de traiter avec ce tiers neutre qu'avec le vendeur qui sera irrité de votre retrait de la transaction.

Une fois le compromis signé, l'acheteur et le vendeur doivent, si ce n'est déjà fait, désigner un notaire devant lequel sera passé l'acte de vente définitif. Les deux parties peuvent ne choisir qu'un seul notaire, généralement celui de l'acheteur, mais chacune peut aussi choisir son propre notaire. Dans le cas où deux notaires interviennent, ceux-ci se partagent les honoraires, et cela ne coûte donc pas plus cher.

Après la signature du compromis de vente, le notaire vérifie si le vendeur est effectivement le propriétaire de l'immeuble et s'il en est bien le seul. Il vérifie également qu'il n'a pas de dettes en suspens et si tout est en ordre au niveau de l'urbanisme. Endéans un délai légalement prescrit – généralement quatre mois maximum -, le notaire convoque l'acheteur et le vendeur pour la passation de l'acte de vente définitif.

## L'acte de vente définitif

La passation de l'acte de vente définitif doit obligatoirement se faire par l'intermédiaire d'un notaire afin de revêtir la forme d'un acte authentique. L'acte de vente doit au minimum mentionner :
- Les noms du vendeur et de l'acheteur
- L'adresse du bien
- L'origine du bien (les dates des précédents actes de vente et les noms des précédents propriétaires)

# NÉGOCIER, FAIRE UNE OFFRE ET ACHETER

- Le descriptif détaillé de l'immeuble et du terrain, ainsi que les références cadastrales
- Le prix d'achat et ses modalités de paiement (avec ou sans crédit hypothécaire)
- Les servitudes éventuelles attenantes au bien
- L'identité du notaire et le montant de ses honoraires

L'acheteur a pour obligation principale de payer le solde du prix de vente ainsi que les frais d'achat. Quant au vendeur, son obligation principale est de délivrer le bien à l'acquéreur. Cela se traduit matériellement par la remise des clés à l'acheteur. Après lecture de l'acte de vente et exécution de leurs obligations respectives par le vendeur et l'acheteur, l'acte doit être signé par toutes les parties ainsi que par le(s) notaire(s). Le transfert de propriété s'effectue au moment de la signature de l'acte.

Le notaire qui a rédigé l'acte en garde un original appelé la minute, mais il doit également faire enregistrer officiellement l'acte pour que la vente soit opposable aux tiers. Cela signifie que les tiers, c'est-à-dire toutes les autres personnes qui n'ont pas signé le contrat, ne pourront plus ignorer son existence et devront le respecter. Ce n'est qu'une fois la vente publiée officiellement que l'acquéreur se verra remettre par le notaire son titre de propriété qu'il devra conserver.

### Les frais d'achat ou « frais de notaire »

Les frais d'achat d'un bien immobilier sont essentiellement composés d'impôts payés à l'Etat. Ils sont souvent appelé erronément « frais de notaire » parce que ce sont les notaires qui ont la charge de les collecter pour le compte de l'Etat. Ces frais de notaire comprennent en réalité deux postes : les frais d'acte d'achat et les frais d'acte d'emprunt hypothécaire.

### a. Les frais d'acte d'achat

Ceux-ci se répartissent entre trois postes :
- **Les droits d'enregistrement :** C'est une taxe fixée par la loi que le notaire doit verser à l'État. Ils correspondent à un pourcentage du prix d'achat du bien. Ils varient d'un pays à l'autre voire d'une région à l'autre dans certains pays. A titre indicatif, au Canada les frais de mutation varient de 0,5 à 2%, en France ils sont d'environ 7%, en Belgique entre 10 et 12,5% selon la région, et en Suisse entre 3 et 5% selon le canton. Ceci ne concerne toutefois que l'achat d'un immeuble ancien. Pour une nouvelle construction, vous ne paierez que les frais d'enregistrement sur le terrain à bâtir. Pour l'habitation vous ne devrez payer aucun frais d'enregistrement, mais bien la TVA sur la facture de l'architecte et de l'entrepreneur.
- **Les honoraires du notaire :** (appelés émoluments en France) sont proportionnels au prix de vente du bien, sont fixés par la loi et sont les mêmes pour tous les notaires d'un pays. Si plusieurs notaires interviennent (celui de l'acheteur et celui du vendeur), ils se répartiront les honoraires entre eux, et cela ne coûtera donc pas plus

cher. En Europe, les clients doivent depuis peu payer 21% de TVA sur les honoraires du notaire mais aussi sur les frais d'acte divers.
- **Les frais divers et débours** : Il s'agit des sommes acquittées par le notaire pour le compte de son client afin d'obtenir les documents indispensables pour rendre la vente sûre : recherches fiscales, hypothécaires, urbanistiques, transcription de l'acte aux hypothèques, frais de timbre, etc.

#### b. Les frais d'acte d'emprunt hypothécaire

Lorsque vous empruntez de l'argent pour acheter un bien immobilier, il s'agit d'un financement avec une garantie hypothécaire sur l'immeuble (le bien sert de garantie pour l'organisme de crédit en cas de non-paiement des mensualités). Pour notifier cet engagement entre vous (l'acheteur) et la banque, il faut passer un second acte notarié en plus de l'acte d'achat du bien en lui-même. Cet acte d'emprunt hypothécaire comporte évidemment des frais. Les frais d'acte pour votre emprunt hypothécaire comprennent quatre postes : un droit d'enregistrement, un droit d'inscription hypothécaire, les honoraires du notaire et les frais divers de l'acte.

Pour avoir une première idée des frais d'achat dans votre pays, cherchez sur internet en introduisant dans un moteur de recherche les termes « immobilier frais d'achat » + « Mon pays » et en visitant le site de votre administration fiscale (voir annexe 2). Ensuite, lorsque vous serez prêt à acheter, c'est auprès de votre notaire que vous obtiendrez la somme exacte de vos frais d'achat.

Pensez à faire assurer tout de suite votre immeuble. A partir du moment où vous signez l'acte d'achat, la responsabilité de l'immeuble est transférée sur vous. Dès cet instant, vous devez avoir contracté une assurance qui couvre votre bâtiment, notamment contre l'incendie et les catastrophes naturelles.

## 6.2. Faire une offre d'achat

Comme nous venons de le voir, faire une offre d'achat est le premier geste que vous poserez pour vous engager dans l'achat d'un bien immobilier.

### Assurez-vous que vous êtes prêt

Avant de vous précipiter pour signer une offre d'achat qui vous engagera juridiquement, respectez par sécurité les points suivants :
- **Rencontrez votre notaire.** Expliquez-lui ce que vous voulez acheter et demandez-lui son avis. Il vous expliquera la procédure en vigueur dans votre pays ainsi que le montant des frais légaux. Demandez au vendeur ou à son agent immobilier le nom de son notaire. Ainsi, votre propre notaire pourra se mettre en contact avec

le notaire du vendeur pour obtenir toutes les informations concernant l'immeuble, et il pourra attirer votre attention sur certains aspects de la transaction que vous auriez ignorés ou négligés.
- **Soyez certain que vous êtes capable de financer l'achat si la vente se fait au prix que vous proposez.** En d'autres termes, vos différentes sources de financement sont-elles suffisantes pour couvrir vos besoins de financement ? (voir p.62)
    **Besoins de financement** = Prix d'achat + Frais d'achat + Travaux
    **Sources de financement** = Liquidités + Prêt hypothécaire + Prêt à court terme (le cas échéant)
- **Rencontrez auparavant votre banquier ou votre organisme de crédit, et obtenez une simulation de votre prêt.** N'hésitez pas à comparer les prix et les conditions, et recherchez le moins cher. Lorsque vous aurez choisi votre prêteur, gardez contact avec lui, et tenez-le informé de la façon dont les choses progressent. Evitez de vous précipiter en dernière minute pour obtenir un prêt.
- **Soyez certain de ce que les travaux éventuels vont vous coûter.** Si vous n'êtes pas expérimenté dans ce domaine, ne vous fiez pas à votre intuition pour évaluer le coût des réparations. Faites venir un entrepreneur professionnel et demandez-lui une estimation.
- **Soyez certains de la qualité du bâtiment !** Si vous avez un doute en ce qui concerne la stabilité de l'immeuble, ou si vous constatez des problèmes importants (humidité, fissures, ...), n'hésitez pas à faire expertiser l'immeuble. Il vous en coûtera 150 ou 200 euros, mais cela pourrait vous éviter de vous engager dans une opération désastreuse.
- **Soyez certains de vos calculs !** Assurez-vous que la propriété aura un cash-flow positif après avoir payé toutes les dépenses (si vous achetez pour conserver et louer), ou que votre profit sera suffisant (si vous achetez pour revendre).

Lorsque vous serez certain de tous les éléments ci-dessus, vous pourrez entrer dans la négociation avec confiance et détermination. Vous n'aurez pas d'hésitation et vous pourrez prendre des décisions rapides !

## Faites une offre que le vendeur considérera

Quand vous faites une offre sur une propriété, votre but n'est pas forcément qu'elle soit acceptée tout de suite. Parfois la transaction ne se conclut qu'après une succession de plusieurs offres et contre-offres. Le but du jeu consiste donc à maintenir la négociation ouverte jusqu'à ce que vous obteniez ce que vous voulez.

Lorsque vous préparez une offre, votre objectif est d'offrir juste assez pour montrer au vendeur que vous êtes un acheteur sérieux. Vous devez faire une proposition qu'il va prendre en considération, soit en l'acceptant soit en y répondant par une contre-offre. Par contre, si votre offre est trop basse vous courez le risque que la négociation se ferme dès le départ. En résumé, faites une offre basse, mais pas trop, de façon à garder la communication ouverte. Veillez bien à ce que toutes les offres et toutes les contre-offres soient faites par écrit. Les paroles sont sans valeur dans le domaine de l'immobilier.

Avant de faire une offre sur une propriété, vous devez connaître le prix maximum que vous pouvez la payer. Vous avez déterminé celui-ci sur base de votre capacité de financement, de la valeur de marché du bien, des frais d'achat, du coût des réparations, et du profit que vous désirez en retirer si vous achetez pour revendre ou du cash-flow que vous voulez obtenir si vous la mettez en location.

Mais votre prix maximum n'est pas forcément le prix que vous allez mettre dans votre offre. Pour déterminer le prix d'achat que contiendra votre offre, vous pouvez utiliser l'une des trois stratégies suivantes :

- **Laisser une petite marge de manœuvre.** Le prix contenu dans l'offre est 5 ou 10 % inférieur au prix maximum que vous pouvez payer. Si le vendeur refuse, cela vous laisse de la marge pour éventuellement refaire une offre un peu supérieure.
- **Faire une offre ferme.** Après avoir fait tous vos calculs, vous faites votre meilleure offre et n'en bougez plus. Un vendeur peut la refuser, mais vous rappeler pour l'accepter un mois plus tard s'il n'est toujours pas parvenu à vendre sa maison.
- **Faire une offre très basse :** 20 ou 30 % de moins que ce que le vendeur demande. Le mieux est de faire cela quand vous êtes déjà occupé sur un autre projet, et que vous n'êtes pas dans le besoin d'acquérir une nouvelle propriété. Vous gardez la possibilité de remonter un peu votre offre si le vendeur est prêt à discuter. S'il ne vous rappelle pas, tant pis, vous n'aurez rien perdu, sauf un peu de temps. Mais s'il accepte votre offre très basse, vous aurez réussi un joli coup.

Ne vous déstabilisez pas si le vendeur éclate de rire en voyant votre offre. Vous êtes en train de négocier, et la négociation suppose que chacun ajuste progressivement sa position jusqu'à ce que soit trouvé un terrain commun. Ne vous attendez donc pas à une acceptation immédiate de votre offre. Il se peut que vous deviez plusieurs fois la relever pour que le vendeur l'accepte enfin. C'est pour cela que vous devez commencer par un prix plus bas, afin de conserver une marge de négociation sans mettre en péril la rentabilité du projet.

Quand le vendeur réagit à votre offre en vous faisant une contre-proposition, vous savez alors qu'il n'a probablement pas reçu de meilleure offre. Si la contre-proposition est raisonnable et coïncide avec vos critères, vous avez l'option de l'accepter. Mais si le prix et les conditions ne vous satisfont toujours pas, vous pouvez à nouveau faire une contre-proposition à la contre-offre du vendeur. Il n'y a pas de limite dans le nombre d'aller et retour de propositions entre l'acheteur et le vendeur. Vous pouvez continuer le mouvement jusqu'à ce que vous trouviez un terrain d'entente.

Mais il se peut aussi que le vendeur accepte tout de suite votre offre. En fait, votre offre est peut-être la seule qu'il ait reçue. Il se peut aussi que le montant que vous offrez soit supérieur à la limite la plus basse qu'il s'est fixé. Vous n'avez rien à perdre à faire une offre basse, mais au contraire tout à gagner.

## Ménagez-vous toujours une porte de sortie

Pour vous préserver une porte de sortie, vous pouvez introduire dans votre offre une ou plusieurs *clauses suspensives*, c'est-à-dire une ou plusieurs conditions qui doivent être remplies pour que votre offre soit effective. Si l'une de ces conditions n'était pas satisfaite, vous auriez légalement le droit de vous retirer de la transaction avant de devoir engager votre argent. Plus loin dans le processus d'achat, lors de la signature du compromis de vente, on vous demandera vraisemblablement de verser un acompte, le plus souvent de 5 ou 10% du prix d'achat. Mais vous pouvez également inclure des clauses suspensives dans le compromis de vente, lesquelles devraient vous permettre de sortir de la transaction et de récupérer votre acompte. Cependant, il est clair que les choses seront toujours plus faciles si vous faites jouer les clauses suspensives avant d'avoir déboursé votre argent.

Quelques exemples de clauses suspensives :
- **L'achat est conditionné à l'acceptation du crédit par la banque de l'acquéreur.** Si vous demandez un emprunt pour financer votre achat, vous devez être certain de l'obtenir. Même si vous comptez payer la maison de votre propre poche, il ne vous coûte rien d'ajouter cette clause. Sauf bien entendu si le fait que vous payez en liquide est un argument que vous utilisez lors de la négociation afin d'obtenir un prix moins élevé.
Attention ! Pour garder toute votre liberté d'action, ne signez jamais une offre contenant une clause stipulant que si l'offrant n'obtient pas son prêt lui-même, c'est l'agent immobilier ou le courtier du vendeur qui se chargera de l'obtenir. Vous n'auriez alors plus le choix de l'organisme financier et vous dépendriez donc uniquement de la bonne volonté du représentant du vendeur.
- **L'achat est conditionné au rapport positif de l'expert immobilier sur la qualité de la construction.** Cette clause vous permet non seulement de sortir de la transaction, mais elle vous donne également le temps de faire expertiser la maison afin d'être certain qu'elle ne contient pas de vices cachés.
- **La propriété doit être expertisée pour un prix égal ou supérieur au prix de vente.** L'expert immobilier vous donnera également une estimation de la valeur de la maison. Ainsi vous serez certain de ne pas payer trop cher.
- **Le contrat doit être approuvé par le notaire de l'acheteur.** Cette clause vous donne une garantie quant aux aspects juridiques de la vente. Votre notaire inspectera

le titre de la propriété, vérifiera que le vendeur en est bien propriétaire (et s'il y a plusieurs propriétaires, que le vendeur est mandaté par les autres) et vérifiera d'autres points, comme par exemple l'existence de servitudes attachées à la propriété.
- **Le contrat est conditionné aux réparations effectuées par le vendeur avant signature de l'acte définitif de vente,** telles que détaillées dans l'annexe. Si vous incluez dans votre stratégie de négociation que le vendeur doit effectuer des travaux, c'est ici qu'il faut le mentionner. Vous joindrez en annexe le détail de ces travaux.

Si vous veniez à changer d'avis pour une raison ou l'autre, il ne vous sera pas difficile de trouver une banque ou un expert immobilier qui acceptera de vous délivrer une lettre de refus d'emprunt ou un rapport d'expertise négatif. Même si vous devez payer ce service, cela vaudrait mieux que de vous engager dans une mauvaise affaire.

La durée dont vous disposez pour faire vérifier ces conditions n'est pas déterminée par la loi. Typiquement, cela peut aller de quelques jours à une ou deux semaines. C'est à vous de le décider et de le stipuler dans l'offre. Si vous devez faire inspecter la maison et approcher des banques pour avoir un financement, vous devez avoir le temps de faire ces démarches. Cependant, vous devez bien vous rendre compte que le vendeur préférera que cette période reste aussi courte que possible, car il est pendant ce temps lié par votre offre. Il ne peut pas vendre à quelqu'un d'autre, mais n'a pourtant encore aucune certitude que la vente se fera.

Pour certains projets vous aurez manifestement besoin de plus longtemps que quelques jours. Si vous achetez un atelier désaffecté pour le reconvertir en logements, vous aurez besoin d'obtenir des autorisations urbanistiques, des devis pour des travaux très importants ainsi qu'un financement plus complexe. Toutes ces démarches demanderont plus de temps que celles pour l'achat d'un appartement. Vous devrez donc demander un délai plus long au vendeur pour vous permettre d'obtenir les autorisations et le financement.

Des clauses suspensives peuvent vous protéger, mais vous risquez de perdre l'affaire si vous en ajoutez trop. En effet, le vendeur se rend bien compte qu'avec une offre assortie de nombreuses clauses suspensives, la vente est loin d'être certaine. Ainsi, plutôt que de la signer et d'être lié par elle pendant une certaine période, il pourrait en préférer une autre avec moins de clauses. Dans son esprit, celle-ci sera plus « certaine », même si le prix qu'on lui offre est inférieur au vôtre.

# 6.3. L'art de négocier

Il n'est absolument pas interdit de marchander lorsque l'on achète une propriété. Bien au contraire, c'est quelque chose auxquels tous les vendeurs s'attendent. Alors, pourquoi vous priveriez-vous de le faire ? D'autant plus que cela peut vous faire gagner beaucoup d'argent.

Le prix que vous paierez finalement pour devenir propriétaire d'un immeuble sera celui que vous arriverez à convaincre le propriétaire d'accepter. Négocier avec succès demande de la patience et une bonne dose de psychologie. Cela nécessite aussi que vous puissiez avoir une vision globale tenant compte de tous les facteurs qui affectent la transaction. Que votre objectif soit d'acheter une maison ou d'en acheter cinquante, vous trouverez dans les lignes qui suivent quelques techniques et conseils qui vous aideront à négocier le meilleur prix et les meilleures conditions.

## Les bases psychologiques de la négociation

La plupart des vendeurs avec lesquels vous serez amené à négocier ne sont pas des professionnels de l'immobilier. Ils se retrouvent un jour à devoir vendre une propriété pour une raison ou une autre, mais c'est souvent la première fois de leur vie, et peut-être aussi la dernière. Les investisseurs professionnels, tout au contraire, font cela régulièrement. Ils connaissent bien le jeu dans lequel ils jouent et en maîtrisent parfaitement les règles. Particulièrement, ils savent comment négocier et utilisent à cette fin des techniques qui leur permettent de tirer avantage de toutes les situations. En voici quelques-unes :

### a. Préparez le terrain dès la première visite

Le processus de négociation commence longtemps avant que vous ne fassiez une offre sur la maison. En fait dès que vous visitez une propriété pour la première fois et que vous en parlez avec la personne qui fait la visite, que ce soit l'agent immobilier ou le propriétaire lui-même.

Quand vous faites le tour de la propriété et l'inspectez, n'exprimez pas vos émotions ! Si vous voyez par exemple qu'il y a une pièce de rangement dans les combles sous la toiture que vous pourriez transformer à peu de frais en chambre supplémentaire et ainsi augmenter la valeur de la maison, taisez-vous ! Comme on l'entend souvent dire dans les séries policières américaines : « Vous pouvez garder le silence. Tout ce que vous direz pourra être retenu contre vous ! ». Gardez vos réflexions pour vous, car le vendeur pourrait les utiliser à votre désavantage lorsque vous négocierez le prix. En effet, vous lui donneriez ainsi des arguments pour ne pas diminuer ses exigences.

Au contraire, vous devriez plutôt laisser entendre au vendeur ou à son agent quelques réflexions négatives destinées à lui faire ressentir qu'il s'agit d'une belle maison (c'est-à-dire que vous seriez éventuellement intéressé), mais qu'il y a quand même des travaux à effectuer (c'est-à-dire que le prix demandé devrait être abaissé). Vous pouvez faire ainsi quelques réflexions à propos de la cuisine qui doit être remplacée, de la façade qui doit être repeinte, de la salle de bain qu'il faut recarreler, etc. Attention toutefois de ne pas exagérer et de parler avec mépris de la propriété, car vous risqueriez de froisser le vendeur. Contentez-vous de quelques commentaires subtils, dont le but est de préparer psychologiquement la partie adverse à la diminution de prix que vous demanderez lorsque vous ferez une offre. Vous pouvez également créer un sentiment de concurrence en disant que vous êtes aussi intéressé par une autre propriété similaire que vous avez déjà visitée, et dont le prix est inférieur à celle-ci. Et vous pouvez aussi dire que l'immeuble vous intéresse, mais que votre budget est limité.

**b.Ayez une excellente compréhension du marché**
Vous ne pouvez pas négocier le meilleur prix pour une propriété si vous ne possédez pas une solide connaissance du marché. Ceci vaut pour le particulier, mais est d'autant plus vrai pour le professionnel. Vous devez connaître les prix des immeubles dans votre marché aussi bien, et même mieux, que le vendeur. Ces connaissances peuvent être utilisées comme arguments pour obtenir le prix et les conditions que vous désirez. En vous référant aux prix auxquels se sont vendues des propriétés similaires, vous pouvez présenter des données objectives qui vous aideront à convaincre le vendeur du bien-fondé de votre position. Par ailleurs, une bonne connaissance du marché vous procurera le recul suffisant pour agir en toute rationalité. Vous saurez qu'il y a d'autres opportunités et vous éviterez ainsi de vous attacher émotionnellement à une propriété en particulier. Si vous vous laissez guider par vos émotions vous risquez de payer trop cher l'immeuble, ce qui serait une erreur lourde de conséquences.

**c.Le vendeur est émotionnel**
A première vue, on pourrait penser qu'acheter ou vendre une propriété est une action purement rationnelle et logique. Après tout, il s'agit d'une transaction au cours de laquelle un bien est échangé contre de l'argent. En réalité, c'est loin d'être un processus aussi froid et mathématique que cela. La plupart des personnes avec qui vous négocierez ont un attachement émotionnel à leur maison ou leur appartement. Et c'est bien compréhensible, parce qu'ils ont souvent vécu une partie de leur vie dans ces murs. C'est pourquoi beaucoup de vendeurs ont du mal à séparer leurs émotions et les aspects rationnels de la transaction.

A un certain moment au cours du processus de négociation, ils peuvent avoir une réaction émotionnelle qu'ils n'auraient pas eue en temps normal. Au début, lorsque l'annonce vient de paraître, le propriétaire est plein de confiance : sa maison va se vendre et il en obtiendra le prix qu'il veut, ou peut-être un tout petit peu moins. Mais il sait que cela va se faire, et il se met à anticiper ce qu'il va faire avec cet argent : acheter la maison pour ses vieux jours, déménager, partir en vacances, acheter un bateau, etc. Si la propriété est vendue rapidement, tant mieux pour lui. Mais si la vente traîne, il perdra progressivement ses certitudes et se mettra à douter de ses rêves qui s'éloignent. Quand un acheteur potentiel se présente, il reprend espoir. Mais lorsque celui-ci n'achète finalement pas, le propriétaire désespère un peu plus. Lorsqu'un vendeur est dans cet état psychologique, il verra le prochain acheteur qui lui fait une offre comme son sauveur et acceptera un prix qu'il n'aurait jamais accepté quelques temps plus tôt. Il sera guidé par ses émotions, et nous savons tous que les émotions sont plus fortes que la raison.

**d. Vous-même ne soyez pas émotionnel**
A force de visiter des maisons, il est certain que vous serez tenté d'en acheter certaines parce qu'elles vous plaisent. N'en faites rien ! Beaucoup d'achats immobiliers se font émotionnellement. C'est certainement vrai quand vous cherchez à acheter la maison de vos rêves, celle où vous élèverez vos enfants ou passerez vos vieux jours. Mais nous parlons ici d'investissement, et vous ne devez surtout pas vous laisser guider par vos sentiments ! Quand vous visitez un bien, il se peut par exemple que vous n'aimiez pas le quartier, ou que vous ne vous voyiez pas habiter dans un immeuble à appartements. Si vous suivez vos émotions, vous perdrez de très bonnes affaires.

Vous devez adopter l'attitude rationnelle d'un investisseur. L'investisseur achète de l'immobilier sur base des chiffres. Vous devez savoir ce que vaut un bien, combien il vous rapportera, et combien il vous coûtera en frais et en réparations. Rappelez-vous que vous cherchez une propriété pour faire un investissement, pas pour y vivre.

## Recherchez des vendeurs motivés

Quand vous parlez avec les propriétaires, même par téléphone pour prendre rendez-vous, essayez d'évaluer leur degré de motivation à vendre rapidement. Plus un vendeur est motivé, plus il sera tenté d'accepter vos conditions. Qu'est-ce qu'un vendeur motivé ? C'est un propriétaire qui exprime l'urgence pour lui de vendre la maison le plus vite possible.

Vous pouvez sonder son degré de motivation en lui demandant « Etes-vous pressé de vendre la maison ? » ou « Quand voulez-vous vendre la maison ? ». S'il vous répond « Immédiatement » ou « Le plus rapidement possible », ce sont des indices qu'il est motivé.

A l'inverse, quand peut-on voir qu'un vendeur n'est pas motivé ? Quand vous posez cette question, il répond « Je ne suis pas pressé, j'ai mis cette annonce pour voir le type d'offre que l'on me fera ». Ce vendeur n'est pas motivé, et ne sera vraisemblablement pas très flexible en ce qui concerne son prix de vente.

Comprendre la situation du vendeur et les raisons pour lesquelles il vend peut vous donner un avantage durant le processus de négociation. Après tout, si vous vous intéressez à son immeuble, c'est parce que vous pensez qu'il peut vous faire gagner de l'argent. Alors pourquoi le vendeur veut-il s'en séparer ? Connaître ses raisons vous permettra de déterminer à quel point il est dans l'urgence de vendre, et donc si vous pouvez faire une offre basse.

Il y a de nombreuses raisons qui amènent à devoir vendre dans l'urgence un bien immobilier. En voici les plus courantes :
- **Changements dans la vie privée :** c'est la première raison pour laquelle les propriétaires vendent leur propriété. Ces événements peuvent être un mariage, la naissance d'un enfant, le divorce ou la séparation, une maladie grave, un accident ou le décès. Les propriétaires sont dans une situation d'urgence qui les oblige à vendre rapidement. Obtenir le prix maximum devient alors une considération secondaire, de sorte que ce type de vendeur peut être plus flexible quant au prix. C'est par exemple le cas d'un couple qui a acheté une grande maison et qui divorce quelques années plus tard. Le remboursement de l'emprunt est tel qu'un seul des deux conjoints ne peut en assumer la charge avec un seul salaire. Ils doivent donc vendre. Et comme souvent dans ces cas-là, la relation étant devenue très tendue entre les ex-conjoints, ils veulent vendre la maison le plus vite possible car elle est le dernier vestige de leur relation.
- **Changement de situation financière :** celle-ci est le plus souvent liée à la perte d'un emploi, ce qui rend le(s) propriétaire(s) incapable(s) d'assurer le remboursement de l'emprunt. La situation financière qui se détériore peut évidemment être le résultat d'un changement dans la vie privée. Par exemple une maladie qui ne permet plus de travailler à temps plein.
- **Déménagement :** cela peut-être pour de nombreuses raisons, privées ou professionnelles. Par exemple des habitants d'une ville qui décident d'aller vivre à la campagne pour changer de vie. Mais il arrive aussi que des gens doivent déménager pour des raisons professionnelles, s'ils ont trouvé un nouveau travail dans une autre ville ou un autre pays. Dans ces cas, ils doivent parfois agir très rapidement et accepteront de vendre leur maison pour un prix moins élevé afin de trouver rapidement un acquéreur.
- **La retraite :** en vieillissant, les personnes âgées sont tentées de vendre une maison trop grande à entretenir, ou parce qu'elle comporte trop d'escaliers. Elles peuvent aussi vendre pour avoir de l'argent pour subvenir à leurs besoins et deviennent ainsi locataire. Et, lorsqu'elles ne savent plus se débrouiller seules, elles peuvent vendre leur bien avant d'entrer dans une maison de repos.
- **L'épuisement ou la faillite du propriétaire bailleur :** lorsque des propriétaires mettent leur bien en location, il peut arriver un moment où ils ne s'en sortent plus et sont littéralement épuisés par la situation. Ils n'arrivent plus à gérer les locataires qui se plaignent constamment des réparations qui ne sont pas faites, ou qui ne paient pas leurs loyers. C'est souvent le cas de gens qui ont hérité d'un immeuble de rapport. Finalement, ces propriétaires décident de vendre pour ne plus avoir tous ces problèmes. Parfois aussi, il s'agit d'investisseurs qui ne parviennent plus à faire face aux remboursements de leur crédit, soit à cause d'une succession d'accidents,

soit suite à une mauvaise gestion de leur part. Lorsqu'ils sont dans de telles situations, leur motivation à vendre leur bien le plus rapidement possible est directement proportionnelle à leur détresse.
- **Un événement extérieur qui affecte la valeur de la maison** : le propriétaire désire vendre parce qu'il sait qu'un changement va se produire, ou s'est déjà produit, dans le voisinage. Par exemple parce que le quartier change et que la criminalité a fortement augmenté. Ou parce qu'une autoroute va bientôt passer derrière le jardin, ou parce que l'on va construire une usine à proximité. Tous ces changements dans l'environnement de la propriété affecteront négativement sa valeur future. Si la décision de vendre est motivée par ce type de causes, il y a fort à parier que le propriétaire et son agent essayeront de vous le cacher. Ils vous présenteront peut-être une fausse raison de vendre, et ce sera à vous de découvrir la vérité. Une fois de plus, c'est votre connaissance experte de votre zone et de son marché immobilier qui vous permettra d'éviter des erreurs douloureuses.

En plus de connaître les raisons de la vente, essayez également d'obtenir les réponses aux questions suivantes :

- → **Le vendeur a-t-il déjà acheté une autre maison ou appartement ?** Si c'est le cas, il voudra éviter de payer les remboursements de deux emprunts en même temps et il peut être motivé à vendre vite.
- → **Depuis combien de temps le vendeur possède-t-il la maison ?** S'il l'a achetée récemment, il y a des chances pour qu'il doive encore à la banque la majorité de la somme empruntée. Il ne voudra donc sûrement pas vendre pour un prix inférieur au solde de sa dette, car sinon il devra encore mettre de sa poche après la vente pour rembourser la différence. Par contre, s'il possède en fonds propres une grosse partie de la maison, il aura plus de marge de manœuvre et pourrait être davantage disposé à accepter un prix moins élevé.
- → **Quelqu'un a-t-il déjà fait une autre offre sur la maison ?** Dans ce cas, essayez de savoir quel en était le montant. Efforcez-vous aussi de savoir pourquoi elle n'a pas abouti. Était-elle trop basse ? Cela vous renseigne sur la fermeté du vendeur quant à son prix. L'acheteur n'a-t-il finalement pas pu avoir son financement ? Dans ce cas, vous pouvez utiliser cette information et faire une offre plus basse, mais en donnant plus de garantie que vous irez jusqu'au bout de la vente s'il accepte votre offre (un acompte plus important, une lettre de pré-approbation de la part de la banque, etc.). Veillez cependant à toujours conserver des portes de sorties sous forme de clauses suspensives.

Ne vous attendez cependant pas à ce que le vendeur vous fournisse spontanément ces informations. Dans de nombreux cas, c'est en discutant habilement avec lui ou avec son agent que vous les obtiendrez.
Un conseil : quand vous parlez aux vendeurs, essayez de construire une relation. Ne

vous contentez pas de parler de la maison, de la superficie, etc. Essayez d'abord de créer un bon contact humain, et le reste viendra après. Le secret pour construire une relation, c'est de trouver un sujet de conversation qui permettra au vendeur de vous ouvrir son cœur et de parler de choses qu'il aime. Regardez dans la maison, observez les objets, les photos des enfants, des hobbies, etc., et posez des questions. Ne faites pas semblant, mais intéressez-vous sincèrement à la personne. Et dans la mesure du possible, évitez de parler du prix avant d'avoir pu établir une relation.

## Quelques techniques de négociation

Dans vos efforts pour essayer d'obtenir l'immeuble au prix que vous voulez, vous pouvez avoir recours à des techniques de négociation plus élaborées. En voici quelques-unes :

### a. Utilisez les deux plus grands déclencheurs de l'esprit humain

Lorsque vous négociez, votre but est d'amener le propriétaire à vouloir vous vendre sa maison à des conditions qui vous conviennent, et à être heureux de le faire. Cela s'appelle l'art de la persuasion. La plupart des êtres humains préfèrent la *procrastination*, c'est-à-dire remettre au lendemain, plutôt que de prendre une décision. C'est également ce que peut faire un vendeur. Mais vous pouvez utiliser certaines techniques de négociation pour l'aider à décider plus rapidement. Savez-vous quelles sont les deux motivations majeures qui poussent les gens à l'action ? Ce sont *le désir du gain* et la *peur de la perte*.

- **Le désir de gain :** Les gens veulent plus d'argent, plus de succès, plus d'influence, plus de respect, plus de santé, et plus de bonheur. Quoi qu'un individu ait déjà, il en veut toujours plus. Si vous pouvez montrer à une personne comment elle peut avoir plus de ce qu'elle veut en vous aidant à atteindre votre objectif, vous la motiverez à agir dans votre sens. Sachant cela, vous pouvez vous efforcer d'orienter l'attention du vendeur sur l'argent qu'il recevra à la vente, ou sur le soulagement qu'il ressentira en étant libéré de sa dette.

- **La peur de la perte :** Les gens ont peur de la perte financière, de perdre la santé, de subir la désapprobation des autres ou de perdre tout ce qu'ils ont gagné en travaillant dur. Ils ont peur du changement, du risque et de l'incertitude, parce que tout cela représente des menaces potentielles de pertes. Cette peur, sous toutes ses formes, est souvent plus forte que le désir de gain. Chaque fois que vous montrez à une personne qu'elle peut éviter une perte en faisant ce que vous voulez qu'elle fasse, vous pouvez l'influencer à faire une action particulière.

L'idéal est de pouvoir combiner ces deux motivations puissantes en faisant au vendeur une proposition qui allie à la fois une opportunité de gain et la possibilité d'éviter une perte. C'est une technique de négociation très efficace. Vous pouvez par exemple utiliser une phrase du genre :

# NÉGOCIER, FAIRE UNE OFFRE ET ACHETER

*« Monsieur le Vendeur, je suis un investisseur et je ne dispose que de fonds limités pour acheter des propriétés. J'ai justement des liquidités qui se sont libérées cette semaine pour acheter un bien supplémentaire. Mais j'ai beaucoup d'autres rendez-vous cette semaine, et je ne peux pas vous garantir que j'achèterai votre maison si nous n'arrivons pas à une décision aujourd'hui. Je suis sûr que vous pouvez me comprendre. »*

En substance, cette formule lui dit : « Etes-vous prêt à me vendre votre propriété, de façon à en être débarrassé et à avoir de l'argent sur votre compte, ou vais-je devoir acheter une autre propriété cette semaine, seulement parce que vous n'arrivez pas à vous décider ? ». Elle actionne les deux ressorts de la motivation : d'une part la perspective du profit et l'allégement des problèmes, et d'autre part la peur de perdre cette opportunité. Cette double formulation le pousse donc à prendre la décision que vous voulez, c'est-à-dire vous vendre la maison.

### b. Démontrer la justesse de votre offre
Une technique peu souvent utilisée, mais qui peut se révéler efficace consiste à joindre à votre offre une note expliquant comment vous arrivez au prix que vous offrez. Par exemple, vous pouvez expliquer que des maisons comparables dans le quartier se sont vendues pour un prix moyen de X euros, mais que celle-ci ayant besoin de travaux de rénovations, vous déduisez donc le coût des travaux de ce prix de vente moyen. Faites le détail des travaux à effectuer, et estimez leur coût. Même si vous comptez faire les travaux par vous-même, inscrivez le prix que demanderaient des professionnels. Veillez à estimer correctement le coût des travaux parce que le vendeur les connaît peut être aussi. Si vous gonflez les prix, votre offre perdra de sa crédibilité. Mais si votre note est bien faite, vous démontrez au vendeur que vous savez de quoi vous parlez, et cela peut finir de le convaincre.

### c. Prouver que vous avez les moyens d'acheter
Une autre manière de prouver que vous êtes sérieux consiste à joindre à votre offre une preuve que vous avez le financement nécessaire. Cela peut être une lettre de pré-acceptation de la part de votre banque, ou si vous payez en cash, une copie d'un extrait de compte dont vous aurez préalablement noirci le numéro de compte.

### d. Mettre de l'argent sur la table
Dans l'immobilier, l'argent liquide est toujours roi. Les offres avec des acomptes importants ont toujours auprès des vendeurs plus de force que les autres. En effet, au plus l'acheteur met de l'argent sur la table, au moins la transaction risque d'être annulée en dernière minute si l'acheteur ne parvient pas à obtenir son financement.

### e. Apporter une solution aux besoins du vendeur
Même si le prix est la partie la plus importante de l'offre, il y a parfois d'autres éléments qui interviennent dans la conclusion d'une transaction immobilière. Le vendeur peut en effet avoir également d'autres besoins parallèlement au besoin de vendre, par exemple

du temps supplémentaire pour déménager ou trouver une autre maison. Si vous mettez à jour de telles motivations chez un vendeur, vous pouvez trouver un moyen de les satisfaire et joindre à votre offre des solutions à ses problèmes. La négociation entre vous et le vendeur devient alors une collaboration dont le but est de satisfaire vos besoins à tous les deux.

**f. Faire des concessions**
Cette technique consiste à obtenir ce que vous voulez en échange de quelque chose d'autre. Typiquement, vous dites au vendeur « J'accepte Ceci, mais en échange, vous me donnez Cela ». Pour augmenter votre pouvoir de négociation et donner l'impression de faire des concessions importantes, vous pouvez mettre dans votre offre beaucoup plus d'exigences que ce que vous voulez vraiment obtenir.

Par exemple, vous proposez un prix beaucoup plus bas que celui demandé par le vendeur, mais également qu'il laisse dans la maison tout le mobilier et qu'il paie aussi la réparation du toit. Probablement que le vendeur n'acceptera pas une telle offre, mais qui sait ? Il peut être dans une telle urgence de vendre qu'il acceptera toutes vos conditions, pourvu qu'il se débarrasse de l'immeuble. Mais s'il n'accepte pas, il peut vous faire une contre-proposition qui ne contient pas certaines des choses que vous demandez. Vous serez libre de l'accepter ou non, mais elle sera certainement plus avantageuse que le prix initialement demandé.

## Evitez les erreurs de négociation

Certaines personnes sont de piètres négociateurs. Elles sont trop transparentes et réagissent trop fort et trop vite. Elles ne supportent pas les silences et agissent émotionnellement. Voici donc quelques erreurs typiques à éviter :
- → **Payer le prix demandé** : aucun vendeur ne s'attend à ce qu'un acheteur paie le prix annoncé. Les vendeurs mettent toujours un prix de vente supérieur à ce qu'ils veulent vraiment obtenir. Cela leur permet de garder une marge de manœuvre pour négocier. Alors, pourquoi payer plus cher quand, avec un peu de négociation, vous pourriez payer 5 ou 10 % moins cher ?
- → **Mettre toutes ses cartes sur la table dès le début** : ne mettez pas votre prix maximum lors de votre première offre. Si le vendeur refuse, vous n'aurez plus de munitions pour continuer la négociation, et si vous montez votre prix vous risquez de sortir de vos critères de rentabilité.
- → **Faire une offre beaucoup trop basse** : elle peut insulter le vendeur, ou lui faire penser que vous n'êtes pas sérieux. Dans les deux cas, il ne prendra pas la peine de vous répondre, et la négociation risque de s'arrêter. De plus, par effet de contraste, une offre excessivement basse fera paraître meilleure celles de vos concurrents.
- → **Enchérir contre soi-même** : tant que le vendeur n'a pas répondu à votre offre initiale,

NÉGOCIER, FAIRE UNE OFFRE ET ACHETER

ne faites pas une offre supérieure. Certains acheteurs deviennent tellement anxieux face au silence du vendeur, qu'ils envoient trop tôt une deuxième offre supérieure.
→ **Faire une offre « à prendre ou à laisser »** : un ultimatum est une forme d'agressivité qui pourra se révéler contreproductive. Votre but est de maintenir la communication ouverte, pas de la fermer.
→ **Trop parler** : ne racontez pas les raisons pour lesquelles vous voulez acheter. Si on vous pose la question, répondez quelque chose de neutre. Evitez de parler politique, sexe, religion ou race. Vous ne connaissez pas intimement le vendeur, et il se peut qu'il ait des opinions très arrêtées et vous risqueriez de le heurter. La négociation peut être quelque chose de très subjectif, alors autant mettre toutes les chances de votre côté.
→ **Répondre à une offre non-écrite** : si l'agent du vendeur vous dit qu'il accepte votre offre ou fait une contre-offre, demander toujours à ce que ce soit mis par écrit. Conservez toutes les offres et contre-offres.

Obtenir le meilleur prix et les meilleures conditions possibles lors de l'achat d'un bien immobilier est tout un art. Mais vous obtiendrez d'excellents résultats en apprenant à maîtriser les techniques de négociation expliquées dans ce chapitre. Vous pourrez ainsi gagner des dizaines de milliers d'euros lors de chaque achat. N'ayez jamais peur de négocier. Vous pouvez gagner autant d'argent en négociant qu'en louant l'immeuble pendant un an. Souvenez-vous toujours : dans l'immobilier, c'est à l'achat que l'on gagne de l'argent !

## 6.4. Quand l'offre est acceptée

Lorsque votre offre est acceptée, il y a des choses à faire pour être totalement certain que la propriété est un bon investissement. C'est maintenant ou jamais, car lorsque le compromis de vente sera signé, vous devrez également payer un acompte. Si vous deviez décider de sortir de la transaction, autant le faire avant d'avoir mis votre argent sur la table.

### Faites inspecter l'immeuble

La première chose à faire est d'organiser l'inspection de l'immeuble par un expert agréé. Si vous avez assorti votre offre d'une clause suspensive liant la validité de l'offre au rapport positif de l'expert, vous aurez la durée prévue dans cette clause pour faire inspecter la maison. Ne traînez donc pas pour prendre rendez-vous avec un expert. Je vous conseille vivement d'être présent et de suivre de près l'expert pendant toute sa visite de l'immeuble. Il pourra ainsi vous montrer tout ce qu'il découvre et vous donner des explications. Il pourra également vous conseiller quant aux solutions techniques envisageables pour remédier aux éventuels problèmes rencontrés.

Que faire si un problème inattendu et relativement grave est découvert pendant l'inspection ? Dans ce cas vous avez trois solutions :

1. **Demander au vendeur de faire les réparations** à son propre compte avant la signature de l'acte définitif. Dans le cas où le vendeur accepte cette solution, vous devrez signer ensemble une nouvelle offre d'achat dans laquelle est stipulé que le prix est convenu moyennant la réalisation par le vendeur de ces travaux. Pour éviter tout malentendu, décrivez avec précision de quels travaux il s'agit.
2. **Renégocier le prix à la baisse.** Par exemple le prix initialement convenu moins le coût des travaux de réparation.
3. **Sortir de la transaction** si le problème découvert est trop onéreux, et si le vendeur n'accepte aucune des deux premières solutions. Dans ce cas, vous pourrez quitter la transaction grâce à la clause suspensive, et récupérer votre acompte si vous aviez déjà dû le verser.

## Obtenez des devis pour les travaux

La deuxième chose importante à faire lorsque l'offre d'achat est acceptée est de confirmer les coûts des travaux. Ces aspects très importants sont traités en détail dans le chapitre 5 consacré à l'achat d'un immeuble en vue de le revendre. Tous les principes qui y sont expliqués concernant les travaux de rénovation sont également valables si votre objectif est de conserver le bien pour le mettre en location. Afin d'éviter de répéter plusieurs fois les mêmes informations, je vous renvoie donc vers ce chapitre pour tout ce qui concerne les travaux.

Vous devez savoir ce que vous allez faire comme travaux dans cet immeuble avant de signer l'acte définitif. Vous ne pouvez pas attendre d'avoir les clés pour décider de vos projets. C'est pendant cette période, entre l'offre et la signature définitive, que vous devez finaliser votre projet, en ce compris dans ses aspects financiers et réglementaires.

Avant tout, vérifiez le type d'utilisation permise pour cet immeuble. Rendez-vous auprès des autorités locales compétentes (cadastre, urbanisme) pour vérifier que vous pourrez légalement faire ce que vous voulez dans le bien que vous désirez acquérir.

Par exemple, si vous voulez acheter une maison qui était à l'origine une unifamiliale, et qui a été ensuite transformée en quatre appartements, vérifiez bien que cela a été fait conformément à la loi et que vous ne serez pas en infraction. De même, si vous avez l'intention de faire une surface commerciale dans un immeuble qui contient du logement, ou l'inverse, vous aurez certainement besoin d'une autorisation.

Ensuite, prenez rendez-vous avec des entrepreneurs et demandez-leur des devis pour tous les travaux que vous voulez faire. Ne tardez pas ! Entre votre coup de téléphone, leur visite et le moment où vous recevrez leurs devis écrits, il peut s'écouler plusieurs semaines. Idéalement, vous devriez obtenir au moins trois devis pour chaque type de travaux afin de pouvoir comparer les offres et choisir la meilleure.

Comme vous n'aurez pas encore les clés, il faudra aussi que vous vous arrangiez chaque fois avec le vendeur ou son agent immobilier pour pénétrer dans l'immeuble. Tout cela risque de prendre du temps. Pourtant, vous aurez besoin d'avoir ces devis pour finaliser votre demande de crédit. Lorsque vous avez choisi votre ou vos entrepreneur(s), commencez déjà à les questionner sur leur disponibilité pour les jours qui suivent la signature de l'acte de vente définitive. Ainsi ils pourront commencer les travaux immédiatement et vous ne perdrez pas de temps.

## Finalisez votre financement

Comme nous l'avons vu plus haut, il ne faut pas faire une offre d'achat à la légère parce qu'elle vous lie juridiquement. Pourtant, lorsque vous aurez identifié un bien qui rencontre tous vos critères, il faudra agir vite pour ne pas le laisser filer ! Vous n'êtes pas le ou la seul(e) à chercher la bonne affaire, et si vous attendez trop elle risque de vous passer sous le nez. Alors, pour pouvoir réagir vite et faire une offre d'achat en toute sécurité, vous devez avoir à l'avance une idée très claire de votre capacité à réunir les fonds nécessaires à l'achat de l'immeuble.

Faites votre shopping, tant autour de vous que sur internet, afin de repérer les banques ou organismes de prêts qui proposent les conditions les plus avantageuses dans votre situation. Cela ne doit pas forcément prendre beaucoup de votre temps, mais il vaut mieux avoir déjà fait cela avant de signer une offre d'achat, car après vous aurez beaucoup d'autres choses auxquelles penser.

Lorsque vous avez repéré plusieurs organismes de crédit qui vous semblent intéressants, allez les rencontrer en personne. Parlez avec des conseillers, expliquez-leur le type de bien que vous voulez acheter et pour quel prix, faites-vous faire des simulations de prêt et posez toutes les questions que vous avez. Tout cela vous servira à confirmer votre capacité d'emprunt. En ayant fait ces démarches à l'avance, vous pourrez agir avec détermination le jour où vous devrez signer une offre d'achat, parce que vous aurez la certitude raisonnable qu'une banque vous suivra.

La provenance de l'acompte est aussi un élément essentiel à connaître. Il y a en effet de fortes probabilités que le vendeur vous demande de payer 5 ou 10% du prix de vente au moment de la signature du compromis de vente. Si vous avez cette somme en liquide sur un compte, alors il n'y a aucun problème. Mais si ce n'est pas le cas, vous devez savoir précisément au moment de signer l'offre comment vous allez trouver cet argent dans les 30 jours suivants. Comme nous l'avons vu au chapitre 2, il peut provenir de sources très diverses, et même éventuellement d'un emprunt hypothécaire à 125% qui couvre toutes les dépenses. Mais au moment de signer l'offre, vous devez déjà savoir ce que vous allez faire.

Si l'immeuble que vous projetez d'acquérir a besoin de travaux, vous devez avoir une idée de leur coût total. En effet, si vous incluez dans votre demande de crédit un montant destiné aux travaux, vous devez être certain que votre organisme de crédit l'acceptera et que vous serez toujours capable de rembourser, même avec ce montant supplémentaire emprunté.

Lorsque l'offre d'achat est contresignée par le vendeur, vous pouvez demander à votre notaire de vous calculer le décompte final de ce que vous coûtera l'achat de l'immeuble. Au prix d'achat convenu entre les parties s'ajouteront toute une série d'autres frais. Certains sont liés à la vente, comme les taxes d'achat, et les honoraires du notaire. Mais à ceux-ci s'ajoutent les frais liés à l'enregistrement de l'hypothèque sur laquelle repose le crédit. Ce n'est que lorsque vous connaîtrez ces éléments que vous saurez avec précision le prix final de votre achat.

Muni de tous ces chiffres, il est maintenant temps de retourner voir l'institution financière que vous avez choisie pour votre crédit. Mais avant de signer les documents de votre crédit hypothécaire, essayez d'encore négocier pour obtenir une réduction du taux d'intérêt. Le taux que l'on vous aura présenté lors de votre première visite exploratoire n'est pas forcément le plus bas que cet organisme pourrait vous obtenir. Les agences bancaires ont en général une certaine marge de liberté pour offrir un taux préférentiel dans certaines conditions. Elles peuvent par exemple vous proposer un taux inférieur si vous prenez auprès d'elles certains autres produits comme l'assurance solde restant dû et l'assurance incendie. Certaines essayent également de vous convaincre d'ouvrir des comptes chez elles et d'y faire verser votre salaire. Essayez donc d'obtenir le taux d'intérêt le plus bas possible. Comme nous l'avons vu précédemment, quelques dizaines de pourcent de différence peuvent faire une grande différence au bout du compte.

Lorsque vous serez décidé, le banquier ou votre courtier vous demandera de lui fournir plusieurs documents, dont voici une liste non exhaustive :
- Copie recto/verso de la ou les carte(s) d'identité
- Si vous êtes marié, copie du carnet de mariage
- Offre ou compromis de vente signé
- Expertise réalisée par un expert agréé
- Si vous avez un autre crédit hypothécaire en cours : copie du contrat et tableau d'amortissement
- Preuves des 3 derniers loyers ou des 3 derniers remboursements de crédit

- Vos 3 dernières fiches de salaire (pour les salariés)
- Copie des deux dernières fiches de revenus annuels (pour les indépendants et professions libérales)
- Copie des deux derniers bilans et copie des statuts (pour les sociétés)
- Attestation des revenus de remplacement
- Dernier extrait bancaire des allocations familiales
- Dernier extrait bancaire de pension alimentaire
- Preuve des fonds propres disponibles (si d'application)
- Si vous recevez des revenus locatifs : extraits de compte des 3 derniers mois + copie des contrats de bail.

Si votre dossier de financement est accepté, tout va bien, vous pouvez continuer tranquillement la procédure d'achat. Par contre s'il est refusé, deux solutions s'offrent à vous : sortir de la transaction ou chercher ailleurs un autre financement. Si vous décidez d'arrêter la procédure d'achat, vous pourrez faire jouer la clause suspensive d'acceptation de votre prêt que vous avez incluse dans votre offre et votre compromis de vente. La lettre de refus de la banque vous autorisera à le faire sans conséquences fâcheuses.

Mais si vous êtes certain qu'il s'agit d'une bonne affaire (après avoir appliqué tous les conseils de ce livre), pourquoi abandonner si près du but ? Allez voir d'autres banques et organismes de crédits et introduisez à nouveau votre dossier auprès d'elles. Si votre projet est bon et bien réfléchi, vous finirez par trouver l'argent pour le réaliser.

# 7 COMMENT DÉBUTER QUAND ON EST PAUVRE

Je suis bien conscient que tous les lecteurs de ce livre ne sont pas dans la même situation financière. Il y en a parmi vous qui connaissent une certaine aisance, étant souvent déjà propriétaires de leur habitation, et qui cherchent dans l'immobilier un moyen d'investir leur capital et leurs économies. J'espère que vous avez la chance d'être dans cette position. Si c'est le cas, ce chapitre ne vous concernera peut-être pas directement, bien qu'il pourrait cependant vous être très utile, notamment si votre objectif est d'accumuler un portefeuille de plusieurs immeubles.

Mais je sais qu'il y a également d'autres lecteurs - que j'imagine en nombre bien plus élevé -, qui vivent dans des conditions financières beaucoup moins confortables. **C'est à eux que ce chapitre est tout particulièrement destiné.**

→ Vous n'avez qu'un faible salaire et vous pensez que celui-ci ne sera pas suffisant pour payer les remboursements mensuels d'un crédit hypothécaire ?

→ Vous êtes déjà très endetté et ne voyez pas comment vous pourriez encore prendre un crédit supplémentaire ?

→ Vous êtes locataire et, si posséder votre propre habitation est un rêve qui semble déjà très difficile à atteindre, l'idée d'acheter de l'immobilier pour investir vous semble à des années-lumière de la réalité ?

Je comprends vos inquiétudes, mais je suis pourtant convaincu que la plupart d'entre vous peuvent devenir propriétaires et construire un patrimoine immobilier ! Cela ne se passera cependant peut-être pas tout de suite. Il vous faudra certainement faire des efforts, notamment en termes d'épargne et d'élimination de vos dettes actuelles. Mais si vous avez une forte détermination, rien n'est impossible !

Pour vous aider à parcourir le chemin de l'indépendance financière, j'ai assemblé dans ce chapitre toute une série de conseils pratiques, tant en terme de stratégies d'investissement, qu'en terme de gestion des finances personnelles. Il comprend par ailleurs une dernière partie qui aborde un sujet très différent, à savoir les causes psychologiques du succès. Elle est intitulée *Toutes les Victoires Commencent dans l'Esprit* et vous aidera à reconnaître les pensées qui vous maintiennent peut-être dans l'échec et à réorienter votre esprit vers le succès. Pour un résultat optimal, je vous encourage vivement à approfondir ces principes psychologiques parallèlement à vos efforts pour prendre le contrôle de vos finances personnelles.

## 7.1. Choisissez la stratégie qui vous convient

Ne pensez pas qu'il n'existe qu'une seule et unique bonne manière de débuter votre carrière d'investisseur et de gagner de l'argent avec l'immobilier. Vous pouvez pour cela suivre beaucoup de chemins différents. Je vais donc vous montrer quatre stratégies par lesquelles vous pouvez commencer à partir de zéro. Vous pourrez ainsi choisir celle qui vous convient le mieux en fonction de vos objectifs, de vos goûts, de votre âge et de votre situation familiale. Mais au préalable nous devons d'abord parler de votre logement personnel, et comment vous pouvez inclure celui-ci dans votre stratégie d'investissement.

### La question de votre résidence personnelle

Si vous êtes actuellement locataire et que vous voulez commencer à investir dans l'immobilier, vous devez réfléchir à la question de votre résidence personnelle. En effet, vous devez bien habiter quelque part !

La pensée vous a peut-être déjà traversé l'esprit, qu'il vaudrait mieux d'abord commencer par acheter votre propre logement et puis ensuite, plus tard seulement, acheter un bien de rapport. Le problème est que si vous achetez une maison ou un appartement pour y habiter, vous devrez peut-être utiliser pour cela toutes vos économies et mobiliser toute votre capacité d'emprunt. Vous serez alors bloqué et n'aurez plus les moyens d'acheter autre chose, et ce pendant peut-être longtemps.

Mais il y a pourtant moyen d'acheter votre résidence personnelle et d'en faire un investissement rentable qui vous permettra de progresser. Par ailleurs, vous pouvez tout aussi bien décider de rester locataire et commencer à investir en achetant un bien d'investissement dans lequel vous ne logerez pas. Votre première décision sera donc de choisir si vous allez acheter votre résidence personnelle ou continuer à la louer. Je vais donc vous donner trois éléments de réflexion pour vous y aider.

#### a. A terme, vous devez avoir votre « chez Vous » à Vous

Tout d'abord, même si votre ambition n'est pas de développer un patrimoine immobilier de plusieurs millions d'euros, j'aimerais que la lecture de ce livre vous aide à au moins une chose : posséder votre propre habitation !

Vous pouvez parfaitement investir tout en restant locataire de votre logement, mais votre but à plus ou moins long terme devrait quand même être de devenir propriétaire de votre propre maison ou appartement. C'est surtout lorsque vous prendrez votre retraite et deviendrez vieux que vous profiterez le plus de la sécurité que vous procurera la possession de votre « Chez Vous ».

Laissez-moi illustrer cela en vous racontant une histoire dont je fus témoin quand j'étais enfant. A l'époque, je vivais chez ma grand-mère qui était propriétaire de sa maison. Un peu plus loin dans la rue, il y avait deux immeubles de quatre appartements, tous occupés par des personnes âgées qui devaient avoir entre 70 et 80 ans. Je les connaissais bien car beaucoup étaient amis avec ma grand-mère qui était de la même génération qu'eux. Puis un jour, les deux maisons ont été vendues l'une après l'autre. Et comme les nouveaux propriétaires voulaient occuper personnellement les lieux, toutes les vieilles personnes furent obligées de déménager. Même longtemps après, je me souviens encore du sentiment de souffrance et d'injustice que j'ai alors ressenti en voyant la détresse de ces pauvres gens, obligés à la fin de leur vie de quitter un lieu où elles vivaient parfois depuis très longtemps. C'est à partir de ce moment que j'ai souvent entendu ma grand-mère me répéter : « Avoir un toit à soi est le plus important ! ». Elle avait bien raison, et c'est pourquoi j'aimerais aujourd'hui à mon tour vous transmettre ce conseil ! Au-delà de toutes les discussions théoriques pour savoir s'il est plus intéressant d'acheter son logement ou de rester locataire, je suis convaincu qu'il faut éviter à tout prix de se faire jeter à la rue quand on est âgé et affaibli ! Pour cela, il faut être propriétaire et avoir fini de payer son logement. De plus, sur un plan strictement financier, les revenus perçus lorsque l'on est retraité sont généralement considérablement inférieurs à ceux de la vie active. Alors, pour passer ses vieux jours de manière sereine, il vaut beaucoup mieux à ce moment ne plus devoir payer de loyer.

**b. Mieux vaut attendre un peu avant d'acheter la maison de vos rêves**
La plupart des gens pensent que leur habitation personnelle est leur meilleur investissement parce qu'elle prend automatiquement de la valeur avec le temps. Pourtant, Robert Kiyosaki, l'auteur de *Rich Dad Poor Dad* (Père Riche, Père Pauvre), considère que ce raisonnement est faux. C'est une erreur de compréhension que commettent les gens de la classe moyenne, et c'est ce qui les différencie des investisseurs.

Kiyosaki explique qu'une maison ou un appartement que l'on habite n'est pas un actif mais plutôt un passif. Un actif est un bien d'investissement qui vous rapporte de l'argent et vous rend ainsi plus riche. A l'opposé, un passif fait sortir de l'argent de votre poche. Un immeuble de rapport est donc un actif car il génère un cash-flow. Mais une maison que l'on habite personnellement est un passif, car elle coûte chaque mois de l'argent pour la garder et l'entretenir. Et plus une maison est grande et luxueuse, et plus elle nécessitera de grandes dépenses régulières (des remboursements de crédit importants, des taxes foncières élevées, de coûteux frais d'entretien, etc.).

|  | ACTIF | PASSIF |
|---|---|---|
| **Classe moyenne :** Ma maison est un investissement | 🏠 | |
| **Investisseur :** Ma maison est un passif | | 🏠 |

Celui qui veut devenir investisseur doit bien comprendre cette différence pour éviter de faire une erreur qui freinera le développement de son patrimoine. En effet, retarder sa décision d'investir pour d'abord acheter une habitation personnelle trop onéreuse aura comme double conséquence :
→ une perte de temps durant laquelle les biens d'investissements que l'on aurait pu acheter à la place auraient pris de la valeur
→ l'argent utilisé pour de grandes dépenses de maintenance liées à la maison aurait pu être investi

Si l'on veut une belle et grande maison, Kiyosaki conseille de commencer par d'abord acheter des actifs qui génèreront le cash-flow nécessaire pour la payer. Il vaut donc mieux avoir une stratégie d'enrichissement à long terme, et accepter de ne pas vivre tout de suite dans la maison de vos rêves.

Comme beaucoup de personnes, je suppose que vous aimeriez avoir une grande maison très lumineuse dotée d'un double garage, avec un grand jardin arboré et une piscine, et le tout situé dans un quartier chic. Je peux parfaitement comprendre cela, mais si vous voulez développer votre fortune et votre indépendance financière, ce n'est absolument pas ce genre de propriété que vous devez acquérir pour commencer. Mais gardez cependant votre vision de ce lieu idéal dans un coin de votre cerveau, car nous reparlerons plus loin de l'importance d'avoir de grands objectifs clairs et de les visualiser. Vous pourrez avoir la maison de vos rêves dans quelques temps, quand votre situation financière se sera développée. Mais pour l'heure, vous devez vous concentrer sur les premiers pas à poser sur le chemin qui vous y conduira.

**c. Il est parfois plus intéressant de rester locataire de sa résidence personnelle**
Vos revenus mensuels sont limités, et avec cette somme vous devez à la fois vous loger et investir. Il vous faut donc rechercher la solution la plus avantageuse financièrement pour réaliser simultanément ces deux objectifs. Dans ce livre, je vous ai jusqu'ici beaucoup parlé d'acheter de l'immobilier d'investissement pour développer votre patrimoine.

*LES SECRETS DE L'IMMOBILIER*

Mais en ce qui concerne votre résidence personnelle, il coûte parfois moins cher de continuer à louer, notamment si les prix de l'immobilier sont très élevés dans votre zone. On peut comparer les coûts des deux opérations en déterminant pour un même logement le prix de revient de la location et le coût global de l'achat.

Pour savoir ce que coûte la location, il suffit de multiplier le nombre de mois de location par le montant du loyer (hors charges, car celles-ci sont identiques si vous louez ou si vous achetez).

Pour connaître le prix de revient de l'achat du logement, il faut non-seulement prendre en compte le prix du bien en lui-même et celui des travaux éventuels, mais il faut également ajouter les frais d'achat, les frais bancaires, l'assurance-décès et la taxe foncière annuelle. Toutes ces dépenses peuvent représenter une somme considérable équivalente à plusieurs années de loyer, et dont l'acheteur doit s'acquitter avant même de recevoir les clés de la propriété et pouvoir en jouir. Et à cela s'ajoute également le fait que les premières années, les mensualités de remboursement du crédit sont composées majoritairement d'intérêts et ne remboursent que peu de capital. Le paiement des intérêts représente donc une dépense à perte. Le temps que tous ces coûts soient absorbés, il faut par conséquent habiter son logement pendant plusieurs années avant que celui-ci ne revienne moins cher qu'une location. Lorsque la durée de résidence dans un logement est courte, c'est-à-dire inférieure à trois ou quatre ans, il est donc parfois moins onéreux de louer que d'acheter.

Par ailleurs, acheter votre logement personnel n'est pas forcément un bon placement si cela vous empêche de vous constituer un portefeuille d'investissement. C'était le sens du message de Robert Kiyosaki dont nous avons parlé précédemment. Celui qui reste locataire n'a pas immobilisé son capital, et il peut donc utiliser son épargne pour faire d'autres investissements.

Il y a en fin de compte deux variables qui permettent de déterminer s'il est financièrement plus intéressant d'acheter ou de louer votre logement : d'une part l'évolution des prix de l'immobilier dans la zone où vous avez votre résidence personnelle, et d'autre part le rendement de vos investissements. Si les prix de l'immobilier augmentent, la valeur de votre résidence personnelle croîtra également. Il est donc dans ce cas intéressant d'acheter votre résidence personnelle, mais seulement dans la mesure où vous pouvez suivre une stratégie vous permettant d'en faire également un investissement qui fera grandir votre patrimoine net. A l'opposé, il est intéressant de continuer à louer si votre loyer actuel est peu élevé et que le rendement de vos investissements est plus important que l'augmentation des prix de l'immobilier.

## Quatre stratégies pour commencer à investir

Maintenant que vous avez pu réfléchir à la question de votre résidence principale, il est temps d'aborder de manière concrète les différents chemins que vous pouvez emprunter pour construire votre patrimoine et votre liberté financière.

Nous prendrons comme hypothèse que vous êtes actuellement locataire de votre logement et que vous voulez commencer à investir dans l'immobilier. Sur cette base, je vais vous proposer dans les lignes qui suivent quatre stratégies différentes. Elles s'articulent autour de deux variables :
- **Votre résidence principale :** si vous comptez habiter dans le bien que vous allez acheter ou si vous voulez rester locataire
- **Votre but :** si vous comptez garder longtemps le bien pour le louer ou si vous voulez le revendre rapidement

Le tableau ci-dessous résume les quatre options qui s'offrent à vous :

| VOTRE BUT | RÉSIDENCE PRINCIPALE | |
|---|---|---|
| | Habiter dans le bien | Rester locataire |
| Pour mettre en location | **STRATÉGIE 1** Acheter un immeuble de plusieurs unités → habiter une partie et louer le reste | **STRATÉGIE 3** Rester locataire → acheter un bien mis en location qui s'autofinance |
| Pour revendre | **STRATÉGIE 2** Acheter une unité → y habiter → rénover → revendre | **STRATÉGIE 4** Rester locataire → acheter et rénover un bien → revendre vite |

Voyons à présent en détail chacune de ces stratégies :

### Stratégie n°1
**Acheter un immeuble de plusieurs unités locatives, en habiter une et louer le reste**

C'est celle que j'ai moi-même utilisée au début. J'avais acheté un immeuble de quatre appartements à rénover entièrement et j'ai commencé par habiter l'appartement du rez-de-chaussée. Puis, j'ai progressivement rénové les étages supérieurs jusqu'à pouvoir les louer. Finalement, j'ai acheté autre chose, déménagé et mis également en location l'appartement que j'occupais dans cet immeuble.

Cette stratégie est très intéressante parce que le fait d'habiter personnellement dans le bien immobilier vous donnera généralement droit à des avantages fiscaux que vous n'auriez pas avec une résidence secondaire ou un immeuble d'investissement que vous n'occupez pas vous-même. Voici comment procéder :

→ Trouvez une propriété dans votre budget avec au moins deux unités locatives (plus il y en a mieux c'est). Attention de vous assurer avant de signer que la division de l'immeuble en plusieurs unités est reconnue par l'administration de l'urbanisme !

→ Comme vous habiterez l'un des appartements, vous devrez vous payer un loyer. Ensemble, votre loyer et ceux de vos locataires doivent couvrir les remboursements de l'emprunt et toutes les dépenses.

→ Si vous devez faire des travaux, commencez par rénover l'appartement que vous allez habiter.

→ Quittez votre location et allez habiter dans le bien que vous venez d'acheter. Evidemment, il se peut que cela soit un peu « camping » au début, le temps que vous vous organisiez. Mais ne vous inquiétez pas, je l'ai fait plusieurs fois personnellement avec femme et enfants.

→ Louez le reste de l'immeuble le plus vite possible.

→ Basez votre stratégie sur l'approche expliquée au chapitre 4 : Acheter pour Conserver et Louer, et faites des calculs d'analyse de cash-flow précis avant d'acheter.

→ Votre cash-flow devrait idéalement être positif, ce qui augmentera vos revenus mensuels. Mais je vous conseille de mettre cet argent de côté précieusement, en vue des réparations imprévues que vous pourriez devoir effectuer un jour dans votre immeuble.

→ Cherchez à augmenter le rendement de l'immeuble en le gérant convenablement (voir p.161). En faisant croître les revenus locatifs de l'immeuble, vous en augmenterez aussi sa valeur à la revente.

**Après quelques années :**
Plusieurs options s'offrent à vous, maintenant que vous êtes propriétaire de votre logement et avez en plus un ou plusieurs appartement(s) mis en location :

**a. Conserver l'immeuble et en acheter un deuxième.**
Vous pouvez déménager pour habiter dans le nouvel immeuble, et recommencer le même processus. Pour le financement de ce deuxième immeuble, vous approcherez votre banquier avec un dossier se basant sur les éléments suivants :

- Votre premier immeuble sera totalement loué quand vous habiterez dans le second et aurez trouvé un locataire pour l'appartement que vous occupiez. Cet immeuble continuera donc à se payer automatiquement. Si votre cash-flow est fortement positif, mettez-le en avant.
- Vous continuerez à travailler et aurez donc toujours vos revenus professionnels.
- Le deuxième immeuble, en incluant votre loyer personnel, aura également un cash-flow positif.

**b. Vendre l'immeuble et en acheter un autre.**
A ce stade, vous aurez bien compris le système et vous pourrez le reproduire. Le bénéfice de la vente du premier immeuble vous permettra d'en acheter un autre du même genre en empruntant moins d'argent. Mais vous pouvez aussi choisir d'utiliser la somme pour payer l'acompte sur un plus gros immeuble avec un plus grand nombre d'unités locatives.

## Stratégie n°2
**Acheter un appartement ou une maison unifamiliale, y habiter, rénover et revendre**

Dans cette stratégie, vous trouvez un bien d'une seule unité locative et vous y habitez quelques temps, le rénovez et le revendez avec profit.

Lorsque vous revendez un bien que vous habitez personnellement, cela vous permettra le plus souvent d'éviter une trop forte taxation sur la plus-value réalisée, voire même d'éviter toute taxe dans certains pays. Ainsi la majorité de vos bénéfices pourra être réinvestie dans le prochain immeuble et votre patrimoine net progressera. Cela n'aurait en effet pas de sens de passer vos week-ends à rénover un appartement, si c'est pour finalement donner une grande partie de la plus-value ainsi réalisée au fisc !

Cette stratégie peut être idéale pour un jeune couple voyant à long terme et prêt à retrousser leurs manches. J'ai par exemple des amis qui font cela régulièrement et déménagent environ tous les 2 ans. A chaque fois ils revendent leur logement avec profit, ce qui leur permet ensuite d'en acheter un autre plus grand. Ils ont commencé par un petit appartement, puis ils ont pu acheter comme cela des propriétés de plus en plus belles et de plus en plus chères.

Pour que cette stratégie fonctionne, il faut bien sûr que le marché immobilier ait monté ou tout au moins soit resté stable. Il ne faut donc surtout pas suivre cette stratégie en période de boom immobilier. Mais le meilleur moyen de minimiser le risque lié à l'évolution du marché immobilier est d'acheter un bien très en dessous de sa valeur et d'ensuite lui ajouter de la valeur en le rénovant. Voici comment procéder :
→ Prenez la somme que vous payez actuellement pour votre loyer. Si vous consacriez cet argent à rembourser un crédit hypothécaire, combien pourriez-vous emprunter ? Allez voir votre banquier et vous saurez ainsi dans quelle gamme de prix vous pouvez acheter.
Cherchez jusqu'à trouver la perle rare : achetez une maison unifamiliale ou un appartement vendu bien en dessous de sa valeur réelle par un propriétaire motivé. Négociez fermement le prix !

Depuis le début, soyez dans une logique de revente ! Vous n'allez garder cette maison ou cet appartement que quelques années. Considérez votre première propriété uniquement comme un tremplin destiné à faire augmenter votre capital. Basez toute votre stratégie sur l'approche expliquée au chapitre 5 : Acheter pour Revendre. Surtout, étudiez bien le marché et n'achetez qu'un bien que vous êtes certain de pouvoir revendre dans quelques années relativement facilement (une bonne localisation et un type de bien recherché).

→ Prenez un financement sur la plus longue période possible afin de diminuer les remboursements mensuels. Prenez connaissance des clauses d'indemnités de rupture dans le contrat, parce que vous allez revendre l'immeuble dans quelques années. Evitez d'expliquer au banquier que vous ne le garderez pas longtemps, car cela ne lui plaira peut-être pas.

→ Trouvez une propriété qui n'a besoin que de travaux de rénovation cosmétique (peinture, sols, etc..). Vous devez pouvoir y habiter immédiatement, même si c'est provisoirement dans l'inconfort. Si les travaux nécessaires sont trop conséquents, vous devrez, en plus des remboursements du crédit, continuer à payer votre location actuelle tant qu'ils ne seront pas terminés.

→ Quittez votre location et allez habiter dans le bien que vous venez d'acheter.

→ Maintenant vous êtes propriétaire sans payer beaucoup plus cher que votre ancien loyer. Félicitation ! (même si vous devez pour le moment faire votre vaisselle dans la salle de bain parce que vous n'avez pas encore de cuisine ...)

→ Utilisez toutes vos ressources et votre temps libre pour rénover votre propriété afin d'en augmenter la valeur. Si vous êtes bricoleur, faites le maximum vous-mêmes. Cependant, souvenez-vous toujours que votre objectif est de revendre. Donc, si vous voulez obtenir le meilleur prix de vente pour votre bien, toutes vos rénovations doivent être de qualité et aux normes. Si vous ne possédez pas les compétences nécessaires pour obtenir un résultat acceptable, formez-vous ou faites appel à un professionnel.

→ Revendez le bien après 2 ou 3 ans. Vous devriez normalement dégager une jolie plus-value de la vente car a) vous aurez augmenté la valeur du bien en rénovant, b) vous aurez remboursé une (petite) partie de votre crédit et c) la valeur de l'immobilier devrait avoir augmenté.

→ Vérifiez la fiscalité de votre pays pour savoir à partir de quand vous pouvez revendre votre immeuble sans payer trop de taxe sur la plus-value. Adaptez votre durée de détention en fonction de cela. Mais le plus souvent, vous ne serez pas taxé car il s'agira de votre habitation personnelle.

→ Achetez une autre propriété. Utilisez l'argent que vous avez gagné sur la première maison pour payer l'acompte de la suivante. Deux possibilités s'offrent à vous :
**a.** Soit vous recommencez la même opération avec un autre bien similaire (vous

avez maintenant acquis de l'expérience, et si ça a marché, alors pourquoi changer de stratégie ?)
**b.** Soit vous vous orientez vers une propriété avec plusieurs unités locatives (et vous passez donc à la stratégie numéro 1).

## Stratégie n°3
### Rester locataire et acheter un bien mis en location qui s'autofinance

Dans cette stratégie, vous restez locataire là où vous habitez actuellement, et vous achetez un bien que vous mettez en location et qui s'autofinance, c'est-à-dire dont les loyers couvrent tous vos frais. Vous suivrez pour cela la méthode décrite au chapitre 4 : *Acheter pour conserver et louer.*

En restant locataire, vous reportez donc dans le temps l'achat de votre résidence personnelle afin de pouvoir mieux investir. Remarquez en passant que cette stratégie peut aussi s'appliquer si vous achetez un bien que de toute manière vous n'habiterez pas, par exemple une surface commerciale, des garages, ou des parkings (sauf si vous décidez de vivre dans une caravane...).

Plus tard, en fonction de vos objectifs, vous pourrez :
→ Soit continuer à garder ce bien qui continue à se rembourser tout seul et fait grandir votre patrimoine net tous les mois
→ Soit le revendre et, avec ce qu'il vous restera après avoir remboursé le crédit, payer une partie d'un autre achat, par exemple votre résidence principale

Cette stratégie présente des avantages et des inconvénients par rapport aux stratégies 1 et 2.

Le premier avantage est qu'il vous sera plus facile d'obtenir un crédit pour un deuxième achat (par exemple pour votre résidence principale) si vous avez déjà un bien qui s'autofinance, plutôt que l'inverse. En effet, si vous commencez par acheter d'abord votre résidence principale, cet achat aura mobilisé toute votre capacité d'emprunt. Pour rappel, les banques considèrent en général que vos remboursements de crédit ne doivent pas dépasser 33% de vos revenus (voir p.59). Si vous allez ensuite voir votre banquier pour obtenir un second crédit, il est très probable que celui-ci refuse de vous prêter à nouveau car vous vous serez déjà endetté au maximum de vos possibilités pour acheter votre résidence principale. Il ne voudra donc pas augmenter son risque, et cela même si vous pouvez montrer que vous avez remboursé régulièrement votre premier crédit pendant 10 ans.

Par contre, si vous achetez d'abord un immeuble de rapport qui s'autofinance grâce au(x) loyer(s), il vous sera plus facile d'ensuite obtenir un deuxième crédit pour acheter votre résidence principale (ou un deuxième bien de rapport). Tout d'abord, cela montrera au banquier que vous savez gérer rentablement de l'immobilier. Mais surtout, votre premier crédit étant entièrement compensé par des loyers, le banquier considérera que le compteur de votre endettement est en quelque sorte remis à zéro. Il vous prêtera dès lors plus facilement pour un deuxième achat.

Un second avantage de cette stratégie a trait au confort personnel. En restant locataire, vous ne serez pas obligé de déménager, de vivre dans les travaux et de côtoyer vos locataires.

En ce qui concerne les désavantages de continuer à louer et investir ailleurs, il y a d'abord le fait que vous serez responsable du paiement de deux « loyers ». L'un est celui de la location de votre résidence principale, et l'autre celui que vous versez à la banque pour rembourser votre crédit.

Ensuite, la fiscalité est généralement moins avantageuse pour les biens que vous n'habitez pas personnellement. L'administration assimile en effet cela à la possession d'une seconde résidence, ce qui est une sorte de luxe. Selon le pays où vous résidez, le désavantage fiscal peut concerner des possibilités moindres de déductions fiscales, un impact supérieur sur l'impôt sur le revenu, une taxe sur la plus-value supérieure en cas de revente et, en cas de décès, des droits de succession moins avantageux pour le conjoint restant.

Alors, dans quel cas est-il intéressant de rester locataire tout en commençant à investir ailleurs ?
- Quand votre loyer actuel est peu élevé, et que vous pouvez louer pour un prix très supérieur l'appartement que vous pourriez occuper dans votre nouvel immeuble
- Quand le bien que vous allez acheter ne correspond pas à ce que vous avez personnellement besoin comme résidence principale. Par exemple :
  - Un type de bien inhabitable (garage, parking, surface commerciale, bureau, etc.)
  - Une surface insuffisante (par exemple si vous investissez dans un petit studio, mais que vous avez famille et enfants)
  - Un trop grand éloignement (par exemple si vous investissez dans une autre ville trop distante de votre travail)
- Quand vous n'avez pas envie de déménager et vivre (un peu) dans les travaux

## Stratégie n°4
### Rester locataire et acheter un bien à rénover pour le revendre rapidement

Vous continuez à être locataire là où vous habitez actuellement, et vous achetez un appartement ou une maison ayant un fort potentiel de prise de valeur après rénovation.

Vous y effectuez des travaux et revendez le bien avec profit. Cette stratégie est décrite de A à Z dans le chapitre 5 : *Acheter pour revendre*.

Je ne vous conseillerais pas de choisir cette stratégie pour commencer à investir si vous n'avez aujourd'hui encore aucune expérience de l'immobilier et du bâtiment. La réussite de ce genre d'opération repose en effet sur la vitesse d'exécution. Si les travaux nécessaires sont mal évalués au départ, leur coût supplémentaire et la durée de leur réalisation peuvent faire plonger vos finances dans le rouge. Chaque jour supplémentaire que vous gardez le bien vous coûte de l'argent et diminue d'autant votre profit. Par ailleurs, plus les travaux durent et plus vous restez exposé au risque si le marché immobilier venait à baisser.

Ne démarrez donc par cette stratégie que si vous êtes un professionnel du bâtiment, ou tout au moins un amateur très averti, et que vous êtes capable d'évaluer correctement le coût et la durée des travaux de rénovation.

Par ailleurs, soyez attentif au fait que si vous répétez trop souvent ce genre d'opération, le fisc risque de considérer que votre activité d'achat-revente est une activité professionnelle. Votre plus-value sera alors requalifiée en revenus professionnels et imposée comme telle, c'est-à-dire souvent plus lourdement. A partir de quand cela risque-t-il d'arriver ? Tout dépendra de l'humeur du fonctionnaire des impôts, lequel jugera en général que tout va bien tant que vous gérez votre patrimoine *« en bon père de famille »*. Si vous achetez-revendez trop souvent, vous n'agissez plus dans ce cadre.

•••

Voici donc quatre stratégies différentes pour commencer à investir dans l'immobilier. Je ne peux malheureusement pas vous dire laquelle est la meilleure pour vous. Elles fonctionnent toutes et j'ai vu des gens commencer leur carrière d'investisseur avec chacune d'elles. A vous de choisir celle qui vous convient le mieux en fonction de votre situation familiale, de vos objectifs, de vos moyens financiers et du prix de l'immobilier dans votre zone.

On dit qu'un voyage de mille kilomètres commence par un premier pas. Dans votre voyage vers l'indépendance financière, le premier pas est votre premier achat immobilier. Il importe donc que celui-ci soit un succès. Vous ne pouvez pas vous permettre de vous tromper de cible, au risque de vous attacher au pied un boulet dont vous mettriez des années à vous libérer.

Pour éviter cela, vous devez faire une étude de marché ciblée avant de signer chez le notaire. C'est votre garantie de ne pas tomber dans le piège d'acheter un bien seulement parce qu'il n'est pas cher. Souvenez-vous toujours que la bonne démarche est d'analyser d'abord le marché pour voir ce qui est recherché, puis d'essayer ensuite d'acheter cela le moins cher possible. Suivez toujours la demande et vous ne vous tromperez pas.

Quelle que soit la stratégie que vous déciderez de suivre, appliquez toujours les trois Règles d'Or suivantes :

> 1. **Achetez dans un quartier avec un potentiel de croissance de valeur de l'immobilier**
> 2. **Achetez en dessous de la valeur de marché**
> 3. **Ajoutez de la valeur en rénovant**

Commencer à investir dans l'immobilier vous demandera peut-être des sacrifices au début. Il vous faudra éventuellement accepter de ne pas acheter tout de suite la maison de vos rêves et supporter de faire un peu de camping. Mais les grands résultats que vous obtiendrez ainsi en valent largement la peine. No pain no gain ! Dans vingt ans, vous vous direz de manière certaine : *« Heureusement que je l'ai fait à cette époque »*.

Mais avant de démarrer, mettez tout d'abord de l'ordre dans vos finances personnelles. Cela vous permettra d'épargner pour payer l'acompte et avoir quelques réserves financières pour faire face aux imprévus. Vous devrez également éliminer vos dettes actuelles si vous en avez, afin de cesser de verser de l'argent que vous pourriez garder pour vous, et surtout pour améliorer votre profil d'emprunteur.

Vous trouverez dans la suite de ce chapitre des méthodes et des conseils pour optimiser votre situation financière. Mais avant de passer à ces aspects pratiques, je voudrais d'abord vous expliquer Les Sept Facteurs de l'Indépendance Financière. C'est un modèle général qui vous montrera le processus par lequel vous pouvez vous libérer du travail et devenir financièrement indépendant. Avoir dès le départ une vision globale et comprendre le *« big picture »* vous aidera par la suite à garder le cap sur l'essentiel.

## 7.2. Comment devenir riche ?

Comme vous vous en doutez certainement, devenir riche et recevoir des revenus réguliers sans travailler n'arrive pas en un jour. Sauf, bien entendu, si vous faites un héritage important ou gagnez le gros lot à la loterie. Mais si vous voulez sérieusement bâtir votre fortune, je vous conseillerais de ne pas attendre que se produise un événement de ce genre, car il pourrait bien ne jamais survenir. Il est beaucoup plus raisonnable et certain de prendre vous-même en main votre destin financier. Mais vous savez déjà cela, sinon vous ne liriez pas ce livre !

### Le chemin vers l'indépendance financière

Il existe d'innombrables voies pour devenir riche. Certains développent une société commerciale florissante et la revendent après quelques années pour une somme considérable. C'est le cas par exemple du milliardaire américain Elon Musk, le PDG des voitures électriques Tesla. A 24 ans, il fonda avec son frère une petite société appelée Zip2, qu'il revendit quatre ans plus tard à Compaq pour 300 millions de dollars, et en reçut 22 millions personnellement. Il utilisa ensuite cet argent pour cofonder une autre entreprise qui deviendra plus tard Paypal, le fameux système de paiement en ligne. Puis Ebay racheta Paypal pour 1,5 milliards de dollars, et Musk sorti de la transaction avec 165 millions de dollars dans sa poche, soit environ 127 millions d'euros. Des chiffres qui font rêver ... !

Il y a également des gens qui deviennent immensément riches en écrivant des best-sellers qui se vendent à plusieurs millions d'exemplaires, et sont ensuite adaptés au cinéma. C'est l'histoire notamment de la romancière anglaise J.K. Rowling qui vendit 400 millions de ses livres Harry Potter. En cinq ans seulement, elle passa ainsi de la pauvreté au statut de multimillionnaire. En 2008, sa fortune était estimée à près de 800 millions de dollars, faisant d'elle la douzième femme la plus riche d'Angleterre.

Ce ne sont que deux exemples parmi tant d'autres, et on pourrait bien sûr également citer les acteurs ou les sportifs et leurs cachets mirobolants. Il y a tant de gens qui ont ainsi gagné en peu de temps des fortunes colossales, que l'on pourrait remplir des pages entières à les citer. Vous pouvez essayer de reproduire ces succès si vous vous en sentez le don et la volonté. Mais si ce n'est pas votre cas (et ce n'est pas le mien non plus ... !), il vaut mieux chercher un autre moyen par lequel une personne « *moyenne* » qui n'est ni un entrepreneur visionnaire, ni un artiste à succès, ni un champion sportif, ni un inventeur de génie, peut bâtir sa fortune et construire son indépendance financière.

Comme nous l'avions déjà entrevu au premier chapitre, l'indépendance financière n'est pas la même chose que la richesse. Etre financièrement indépendant, c'est le fait d'avoir les ressources financières suffisantes pour avoir le choix de faire ce que l'on veut, et éventuellement (mais pas forcément) prendre une retraite anticipée pour s'adonner à ses passions. Cette liberté n'implique pas nécessairement d'être très riche, car quelqu'un qui se contente de peu pour vivre peut devenir indépendant financièrement bien avant d'être millionnaire.

Si vous n'avez rien ou pas grand-chose, la voie la plus sûre pour commencer à bâtir votre indépendance financière consiste à épargner et investir avec sagesse au cours de votre vie professionnelle, afin de constituer un patrimoine qui génère des revenus. D'accord, c'est moins glamour que l'histoire de J.K. Rowling. D'accord, cela peut prendre du temps. Mais en suivant ce chemin, vos chances d'atteindre votre objectif sont très élevées (infiniment plus qu'en jouant à la loterie).

La construction progressive de l'indépendance financière est un processus qui associe sept éléments. Je les appelle *Les Sept Facteurs de l'Indépendance Financière* :

Abordons en détail chacun de ces *Sept Facteurs* :

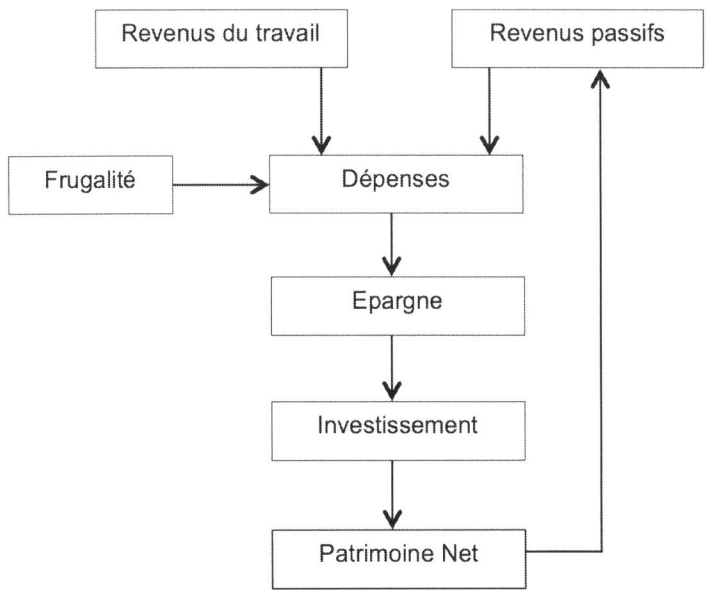

### 1. Les revenus du travail

Ce sont les rentrées financières provenant de l'exercice d'une activité professionnelle. Cela peut-être un salaire ou les revenus d'un travail indépendant ou autonome. Mais dans tous les cas, il faut pour les obtenir donner en échange son temps et son travail. C'est le point de départ de la construction de l'indépendance financière, car sans les revenus du travail il n'est en général pas possible d'alimenter les autres éléments du processus. Plus les revenus du travail sont importants, et plus grande est théoriquement la capacité à épargner et à investir. Avoir des revenus professionnels est aussi ce qui rassure le banquier et permet d'obtenir un crédit hypothécaire pour réaliser un investissement immobilier.

La plupart des gens qui sont insatisfaits de leur situation financière et voudraient l'améliorer, pensent que le seul moyen d'y arriver est d'augmenter leurs revenus professionnels. Mais ils ne comprennent pas la Loi de Parkinson. En étudiant les administrations publiques, N. Parkinson (1958) observa qu'une bureaucratie importante génère assez de travail interne pour se maintenir occupée et justifier ainsi la continuation de son existence. Il en tira sa fameuse loi selon laquelle : « *Le travail s'étend jusqu'à remplir tout le temps disponible pour sa réalisation* ».

Par après, cette loi fut généralisée pour expliquer que la demande d'une ressource tend toujours à croître jusqu'à correspondre à son approvisionnement. Cela vaut aussi pour l'argent, et dans le domaine des finances personnelles la Loi de Parkinson se traduit par : « *Les dépenses augmentent toujours en proportion directe du revenu disponible* ». C'est pourquoi les revenus professionnels seuls ne peuvent jamais créer la richesse. En effet, quand les revenus augmentent, les dépenses augmentent en général également dans la même proportion. Celui qui gagne 1.500 euros par mois pense que s'il en gagnait 5.000, il pourrait en mettre 3.500 de côté tous les mois. Eh bien non, pas forcément ! Les gens qui gagnent 5.000 euros par mois achètent de plus belles voitures, des vêtements plus chers et vont plus souvent au restaurant. Et à la fin du mois, ils se sentent souvent aussi serrés financièrement que ceux qui en gagnent 1.500. Donc, pour construire votre patrimoine et votre indépendance financière, vous ne devez surtout pas limiter votre vision aux seuls revenus professionnels, mais vous devez agir sur l'ensemble des sept éléments.

### 2. Les revenus passifs

Ce sont des rentrées financières dont l'ampleur est indépendante du temps qu'on leur consacre. Autrement dit, c'est de l'argent que vous gagnez sans y travailler activement. En général, les revenus passifs sont les produits des investissements, et ce sont donc les revenus du capital. C'est le cas par exemple avec l'immobilier ou avec des valeurs mobilières (actions, obligations). Mais les revenus passifs peuvent également provenir des fruits d'une création originale (royalties, droits d'auteur, etc.). Quelle que soit leur origine, les revenus passifs sont la clé de l'indépendance financière, et ce sont donc eux qu'il faut s'efforcer de faire grandir.

La grande majorité des gens échangent leur temps contre de l'argent. Quand on est salarié, travailleur indépendant ou profession libérale, une heure de labeur correspond à une heure de revenus. Le seul moyen d'augmenter ses revenus est donc d'augmenter le nombre d'heures pendant lesquelles on travaille. Mais avec un investissement qui vous rapporte des revenus passifs, une heure de travail peut vous procurer l'équivalent de 20, 50 ou 100 heures de revenus.

L'immobilier est l'une des meilleures sources de revenus passifs. Votre « travail » d'investisseur consiste à regarder votre compte en banque pour voir que l'argent y a bien été versé. Bien sûr, quand il y a des réparations à effectuer, ou qu'un locataire décide de partir, il faut quand même bien y consacrer un peu de temps. Mais heureusement, c'est plutôt rare. Vous pouvez donc commencer à investir tout en gardant votre travail actuel, parce que la gestion de votre immeuble ne vous prendra que quelques heures par mois. Il arrivera même que vous passiez une année entière sans devoir vous rendre dans votre immeuble et sans entendre parler de vos locataires. Mais pendant ce temps, les loyers continueront à arriver sur votre compte en banque tous les mois. Vous gagnez de l'argent 24 heures sur 24 et 7 jours sur 7, même pendant votre sommeil ou quand vous voyagez.

### 3. Les dépenses

C'est tout l'argent que l'on utilise pour vivre, se loger, se déplacer, etc., mais aussi pour s'amuser et s'acheter des jouets qui ne sont pas toujours utiles. Les dépenses absorbent une part importante des revenus mensuels et dépassent même parfois ceux-ci grâce au crédit. La part des revenus consacrée à l'épargne est directement dépendante de l'ampleur des dépenses. Nous verrons donc plus loin que c'est en agissant sur les dépenses que l'on peut accélérer la construction de l'indépendance financière.

### 4. L'épargne
C'est la partie des revenus que l'on garde pour soi, soit par sécurité, soit pour investir. L'épargne est très importante, car même si vous gagnez de grandes quantités d'argent tous les mois, mais que vous n'en conservez rien, vous ne pourrez jamais accumuler de la richesse. Beaucoup de gens ne voient pas l'intérêt d'économiser et dépensent tout ce qu'ils gagnent, choisissant ainsi la gratification immédiate par rapport aux gains à long terme. Comme nous le verrons bientôt, la bonne manière de procéder consiste à d'abord se payer soi-même. Cela signifie mettre de côté au moins 10% de ses revenus dès que ceux-ci arrivent sur le compte, et ce, avant même de payer les factures.

### 5. L'investissement
Quand vous êtes parvenu à accumuler de l'argent par l'épargne, il faut l'investir pour le faire grandir. Mais bien investir n'est pas simple. Au plus vous développerez vos compétences dans ce domaine, au plus vite votre argent grandira et viendra grossir votre patrimoine net. Mais beaucoup de gens ne pensent pas à investir. Quand ils ont économisé un peu d'argent, ils se contentent de le « placer » en banque pour gagner quelques malheureux pourcents d'intérêts qui ne couvrent même pas l'inflation. Mais ce n'est pas avec ce genre de placement que l'on devient riche et indépendant financièrement. Vous devez donc vous (in)former pour apprendre comment investir votre épargne dans des biens qui produisent des revenus passifs et contribuent à faire croître votre patrimoine car ils prennent de la valeur avec le temps.

### 6. Le patrimoine net
Comme nous l'avons déjà vu, c'est la valeur financière de l'ensemble de vos biens. Pour calculer votre patrimoine net, additionnez tout ce que vous possédez, comme des immeubles, des actions, votre voiture, etc., et ensuite soustrayez tout ce que vous devez (vos dettes). Le patrimoine net inclut non seulement les investissements produisant des revenus passifs, mais aussi tout ce que l'on possède d'autre qui ne produit pas forcément de revenu : résidence principale, résidence secondaire, œuvres d'art, pierres précieuses, etc.

Vous pouvez faire votre bilan financier sur une feuille de papier en traçant un tableau à deux colonnes, ou en téléchargeant le fichier automatisé Mon Bilan Financier à l'adresse www.charlesmorgan.eu/immo/bonus. Mettez dans la colonne de gauche la valeur de tout ce que vous possédez, et dans celle de droite toutes vos dettes. Votre patrimoine net sera égal au total de la colonne Actif moins celui de la colonne Passif.

# COMMENT DÉBUTER QUAND ON EST PAUVRE ?

| BILAN FINANCIER PERSONNEL ||||
|---|---|---|---|
| ACTIF (vos avoirs) || PASSIF (vos dettes) ||
| Voiture | 18.000 | Carte de crédit | 1.500 |
| Meubles | 1.500 | Crédit auto | 15.000 |
| Argent liquide | 3.000 | | |
| Instruments de musique | 1.500 | | |
| Total de l'Actif | 24.000 euros | Total du Passif | 16.500 euros |
| Patrimoine Net = 24.000 – 16.500 = 7.500 euros ||||

L'ampleur de votre patrimoine net est la seule véritable mesure de votre richesse, car en cas de besoin vous pourriez le vendre pour avoir des liquidités. **C'est donc sur la progression de ce chiffre que vous devez concentrer toute votre attention !**

### 7. La frugalité

Peu de gens réalisent l'importance de ce dernier facteur. Pourtant, c'est ce qui va vous permettre d'accélérer le processus de construction de l'indépendance financière. La frugalité est le fait de vivre d'une manière simple, avec sobriété et simplicité. C'est l'art de vivre en-dessous de ses moyens. A l'opposé, tant de gens ont l'habitude de vivre au-dessus de leurs moyens et ressentent, par exemple, le besoin d'acheter un grand nombre de gadgets high-tech à la mode, même s'ils doivent avoir recours au crédit pour les acquérir. C'est pour cela qu'ils trouvent difficile d'épargner. En choisissant un style de vie simple, on a besoin de moins d'argent pour vivre. La frugalité va donc de pair avec l'épargne, car en diminuant les dépenses, on peut augmenter son épargne et donc la somme d'argent disponible pour investir. De plus, un style de vie modeste permet d'être plus rapidement indépendant financièrement. Si vous n'avez pas besoin de jouets de luxe et de signes extérieurs de richesse pour être heureux, vous atteindrez probablement beaucoup plus tôt l'indépendance financière.

C'est donc en vous concentrant sur ces *Sept Facteurs* que vous pourrez développer votre fortune et votre indépendance financière. Essayez d'augmenter vos revenus professionnels, réduisez vos dépenses en vivant modestement, épargnez au minimum 10% de vos revenus professionnels, investissez avec sagesse et efforcez-vous d'augmenter les revenus passifs de vos investissements. Dans quelques années, vous serez surpris du chemin que vous aurez parcouru et du chiffre considérable que vous lirez dans la case « patrimoine net » de votre bilan financier.

Dès aujourd'hui, fixez-vous un objectif en termes de patrimoine net. Clarifiez pour vous-mêmes le montant que vous voulez atteindre, ainsi que la date à laquelle vous voulez y arriver. Reportez-vous à la page 267 pour comprendre l'importance de se fixer des buts et la bonne façon de formuler ceux-ci.

Suivez également l'évolution de votre fortune dans le temps. Pour cela, faites un graphique, par exemple sur un tableur comme Excel. Faites-le commencer là où vous en êtes aujourd'hui. Ensuite, tous les 6 mois, notez-y votre patrimoine net du moment.

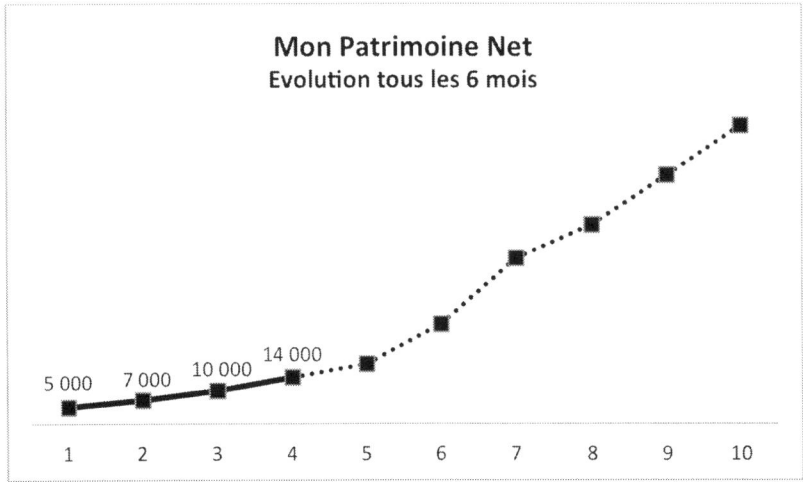

Voir votre progression vous encouragera à redoubler d'efforts, et vos résultats croitront d'autant plus que vous y concentrerez votre attention.

## Les 4 étapes de l'investisseur immobilier millionnaire

Quand j'ai commencé à investir dans l'immobilier il y a une vingtaine d'années, j'ai agi par tâtonnement, en apprenant sur le tas. A cette époque, on ne trouvait en effet pas encore toutes les informations qui sont aujourd'hui disponibles sur internet. Après quelques années, j'ai senti le besoin d'avoir une approche plus systématique et j'ai alors commencé à rechercher des livres sur le sujet. L'un des tout premiers ouvrages que j'ai lu était *The Millionaire Real Estate Investor* (L'investisseur Immobilier Millionnaire) de Gary Keller. L'auteur y présente un modèle très intéressant pour expliquer le chemin à suivre pour devenir millionnaire en investissant dans l'immobilier. Ce schéma est depuis lors toujours resté présent dans un coin de mon esprit, et il vous sera également utile.
Pour Keller, la croissance de l'investisseur immobilier millionnaire passe par quatre étapes.

Tout d'abord, avant même de faire votre première action d'investissement, vous devez **Penser un Million**. Comme nous le verrons bientôt (p.264), la nature des pensées qui occupent votre esprit détermine ce que vous arriverez ou non à réaliser. Pour devenir millionnaire, la première condition est donc de commencer à penser comme un investisseur immobilier millionnaire. Et un millionnaire à des pensées de « millions ». Il ne calcule pas en milliers d'euros. Son regard est dirigé vers les nombres à au moins 7 chiffres. Au plus grand on pense, au plus on accomplit. Il faut donc avoir de grands objectifs financiers et oser nourrir de grands rêves. Apprendre à penser comme un millionnaire augmentera considérablement vos chances de le devenir.

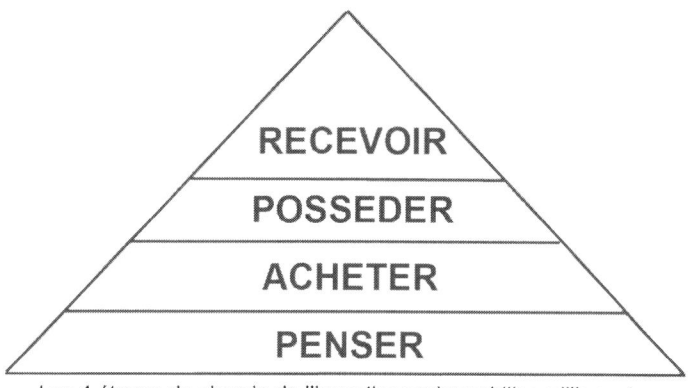

Les 4 étapes du chemin de l'investisseur immobilier millionnaire

L'étape suivante est **Acheter un Million**. Cela signifie acquérir des propriétés d'investissement dont la valeur de marché est d'un million d'euros ou plus. Cette étape est centrée sur l'achat de propriétés en ayant recours au crédit hypothécaire, et sur leur mise en location pour rembourser les mensualités du crédit. Cette somme peut sembler à première vue colossale, mais elle ne l'est en réalité pas tant que cela, et de nombreux investisseurs l'atteignent bien plus tôt qu'ils ne se l'imaginaient. Cela ne représente en effet que deux propriétés à 500.000 euros, ou trois à 300.000 euros, ou encore cinq biens à 200.000 euros. Bref, c'est un objectif tout à fait réalisable en dix ou vingt ans. Et puis, comme la valeur des immeubles augmente avec le passage des années, vous ne devez pas aujourd'hui acheter pour un million. Vous pouvez par exemple acheter judicieusement pour 500.000 euros d'immeubles que vous mettrez progressivement en valeur, et qui dans quelques années vaudront un million.

La troisième étape est **Posséder un Million**. Lorsque votre portefeuille de biens immobiliers vaut au moins un million d'euros, votre objectif suivant sera d'avoir un patrimoine net d'un million d'euros ou plus. En effet, comme vous avez emprunté pour acheter, ce million en immeuble ne vous appartiendra que lorsque vous aurez remboursé la banque. Comme nous l'avons vu, le Patrimoine Net est la valeur de ce que l'on possède moins la somme des dettes. Le but de cette étape est donc de réduire ses dettes afin de posséder en fonds propres le million d'euros de propriétés. On peut arriver à cela par différentes stratégies : rembourser normalement son crédit durant la durée initialement prévue, le rembourser anticipativement avec ses bénéfices, ou encore revendre un bien avec profit pour consolider sa position.

Enfin, **Recevoir un Million** est la dernière étape de croissance d'un investisseur immobilier millionnaire. C'est quand vous êtes dans la position de recevoir de vos investissements un revenu annuel d'un million d'euros. Pensez à cela comme à un sommet, un endroit que seule une petite poignée d'investisseurs atteignent. Lorsque vous accèderez à ce niveau, vous serez à la tête d'une société d'investissement qui devra être structurée de manière telle que vous puissiez choisir d'arrêter quand vous le voulez et que l'affaire continue à tourner toute seule sans vous.

Voici donc brièvement présentées les quatre étapes pour devenir un investisseur immobilier millionnaire. Bien entendu, vous pouvez décider de vous arrêter n'importe quand le long du chemin. Comme je le disais au début de cette section, j'ai toujours beaucoup aimé ce modèle qui a le mérite d'être très clair et pousse à se fixer de grands buts. Personnellement, je vous avoue que mes investissements ne me rapportent pas encore un million d'euros par an, mais je garde le cap !

## 7.3. Prenez le contrôle de vos finances personnelles

Vous avez maintenant une vue globale des mécanismes par lesquels vous pouvez construire votre fortune et votre indépendance financière. Voyons à présent de manière pratique quelles sont les premières actions à poser dès aujourd'hui pour orienter vos finances personnelles dans cette direction.

### Faites vos comptes mensuels

La première chose à faire pour redresser votre situation financière est d'identifier où part actuellement votre argent. Pour ce faire, vous devez réaliser un bilan de l'ensemble de vos revenus et de vos dépenses sur une période d'un mois. Cela va vous demander un effort, mais je vous encourage vivement à consacrer un peu de temps à cet exercice dont les résultats pourraient bien vous surprendre.

Voici comment faire :
**a. Faites la liste de vos rentrées mensuelles**
  → Enumérez et chiffrez les sources de vos revenus : salaires, revenus professionnels, pensions, allocations diverses, etc.
  → Déterminez vos rentrées sur une durée d'un mois. Si vos revenus sont variables,

prenez la somme de ce que vous avez gagné au cours des trois derniers mois, et divisez-la par 3. Vous obtiendrez ainsi votre moyenne mensuelle.
→ Si vous percevez une rente une fois par an, divisez son montant par 12 pour obtenir la rente mensuelle.
→ Si vous êtes salarié, ne comptez pas les bonus éventuels, ni les heures supplémentaires, ni le pécule de vacances. Votre budget doit refléter les rentrées sur lesquelles vous pouvez compter, pas sur des « peut-être ».
→ Si vous surestimez vos rentrées, vous surestimerez sûrement aussi ce que vous pouvez dépenser. Par contre, si vous sous-estimez vos rentrées, le seul risque que vous courrez est d'avoir un peu plus d'argent à consacrer à votre épargne.
→ Finalement, faites le total de vos rentrées mensuelles.

### b. Faites la liste de vos dépenses mensuelles

Maintenant que vous savez combien d'argent arrive dans vos mains chaque mois, vous devez étudier comment vous le dépensez. Mais où part-il donc ? (en général trop facilement).
→ Rassemblez vos factures des trois derniers mois.
→ Rassemblez vos extraits de comptes bancaires des trois derniers mois. Si vous avez accès à vos comptes par internet, imprimez la liste de vos opérations au cours des trois derniers mois.
→ Classez ensuite vos dépenses en catégories : loyer ; charges (eau, électricité, gaz, ....) ; nourriture ; assurances ; habillement ; éducation et loisirs des enfants ; remboursements d'emprunts (crédits à la consommation, crédit hypothécaire, emprunt pour voiture, cartes de crédit, ...) ; abonnements de téléphones mobiles, internet, télévision, etc. ; loisirs et vacances ; voiture (carburant et entretien) ; etc.
→ Etablissez vos dépenses par catégories sur une durée d'un mois.
→ Pour les dépenses qui ne se font qu'une ou plusieurs fois par an (vacances, impôts, assurances, etc.), divisez ce chiffre par 12 de façon à obtenir la dépense mensuelle pour ce poste.
→ Finalement, faites le total de vos dépenses mensuelles.

Une fois que vous avez vos revenus et vos dépenses, calculez vos Rentrées Nettes, c'est-à-dire vos Revenus moins vos Dépenses. Cela vous indiquera ce qu'il vous reste à la fin du mois.

- **Si vos rentrées sont supérieures à vos dépenses,** bravo ! Vous dépensez moins que vous ne gagnez, c'est la première condition pour devenir riche. Cela vous donne de la marge, et avoir de la marge, quel que soit votre niveau de revenus, vous ouvrira le chemin vers l'indépendance financière. Vous allez pouvoir investir ce qui reste et/ou rembourser plus rapidement vos dettes.
- **Si vous dépensez la totalité de l'argent que vous gagnez :** vous risquez de connaître des problèmes. Si vous deviez avoir des frais inattendus (par exemple

des réparations pour votre voiture), vous devrez emprunter pour payer celles-ci. Les gens qui vivent de cette manière, sans aucune marge, sont constamment stressés par rapport à l'argent.
- **Si vos dépenses dépassent vos rentrées :** vous vivez au-dessus de vos moyens et vous devez rapidement reprendre le contrôle de la situation. Aujourd'hui, avec les cartes de crédit et les facilités de paiement, il est très facile et très tentant de vivre au-dessus de ses moyens. Ceux qui vivent de cette manière sont dans un état de détresse permanent. Si c'est votre cas, vous allez devoir optimiser votre budget, réduire certaines dépenses et répartir autrement vos sorties d'argent.

## Faites un budget

A présent que vous savez où vous en êtes, l'étape suivante consiste à faire activement un budget. Etablir un budget, c'est décider consciemment comment vous allez répartir vos dépenses.

Vous pouvez faire votre budget sur une feuille de papier ou sur ordinateur, mais je vous conseille vivement la solution informatique, parce qu'un budget est évolutif et utiliser un logiciel vous permet d'avoir des calculs automatisés. Parmi les compléments au livre téléchargeables à l'adresse www.charlesmorgan.eu/immo/bonus, vous trouverez un fichier de tableur *Excel intitulé Mon Budget Mensuel*. C'est une feuille de calcul dans laquelle il vous suffit d'introduire les montants pour connaître le total de vos revenus et de vos dépenses mensuels. Vous pouvez également y entrer le montant d'épargne que vous avez décidé, et réaffecter progressivement vos revenus vers différents postes.

Faire un budget mensuel vous permettra de pouvoir contrôler vos dépenses et d'être certain que vous utilisez bien votre argent de la manière dont vous voulez. Dans un premier temps, vous allez optimiser votre budget pour atteindre deux buts qui sont essentiels si vous voulez augmenter votre richesse :

1. Rembourser vos dettes (si vous avez des crédits en cours)
2. Epargner pour pouvoir investir

Quand vous ouvrirez le tableau de la feuille de calcul Excel *Mon Budget Mensuel*, vous pourrez constater que le premier poste de dépense est ***Epargne***. C'est la somme que vous décidez de mettre de côté chaque mois pour investir (par exemple pour payer l'acompte de votre premier achat immobilier). Comme nous allons le voir bientôt, c'est la toute première dépense à inclure dans le budget. Ensuite vous devez affecter une partie de vos rentrées dans chaque autre poste de votre budget.

Le deuxième poste du tableau concerne le remboursement des dettes. Si vous en avez, suivez la méthode expliquée plus loin dans ce chapitre et, en fonction de votre plan de remboursement, déterminez une somme pour leur remboursement.

L'objectif est que les Rentrées Nettes soient égales à 0 ou, encore mieux, positives.
- → **si le solde est négatif** : vous devez encore chercher quel poste de dépense vous pouvez diminuer.
- → **si le solde est égal à 0** : vous arrivez à payer toutes vos dépenses, et vous économisez la somme que vous avez écrite dans la rubrique Epargne.
- → **si le solde est positif** : vous payez vos dépenses, vous économisez et en plus, il vous reste de l'argent. Si cette somme grandit avec le temps (par exemple quand vous avez remboursé vos dettes), augmentez autant que vous le pouvez la somme que vous épargnez tous les mois.

A la fin de chaque mois, revoyez votre budget pour le mois suivant, en le modifiant en fonction de l'évolution de votre situation et de vos décisions financières.

> **Restez flexible**
> Si vous avez du mal à suivre votre budget, revoyez-le souvent. Ce n'est pas parce que vous l'avez écrit que vous ne pouvez pas le changer. Il se peut que des dépenses imprévues vous obligent à jongler avec votre budget. Si cela arrive, persévérez, et reprenez le cap que vous avez décidé. Surtout, ne vous punissez pas parce que vous n'arrivez pas à le suivre exactement, mais voyez plutôt cela comme une opportunité de développement.

## Épargnez pour payer l'acompte

Il est parfois possible d'acheter un bien immobilier sans mettre aucun apport personnel. Comme nous l'avons déjà vu, cela se fait avec un prêt à 125% de la valeur de l'immeuble (les 25 derniers pourcents servant à payer les frais d'achat et les travaux), ou avec un deuxième emprunt (par exemple un prêt personnel). Quoiqu'il en soit, je ne vous conseillerais pas de démarrer sans apport personnel et avec un endettement maximal. Car si vous ne possédez aujourd'hui aucune épargne, c'est peut-être parce que vous avez des difficultés à gérer votre argent. Si c'est le cas, vous risquez peut-être d'avoir aussi du mal à gérer les finances de votre futur immeuble qui concerneront des montants beaucoup plus considérables. Avant de vous lancer dans un investissement immobilier, il vaudrait alors mieux commencer par apprendre d'abord à compter vos sous.

Par ailleurs, dans la situation de crise économique que nous connaissons en ce moment, les banques ont tendance à resserrer leurs conditions d'accès au crédit et à exiger un apport financier personnel plus élevé qu'avant. Si vous possédez le montant de l'acompte par vos économies, tant mieux. Mais si vous n'avez aucune réserve financière, ou si vous n'avez qu'une partie de la somme nécessaire, vous allez devoir épargner à partir de votre salaire. Vous y arriverez en faisant un budget qui allouera automatiquement une partie de vos revenus à la constitution d'une réserve qui, lorsqu'elle sera suffisante, vous servira à financer l'acompte de votre achat immobilier.

Mais pour commencer, fixez-vous un but d'épargne clair. Au chapitre 3, vous avez du définir une gamme de prix d'achat lorsque vous avez fixé vos critères de recherche. Ainsi, pour pouvoir payer l'acompte, votre objectif d'épargne devrait être au moins 10% de cette somme. Prenez une feuille, écrivez votre but et placez-la à un endroit où vous la voyez souvent. Cela devrait ressembler à cela :

> A la date du jj/mm/aaaa, j'aurai économisé la somme de X euros pour payer l'acompte d'un appartement

En général, on a tendance à penser que l'on économisera l'argent qui restera sur le compte à la fin du mois, après que toutes les factures aient été payées et les dépenses effectuées. S'il reste quelque chose ... ce qui n'est pas toujours le cas... ! Cette stratégie revient à « se payer en dernier », et ce n'est pas la bonne manière de procéder.

## SE PAYER EN DERNIER
### Revenus − Dépenses = Epargne

Quand vous vous payez en dernier, vous risquez de vous payer moins, ou pas du tout. Si l'argent reste trop longtemps sur votre compte, vous risquez de succomber et de vous laisser diriger par vos émotions et vos pulsions d'achat.

Si vous voulez épargner pour prendre le contrôle de votre destin financier, vous devez garder pour vous une partie de l'argent que vous gagnez avant de le laisser entièrement partir dans les factures et les dépenses. « Se payer soi-même d'abord » est une loi fondamentale de l'autonomie financière. L'un des premiers auteurs à expliquer ce principe fut George S. Clason dans son fameux livre *L'Homme le Plus Riche de Babylone*. Il écrivait :

> L'or vient volontiers en quantité toujours plus importante à celui qui met de côté non moins d'un dixième de ses gains afin de créer un patrimoine pour son avenir et celui de sa famille.   ***G. S. Clason*** *(1926)*

En vous payant d'abord, vous traitez le versement d'argent sur votre compte d'épargne comme n'importe quelle autre facture. Concrètement, cela signifie de commencer le mois en virant directement la somme d'épargne décidée sur un compte spécial, et ensuite vivre avec ce qu'il reste. C'est la meilleure manière de faire !

## SE PAYER EN PREMIER
### Revenus – Epargne = Dépenses

Cela peut sembler n'être qu'un petit changement insignifiant. Mais décider de vous payer d'abord modifie complètement l'optique à travers laquelle vous regardez. En agissant ainsi, vous cessez de subir passivement les événements et devenez acteur de votre destin financier.

De manière pratique, pour vous payer en premier :

- → **Ouvrez un compte d'épargne « Investissement »** sur lequel vous accumulerez de l'argent destiné uniquement à être investi lorsque le montant sera suffisant. Mettez vos économies à l'abri de la tentation, par exemple en ouvrant un compte dans une banque différente. Il est plus facile d'économiser quand vous devez faire un effort pour prendre l'argent que vous avez si patiemment mis de côté. De cette manière, vous aurez moins de chance de faire disparaître vos économies sur une impulsion.

- → **Décidez quelle part de vos revenus vous voulez économiser.** Essayez de mettre au moins 10% de vos revenus de côté chaque mois. Au plus vous économiserez, au plus vite vous atteindrez vos objectifs. Mais si 10% vous semblent de trop pour le moment, ce n'est pas grave, commencez par 1 ou 2%. Par exemple si vous gagnez 2.000 euros par mois, 1% équivaut à 20 euros. Je suppose que c'est une somme qui ne devrait pas être trop difficile à économiser. Sur un an cela devrait vous faire 12 x 20 = 240 euros. D'accord, ce n'est pas grand-chose, mais c'est un début. Fixez-vous ensuite des objectifs pour accroître votre pourcentage d'épargne. Par exemple 2% dans 3 mois, 5% dans 6 mois, etc.

- → **Faites un virement automatique** pour prélever la somme directement dès que votre salaire arrive sur votre compte à vue. Par exemple le 2 de chaque mois si vous recevez votre salaire le 1er. Après, n'y pensez plus ! Se payer d'abord soi-même est plus facile quand cela se passe automatiquement. Si vous devez le faire vous-même manuellement, votre inconscient risque de vous jouer des tours et de vous le faire oublier.

- → **Versez également sur votre compte « Investissement » toutes les sommes qui vous arrivent de façon exceptionnelle :** bonus, remboursements d'impôts, primes de fin d'année, etc.

- → **Et surtout, surtout, ne touchez jamais à l'argent de votre compte « Investissement »**, même si vous avez des dépenses inattendues ! Quand c'est le cas, cherchez et trouvez une autre solution pour y faire face, mais pas en puisant dans votre compte « Investissement » qui, lui, est TABOU !

Ajustez ensuite vos habitudes de dépenses pour qu'elles correspondent à la somme restante. Vous découvrirez que, curieusement, lorsque votre compte d'épargne commencera à grossir, les 10% que vous mettez de côté ne vous manqueront pas. Vous n'aurez pas plus de difficultés en fin de mois. Au contraire, vous trouverez plus facilement de l'argent, car vous penserez plus à en gagner qu'à en dépenser.

Commencer un plan d'épargne peut se révéler être un gros défi mental et émotionnel. Mais une fois les premiers moments passés, vous ressentirez la fierté d'avoir vraiment le contrôle de vos finances. Votre confiance en vous et en votre capacité à épargner grandira en même temps que le solde de votre compte bancaire.

Si vous n'avez rien ou êtes fort endetté, il se peut que cela prenne un moment, voire quelques années, avant d'avoir la somme nécessaire. Mais ce n'est pas grave, l'important est de passer à l'action. Si votre objectif est clair (acheter de l'immobilier et construire votre indépendance financière), ce sera une forte motivation qui vous permettra d'atteindre votre objectif. Et dites-vous bien que la période pendant laquelle vous aurez économisé et repris le contrôle de vos finances sera pour vous le meilleur entraînement avant de vous lancer dans l'immobilier.

**Les petits ruisseaux font les grandes rivières**

Lorsque vous avez établi un budget équilibré, vous pouvez commencer à chercher des moyens de réduire vos dépenses, de façon à avoir plus d'argent à consacrer à vos objectifs financiers. N'ayez pas peur de commencer petit. Economiser quelques euros par-ci, par-là peut faire une énorme différence au bout du compte. En regardant autour de vous, vous pouvez trouver une multitude de choses à faire (ou ne pas faire) pour tirer plus de valeur de votre argent. Et si vous vendiez par exemple dans une brocante ou sur un site d'enchères sur internet toutes les choses que vous n'utilisez plus et qui encombrent votre cave ou votre grenier ?

Epargner n'est pas si difficile. La partie la plus difficile de l'exercice est d'arriver à ne pas dépenser son argent. Chaque fois que vous dépensez de l'argent aujourd'hui, cela produit un impact sur la façon dont vous vivrez dans 20 ou 30 ans. Vos dépenses actuelles influenceront la maison que vous pourrez vous permettre ou les voyages que vous ferez ! Tout dépend donc de ce que vous choisissez de faire avec votre argent aujourd'hui. Gaspillez-le maintenant, et vous en manquerez pour vos vieux jours. Prenez-en soin maintenant, et vous n'aurez pas à vous soucier de l'argent quand vous vous retirerez. Mais il est difficile de changer ses habitudes. C'est vrai dans beaucoup de domaines, et particulièrement dans la façon dont nous dépensons. Pourtant, de petits changements peuvent avoir de grandes conséquences. De petites économies faites au jour le jour s'accumuleront jusqu'à faire une montagne.

Voici une illustration de la manière dont des dépenses minimes mais répétitives peuvent se traduire par un gaspillage important. Supposons que chaque jour vous preniez un café ou une bière au bar près de votre travail. Supposons également un prix de 2 euros la boisson (celui-ci augmentera avec le temps à cause de l'inflation, mais nous n'en tiendrons pas compte ici pour simplifier) et 240 jours de travail par an. Cette petite habitude représente une dépense de 480 euros sur un an, 4.800 euros sur dix ans, 9.600 euros sur vingt ans, etc. Ainsi, boire chaque jour un café au bar près de votre travail, pendant les 40 années de votre vie active, vous coûte au total 19.200 euros ! Et si à la fin de chaque mois vous aviez placé cet argent sur un compte rémunéré à seulement 2 % d'intérêt, vous auriez un capital de plus de 29.000 euros !

Le tableau suivant vous montre les effets de quelques pièces économisées chaque jour de travail (20 jours par mois et l'argent est placé à la fin de chaque mois sur un compte rapportant 2 % par an).

| Quelques euros économisés par jour … construisent des montagnes | | | | |
|---|---|---|---|---|
| Somme épargnée par jour | Dans 5 ans | Dans 10 ans | Dans 20 ans | Dans 40 ans |
| 1 | 1.262 | 2.656 | 5.895 | 14.654 |
| 5 | 6.312 | 13.282 | 29.472 | 73.268 |
| 10 | 12.625 | 26.564 | 58.945 | 146.535 |
| 20 | 25.250 | 53.128 | 117.891 | 293.070 |
| 50 | 63.125 | 132.820 | 294.727 | 732.676 |

Au plus tôt vous commencerez à économiser, au plus votre argent aura le temps de fructifier.

Vous trouverez sur internet une multitude d'idées et astuces pour réduire vos dépenses quotidiennes et épargner de l'argent, en introduisant : « comment économiser argent » sur un moteur de recherche.

## Remboursez vos dettes

Avant de vous lancer dans l'achat d'un bien immobilier, vous avez tout intérêt à rembourser toutes vos autres dettes. Vous serez ainsi plus à l'aise au cas où vous devriez faire face à des dépenses imprévues. Mais il y a une autre raison d'éliminer vos dettes. Comme nous l'avons vu, beaucoup d'organismes de crédit évaluent votre capacité d'emprunt en se basant sur la règle selon laquelle l'ensemble de vos remboursements de crédits ne peut dépasser 33% de vos revenus. Donc, si vous avez déjà beaucoup de dettes à rembourser, cela diminue votre capacité d'emprunt. Et dans les pays industrialisés, ces institutions ont accès à des banques de données qui centralisent tous les crédits. Ils peuvent donc facilement avoir connaissance de l'ensemble de vos dettes, et savoir si vous êtes un bon emprunteur qui rembourse régulièrement ses créanciers. Et comme vous vous en doutez, les banques préfèrent prêter aux personnes qui ont un bon historique de crédit !

Résorber vos dettes avant d'acheter de l'immobilier constituera de plus un excellent entraînement qui vous sera très utile lorsque vous aurez à gérer votre emprunt hypothécaire. Voici donc une méthode simple qui vous permettra d'y parvenir. Ce n'est pas moi qui l'ai inventée, mais j'ai grand plaisir à vous la transmettre. Son efficacité a été maintes fois prouvée, et elle a permis à énormément de personnes de se libérer du cauchemar des dettes. La méthode comprend **5 étapes**.

**ETAPE 1 : Décidez de devenir sans dettes** ! C'est important, ne passez pas cette étape. Vous DEVEZ vous promettre à vous-même de sortir de vos dettes. Prenez-en la décision profonde, sinon vous n'arriverez à rien ! Avoir l'objectif d'acheter un bien immobilier vous motivera à garder le cap.

**ETAPE 2 : Arrêtez de dépenser** ! La deuxième chose à faire pour vous libérer des dettes est de ne plus dépenser inutilement. Payez tout en liquide, ou en utilisant uniquement une carte de débit (votre carte de banque « normale »). Ainsi il vous sera plus facile de résister à l'achat d'objets dont vous n'avez pas vraiment besoin.

**ETAPE 3 : Déterminez ce que vous devez et combien vous remboursez actuellement.** L'étape suivante consiste à savoir précisément où vous en êtes. Faites-vous un Tableau de Gestion de Dettes semblable à celui ci-dessous :

| Tableau de Gestion de Dettes | | | | |
|---|---|---|---|---|
| Créanciers | Solde des crédits | Taux d'intérêt | Minimum mensuel obligatoire | Montant mensuel |
| Eurocrédit | 1.200 | 15 % | 120 | 120 |
| Banque X | 1.000 | 10 % | 100 | 100 |
| Banque Z | 900 | 7 % | 150 | 150 |
| Montant total des remboursements mensuels | | | | **370** |

Remplissez-le de la manière suivante :
→ Reprenez toutes vos dettes et inscrivez-les dans le tableau. Dans l'exemple ci-dessus, nous avons 3 crédits auprès de 3 organismes différents.

→ Cherchez et notez avec précision le taux d'intérêt de vos crédits. C'est un élément très important. Cherchez sur vos factures ou vos contrats. Si vous ne trouvez pas, contactez la banque ou l'organisme qui vous a accordé le crédit.
→ Organisez votre tableau en commençant par la dette qui a le taux d'intérêt le plus élevé, et ensuite les autres par ordre décroissant. Dans l'exemple ci-dessus, c'est la dette auprès d'Eurocrédit qui a le taux d'intérêt le plus élevé (15%). Il y a de fortes chances pour que votre priorité soit de payer le solde de vos cartes de crédit. Leurs taux d'intérêt frôlent les 15 ou 20% d'intérêts annuels, ce qui est ENORME !

**ETAPE 4 : Déterminez combien d'argent supplémentaire vous pouvez consacrer au remboursement de vos dettes.** Il s'agit d'un montant en plus du total des paiements minimums que vous devez effectuer. Si vous pensez ne pas pouvoir vous permettre de payer une somme d'argent supplémentaire, il est temps de faire un budget. C'est un effort de plus à faire, mais il n'est que temporaire. Cela produira un effet boule de neige qui vous permettra de vous libérer rapidement de toutes vos dettes.

**ETAPE 5 : Commencez à rembourser vos dettes intelligemment.** Le principe de base de la méthode est de payer toujours d'abord la dette qui a le plus haut taux d'intérêt.

> Payez le minimum obligatoire sur les dettes qui ont les taux d'intérêt les plus bas. Ensuite, mettez tout le reste de l'argent consacré à rembourser vos dettes pour payer celles qui ont les taux d'intérêts les plus élevés.

Pour illustrer la méthode, reprenons l'exemple du tableau donné plus haut, en supposons qu'il corresponde à votre situation. Actuellement, vous remboursez donc le strict minimum sur vos trois crédits, et votre budget total pour rembourser vos dettes est de 370 euros. Admettons qu'en faisant votre budget et en analysant vos dépenses, vous trouviez encore 100 euros que vous pouvez consacrer à vous libérer de vos dettes. Votre montant consacré au remboursement est donc maintenant de 370 + 100 = 470 euros.

C'est vers votre dette qui a le taux le plus élevé (15 %) que vous allez orienter la somme supplémentaire. Vous allez donc commencer à verser 220 euros pour rembourser Eurocrédit (120 minimum + 100 supplémentaires). Pendant ce temps-là, continuez à ne payez que le strict minimum pour les autres dettes.

*LES SECRETS DE L'IMMOBILIER*

| Tableau de Gestion de Dettes ||||||
|---|---|---|---|---|
| Créditeurs | Solde des crédits | Taux d'intérêt | Minimum mensuel obligatoire | Montant mensuel |
| Eurocrédit | 1.200 | 15 % | 120 | 120 + 100 = 220 |
| Banque X | 1.000 | 10 % | 100 | 100 |
| Banque Z | 900 | 7 % | 150 | 150 |
| Montant total des remboursements mensuels |||| **470** |

Dans l'exemple que nous avons pris, cela devrait vous prendre environ 7 mois pour venir à bout du premier crédit. Lorsqu'il est entièrement remboursé, tout d'abord : Félicitation !!! Vous venez de remporter une grande victoire sur vous-même. Cela vous donnera le sentiment de reprendre le contrôle de votre vie, et augmentera considérablement votre confiance en vous ! Mais vous ne devez pas en rester là. Prenez maintenant l'argent que vous utilisiez pour rembourser le premier crédit (220), et consacrez-le à payer plus vite le second crédit sur votre liste (ici la Banque X avec 10 % d'intérêt). Vous remboursez donc maintenant à la Banque X 320 euros par mois (220 + 100).

| Tableau de Gestion de Dettes ||||||
|---|---|---|---|---|
| Créditeurs | Solde des crédits | Taux d'intérêt | Minimum mensuel obligatoire | Montant mensuel |
| Banque X | 1.000 | 10 % | 100 | 100 + 220 = 320 |
| Banque Z | 900 | 7 % | 150 | 150 |
| Montant total des remboursements mensuels |||| **470** |

A ce rythme, le remboursement sera beaucoup plus rapide ! Continuez à ne payer que le strict minimum pour les autres, jusqu'à ce que toutes vos dettes soient éliminées. Dans notre exemple, lorsque la dette envers la Banque X est complètement remboursée (après environ 3 mois dans notre exemple), vous affectez le montant du paiement mensuel de cette dette au remboursement de la Banque Z. Vous rembourserez donc à celle-ci les 150 de remboursement minimum + 320 euros = 470 euros par mois.

| Tableau de Gestion de Dettes | | | | |
|---|---|---|---|---|
| Créditeurs | Solde des crédits | Taux d'intérêt | Minimum mensuel obligatoire | Montant mensuel |
| Banque Z | 900 | 7 % | 150 | 150 + 320 = 470 |
| Montant total des remboursements mensuels | | | | **470** |

Continuez comme cela jusqu'à ce que toutes vos dettes soient éliminées. Et voilà, vous êtes maintenant libre ! Vous voyez, ce n'est pas si compliqué ... ! L'argent avec lequel vous remboursiez vos dettes peut maintenant être dirigé vers votre compte d'épargne « Investissement » en vue du paiement de l'acompte pour un bien immobilier.

...

Ce chapitre vous aura donné les outils pour prendre en main les rennes de votre destin financier et vous diriger de façon certaine vers la richesse et l'indépendance financière. Même si le but vous semble lointain, ne vous découragez pas. Les grands résultats sont le plus souvent l'accumulation de nombreuses petites actions. Ne dit-on pas que les petits ruisseaux font les grandes rivières ? Commencez petit, mais faites-le régulièrement. Gardez votre vision du but que vous poursuivez, et accélérez progressivement le mouvement. Ce sont les premiers moments qui sont les plus difficiles. Mais une fois la dynamique enclenchée, il arrivera un moment où la machine tournera d'elle-même. Comme pour le décollage d'un avion ou d'une fusée, ce sont les premiers moments où l'on doit vaincre la force d'inertie qui demandent le plus d'énergie.

## 7.4. Toutes les victoires commencent dans l'esprit

Dans toutes les disciplines de l'activité humaine, la réussite d'une entreprise dépend évidemment de la maîtrise des aspects techniques liés à ce domaine. C'est donc également vrai pour l'investissement immobilier, et j'espère que cet ouvrage vous aura apporté l'ensemble des outils et méthodes permettant de réaliser de très profitables investissements.

Mais la technique, si elle est une base indispensable, ne suffit pas à elle seule à garantir le succès. Au-delà des méthodes, il y a également la question de la personne qui les met en œuvre. Et plus particulièrement son attitude intérieure et ses pensées. Comme le dit Harv Eker (2005) : « *Il ne suffit pas d'être au bon endroit au bon moment. Vous devez aussi être la bonne personne au bon endroit au bon moment. (...) Le fait est que votre caractère, vos pensées et vos croyances sont des éléments critiques qui contribuent à déterminer le niveau de votre succès ».*

La victoire appartient en effet toujours aux personnes qui ont la bonne attitude d'esprit. Elles sont déterminées à réussir et croient pleinement qu'elles y arriveront. A côté d'elles, d'autres ne rencontrent que des échecs alors qu'elles agissent pourtant en apparence de la même manière que les premières. Mais malgré leurs efforts, elles échouent parce que leurs pensées négatives et leurs doutes sabotent toutes leurs actions visibles.

La psychologie du succès m'a toujours fasciné, et j'ai lu énormément de livres sur ce sujet, des plus anciens aux plus récents. J'en ai retiré des principes que j'ai appliqués dans ma vie, et je considère que mes succès personnels dans l'immobilier n'auraient pas été possibles sans eux. Par ailleurs, pendant la vingtaine d'années au cours desquelles j'ai exercé le métier de psychologue, j'ai pu utiliser ces règles pour coacher de nombreuses personnes à reprendre la direction de leurs vies et réaliser leurs objectifs personnels et professionnels. Et les résultats dont j'ai été témoin furent souvent impressionnants.

Les principes de la réussite exposés dans les lignes qui suivent ne sont pas spécifiques à l'immobilier. Ce sont des lois universelles qui peuvent être appliquées à tous les domaines de la vie : professionnel, relationnel, financier, sportif, familial, etc. Ils fonctionnent vraiment, mais je ne peux pas vous en apporter la preuve scientifique. La seule preuve que vous pourrez en avoir, ce sont les résultats que vous ne manquerez pas de constater par vous-même lorsque vous les mettrez en application.

## Changez de pensées pour changer de vie

Comme l'écrivait James Allen (1902) : *« L'homme est le reflet de ses pensées »*. Cela signifie que les pensées qui habitent notre esprit ont tendance à se transformer d'elles-mêmes en leurs équivalents physiques dans le monde qui nous entoure. Vous avez peut-être déjà entendu parler de *la Loi d'Attraction*, popularisée récemment suite au succès du film *Le Secret* de Rhonda Byrnes sorti en 2006. La Loi d'Attraction, dont les premières théories remontent au début du siècle passé, affirme que nos pensées influencent directement l'Univers, et ont le pouvoir d'attirer les choses et les événements qui leur correspondent. Comme l'expliquait William Atkinson (1912), la Loi d'Attraction est une grande loi de la Nature par laquelle toutes les choses – des atomes aux hommes – sont attirées les unes vers les autres dans la mesure de leur affinité, c'est-à-dire si elles se ressemblent et sont utiles l'une pour l'autre. Dans notre vie quotidienne, cette loi peut s'énoncer en peu de mots : *« Chacun attire à lui tout ce à quoi il pense avec émotion, tant les choses positives que les négatives »*.

La manière la plus simple de se représenter ce principe est de considérer votre esprit comme un aimant qui attire vers votre vie les gens, les situations et les circonstances qui s'accordent avec vos pensées dominantes. Autrement dit, ce qui occupe votre attention de façon persistante va se développer et grandir dans votre vie. Par exemple, si vous passez vos journées à craindre la maladie, elle finira par se développer effectivement en vous. Si vous vous réjouissez régulièrement de toutes les bonnes choses que vous avez dans votre vie, vous en attirerez encore plus à vous. Des pensées de manque d'argent attirent vers celui qui les émet régulièrement encore plus de situations de précarité financière. A l'inverse, celui dont les pensées sont tournées vers l'abondance attirera des situations où l'argent viendra facilement à lui. Le monde extérieur est donc comme un miroir qui reflète la nature de notre esprit. Pour changer de vie, il faut par conséquent d'abord commencer par changer de pensées.

Mais il n'est cependant pas nécessaire de croire à des explications paranormales pour accepter l'évidence que nos pensées sont le moule dans lequel se crée notre vie. La psychologie moderne a en effet aussi amplement prouvé que nos pensées déterminent nos paroles et nos comportements jusqu'à produire à l'extérieur de nous des situations qui leur correspondent. Par exemple, de nombreuses recherches montrent que l'attente que l'on a face à une situation, c'est-à-dire ce que l'on croit qu'il va se passer dans le futur, détermine fortement à l'avance le cours que prendront les événements. On appelle ce phénomène *une prophétie qui s'auto-réalise*. C'est au sociologue Robert K. Merton que l'on attribue la paternité de cette expression. Ce chercheur avait observé comment le seul fait d'annoncer l'insolvabilité future d'une banque finissait par réellement provoquer sa faillite. En apprenant cette information, tous les épargnants étaient en effet pris de panique et retiraient leur épargne de cette banque. La prédiction crée en fait l'événement.

Une prophétie qui s'auto-réalise est donc une prédiction qui devient vraie par elle-même. C'est par exemple le cas d'une personne qui redoute tellement que son couple ne se brise, que sa peur la conduit à agir et parler d'une façon qui finira par réellement causer la rupture. La prévision induit un comportement qui fera devenir vraie la prédiction. Le fait que la croyance de cette personne soit vraie ou fausse importe peu. C'est la façon dont elle perçoit subjectivement la situation qui détermine comment elle y réagira. En d'autres mots, la façon dont on perçoit une situation devient partie intégrante de cette situation, et donc affecte la façon dont celle-ci évoluera à l'avenir. La figure suivante illustre comment une attente négative finit par produire l'échec, lequel vient en retour confirmer l'attente initiale.

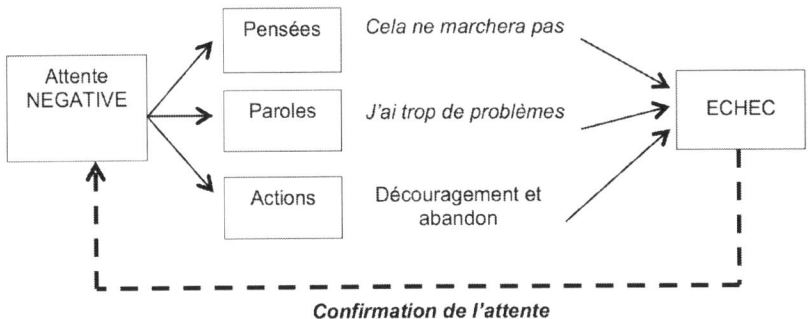

Ainsi, les résultats de nos actions seront très différents selon que l'on aborde une entreprise en croyant à son succès ou au contraire à son échec. La personne optimiste qui commence quelque chose en croyant profondément qu'elle va réussir augmente considérablement ses chances de succès. A l'inverse, celle qui aborde une nouvelle situation avec des pensées négatives, d'échec et de doute quant à la réussite et à ses capacités personnelles s'attendra à échouer. Et la réalité viendra souvent confirmer ce qu'elle pensait en lui faisant vivre un nouvel échec. A ce moment, elle se dira « Je le savais, ce n'était même pas la peine d'essayer ! ». Si vous commencez à investir dans l'immobilier, il vaut donc mieux cultiver des pensées de réussite, et éviter de nourrir des pensées négatives. Car votre attente, c'est-à-dire ce que vous croyez qu'il va se passer, finira réellement par se produire.

A toutes les époques, tous les gens qui ont réussi ont appliqué les mêmes principes, tantôt de façon consciente, tantôt inconsciemment. Quand on observe leurs vies et lit leurs biographies, on s'aperçoit qu'ils ont tous suivi la même formule du succès. Elle est très simple, et je vais vous la révéler dans les lignes qui suivent. C'est une sorte de « formule magique » qui peut être appliquée dans tous les domaines de la vie, et vous pouvez donc évidemment l'utiliser pour réussir vos investissements immobiliers.
La formule du succès est la suivante :

---

**LA FORMULE DU SUCCÈS**

**VISION CLAIRE + DÉSIR ARDENT + FOI INÉBRANLABLE + PERSÉVÉRANCE**

**= SUCCÈS !**

---

En langage clair, la formule dit qu'un but clair devient une réalité matérielle lorsqu'il est associé à un désir irrésistible, à la conviction absolue que le résultat désiré apparaîtra et à la persévérance des efforts quoiqu'il arrive. Celui ou celle qui applique cette formule obtiendra toujours le résultat recherché. Par contre, l'échec apparaît lorsque l'un des termes de l'équation manque. Attachons-nous maintenons à approfondir chacun des éléments constituant la formule du succès.

## Une vision claire

Dans son célèbre livre *Réfléchissez* et *Devenez Riche*, Napoleon Hill nous rapporte la formule d'Andrew Carnegie, l'un des hommes les plus riches du monde au début du XXème siècle. Celui-ci disait : *« Toute réussite, toute fortune, commence par une idée ».* Pensez à toutes les découvertes qui ont transformé le monde dans lequel nous vivons : l'électricité, l'avion, la voiture, l'ordinateur, internet, l'exploration spatiale, les progrès de la médecine, etc. Toutes ces inventions ont d'abord existé sous forme de pensées dans l'esprit d'un individu visionnaire. C'est l'histoire de Bill Gates ou Steve Jobs qui rendirent l'ordinateur accessible à tous. C'est aussi celle bien connue d'Henri Ford qui rêvait de construire des automobiles que pourraient acheter toutes les familles ; ou celle d'Edison qui chercha sans relâche malgré de très nombreux échecs, et finit par inventer l'ampoule électrique. C'est aussi celle, incroyable, de Mohandas Gandhi, un homme qui ne possédait rien, mais dont l'esprit invincible et la détermination inébranlable parvinrent à unifier deux cents millions d'Indiens pour mettre pacifiquement un terme à deux cents ans de colonisation britannique.

Ces innovateurs ont tous commencé par avoir une vision de ce qu'ils voulaient découvrir ou réaliser, et un désir irrépressible d'y arriver. Puis, sans détourner leur esprit de cette vision, ils ont persévéré dans leurs efforts, parfois pendant de longues années, et ce même si leur entourage les traitait de fous et leur disait que c'était impossible. Et un jour, leurs visions devinrent des réalités matérielles que l'on peut voir et toucher, apportant ainsi des bénéfices à l'Humanité toute entière.

Mais ce qui a fonctionné pour tous ces gens qui ont laissé une trace dans l'histoire est également valable pour vous et moi. Avoir une vision claire de ce que vous voulez faire ou accomplir est la première pierre sur laquelle se construira votre succès. Cette vision, ce but, sera comme un phare dans l'océan du doute et des obstacles. Quand vous serez perdu, c'est elle qui vous guidera et vous permettra de retrouver votre chemin. Pourtant, la plupart de gens vivent sans buts clairs. Ils se laissent porter par le courant des événements, et comptent sur la chance pour - un jour peut-être - améliorer leurs conditions de vie. Ils n'ont souvent qu'une idée très vague de ce qu'ils veulent : *« Devenir riche », « Avoir plus d'argent », « Trouver un conjoint »,* etc. Non seulement l'image qu'ils ont de leur but est floue, mais elle change aussi souvent en fonction des circonstances. Un vieux dicton dit : *« Aucune flèche ne peut atteindre son but si la cible demeure dans le brouillard ».* Si vous ne savez pas où vous allez, il y a de fortes chances pour que vous n'y arriviez jamais ! Si vous voulez devenir riche en investissant dans l'immobilier, vous avez donc besoin de développer une image très claire de ce que cela veut dire exactement pour vous.

Quand vous aurez réussi, quels résultats aurez-vous obtenus ? Posséder votre propre appartement ? Avoir un immeuble de rapport de quatre appartements ? En avoir deux ? Trois ? Avoir votre habitation, un immeuble de rapport ainsi qu'une résidence secondaire ? Etre millionnaire ne doit pas forcément être votre but, et les gens les plus heureux ne sont forcément ceux qui possèdent le plus. Mais quoi que vous désiriez, l'important est de clarifier le plus exactement possible dès aujourd'hui ce que vous voulez de tout cœur atteindre.

Soyez certain que la taille de vos pensées déterminera la taille de ce que vous réaliserez. Si vous avez de petits buts, vous obtiendrez de petits succès correspondant à votre attente. Mais si vous nourrissez de grands buts, ce sont de grands résultats que vous obtiendrez. C'est là le premier secret très simple des gens qui réussissent : il faut oser avoir de grands rêves. Permettez-vous donc de rêver ! Osez imaginer le genre de vie que vous voulez vraiment vivre. Osez rêver de quelque chose de merveilleux et différent de la situation que vous avez devant vos yeux aujourd'hui. Apprenez donc à penser en dehors des limites que vous dicte votre vie actuelle. Juste un instant, imaginez que vous avez tout le temps, tout l'argent, toutes les compétences, toutes les relations dont vous avez besoin pour réaliser vos ambitions. Si toutes les possibilités vous étaient ouvertes, quel genre de vie souhaiteriez-vous créer pour vous et votre famille ? Prenez une feuille de papier et écrivez toutes les choses qui vous viennent à l'esprit, même celles auxquelles vous n'osez pas penser parce que vous vous dites que ce n'est pas possible ou qu'elles coûtent trop cher.

1. **Projetez-vous dans 5 ans.** Posez-vous la question : « Qu'est-ce que je veux avoir, ou avoir fait, ou être devenu à cette date ? ». Comment sera votre situation familiale ? Que possèderez-vous ? Combien gagnerez-vous par mois ? Que ferez-vous de vos journées ? Ensuite, regardez en arrière pour revenir à aujourd'hui. Pour en arriver là, que devriez-vous avoir fait ? Qu'est-ce que vous aurez commencé ou, au contraire, abandonné ? Vous saurez ainsi ce que vous devez faire maintenant pour arriver bientôt à votre but.

2. **Faites la liste de vos objectifs.** Mettez la liste par écrit : avoir une maison, un deuxième enfant, reprendre des études, faire le tour du monde, etc. Ne vous limitez pas et mettez le plus de détails possibles. Pensez à toutes les facettes de votre vie : votre habitation, le travail, le couple, les amis, le capital, les investissements, les rentrées mensuelles, les activités artistiques, sportives, etc. Décrivez Votre Vision de la vie que vous voulez avoir. Ecrivez à la première personne et au présent de l'indicatif : « Je suis ... », « Je fais ... », « Je possède ... », « Je gagne ... par mois », etc.

3. **Chiffrez votre rêve !** Efforcez-vous ensuite d'évaluer de combien d'argent vous aurez besoin pour mener la vie que vous voulez. En faisant des recherches sur internet,

vous pouvez facilement connaître le prix moyen de la villa ou de la voiture de vos rêves. Déterminez au minimum vos objectifs en termes de rentrées mensuelles ET de de Patrimoine Net (la valeur totale, libre de dettes, des biens que vous possédez. Faites un tableau inspiré de celui ci-dessous, et gardez-le à portée de vue et d'esprit.

| MA SITUATION FINANCIERE LE 01/ 01/ 20.. |
|---|
| Je gagne 5.000 euros par mois |
| Mon Patrimoine Net est de 400.000 euros |

**4. Déterminez une échéance**, une date à laquelle vous voulez avoir atteint vos objectifs.

## La puissance d'un désir ardent

Quelque chose de plus est cependant nécessaire, que de simplement avoir une image claire de ce que vous voulez réaliser ou atteindre. Il ne suffira pas d'écrire vos objectifs sur un bout de papier pour ensuite les oublier au fond d'un tiroir. Si c'est tout ce que vous faites, vous êtes seulement un rêveur.

Vous ne réaliserez vos buts que si vous nourrissez pour eux un désir puissant, et si vous continuez à entretenir ce désir jusqu'au moment de la victoire. C'est la force du désir qui vous permettra de persévérer malgré des défaites passagères. Si votre désir n'est pas assez fort, vous vous découragerez et abandonnerez en cours de route. Sans un fort désir, personne ne peut rien accomplir. William Atkinson (1912) écrivait : « *Plus le désir est fort, plus grande sera la quantité d'énergie produite et manifestée* ». *Par exemple, si l'on prenait une douzaine d'hommes d'intelligence égale et de même santé physique, en bref égaux en tout sauf en ce qui concerne le désir, ceux en qui réside le désir le plus fort dépasseront les autres en réalisation. Et parmi ces gagnants, celui en qui le désir brûle comme une flamme inextinguible sera celui qui finira par imposer sa maîtrise sur les autres.* »

Le désir ardent nécessaire pour atteindre ses objectifs doit être profond et persistant dans la durée. Pour cela, il doit être conscient, et s'apparente donc à de la détermination. La détermination, c'est comme un cri très fort qui jaillit du plus profond de notre être : « *Je veux absolument cela !* ». Déterminer quelque chose, c'est autre chose que simplement la souhaiter. La vraie détermination n'est pas une affaire seulement intellectuelle. C'est un mouvement global de tout notre être qui désire ardemment quelque chose et est prêt à tous les efforts pour y arriver. Lorsqu'on recule dans sa détermination, on voit les obstacles grandir devant soi et on les considère comme la réalité inéluctable. Si l'on dit que c'est difficile, effectivement tout devient difficile. Si l'on dit que c'est impossible, effectivement, tout devient impossible. C'est dans l'affaiblissement de la détermination que réside la véritable cause de la défaite.

## La foi déplace des montagnes

Toutes les religions disent la même chose : la foi est la clé du bonheur. Croire permet à l'Homme d'ouvrir les portes d'une dimension que ses cinq sens ne peuvent percevoir. Ce n'est qu'ensuite que les doctrines religieuses divergent quant à l'objet auquel il faut croire ! On dit souvent que la foi déplace des montagnes. Et si on le dit souvent, c'est parce que c'est absolument vrai. Evidemment, cela ne signifie pas qu'il suffise de croire naïvement que la montagne va se déplacer pour qu'elle le fasse toute seule. Il faudra un peu l'aider ! Mais aujourd'hui, cela arrive tous les jours. Des compagnies minières qui croient dans la présence d'or ou d'une autre substance de valeur, rassemblent des capitaux importants et utilisent tous les moyens que la technologie moderne met à leur disposition. Et ensuite, elles déplacent réellement des montagnes, souvent au grand dam par ailleurs des mouvements de protection de l'environnement. Mais si elles mettent en œuvre de gigantesques moyens, c'est au départ parce qu'elles ont la foi que cela leur permettra de trouver ce qu'elles cherchent.

La foi dont nous parlons ici n'est pas religieuse. C'est la conviction profonde et inébranlable que l'on va réussir ce que l'on entreprend. Quand une telle croyance s'allie à un désir ardent, elle permet de mettre en œuvre un puissant pouvoir créateur. Quels que soient vos objectifs personnels, vous pouvez les réaliser si vous croyez que vous réussirez. Mais le pouvoir de la croyance n'a rien de magique ou de paranormal. Quand une personne est convaincue au plus profond d'elle-même qu'elle va réussir, cette attitude positive va lui permettre de mobiliser toutes les ressources qu'elle possède en elle. Sa créativité sera stimulée et elle découvrira les moyens à mettre en œuvre pour réaliser son but. Elle aura l'énergie pour agir et le courage de dépasser ses peurs. Elle développera les compétences nécessaires et trouvera les personnes pouvant l'aider à atteindre ses objectifs. Et finalement elle réussira ! Ce sont ses efforts et ses actions qui auront produit le résultat, mais c'est sa foi qui aura sous-tendu son action jusqu'au succès.

Quand vous décidez d'entreprendre quelque chose, il y a toujours une petite voix démoniaque qui vient vous souffler à l'oreille toutes les bonnes raisons pour lesquelles vous pourriez échouer. Si vous l'écoutez et lui donnez de la place, elle s'installera confortablement dans votre esprit et donnera naissance à une multitude de pensées de doute et d'échec. Avoir des pensées d'échec réduit votre créativité et conditionne votre esprit à produire encore plus de pensées négatives, lesquelles finiront par amener la défaite. Si par exemple vous projetez d'acheter un immeuble de rapport, et que vous pensez *« Je n'y arriverai pas »*, chassez ces pensées négatives. Dans votre dialogue intérieur, remplacez-les par des pensées de succès comme « *Je vais y arriver et réussir !* ».

Envisager le succès conditionne votre esprit à produire des plans d'action qui produiront le succès. Quand vous croyez que vous pouvez atteindre un objectif, vous finissez toujours par trouver quels moyens utiliser et quels chemins suivre. Et quand vous êtes convaincu que vous pouvez réussir, les autres le sentent et vous pouvez gagner leur confiance. Lorsque vous avez trouvé un bien immobilier intéressant et que vous recherchez un financement, c'est votre conviction de réussir à en faire un investissement rentable qui convaincra une banque ou un investisseur de vous suivre. La foi rend l'impossible possible. Walter D. Wintle, un poète qui vécut à la fin du 19ème siècle, exprima cela d'une façon remarquable dans le poème ci-dessous :

> *Si vous pensez que vous êtes battu, vous l'êtes.*
> *Si vous pensez que vous n'osez pas, vous n'oserez pas.*
> *Si vous voulez gagner, en pensant ne pas pouvoir,*
> *Il est presque certain que vous ne le pourrez pas.*
> *Si vous pensez que vous allez perdre, vous êtes perdu.*
> *Car partout dans le monde nous voyons*
> *Que le succès commence par la volonté d'un individu*
> *Tout est dans l'état d'esprit.*
> *Si vous pensez que vous êtes surpassé, vous l'êtes*
> *Vous devez avoir des pensées élevées pour vous élever*
> *Vous devez être sûr de vous avant*
> *De pouvoir gagner la moindre médaille.*
> *Les batailles de la vie ne sont pas toujours remportées*
> *Par l'homme le plus fort ni le plus rapide*
> *Mais tôt ou tard, celui qui remporte la victoire*
> *Est celui qui pense qu'il en est capable.*

Certains se lancent dans un projet en se disant qu'ils vont essayer, tenter leur chance, pour voir si cela marche ou pas. Mais cette pensée qui envisage déjà la perspective de l'échec contient en elle une part de doute. Et ce doute risque d'enclencher un phénomène de prophétie qui s'auto-réalise et fera apparaître des preuves venant supporter cette croyance.

Penser positivement ne signifie pourtant pas croire que tout va pour le mieux dans le meilleur des mondes. Personne ne peut éviter les problèmes, et il serait véritablement stupide et naïf de croire le contraire. Ce serait un déni de la réalité. Toutes les personnes qui ont accompli de grandes choses ont toujours, sans aucune exception, dû affronter des obstacles, des critiques et des défaites. On dit d'ailleurs que c'est à la grandeur des obstacles qu'elle surmonte que l'on voit la grandeur d'une personne. Donc, attendez-vous à rencontrer des difficultés sur le chemin qui vous conduira à la réalisation de vos objectifs. Et plus vos objectifs sont grands, plus grands seront les obstacles que vous devrez affronter pour réussir.

Si vous voulez réaliser un investissement immobilier, vous pouvez être certain que tout ne se passera pas aussi facilement que votre plan d'action le prévoit, même si celui-ci est très élaboré. Vous pouvez rencontrer des difficultés pour obtenir votre financement, la délivrance des autorisations urbanistiques nécessaires peut prendre plus longtemps que prévu, des travaux supplémentaires peuvent se révéler indispensables en cours de chantier, etc. Puis, lorsque vos appartements seront loués, vous pourrez à tout moment recevoir des appels de locataires vous signalant une fuite d'eau, une chaudière en panne ou un WC bouché. En bref, ne croyez pas que tout sera toujours rose. Mais si votre foi est forte, vous finirez toujours par trouver des solutions pour triompher de ces difficultés.

La pensée positive dont nous parlons ici est un optimisme réaliste conscient des obstacles à franchir. C'est se dire : « *Il y aura des problèmes, mais je vais tous les surmonter !* ». Anticiper dès le départ les difficultés qui risquent de survenir permet de vous y préparer et de prévoir des stratégies pour les surmonter le cas échéant. Penser positivement et considérer avec réalisme les difficultés sont deux choses totalement compatibles.

## Persévérez jusqu'au succès

Persévérer, c'est allez jusqu'au bout. C'est poursuivre ses efforts avec obstination jusqu'à ce que le but soit atteint. La persévérance est l'un des facteurs essentiels permettant de transformer une pensée en son équivalent physique. Comme nous venons de le voir, il est inévitable de rencontrer des difficultés et des obstacles lorsque l'on se fixe un grand but. Mais beaucoup de gens sont prêts à abandonner au premier signe d'échec ou d'opposition. Nous échouons le plus souvent dans nos entreprises parce que, découragé après ce que nous croyons être un échec définitif, nous abandonnons la partie. Très peu de personnes persévèrent malgré les obstacles, et c'est cette minorité qui finit par atteindre ses objectifs. Comme en témoignent la plupart des patrons d'entreprises à qui l'on demande de raconter leurs parcours, le succès est rarement venu tout de suite. Avant de finalement réussir, beaucoup ont d'abord essuyé plusieurs échecs retentissants, et certains ont même fait faillite plusieurs fois.

Napoleon Hill rapporte l'histoire suivante qui illustre parfaitement la force de la persévérance. Un jour, Henri Ford imagina un moteur dans lequel les huit cylindres ne feraient qu'un seul bloc (le fameux V-8). Il demanda à ses ingénieurs de le lui dessiner. Mais ceux-ci, après étude, conclurent qu'il était impossible de couler un moteur de huit cylindres en une seule pièce. Ford leur demanda quand même de continuer et d'y mettre tout le temps qu'il faudra. Ils se remirent au travail car c'était la seule chose à faire s'ils désiraient conserver leur emploi. Six mois passèrent, puis six autres. Lors de la conférence de fin d'année, Ford les interrogea et ils ne purent que lui confirmer l'échec de leur mission. « *Continuez, leur dit Ford. Je le veux, je l'aurai !* ». Ils reprirent leur étude et un beau jour, comme par magie, ils découvrirent le secret de la construction. L'obstination est vraiment ce qui fait la différence entre ceux qui réussissent et ceux qui échouent.

Un autre exemple de persévérance est celui de J.K. Rowling, la romancière anglaise auteure d'Harry Potter dont nous avons déjà parlé plus haut dans ce chapitre. Lorsqu'elle eut fini d'écrire le manuscrit du premier tome de Harry Potter, son agent littéraire le présenta à douze maisons d'éditions qui, toutes, le refusèrent. C'est seulement un an plus tard qu'un éditeur accepta enfin de publier le livre, avec le succès immédiat que l'on connaît. Mais que se serait-il passé si J.K. Rowling s'était découragée ? Elle aurait pu se dire « Puisque douze éditeurs successifs me l'ont refusé, c'est bien la preuve que mon roman ne vaut rien ». Elle aurait pu baisser les bras et abandonner. Et si elle l'avait fait, elle n'aurait jamais connu le succès et la fortune !

On ne réussit pas parce qu'on a de la chance. Les opportunités et les coups de pouce du destin viennent à celui qui persévère vers le but qu'il s'est fixé, qui continue quoi qu'il arrive. C'est la persévérance qui provoque la chance. L'investisseur qui recherche un immeuble de rapport correspondant à ses critères ne le trouvera peut-être pas en une semaine de recherche. Mais s'il ne se décourage pas et continue à chercher inlassablement, il finira sans nul doute par rencontrer ce qu'il cherche. Et ce bien se présentera peut-être à lui par des voies qu'il ne soupçonnait pas. Dans sa quête, il aura éventuellement parlé à quelqu'un qui connaissait quelqu'un qui connaissait le vendeur ... Mais s'il avait baissé les bras plus tôt, cette voie ne se serait jamais ouverte devant lui.

Lorsque votre but est clairement défini, vous devez concevoir un plan d'action précis pour l'atteindre. Ce plan d'action est le chemin que vous allez suivre pour arriver à destination. Cependant, il se peut que votre plan ne soit pas bon et vous conduise à une défaite. Mais celle-ci n'est que passagère et ne signifie pas que vous avez échoué de manière définitive. Vous avez perdu une bataille, mais pas la guerre. Un échec temporaire ou l'apparition d'un obstacle considérable signifient seulement que votre plan d'action était mal conçu. Vous aviez peut-être été trop optimiste dans vos prévisions, ou aviez négligé de tenir compte d'un facteur important. En conséquence, votre plan imparfait vous a conduit dans une impasse. Si vous vous laissez effrayer ou décourager à ce moment, vous pouvez dire adieux à vos buts. Cherchez plutôt un autre chemin. Etablissez un autre plan d'action, et recommencez. Si vous poursuivez ainsi vos efforts, vous finirez victorieux. Rappelez-vous donc toujours qu'un échec passager n'est que le révélateur d'un plan faible. Extrêmement peu de personnes réussissent du premier coup, et ceux-là forment l'exception. A ce sujet, Napoleon Hill écrivait : « Si vous abandonnez la partie avant d'avoir atteint votre but, vous êtes un « lâcheur ». Un lâcheur ne gagne jamais et un vainqueur n'abandonne jamais ».

## Visualisez votre réussite

Comme vous le savez aussi bien que moi, les déterminations sont difficiles à garder dans la durée. Passés les premiers moments d'enthousiasme et de forte conviction, les problèmes et les obligations de notre vie quotidienne reprennent rapidement le dessus dans notre esprit. Nous perdons alors de vue nos décisions et les rangeons dans un tiroir mental au trente-quatrième sous-sol de notre conscience. Pensez par exemple aux fameuses résolutions de Nouvel An que l'on s'empresse souvent d'oublier après quelques semaines, ou les décisions de maigrir ou d'arrêter de fumer.

C'est pourquoi je voudrais vous proposer dans les lignes qui suivent un moyen simple qui vous aidera à régulièrement raviver votre but et à entretenir votre désir et votre foi. Cette méthode est la visualisation. Visualiser, c'est créer dans son esprit une image détaillée de ce que l'on désire, et la revoir régulièrement. C'est donc utiliser son imagination pour « voir » des événements se passer dans sa vie future. Visualiser, c'est aller directement vers le résultat, et imaginer ce que sera votre vie lorsque vous aurez atteint vos objectifs. C'est rendre cette image mentale tellement vivante que vous ressentez déjà les émotions que vous connaîtrez lorsque vous jouirez réellement de l'objet ou des situations de votre désir. La visualisation est la cousine des méthodes d'autosuggestion. Vous connaissez certainement la méthode Coué ou d'autres méthodes d'autosuggestion qui utilisent la répétition d'affirmations positives pour imprimer progressivement des ordres dans l'inconscient. La visualisation repose sur le même principe, mais plutôt que de se répéter des phrases, on utilise des images mentales positives parce que celles-ci sont plus porteuses d'émotions que les mots.

Dans le domaine du sport, beaucoup d'athlètes au top niveau utilisent la visualisation au cours de leur entraînement. En se relaxant, ils créent une image d'eux-mêmes en train de remporter la victoire qu'ils désirent. Ils se voient passer la ligne d'arrivée devant tous les autres, ou effectuer un saut plus haut que leurs concurrents. Ils essayent d'imaginer les détails de la scène et ce qu'ils ressentent lors de ce moment de victoire. Ces « répétitions mentales » peuvent inclure tous les sens. Elles peuvent être visuelles, mais aussi kinesthésiques (comment leur corps se sent), ou auditive (les acclamations de la foule). En répétant ces visualisations, ils entraînent leur esprit (lequel commande le corps) a réellement effectuer la performance souhaitée le jour de la compétition.

Plusieurs acteurs célèbres ont également attribué leur succès à la visualisation. C'est le cas notamment de Jim Carrey, qui a raconté son expérience à maintes reprises. En 1987, alors qu'il n'était encore qu'un jeune comédien canadien de 25 ans luttant pour faire son chemin dans la jungle du show-business à Los Angeles, il se mit à rêver de devenir l'un des acteurs les mieux payés d'Hollywood. Pour visualiser son succès, il s'écrivit à lui-même un chèque de 10 millions de dollars. Il y écrivit la date de 1995 et ajouta la communication suivante : « Pour services rendus en tant qu'acteur ». Il mit ensuite le chèque dans son portefeuille et garda cette vision jusqu'à ce que son rêve devienne réalité. Et en 1995, il reçut effectivement un chèque de 10 millions de dollars pour son rôle dans le film Dumb & Dumber !

Quand on visualise, on matérialise. Vous devez avoir une foi inébranlable et constante que l'objet de votre désir est déjà à vous, qu'il est à portée de la main et que vous n'avez qu'à en prendre possession. Vivez dans cette nouvelle maison, mentalement, jusqu'à ce qu'elle prenne physiquement forme autour de vous. En pensées, entrez immédiatement en pleine jouissance des choses que vous voulez avoir. Ressentez dès maintenant l'émotion que vous aurez lorsque vous verrez le revenu de vos rêves arriver tous les mois sur votre compte en banque ! Vous devez prendre une attitude mentale de propriétaire envers tout ce qui se trouve dans cette image. Prenez-en possession mentalement, en croyant fermement qu'elle s'est déjà réalisée. Vous SAVEZ que vous allez réussir ! Si vous y croyez absolument, vous allez marcher, parler, penser, sentir et vous comporter d'une manière qui fera apparaître les résultats correspondants à votre vision. Contemplez votre Vision aussi souvent que possible, et idéalement tous les jours. Choisissez des moments où vous êtes tranquille et relaxé, par exemple avant de vous endormir ou juste avant de vous lever. Il n'est donc pas indispensable de consacrer des séances spéciales à cet exercice si vous avez un horaire chargé. Le plus important, c'est de savoir ce que vous voulez de façon précise, et de le vouloir assez intensément pour que cela reste dans vos pensées.

Il est nécessaire aussi de cultiver l'habitude d'être reconnaissant pour chaque bonne chose qui vous est arrivée – et qui vous arrivera à l'avenir –, et d'en remercier continuellement l'Univers, Dieu, la Source, la Vie, l'Intelligence Infinie, ou quel que soit le nom que vous voulez lui donnez. Même si la situation actuelle est désastreuse, que vous manquez d'argent, que vous ne supportez plus votre conjoint, que votre patron vous opprime, visualisez votre but comme étant déjà accompli et soyez reconnaissant pour cela dès maintenant. Sans gratitude envers la Vie, vous ne pourrez pas empêcher longtemps votre esprit de se concentrer avec insatisfaction sur les choses telles qu'elles sont aujourd'hui devant vous, comme la pauvreté, le manque d'argent ou la maladie. Or, de telles pensées ne feront qu'attirer encore plus vers vous ces choses que vous n'aimez pas.

### Faites un Tableau de Visualisation

Pour vous aider à visualiser, vous pourriez choisir de fixer vos objectifs directement sous forme d'image, plutôt que sous forme d'une liste de mots. C'est ce que l'on appelle un Tableau de Visualisation. Cette méthode consiste à réaliser par différents moyens (par exemple avec des collages ou sur ordinateur) une sorte de tableau, de fresque, très personnelle décrivant VOTRE image du bonheur que vous désirez vivre. L'avantage de cette méthode est qu'elle facilite la visualisation parce que les images frappent l'esprit

plus fortement que les mots. Voici comment faire votre propre tableau de visualisation :
1. Vous pouvez utiliser pour cela un ordinateur avec un programme de traitement de texte ou un logiciel graphique. Mais vous pouvez aussi le faire « à l'ancienne » sur une grande feuille de papier, avec quelques vieux magazines, des ciseaux, de la colle et des marqueurs de couleur.
2. **Recherchez des images ou photos qui correspondent à vos objectifs.** Recherchez-les dans un moteur de recherche sur internet ou découpez-les dans les magazines. Sélectionnez des images qui évoquent pour vous une sensation de bonheur et correspondent à vos objectifs et votre vision. Collez vos images sur votre feuille (digitale ou en papier).
3. **Ajoutez des mots ou des phrases qui expriment vos buts.** Ecrivez au présent de l'indicatif : « je possède ... », « je fais ... », « je gagne ... ». Sur l'ordinateur utilisez des polices de caractère et des couleurs fortes, et sur papier utilisez des marqueurs de couleur.
4. **Ecrivez des chiffres et des dates.** Soyez spécifique et déterminez quand vous voulez que cela se produise. Par exemple « Je gagne 100.000 euros » ou « J'aurai un million d'euros de patrimoine net en 2020 ».
5. **Imprimez votre tableau** et accrochez-le à un endroit où vous pourrez le voir chaque jour. et placez cette image dans votre portefeuille de façon à pouvoir contempler votre objectif à tout moment.

Vous trouverez de nombreux exemples de tableau de visualisation sur internet. Les sites anglophones sont les plus riches à ce sujet. Même si vous ne comprenez pas l'anglais, voir des exemples de tableaux faits par d'autres personnes vous donnera des idées pour faire le vôtre. Pour ce faire, entrez dans un moteur de recherche sur internet les mots « vision board » ou « dream board ».

## Rien ne remplace l'action

Pour que se matérialise réellement la vie à laquelle vous aspirez, il faudra bien sûr également poser des actions judicieuses et efficaces ! Comme le disait un maître bouddhiste que je connaissais, si vous mettez du riz et de l'eau dans une casserole, et que vous vous contentez de prier, même pendant 1.000 heures, le riz ne cuira jamais. Par contre si vous allumez le feu en dessous, cela ira beaucoup plus vite. Rien ne remplace l'action !

Si vous vous visualisez être propriétaire d'un ou plusieurs immeuble(s) à appartements et recevoir tous les mois de confortables loyers, cela orientera votre vie dans cette direction. Mais cela ne vous dispensera évidemment en aucun cas de devoir agir concrètement pour y arriver. Comme ce livre vous l'aura montré, vous devrez chercher parmi toutes les annonces immobilières, visiter des biens, analyser leurs chiffres, organiser votre financement et finalement signer l'acte d'achat d'une propriété. Ce sont ces actions qui feront de vous un(e) propriétaire d'immeuble(s). Mais c'est la mise en application des principes contenus dans ces lignes qui orientera votre vie vers la réussite et le succès. Si votre vie était un bateau, l'action serait le moteur et la visualisation serait la boussole. Sans boussole, même en possédant un moteur puissant, vous ne pouvez en aucun cas avoir la garantie d'arriver à bon port.

Le but de cette partie du livre n'était pas de vous faire rêver, mais de mettre entre vos mains un outil capable de changer votre vie, en vous faisant prendre conscience de votre responsabilité et de votre pouvoir. On ne peut en effet jamais changer une situation tant que l'on ne comprend pas sa propre responsabilité dans son apparition. Pourtant, nous avons souvent la fâcheuse tendance à rejeter la responsabilité de ce qui nous arrive sur les autres, surtout quand cela va mal. Nous aimons penser que nos problèmes de couple sont causés par notre conjoint, que nos difficultés viennent de nos parents, de notre patron, de nos collègues, des politiciens, etc. Mais tant que l'on continue à se rassurer par ce genre d'explications, on ne peut jamais arriver à changer quoi que ce soit !

Le plus souvent, nous vivons limités par nos fausses croyances. Nous sommes comme l'éléphant élevé dans un cirque qui vit avec une chaîne au pied depuis qu'il est petit. Les premières années de sa vie, cette chaîne est bien suffisante pour le retenir, mais lorsqu'il devient adulte, il serait capable, s'il le voulait, de casser sa chaîne et même d'arracher le mur ! Mais il ne le fait pas parce qu'il a pris l'habitude de se sentir faible. C'est la même chose pour nous lorsque nous nous sentons impuissants face aux circonstances. Pourtant, en réalité, nous avons le contrôle total de notre destinée, et si nous changeons la façon dont nous pensons, nous pouvons devenir et obtenir tout ce que nous désirons.

# 8 VOTRE PLAN POUR DÉMARRER EN 8 SEMAINES

Si vous ne connaissiez rien à l'investissement immobilier lorsque vous avez commencé à parcourir ce livre, vous devriez à présent posséder un bagage suffisant pour vous lancer et prendre les bonnes décisions. Il ne vous reste donc plus qu'à acheter votre première propriété !

Comme j'ai eu plusieurs fois l'occasion de le répéter au fil des chapitres, l'important est de passer à l'action, car sans action vous ne pouvez avoir aucun résultat. Nombreuses sont les personnes qui, voyant les prix des maisons grimper régulièrement, ont pensé au moins une fois qu'elles devraient acheter de l'immobilier à titre d'investissement. Et pourtant, parmi elles seule une infime fraction le fait réellement. Beaucoup y pensent et peu agissent. Certains rassemblent tellement d'informations qu'ils sont débordés et ne font finalement rien parce que tout cela semble trop compliqué. D'autres sont emballés mais n'agissent pas parce qu'ils ne savent pas par où commencer. Toutes ces hésitations conduisent à la procrastination, c'est-à-dire la tendance à remettre systématiquement à plus tard toutes les décisions et les actions. C'est une sorte de fuite destructrice motivée par la peur : peur de l'échec, peur de se tromper, peur de l'inconnu ou peur de l'insécurité financière.

Pour que vous ne tombiez pas dans ces pièges et que vous puissiez réaliser vos projets, je vous propose de suivre un plan d'action détaillé au terme duquel vous serez devenu propriétaire de votre premier bien immobilier d'investissement. Ce plan est progressif et décrit les étapes successives qui vous conduiront à chercher, analyser et acheter une propriété intéressante. Il y a bien sûr d'autres manières de procéder, et ce plan n'est pas l'unique chemin. Mais si vous voulez suivre un itinéraire qui vous mènera de façon certaine vers votre objectif, alors je vous propose celui-ci.

Le plan d'action dure huit semaines, soit environ deux mois. Certains trouveront que c'est long et que l'on peut trouver et acheter une propriété en moins de temps que cela. Bien évidemment, mais c'est intentionnellement que je vous engage à y consacrer au moins huit semaines. Acheter une propriété est un acte important qu'il ne faut pas prendre à la légère. Les sommes en jeu sont très élevées et les signatures que l'on pose lors de l'achat engagent la responsabilité personnelle pour une très longue période. Si, comme nous l'avons démontré tout au long de ce livre, l'immobilier peut être une source de gains financiers élevés, un mauvais achat peut aussi être une source de problèmes importants susceptibles de briser des familles. C'est pourquoi je vous encourage à prendre votre temps et à ne pas vous précipiter.

Demandez-vous calmement ce que vous voulez comme immeuble. Apprenez à bien connaître votre marché immobilier local en épluchant les annonces et en visitant autant de propriétés que vous le pouvez. Etudiez la fiscalité relative à l'immobilier dans votre pays. Entraînez-vous à faire des analyses de cash-flow pour les immeubles qui vous intéressent, et apprenez à jongler avec ces chiffres et ces notions. Il n'y a rien de bien compliqué à cela et c'est à la portée de tout le monde. Vous serez même surpris de voir avec quelle facilité vous y arriverez après peu de temps.

Le plan d'action que vous trouverez ci-dessous vous prendra par la main et vous emmènera faire toutes ces démarches. Ainsi, vers la sixième semaine, vous serez en mesure de faire une offre en étant sûr de vous et de ce que vous faites.

Huit semaines, c'est le minimum que je vous conseille. Peut-être sentirez-vous qu'il vous faut plus de temps ? Pas de problème, mais restez centré sur votre objectif et prenez garde à la procrastination infinie.

Et que se passerait-il si deux jours seulement après avoir commencé, vous trouviez déjà le bon investissement qui vous semble absolument parfait et qu'il faut vite acheter avant que quelqu'un d'autre ne le fasse ? Eh bien je vous conseillerais de vous calmer et de continuer vos recherches, votre apprentissage et vos visites, tout en gardant un œil sur cet immeuble. Souvenez-vous, nous avons vu que la valeur d'une chose est toujours relative. Ce n'est que quand vous pourrez utiliser suffisamment d'autres biens comme comparaisons, que vous pourrez décider si une propriété particulière est ou non une bonne affaire au prix demandé. Donc, tant que vous n'en avez pas visité suffisamment, attendez pour faire une offre ! Et ne vous inquiétez pas de voir une bonne affaire vous passer sous le nez. Si elle est pour vous, elle vous attendra. Sinon, vous en trouverez une encore meilleure quand vous serez prêt(e). Croyez-moi ! Chaque fois dans ma vie que j'ai manqué une propriété, je me suis toujours aperçu plus tard, avec le recul, que c'était une chance de ne pas l'avoir acheté, soit parce que j'avais négligé de voir un gros défaut, soit parce que j'avais trouvé beaucoup mieux peu de temps après.

Le tableau suivant montre les différents objectifs abordés au cours des huit semaines du plan d'action :

| Objectifs / tâches | Semaines | | | | | | | |
|---|---|---|---|---|---|---|---|---|
| | 1 | 2 | 3 | 4 | 5 | 6 | 7 | 8 |
| Faire votre Bilan Financier de départ | X | | | | | | | |
| Définir votre stratégie d'investissement | X | | | | | | | |
| Déterminer vos critères de recherche | X | X | | | | | | |
| Connaître la fiscalité relative à l'immobilier | | X | | | | | | |
| Connaître votre capacité d'emprunt | | X | | | | | | |
| Connaître votre marché immobilier local | X | X | X | X | X | X | X | X |
| Rechercher votre financement | | | X | | | | X | X |
| Savoir analyser les propriétés | | | X | X | X | X | X | X |
| Analyser en profondeur quelques propriétés | | | | | X | X | X | X |
| Faire une offre et clôturer | | | | | | | | X |

## 8.1. LA PREMIERE SEMAINE

| OBJECTIFS |
|---|
| → Clarifier votre situation financière de départ<br>→ Déterminer votre stratégie d'investissement<br>→ Définir vos critères de recherche<br>→ Commencer à étudier votre marché immobilier |

### A. Faites votre Bilan Financier

→ Commencez à rassembler vos données financières personnelles : vos rentrées et vos dépenses mensuelles, vos économies et vos autres actifs, ainsi que vos dettes actuelles.

→ Avec ces informations, **faites d'abord votre bilan financier personnel** afin d'établir votre situation de départ avant de commencer à investir. (voir p.32 et téléchargez le fichier Excel *Mon Bilan Financier* à l'adresse www.charlesmorgan.eu/immo/bonus). Vous pourrez ainsi **déterminer précisément de quelle somme vous disposez, en liquide ou en actifs facilement réalisables, afin de payer l'acompte.**

→ Ensuite, faites vos comptes mensuels comme expliqué à la page 252.
- **Déterminez le montant de remboursement mensuel maximum** que vous pouvez vous permettre avec vos revenus actuels (voir page 59). Gardez toutefois à l'esprit que si vous achetez un immeuble de rapport, ses loyers seront pris en compte (à concurrence de 75%) dans le calcul de votre capacité d'emprunt (voir p.127).

- **Si vous n'avez pas assez d'argent pour payer l'acompte, faites un budget et commencez à économiser** (voir p.254 et téléchargez le fichier Excel Mon Budget à l'adresse www.charlesmorgan.eu/immo/bonus). Il est possible que rassembler la somme nécessaire vous prenne plusieurs mois. Conservez votre détermination et poursuivez le plan de démarrage lorsque votre objectif financier sera en vue.

- **Si vous avez des dettes, réduisez-les, ou mieux éliminez-les complètement** (voir p.259), car pour le banquier elles diminuent votre capacité d'emprunt. Si vous êtes déjà fortement endetté, cela veut dire que vous avez un peu de mal à gérer votre argent et vos crédits. Je vous conseille donc de définir une période pendant laquelle vous rembourserez vos dettes avant de vous lancer dans l'immobilier, même si cela prend six mois. Pendant ce temps cherchez des immeubles, mais ne passez au contenu de la semaine 6 (faire une offre) que lorsque vous n'aurez plus de dettes, ou très peu.

→ Si vous êtes marié(e) ou vivez en couple, parlez de votre projet avec votre conjoint et assurez-vous de sa complicité et de son soutien. Il est en effet possible que vous deviez y consacrer vos économies communes, et si vous contractez un emprunt vous aurez éventuellement besoin de son accord et de sa signature.

## B. Définissez votre stratégie d'investissement : Quel type d'investisseur êtes-vous ?

Déterminez le type d'investisseur que vous voulez devenir.
Votre objectif est-il de :
- placer votre capital et vos économies et vous garantir une retraite aisée ?
- pouvoir arrêter de travailler bien avant l'âge normal de la retraite et vivre de vos revenus passifs ?
- devenir multimillionnaire et réunir un patrimoine considérable ?
- devenir un marchand de biens qui achète et vend des biens immobiliers ?

Comme nous l'avons vu, votre stratégie pourra évoluer par la suite, mais pour commencer et mettre toutes les chances de votre côté, je vous conseille d'en choisir une et de vous y tenir, car cela mettra de la cohérence dans vos démarches.

## C. Définissez vos critères d'achat

Faites une liste précise de toutes les qualités que doit posséder le bien que vous allez rechercher.
- Dans quelle zone ? Prenez une carte de votre ville ou votre région et procédez comme expliqué à la page 84.
- Quel type de bien ? Maison unifamiliale, appartement, immeuble de rapport ?
- Quelles caractéristiques doit avoir la propriété ? (superficie, nombre de chambres, etc.) (voir p.89)
- Dans quelle gamme de prix ? (voir p.90)
- Dans quel état doit être le bien ? Avec beaucoup de travaux ou peu ? (voir p.90)
- Quels sont vos critères de rentabilité ?
    → Votre cash-flow (voir p.91) si vous achetez pour conserver et mettre en location. Après avoir payé toutes vos dépenses, combien voulez-vous garder en main ? 100 euros ? 200 euros ? 300 euros ? Soyez réaliste, car les loyers paieront déjà votre emprunt et vos dépenses.
    → Votre profit si vous achetez pour revendre (voir p.91). A quel pourcentage du prix de vente doit-il correspondre ? 10, 15 ou 20% ?

Après les étapes précédentes, vous devez terminer en ayant un document écrit aussi clair que celui-ci-dessous :

---

Je vais investir pour placer mes économies et m'assurer une retraite aisée. Je vais acheter un appartement que je mettrai en location. Je le financerai avec un emprunt sur 20 ans à taux fixe. Je dispose de 30.000 euros en liquide. Je cherche donc :
- Un appartement de 70 m² minimum
- 2 chambres
- Dans les quartiers X, Y et Z
- A rénover, mais seulement au niveau cosmétique (peinture et sol)
- Prix d'achat hors frais : maximum 120.000 euros
- Cash-flow : après avoir tout payé, il doit me rester 150 euros par mois

## D. Commencez à étudier le marché

- Cherchez les sites internet qui diffusent des annonces immobilières dans votre zone (voir p.103). Identifiez les plus importants, et marquez-les comme favoris (Bookmark) dans votre navigateur internet.
- Commencez à regarder les annonces. Cherchez en introduisant les critères de recherche que vous avez définis. Prenez le temps d'explorer largement. Votre but à ce stade n'est pas encore de trouver la perle rare, mais de vous familiariser avec les biens disponibles, les prix, les surfaces, etc.
- Quand un bien vous semble intéressant et qu'il est annoncé par une agence, n'hésitez pas à aller sur le site internet de celle-ci pour voir ses autres biens.
- Inscrivez-vous pour être tenu informé par email lorsque de nouveaux biens correspondants à vos critères sont mis en vente.

## 8.2. LA DEUXIEME SEMAINE

| OBJECTIFS |
|---|
| → Connaître votre capacité d'emprunt |
| → Connaître votre taxation immobilière |
| → Redéfinir vos objectifs et critères en fonction de ces informations |
| → Continuer à approfondir votre connaissance du marché |
| → Commencer à visiter |

## E. Déterminez votre capacité d'emprunt

Allez voir votre banquier et des organismes de crédit, même si vous n'avez pas encore de bien immobilier en vue. Mais comme vous aurez bien clarifié vos critères, vous pourrez leur montrer que vous savez ce que vous voulez. Les informations que vous allez récolter à ce stade sont absolument indispensables pour la suite.

- Cherchez des banques et courtiers en crédit hypothécaire.
  - Cherchez autour de vous et sur internet (introduisez dans un moteur de recherche les termes suivants : « crédit hypothécaire » + « Mon pays » ou « Ma ville »).
  - Visitez-en au moins 3 physiquement après avoir pris rendez-vous (vous apprendrez bien plus de choses en parlant directement avec quelqu'un, plutôt qu'en vous contentant d'envoyer une demande écrite sur un site internet !)

Ces organismes vous demanderont les informations personnelles (revenus, crédits existants, etc.) que vous avez déjà rassemblées au cours de la première semaine en faisant vos comptes mensuels.

- Vous devez terminer cette recherche en ayant au minimum les informations fondamentales suivantes :
  → Combien pouvez-vous emprunter en fonction de vos revenus ?
  → Quel sont les taux d'intérêt ? (en fonction de la durée du crédit et s'il s'agit d'un taux fixe ou variable).
  → Si vous achetez un immeuble avec plusieurs unités locatives, quel pourcentage des revenus locatifs est-il pris en compte ? Que devient alors votre capacité d'emprunt ?
  → Si votre conjoint cosigne, que devient votre capacité d'emprunt ?
  → Quels sont les frais annexes (frais de dossier, assurance vie (solde restant dû) et les conditions (par exemple obligation de recevoir votre salaire sur un compte de la banque).

Si les réponses que vous obtenez ne vous plaisent pas, mais que vous êtes cependant convaincu que votre stratégie tient la route, allez voir d'autres banques ou organismes de crédit.

---

**ASTUCE**

Pour faciliter vos recherches de propriétés, vous devez avoir un moyen simple et rapide de calculer approximativement le montant des remboursements pour chaque immeuble, du genre « Pour chaque tranche de 100.000 euros empruntés, les remboursements mensuels sont de X euros par mois sur 20 ans ». Une règle simple comme celle-là vous servira dans vos analyses des propriétés, et vous pourrez ainsi très rapidement estimer à première vue si un investissement est intéressant ou pas.

Par exemple, si je sais qu'un crédit de 100.000 euros sur 20 ans à 4% d'intérêt me coûte environ 600 euros par mois, je peux rapidement savoir que pour un immeuble vendu 450.000 euros, les mensualités seront d'approximativement de 4,5 x 600 = 2.700 euros. Je peux donc éliminer rapidement cet immeuble si ses revenus locatifs ne sont pas nettement supérieurs à cette somme. Si l'immeuble semble intéressant, il faudra bien entendu par la suite faire un calcul de cash-flow plus approfondi.

## F. Informez-vous sur la fiscalité de l'immobilier

Cherchez des informations - et assurez-vous de parfaitement comprendre celles-ci - sur la fiscalité relative à l'immobilier dans votre pays, et peut-être aussi dans votre région ou ville. En ce qui concerne l'achat et la vente d'un immeuble, la meilleure source d'information est votre notaire. Et pour toutes les autres taxes et les impôts, c'est auprès de l'administration fiscale que vous obtiendrez les informations les plus précises et les plus à jour (voir adresses à l'annexe 2). Par ailleurs, vous trouverez certainement sur internet beaucoup d'articles traitant du sujet, mais pensez toutefois à les recouper pour vérifier si leurs données sont exactes et toujours d'actualité. Pour ce faire, introduisez les termes suivants dans un moteur de recherche : « immobilier taxation » + « Mon pays » ou « taxation revenus locatifs » + « Mon pays » ou encore « taxation vente d'immeuble » + « Mon pays ».

Cinq sortes de taxation sont à connaître :
- **Les frais d'achat (frais de notaire) dus lors de l'achat d'un immeuble** (voir p. 213). Vous devez pouvoir déterminer quel pourcentage de votre prix d'achat vous devrez payer en plus pour couvrir l'ensemble de ces frais (10%, 15%, 20% ?).
- **Les taxes foncières relatives à l'immeuble.** Ce sont les taxes annuelles que vous devez payer lorsque vous êtes propriétaire d'un bien, même lorsque vous l'occupez personnellement.
- **Le système d'imposition et les taux en vigueurs lors de la mise en location d'un bien.** Vous devez pouvoir déterminer le pourcentage de votre bénéfice que vous devrez payer comme taxes et impôts, afin de pouvoir intégrer ce chiffre dans votre calcul de cash-flow (voir p. 144).
- **Les taxes sur la plus-value lors de la vente d'un bien immobilier.** Celles-ci diminuent généralement en fonction du temps de détention de l'immeuble, et peuvent être inexistantes lorsque c'est l'habitation personnelle qui est revendue.
- **Les taxes éventuelles dues par le vendeur lors de la vente d'un bien.** C'est plutôt rare, mais c'est le cas dans plusieurs pays d'Amérique Centrale et des Caraïbes, et il se pourrait que vous y soyez confronté un jour si vous faites des investissements « exotiques ».

Ne négligez pas cette recherche concernant la fiscalité, car les taxes peuvent manger une grosse partie de votre bénéfice. Vous devez donc y faire attention dès le départ. A ce stade, votre but n'est pas de connaître au centime près ce que vous aurez à payer, mais ce que vous devez avoir, c'est :
    a. une vue claire de l'ensemble des taxes auxquelles vous devrez faire face.
    b. des pourcentages (mêmes s'ils manquent encore de précision) de ces taxes et impôts afin de pouvoir les intégrer dans vos calculs de rentabilité.

## G. Redéfinissez vos critères

Maintenant que vous disposez de ces deux éléments essentiels que sont la somme que vous pourrez emprunter et les taux de vos taxes et impôts, et que par ailleurs vous avez commencé à regarder les annonces, il est peut-être temps de revoir vos critères pour les affiner. En effet, vous avez jusqu'ici fixé ceux-ci subjectivement, entre vos quatre murs. Mais en regardant de près la réalité des annonces immobilières, il se pourrait que vous vous rendiez compte que certains de vos critères seront très difficiles à rencontrer. Par exemple, si le prix maximum que vous aviez décidé est trop élevé par rapport à votre capacité d'emprunt, il vous faudra peut-être l'abaisser. Ou peut-être vous faudra-t-il abaisser vos exigences en ce qui concerne le cash-flow, ou bien au contraire vous vous rendrez compte que vous pouvez les augmenter. Peut-être aussi que votre objectif était d'acheter des immeubles pour les revendre, mais que vous découvrirez que la fiscalité en vigueur dans votre pays est telle que ce projet n'est pas réalisable et que vous devez dès lors changer d'objectif.

## H. Continuez à approfondir votre connaissance du marché

- Continuer à consulter les annonces.
    - → Le plus possible !
    - → Sauvegardez celles qui vous semblent intéressantes.
    - → Recevez des emails quand apparaissent de nouveaux biens correspondant à vos critères, ou lorsqu'il y a des mises à jour (baisse de prix) concernant les biens que vous suivez.
- Chercher des sources d'information ciblées sur le marché immobilier dans votre région (internet, fédération de notaires, articles de journaux, clubs d'investisseurs, ..) et lisez au moins 10 articles.

## I. Commencez à visiter

Visitez 5 biens correspondant à vos critères.
Tenez un journal de recherche (voir p. 109).

> **APPRENEZ À CALCULER LES SURFACES !**
>
> Même si cela peut avoir l'air simpliste, sachez que beaucoup de gens s'embrouillent dans les mesures de surface. Pourtant, il ne faut surtout pas croire sans vérifier ce que les vendeurs ou les agents immobiliers disent, car ils ont parfois (souvent) tendance à exagérer les superficies. Apprenez donc à mesurer rapidement par vous-même ; ce n'est pas si compliqué. Lors de vos visites, vous pouvez vous munir d'un mètre, ou même d'un télémètre laser. Mais il y a moyen de faire autrement, simplement en comptant ses pas. Pour cela, je vous donne un truc : apprenez à faire un pas d'un mètre ! Mettez un mètre par terre, faites un grand pas et retenez le mouvement de vos jambes qui correspond à environ un mètre. Personnellement, j'arrive ainsi à faire une estimation assez juste, même sur 15 m de long. Ainsi, pour mesurer la surface d'un appartement, il vous suffit de marcher d'un bout à l'autre, de la façade au fond, et ensuite en largeur. Vous multipliez les deux et avez une surface approximative par étage, de laquelle vous pouvez encore enlever quelques mètres carrés pour la cage d'escalier ou le couloir. Cela manque bien sûr encore de précision, mais c'est suffisant pour analyser un bien. Quand vous aurez fait cela 10 ou 20 fois, vous verrez du premier coup d'œil que les 70 m² écrits sur l'annonce n'en sont en réalité que 50 !

## 8.3. DE LA TROISIEME SEMAINE A LA CINQUIEME

> **OBJECTIFS**
>
> → Approfondir votre connaissance du marché
> → Analyser les propriétés correspondant à vos critères

### J. Approfondissez toujours plus votre connaissance du marché

- Continuez à étudier les annonces.
- Calculez le prix moyen au mètre carré dans votre zone de recherche (voir p.114).
- Si votre objectif est de mettre en location, calculez le taux moyen de capitalisation dans votre zone de recherche (voir p.132).
- Si votre objectif est de revendre, observez si vous pouvez discerner deux groupes

de prix dans votre zone : une pour trouver un bien à acheter et l'autre pour estimer votre *Valeur Après Rénovation* (VAR) (voir p.172).
- Cherchez à reconnaître les annonces mises par des particuliers (voir p.104).
- Le week-end, ou quand vous avez le temps, parcourez à pied votre zone de recherche.
  → Repérez les annonces de biens à vendre, surtout celles qui sont là depuis longtemps.
  → Repérez les plus grosses agences immobilières présentes sur la zone et notez leurs sites internet que vous visiterez.
- Téléphonez et visitez ! Visitez, encore et encore, le plus possible ! Plus vous ferez cela, et plus grandira votre connaissance du marché immobilier. Et plus vous connaîtrez votre marché immobilier local, moins vous aurez de chance de vous tromper lorsque vous achèterez.
- Trouvez des ventes publiques et assistez-y. C'est un excellent entraînement pour vous à tous points de vue (comprendre le déroulement de ces ventes, écouter les explications du notaire, observer la demande, etc.). Mais pour que cela soit intéressant, vous devez bien sûr visiter le bien avant la date de la vente pour savoir de quoi il s'agit.
- Continuez à vous informer, lisez tous les articles que vous pouvez sur l'immobilier dans votre région.

## K. Analysez les propriétés comparables à votre cible

- Approfondissez votre analyse des propriétés qui vous semblent intéressantes.
- Calculez leur prix au mètre carré. Eliminez celles qui sont trop chères par rapport au prix moyen au mètre carré dans votre zone.
- Si votre objectif est de mettre en location, faites l'analyse du cash-flow pour déterminer s'il vous serait possible de générer un cash-flow positif (voir p. 139 et téléchargez le fichier Excel *Analyse de cash-flow* à l'adresse www.charlesmorgan.eu/immo/bonus).
- Si votre objectif est de revendre, faites une analyse de profit pour déterminer si votre *Prix d'Achat Maximum* (PAM) est réaliste (voir p. 189 et téléchargez le fichier Excel Analyse de Rentabilité pour Revendre à l'adresse www.charlesmorgan.eu/immo/bonus).

> **EN RÉSUMÉ**
>
> Ces cinq premières semaines doivent vous permettre de devenir un(e) expert(e) de votre niche. C'est la quantité de biens analysés et visités qui fera la qualité de votre expertise. En chiffre, je vous conseille de :
> 1. Regarder au moins 500 annonces ciblées sur vos critères
> 2. Visiter 20 propriétés
> 3. Assister à 2 ventes publiques
> 4. Faire l'analyse du cash-flow d'au moins 10 propriétés à mettre en location, ou 10 calculs de Prix d'Achat Maximum si votre objectif est la revente
>
> A la fin de cette période, vous devriez avoir une poignée de cibles potentielles. Ensuite, dans les 3 prochaines et dernières semaines du programme, vous allez zoomer sur elles et continuer à chercher jusqu'à trouver votre perle rare.

## 8.4. DE LA SIXIEME SEMAINE A LA HUITIEME

C'est la dernière ligne droite de notre programme. Vous avez maintenant cerné une poignée de propriétés qui correspondent à vos critères et vous allez devoir poussez plus loin leur analyse pour n'en garder qu'une seule. A partir de maintenant, les choses vont devenir extrêmement concrètes et vous allez devoir vous engager.

> **OBJECTIFS**
>
> → Déterminer quelle propriété vous allez acheter
> → Estimer correctement les coûts des travaux
> → Se tenir prêt
> → Faire une offre
> → Acheter la (première) propriété

### L. Déterminez quelle propriété vous allez acheter

- Idéalement, retenez une propriété qui est sous-évaluée. A défaut, une propriété dont le prix correspond à sa valeur réelle fera aussi l'affaire.
- Si votre objectif est de mettre en location, déterminez celle qui vous permettra de dégager le plus grand cash-flow positif avec le moins de risque.

- Si votre objectif est de revendre, déterminez celle qui vous permettra de dégager le plus grand profit avec le moins de risque.

## M. Estimez correctement les coûts des travaux

Quand votre choix s'est arrêté sur une propriété, demandez une deuxième visite, voire une troisième, et faites-vous accompagner par un entrepreneur si vous devez faire des travaux.

## N. Tenez-vous prêt (voir p.214)

- Revoyez tous vos calculs.
- Visitez votre organisme de crédit.
- Entretenez-vous avec votre notaire.

## O. Faites une offre d'achat (voir p.215)

- Si l'offre est acceptée, passez à la suite
- Dans le cas contraire, faites une contre-offre ou passez à une autre propriété

## P. Achetez votre (première) propriété

- Organisez la visite du bien par un expert et accompagnez ce dernier
- Obtenez les devis de plusieurs entrepreneurs
- Introduisez officiellement votre demande de crédit sur base de l'offre acceptée et des devis
- Signez le compromis de vente et payez l'acompte
- Organisez la date de début des travaux avec l'entrepreneur
- Signez l'acte de vente définitif et recevez les clés

Félicitation, vous avez maintenant réalisé votre premier investissement immobilier !

# EPILOGUE

Nous voici arrivés au terme de ce livre. J'espère que sa lecture vous aura apporté les réponses à vos questions sur l'investissement immobilier et dissipé tous vos doutes quant à l'opportunité de vous y engager.

Si vous avez de l'argent à investir, vous trouverez dans l'immobilier un placement sûr et rentable. Si vous êtes moins fortuné, investir dans l'immobilier vous permettra à terme de compléter vos revenus et d'accumuler du patrimoine. Et dans tous les cas, votre patrimoine immobilier sera votre garantie pour une retraite aisée. Investir dans l'immobilier est aussi le moyen par lequel vous développerez votre indépendance financière et prendrez le contrôle de votre avenir financier et celui de votre famille. Vous y gagnerez un élément de sécurité par rapport aux crises économiques de ce monde, et vous éviterez ainsi d'être l'esclave impuissant d'un monde du travail de plus en plus déshumanisé qui broie souvent les gens quand il n'a plus besoin d'eux. Ce n'est pas un rêve inaccessible, et toute personne, vous inclus, peut construire sa liberté financière si elle le décide fermement, si elle étudie les principes contenus dans ce livre et si elle passe à l'action.

Réussir un investissement immobilier n'est cependant pas toujours facile. Pour créer une source de revenus passifs, vous devrez peut-être au début travailler dur et passer par des moments peu agréables. J'ai moi-même connu de grosses difficultés lorsque j'ai acheté mon premier immeuble de rapport. J'avais commis beaucoup d'erreurs, et ma famille et moi avons vécu pendant deux ans dans un immeuble en travaux. J'y ai eu des périodes de doute intense et de profond découragement, mais j'ai quand même fini par terminer les rénovations et louer tous les appartements. Et aujourd'hui, cet immeuble est toujours en ma possession et est l'un des meilleurs investissements que j'ai réalisé.

Comme vous aurez pu le constater tout au long de cet ouvrage, j'ai souvent mis l'accent sur la prudence. Il ne sert à rien de vous endetter plus que de raison si c'est pour voir un jour toutes vos propriétés mises en vente publique parce que vous ne saurez plus payer les remboursements de vos crédits. Constituer un portefeuille immobilier est une entreprise à long terme. Prenez donc le temps de le développer progressivement. Comme dit le dicton : « *Qui va lentement va sûrement !* ».

Si vous voulez voir grandir votre patrimoine, vous devez continuellement réinvestir vos bénéfices et votre épargne. Faites-le au moins pendant dix ou quinze ans, et durant cette période évitez de gaspiller votre argent en choses futiles. Il vous faudra peut-être aussi accepter de ne pas acheter tout de suite la maison de vos rêves, ni de rouler en voiture de luxe. Deux professeurs américains dont j'ai déjà parlé, T. Stanley et W. Danko, ont effectué une remarquable recherche portant sur 385 ménages américains dont le patrimoine net était supérieur à un million de dollars. Ils ont publié leurs résultats dans l'excellent livre *The Millionaire Next Door*. Pour la plupart des millionnaires interrogés, *la frugalité*, c'est-à-dire le fait de mener un style de vie économe, est la pierre angulaire de la construction de richesse. La plupart des gens qui sont devenus millionnaires par eux-mêmes (pas par un héritage) sont de grands travailleurs qui vivent modestement et ont réduit leurs dépenses pendant des années. C'est de cette manière qu'ils sont arrivés finalement à accumuler un énorme patrimoine.

L'opposé de frugal est *« dépensier »*. C'est le fait de mener un style de vie marqué par des dépenses importantes et une hyperconsommation. La presse aime trop souvent mettre en avant les comportements outrageusement dépensiers de certains riches, comme par exemple des acteurs ou des sportifs célèbres. En conséquence, beaucoup de gens sont dès lors endoctrinés dès leur plus jeune âge avec la fausse croyance que ceux qui ont de l'argent dépensent forcément beaucoup. De même, ils pensent que si quelqu'un ne montre pas de signes extérieurs de richesse, cela signifie évidemment qu'il n'est pas riche.

En réalité, beaucoup de gens qui montrent un style de vie de grande consommation n'ont pas, ou peu, de biens d'investissements dont la valeur s'apprécie et qui produisent des revenus. Les gens vraiment riches, eux, tirent beaucoup plus de plaisir à posséder un grand nombre de biens d'investissement plutôt que de montrer aux autres l'importance de leur fortune.

Si vous voulez voir grandir votre fortune, vous devez aussi éviter de perdre votre argent. Cela peut paraître évident. Pourtant, lorsqu'ils sont parvenus à accumuler un peu de capital, beaucoup de gens le perdent ensuite en faisant de mauvais placements ou en le prêtant à des amis. Dans son excellent livre *L'Homme le Plus Riche de Babylone* (que je vous recommande vivement), George S. Clason (1926) explique Les Cinq Lois de l'Or. Présentées de façon romancée dans le contexte de la Babylone antique, ces cinq lois sont des principes universels que doivent respecter ceux qui désirent accumuler de l'or, c'est-à-dire devenir riche. J'ai toujours été impressionné par le fait que trois de ces cinq règles concernent la sécurité de l'argent. Comme Clason le dit si bien, *« L'or dans la bourse d'un homme doit être gardé avec fermeté, sinon il sera perdu ! »*. A quoi bon en effet faire des efforts pendant des années pour accumuler un capital, si c'est pour risquer de le perdre stupidement ?

Pour éviter cela, n'investissez que dans ce que vous connaissez. Clason écrit : *« L'or échappe à l'homme qui l'investit dans des entreprises ou des objectifs avec lesquels il n'est pas familier »*. Quand on a de l'argent à investir, on peut être tenté par des opportunités promettant de gros rendements. Souvent des amis ou des proches ont eux-mêmes investi et vous conseillent vivement de les suivre. Mais si vous ne possédez pas personnellement une connaissance approfondie du type d'investissement en question, vous ne pourrez pas en évaluer correctement la sécurité et la rentabilité. Soyez particulièrement vigilants en cette période de grande incertitude économic, où même des placements considérés autrefois comme « *de bon père de famille* » ne sont plus du tout certains. La sagesse dicte qu'il vaut mieux limiter les risques au maximum et faire fructifier son argent régulièrement, plutôt que de mettre en danger son capital en espérant de gros gains rapides. Avant de vous séparer de vos économies, prenez le temps de bien étudier dans le détail l'investissement que vous vous proposez de réaliser, jusqu'à avoir l'assurance que votre capital sera en sécurité. C'est la philosophie que j'ai prônée tout au long de ce livre.

Evitez également de prêter de l'argent. Lorsque vous êtes propriétaire et/ou disposez d'un capital, il se trouve toujours quelqu'un dans votre entourage pour vous demander de l'argent à prêter. Je ne compte plus les sommes que j'ai jadis prêtées à d'excellents amis qui m'assuraient me rembourser rapidement. Et neuf fois sur dix, je n'ai jamais revu la couleur de mes billets ! Puis un jour, j'ai décidé que c'était fini. Depuis, je mets sans compter mon temps et mes efforts au service de mes amis quand ils ont des difficultés, mais je ne prête plus un euro. Mon capital s'en porte bien mieux, et il en va de même de mes relations avec mes amis. Si vous prêtez à quelqu'un, vous risquez de lui faire cadeau de l'argent que vous avez si durement gagné et économisé.

Je voudrais finalement conclure ce livre en vous encourageant à poursuivre votre étude. L'immobilier est un domaine à la fois passionnant et complexe qui évolue constamment. Et ici comme ailleurs, les gens bien informés auront toujours une longueur d'avance sur les autres. Il y a deux aspects que je vous conseille particulièrement de suivre et d'approfondir.

Le premier est celui de la législation relative à l'immobilier. Lorsque de nouvelles lois sont promulguées dans un pays, elles peuvent changer de façon dramatique les règles du jeu de l'investissement immobilier. Vous avez donc tout intérêt à vous tenir au courant des changements importants. Vous ne devez bien sûr pas devenir juriste expert en droit immobilier. Mais restez au moins attentifs à tous les articles dans les journaux ou sur internet qui traitent :
1. de l'évolution de la fiscalité (frais d'achat, taxes foncières, imposition des revenus locatifs, taxes sur la plus-value, etc.).
2. de l'évolution des lois régissant les relations entre propriétaires et locataires (contrats de bail, garanties locatives, litiges, etc.).
3. des nouvelles obligations lors de la vente d'un immeuble (certificats de performance énergétique, dossier des travaux réalisés, etc.).

Le deuxième aspect que je vous encourage à suivre est celui des performances énergétiques des bâtiments. Intéressez-vous à tout ce qui vise à réduire les consommations d'énergie et d'eau, ainsi qu'aux méthodes alternatives de production d'énergie. Développer vos connaissances dans ce domaine est important pour deux raisons.

La première est l'évolution inéluctable des législations de la plupart des pays industrialisés face à l'augmentation des prix de l'énergie. Les normes de performance énergétique des nouveaux bâtiments deviennent de plus en plus strictes, et de nouvelles obligations de transparence quant à la consommation d'énergie des bâtiments sont imposées aux vendeurs et aux bailleurs. Ces considérations prendront de plus en plus d'importance à l'avenir, et en tant que propriétaire vous devez donc restez informé de vos nouvelles obligations.

La deuxième raison de vous intéresser à la performance énergétique des bâtiments est liée au « marketing » de vos propriétés. Les acheteurs (si vous vendez un bien) et les locataires (si vous mettez en location) seront eux-aussi à l'avenir de plus en plus sensibles à la consommation énergétique. La personne qui cherche à acheter une maison choisira celle qui a une très bonne isolation thermique car elle économisera ainsi chaque année des sommes importantes sur sa consommation d'énergie, que ce soit pour chauffer (dans un pays froid) ou pour refroidir (dans un pays chaud). Et le candidat-locataire préférera de même un appartement dont les charges de chauffage mensuelles sont réduites.

Outre cette veille législative et technique, essayez également de rester attentif à votre marché immobilier local. Même lorsque vous avez acheté et ne comptez plus investir dans l'immédiat, continuez quand même à regarder de temps en temps les annonces. De cette manière, vous verrez comment évolue le marché et vous développerez une vision à long terme de ses mouvements. Ainsi, lorsque vous serez de nouveau prêt à acheter, vous saurez que faire et à quel prix.

Enfin, je vous invite à me retrouver sur mon site internet www.charlesmorgan.eu et à vous inscrire à ma newsletter. N'oubliez pas non plus de télécharger les informations complémentaires et réservées aux lecteurs de ce livre en visitant la page www.charlesmorgan.eu/immo/bonus. Je publie régulièrement sur mon blog des articles sur l'investissement immobilier, les finances personnelles, la liberté financière et la psychologie du succès. Vous pourrez y rencontrer une communauté de personnes qui partagent le même intérêt que vous pour l'investissement immobilier, et appliquent les principes exposés dans ce livre. N'hésitez pas à laisser un commentaire. Je serai particulièrement heureux, et tous les lecteurs avec moi, de lire les expériences des investissements que vous aurez réalisés. Cela sera une source d'encouragement et de partage de connaissances pour nous tous.

Enfin, si vous avez aimé mon livre, j'apprécierais beaucoup que vous laissiez un commentaire sur sa page de vente sur le site Amazon.fr, afin que d'autres personnes puissent recevoir les mêmes conseils dont vous avez bénéficié. Votre commentaire m'aidera à améliorer ce livre pour sa prochaine édition, de façon à ce je puisse encore mieux vous servir ainsi que tous mes autres lecteurs.

Je vous souhaite de réaliser d'excellents investissements.
Bien à vous.

*Charles Morgan*

**ANNEXE 1**

# LES DOCUMENTS COMPLÉMENTAIRES AU LIVRE

Plusieurs chapitres de ce livre font référence à des documents complémentaires au livre réservés aux lecteurs, et disponibles sur mon site. Ces outils sont destinés à vous aider dans vos opérations d'investissement immobilier. Vous pouvez les téléchargez en vous rendant à l'adresse :

www.charlesmorgan.eu/immo/bonus

Voici le détail du contenu du dossier que vous recevrez :

**Fichiers de tableur Excel**
- *Mon Bilan Financier (*voir p.33)
- *Mon Budget Mensuel* (voir p.254)
- *Analyse de cash-flow* et son mode d'emploi (voir p.148)
- *Analyse de Rentabilité pour Revendre* et son mode d'emploi (voir p.175)

**Documents textes**
- Check-list d'inspection des propriétés : Maisons et appartements
- Check-list d'inspection des propriétés : Immeubles multi-appartements
- Modèle d'offre d'achat

**ANNEXE 2**

# ADRESSES WEB DES ADMINISTRATIONS FISCALES

Vous trouverez ci-dessous les adresses internet officielles des administrations fiscales de plusieurs pays, où vous pourrez obtenir des renseignements sur la fiscalité relative à l'immobilier.

**Allemagne :** Bundeszentralamt für Steuern :
http://www.bzst.de/DE/Home/home_node.html

**Belgique :** Portail des services publics belges :
http://www.belgium.be/fr/impots/

**Canada :** Agence du revenu du Canada :
http://www.cra-arc.gc.ca/

**Espagne :** Agencia Tributaria :
http://www.aeat.es/

**Etats-Unis :** Internal revenue service :
http://www.irs.gov/

**France :** Direction générale des Finances publiques :
http://www.impots.gouv.fr/

**Grèce :** Ministère des Finances :
http://www.gsis.gr/gsis_site/

**Italie :** Agenzia delle Entrate :
http://www.agenziaentrate.gov.it/wps/portal/entrate/home

**Luxembourg :** Administration des Contributions Directes :
http://www.impotsdirects.public.lu/

**Pologne :** Ministère des Finances :
http://www.mf.gov.pl/ministerstwo-finansow

**Portugal :** Direcção-Geral dos Impostos :
http://www.portaldasfinancas.gov.pt

**Royaume-Uni :** Her Majesty's Revenue and Customs :
http://www.hmrc.gov.uk/

**Suisse :** Administration Fédérale des Contributions :
http://www.estv.admin.ch/index.html?lang=fr

# LEXIQUE

**Acompte :** paiement partiel que l'acquéreur verse au vendeur lors de la signature du compromis de vente.

**Acte d'achat** (aussi appelé acte authentique ou définitif) : dernière étape de la procédure d'achat d'un bien immobilier ayant lieu devant notaire, au cours de laquelle l'acquéreur paie le solde du prix de vente et le vendeur lui remet les clés.

**Actif :** un élément de patrimoine, quelque chose que l'on possède.

**Actif net :** le total de ce qu'un individu possède moins le total de ses dettes. C'est la mesure de la fortune personnelle.

**Argent des autres :** l'argent emprunté pour acheter un bien immobilier.

**Assurance solde restant dû :** police d'assurance par laquelle la compagnie d'assurance prend en charge le remboursement du solde restant d'un crédit hypothécaire en cas de décès de l'emprunteur ou de l'un des emprunteurs.

**Bailleur :** propriétaire d'un bien immobilier qui met celui-ci en location.

**Bilan financier :** tableau à deux colonnes permettant de calculer l'actif net d'une personne. La colonne de gauche contient l'actif (les possessions) et celle de droite le passif (les dettes). L'actif net est la différence entre les deux.

**Budget :** document récapitulatif des recettes et des dépenses prévues pour une période à venir.

**Capacité d'emprunt :** montant maximum qu'une personne ou un couple peut emprunter.

**Cash-flow :** l'argent restant après avoir payé toutes les dépenses de fonctionnement et les remboursements de l'emprunt (Cash-flow = Revenus locatifs – Dépenses d'exploitation – Remboursement des dettes).

**Compromis de vente :** contrat de vente provisoire qui préfigure le texte de l'acte de vente définitif. Un acompte est versé lors de la signature du compromis.

**Coût du financement :** ce que coûte le fait d'emprunter l'argent nécessaire à l'achat d'une propriété (= les intérêts).

**Crédit hypothécaire :** type de crédit dans lequel l'acheteur donne son immeuble en garantie au créancier pour la somme d'argent qu'il lui prête.

**Crédirentier :** vendeur d'un bien vendu en viager.

**Débirentier :** acheteur d'un bien vendu en viager.

**Dépenses de fonctionnement (ou d'exploitation) :** dépenses auxquelles doit faire face le propriétaire d'un bien immobilier lorsqu'il met celui-ci en location.

**Durée d'amortissement :** durée pendant laquelle le crédit est remboursé en capital. Elle peut être différente de la durée du crédit si celui-ci comprend une période de différé de remboursement.

**Equity** : terme anglais pour actif net.
**Fonds propres** : capitaux personnels que l'investisseur injecte dans une opération (s'oppose à capitaux empruntés).
**Frais d'achat** : dépenses encourues lors de l'achat d'un bien immobilier. Ils comprennent notamment les taxes (droits d'enregistrement), les honoraires du notaire, les frais d'inscription hypothécaire, et le coût des expertises éventuelles.
**Frais de garde** : les frais à supporter pendant le temps que l'on conserve un bien immobilier. Ces frais comprennent principalement l'assurance, les taxes foncières et les fournitures (eau, électricité, …).
**Frais de vente** : les dépenses éventuellement encourues lors de la vente d'un bien immobilier, notamment les obligations à charge du vendeur, la commission éventuelle de l'agent immobilier et les frais de publicité.
**Hypothèque** : droit accordé à un créancier (par ex. une banque) sur un bien immobilier en garantie d'une dette.
**Intérêt composé** : le fait d'investir un capital de base et de le laisser travailler sans toucher aux intérêts perçus, lesquels viennent ainsi s'ajouter au capital.
**Intérêt simple** : taux d'intérêt qui s'applique seulement au capital (le montant d'argent placé ou emprunté initialement). A la différence d'intérêts composés, les intérêts simples sont perçus régulièrement et ne sont pas ajoutés au capital.
**Main levée** : procédure par laquelle l'inscription d'hypothèque est radiée avec l'accord du créancier.
**Marché d'acheteurs** : phase du cycle d'un marché immobilier lorsqu'il y a plus de vendeurs que d'acheteurs. Ce sont donc les acheteurs qui dictent leurs conditions.
**Marché de vendeurs** : phase du cycle d'un marché immobilier lorsqu'il y a plus de d'acheteurs que de vendeurs. Ce sont donc les vendeurs qui ont la main.
**Levier financier** : utilisation de l'endettement pour augmenter la capacité d'investissement et l'impact de cette utilisation sur la rentabilité des capitaux propres investis.
**Offre d'achat** : proposition de prix d'achat chiffrée que le candidat acquéreur soumet au vendeur d'un bien, ou à un agent immobilier qui le représente.
**Passif** : dette.
**Patrimoine net** : synonyme d'actif net.
**Prêt personnel** : crédit qui n'est pas garanti par une inscription hypothécaire.
**Prix d'achat maximum (PAM)** : lorsque l'on achète dans l'intention de revendre, c'est le prix maximum au-delà duquel le profit désiré ne pourra plus être réalisé.
**Quotité** : rapport entre le montant emprunté et la valeur du bien immobilier.
**Rendement (ou rentabilité)** : ratio exprimant le rapport entre un résultat produit et les moyens mis en œuvre. En immobilier, c'est le rapport entre les revenus locatifs produits par un bien et, soit son prix d'achat (= rendement de l'immeuble), soit le montant des fonds propres investis (= rendement des fonds propres).

**Résultat Net d'Exploitation (RNE)** : ce qu'il reste des revenus locatifs après avoir payé toutes les dépenses de fonctionnement (RNE = Revenus locatifs - Dépenses de fonctionnement). C'est donc ce qui est disponible pour payer les remboursements de l'emprunt hypothécaire.

**Revenu passif** : rentrée financière récurrente qui est indépendante du nombre d'heures de travail presté. Par ex. des revenus locatifs ou des dividendes.

**Staging** : l'art de mettre en valeur un bien immobilier destiné à la vente.

**Taux de capitalisation** : méthode permettant d'estimer la valeur d'un immeuble de rapport à partir des revenus nets qu'il produit.

$$\text{Taux de capitalisation} = \frac{\text{résultat net d'exploitation annuel}}{\text{prix de vente}}$$

**Taux d'intérêt capé** : taux d'intérêt variable dont l'amplitude des variations est limitée.

**Taux d'intérêt fixe** : taux d'intérêt qui ne varie pas tout au long de la durée du crédit.

**Taux d'intérêt variable** : taux d'intérêt d'un crédit pouvant être révisé à la hausse ou à la baisse après une durée déterminée, afin de correspondre aux taux en vigueur à ce moment.

**Taux de couverture de la dette** : ratio qui mesure le rapport entre les liquidités disponibles après avoir payé toutes les dépenses et les liquidités nécessaires pour effectuer les remboursements de la dette.

$$\text{Taux de couverture de la dette} = \frac{\text{revenus locatifs - dépenses}}{\text{remboursements de la dette}}$$

**Taxe foncière** : impôt dû annuellement par le propriétaire d'un bien immobilier.

**Valeur après rénovation (VAR)** : le prix qu'un acheteur informé serait prêt à payer pour une propriété après qu'elle ait été rénovée.

**Valeur nette** : synonyme d'actif net et de patrimoine net, mesure la fortune d'une personne.

**Vendeur motivé** : propriétaire ayant hâte de vendre son bien immobilier le plus rapidement possible, et donc enclin à baisser ses exigences.

**Viager** : forme de vente immobilière par laquelle une personne âgée propriétaire d'un bien immobilier vend sa maison en contrepartie d'une rente viagère, en conservant éventuellement le droit d'y rester vivre.

**Visualisation** : technique consistant à créer une image mentale détaillée de ce que l'on désire, et revoir régulièrement celle-ci afin d'orienter sa vie dans cette direction.

**Zero cash** : se dit d'un achat immobilier où l'acquéreur emprunte la totalité du prix, des frais et éventuellement des travaux et n'investit donc aucun fonds propre.

# INDEX

## A

**achat en société**  74

**acompte**  8, 10, 39, 52, 62, 63, 72, 73, 75, 80, 138, 202, 211, 212, 217, 223, 227, 228, 229, 239, 240, 244, 254, 255, 256, 263, 281, 290, 297

**acte authentique**  75, 212, 297

**acte de vente**  114, 192, 209, 211, 212, 213, 229, 290, 297

**actif**  33, 36, 37, 39, 40, 41, 43, 44, 235, 249

**Actif Net**  33, 35, 36, 37, 38

**agence immobilière**  104, 142, 197, 206

**appartement**  7, 14, 19, 22, 27, 28, 50, 52, 55, 87, 89, 93, 94, 101, 103, 104, 110, 111, 124, 125, 126, 137, 140, 141, 144, 153, 154, 155, 156, 158, 159, 160, 162, 163, 164, 166, 168, 170, 172, 175, 176, 178, 179, 180, 182, 185, 188, 189, 190, 191, 195, 198, 199, 200, 203, 204, 205, 206, 218, 220, 223, 233, 234, 237, 238, 239, 240, 242, 256, 268, 282, 287, 294

**argent des autres**  297

**assurance**  14, 22, 31, 65, 66, 67, 119, 125, 139, 144, 148, 152, 156, 164, 165, 185, 214, 230, 236, 284, 293, 297, 298

**assurance solde restant dû**  65, 230

**attente négative**  265

**atterrissage en douceur**  19

## B

**bailleur**  141, 152, 156, 157, 161, 222

**bail locatif**  155, 156, 157, 160

**bâtiments industriels**  124

**bilan financier**  32, 33, 34, 35, 40, 43, 44, 83, 248, 249, 280

**boom immobilier**  53, 99, 101, 119, 239

**bouquet**  76, 77, 204

**bourse**  14, 15, 16, 26, 27, 29, 53, 101, 292

**budget Mensuel**  254, 295

**bureaux**  28, 87, 95, 119, 124, 129, 130

## C

**capacité d'emprunt**  55, 59, 60, 62, 75, 126, 127, 195, 229, 233, 241, 259, 260, 280, 281, 283, 284, 286

**cash-flow**  3, 64, 67, 71, 72, 80, 81, 82, 91, 111, 121, 123, 135, 139, 140, 143, 145, 146, 147, 148, 149, 150, 151, 152, 163, 209, 215, 216, 234, 235, 238, 279, 282, 284, 285, 286, 288, 289, 295

**clause suspensive**  212, 227, 228, 231

**compromis de vente**  202, 209, 211, 212, 217, 227, 229, 230, 231, 290, 297

**contrat de location**  137, 143, 155, 156, 160

**contre-offre**  210, 211, 215, 216, 227, 290

**course de Rats**  45

**coût des travaux**  130, 139, 168, 174, 178, 183, 184, 188, 196, 208, 225, 228

**coût du financement**  174, 189, 297

**crédirentier**  297

**crédit hypothécaire**  6, 15, 35, 44, 54, 61, 62, 63, 65, 68, 71, 72, 73, 74, 75, 77, 78, 79, 80, 92, 107, 185, 187, 213, 230, 232, 239, 246,

251, 253, 283, 297
**critères d'achat** 3, 52, 84, 91, 92, 93, 96, 111, 119, 209, 282
**croyances** 3, 50, 51, 56, 264, 277
**cycles du marché immobilier** 102

## D

**débirentier** 297
**dépenses de fonctionnement** 145, 297, 299
**dette** 15, 25, 35, 36, 37, 38, 39, 41, 63, 64, 67, 70, 71, 72, 78, 80, 81, 82, 128, 147, 223, 224, 261, 262, 298, 299
**durée d'amortissement** 297

## E

**effet boule de neige** 23, 32, 261
**effet de levier** 6, 8, 22, 23, 24, 27, 38, 42, 51, 63, 83
**entrepreneur** 90, 130, 184, 190, 191, 192, 193, 194, 208, 213, 215, 229, 245, 290
**état des lieux** 137, 157, 165, 166
**expert immobilier** 184, 185, 195, 217, 218

## F

**filtre de recherche** 119, 120, 121
**financement** 3, 6, 8, 14, 22, 27, 43, 44, 47, 52, 57, 58, 59, 62, 63, 64, 67, 71, 72, 81, 120, 126, 128, 147, 148, 149, 150, 151, 174, 186, 188, 189, 190, 211, 214, 215, 216, 218, 223, 225, 229, 231, 238, 240, 271, 272, 277, 280, 297
**fiscalité** 10, 137, 139, 142, 188, 240, 242, 279, 280, 285, 286, 293, 296
**foi** 270, 271, 272, 274, 275
**folle enchère** 108

**frais d'achat** 22, 26, 39, 40, 41, 42, 43, 63, 69, 90, 108, 114, 125, 131, 148, 184, 185, 186, 188, 190, 213, 214, 216, 236, 255, 285, 293
**frais de garde** 184, 185, 186, 190
**frais de notaire** 39, 69, 70, 213, 285
**frais de vente** 77, 184, 186, 190
**frais d'inscription hypothécaire** 77, 185, 187, 190, 298
**frugalité** 249, 292

## G

**garage** 89, 109, 113, 116, 117, 124, 142, 180, 202, 235, 242
**garantie hypothécaire** 62, 214
**garantie locative** 137, 155, 156, 157, 158
**gîte** 136

## H

**habitation personnelle** 7, 55, 127, 128, 234, 235, 240, 285
**historique de crédit** 54, 260
**hypothèque** 298
**hypothèque rechargeable** 75

## I

**immeuble de rapport** 3, 7, 27, 28, 43, 62, 64, 71, 74, 75, 80, 88, 91, 103, 105, 112, 123, 126, 127, 128, 129, 130, 131, 132, 133, 134, 135, 140, 147, 153, 161, 163, 180, 207, 222, 234, 241, 268, 270, 273, 281, 282, 291, 299
**impôts** 10, 30, 31, 126, 139, 144, 145, 156, 169, 174, 175, 188, 189, 191, 213, 243, 253, 257, 285, 286
**impôt sur la fortune** 31
**indemnité de remploi** 59, 78, 187, 190
**indépendance financière** 3, 6, 10, 45,

47, 48, 49, 50, 53, 56, 232, 235, 243, 244, 245, 246, 247, 248, 249, 252, 253, 258, 263, 291
indexation de loyer *162*
indivision *74, 75*
inflation *5, 6, 13, 16, 29, 30, 80, 161, 163, 248, 259, 305*
infractions urbanistiques *195, 202*
inspection *125, 177, 208, 227, 228, 295*
investissement à court terme *59*
investissement à long terme *16*

## J

journal de Recherche *139*

## K

krach immobilier *19*

## L

*levier financier 6, 8, 13, 14, 21, 23, 26, 27, 38, 42, 51, 59, 63, 81, 82*
*locataire 9, 15, 43, 55, 85, 88, 89, 110, 124, 125, 135, 136, 140, 141, 143, 144, 153, 154, 155, 156, 157, 158, 159, 160, 161, 162, 164, 165, 166, 222, 232, 233, 234, 235, 236, 237, 238, 241, 242, 247, 294*
*logement meublé 136, 142*
*lotissement 28, 168*

## M

maison unifamiliale *124, 130, 140, 164, 239*
marchand de biens *167, 281*
Marché d'acheteurs *102, 298*
Marché de vendeurs *102, 298*
marché immobilier *3, 9, 10, 19, 20, 53, 82, 93, 94, 95, 96, 97, 98, 99, 100, 101, 102, 103, 113, 114, 116,* 118, 119, 207, 209, 223, 239, 243, 279, 280, 286, 288, 294, 298
Méthode de Capitalisation des Revenus *118*
Méthode de Comparaison des Ventes Similaires *118, 120, 131*
meublé *135, 136, 137, 138, 142, 157, 206*
meublé touristique *136, 137*

## N

négociation *105, 110, 198, 201, 209, 211, 215, 216, 217, 218, 219, 220, 221, 224, 226, 227*
niveau de finition *179*
notaire *6, 39, 62, 64, 69, 70, 73, 74, 75, 90, 109, 125, 185, 187, 199, 201, 202, 203, 208, 210, 211, 212, 213, 214, 215, 217, 230, 243, 285, 288, 290, 297, 298*
nue-propriété *76*

## O

*offre d'achat 4, 9, 111, 201, 202, 203, 209, 210, 211, 214, 228, 229, 230, 290, 295*

## P

parking *89, 124, 142, 242*
passif *48, 49, 234, 235, 297, 299*
patrimoine net *31, 34, 43, 45, 236, 239, 241, 248, 249, 250, 251, 276, 292, 299*
performance énergétique *180, 181, 186, 293, 294*
plus-value *14, 50, 55, 58, 59, 88, 91, 99, 117, 125, 167, 188, 239, 240, 242, 243, 285, 293*
preneur *70, 156*
*prêt à terme fixe 66*

prêt personnel *63, 72, 74, 149, 150, 151, 255*
prix au mètre carré *89, 115, 117, 118, 125, 173, 181, 182, 288*
prix d'achat *9, 16, 27, 39, 40, 41, 62, 69, 70, 72, 91, 102, 111, 113, 114, 120, 121, 124, 129, 132, 139, 148, 149, 150, 169, 174, 184, 185, 186, 188, 189, 190, 192, 196, 205, 213, 216, 217, 230, 256, 285, 298*
prix d'achat maximum *9, 111, 174, 189*
prix d'achat total *114*
prix de l'immobilier *5, 14, 16, 17, 18, 19, 20, 23, 24, 44, 74, 83, 85, 95, 99, 100, 101, 236, 243, 305*
prix de l'immobilier au canada *10, 18, 19, 145, 213, 296, 305*
prix de l'immobilier aux USA *5, 18, 69, 96, 115*
prix de l'immobilier en Belgique *10, 17, 64, 145, 157, 209, 213, 296, 305*
prix de l'immobilier en France *20*
prix demandé *114, 117*
prix de revient après travaux *114*
prix de vente *16, 17, 21, 22, 53, 63, 69, 70, 72, 88, 90, 91, 104, 108, 113, 115, 116, 117, 131, 134, 174, 180, 182, 185, 186, 187, 188, 189, 190, 196, 197, 199, 200, 202, 203, 209, 212, 213, 217, 221, 225, 226, 229, 240, 282, 297, 299*
prix médian *170, 171, 172*

## Q

quartier-cible *85, 105, 106, 132, 133*
quotité *69, 298*

## R

refinancement *77, 78*
remboursement anticipé *58, 79, 81*
rendement *6, 7, 9, 13, 14, 15, 16, 22, 24, 25, 26, 28, 29, 44, 52, 102, 111, 131, 132, 139, 206, 207, 236, 238, 298*
rénovation *70, 85, 90, 91, 111, 114, 116, 118, 125, 130, 168, 170, 174, 175, 176, 181, 182, 183, 184, 195, 203, 206, 207, 208, 211, 228, 240, 242, 243, 299*
résidence personnelle *233, 235, 236, 241*
retour sur Investissement *13*
revenus des ménages *19, 20, 98, 100*
revenus locatifs *22, 60, 72, 88, 297, 299*
revenus non-réalisés *31, 32*
revenus passifs *48, 49, 57, 58, 81, 147, 247, 248, 249, 281, 291*
risque *5, 13, 16, 19, 20, 21, 27, 46, 47, 51, 52, 53, 63, 64, 67, 70, 81, 82, 83, 88, 89, 94, 100, 124, 125, 127, 130, 136, 144, 146, 149, 153, 154, 159, 167, 179, 181, 183, 188, 197, 201, 216, 224, 225, 226, 229, 239, 241, 243, 253, 257, 271, 289, 290*

## S

staging *203*
surfaces commerciales *95, 104, 119*

## T

tableau de Visualisation *275*
taux de capitalisation *131, 134, 135, 206, 299*
taux de couverture de la dette *72, 128, 299*

**taux d'intérêt** *19, 22, 23, 24, 29, 35, 58, 59, 62, 65, 67, 68, 70, 71, 72, 73, 77, 80, 82, 97, 148, 152, 186, 187, 230, 261, 284, 298, 299*
**taux fixe** *58, 59, 68, 69, 127, 282, 284*
**taux variable** *58, 59, 68, 69*
**taxe foncière** *236*
**taxe sur la plus-value** *167, 240, 242*
**terrains** *28, 88, 115, 118, 125, 131, 167, 168*
**titrisation** *19*

## U

**unité locative** *89, 125, 140, 143, 144, 239*
**urbanisme** *130, 181, 194, 202, 212, 228, 238*
**usufruit** *76*

## V

**valeur après rénovation** *114, 242*
**vendeur motivé** *106, 221*
**vente publique** *19, 82, 107, 108, 149, 291*
**viager** *76, 77, 297*
**visualisation** *275, 299*

# RÉFÉRENCES

## Livres

**ALLEN James**. *As a Man Thinketh*. Thomas Crowell Company publishers. 1902.
**ALLEN Robert**. *Creating Wealth*. Free Press. NewYork. 2006.
**ATKINSON William**. *Tought vibration - The Law of Attraction in the Thought World*. The Library Shelf. Chicago. 1908.
**BERGES Steve**. *The Complete Guide to Real Estate Finance for Investment Properties*. Wiley & Sons, Inc. 2004.
**BERGES Steve**. *The Complete Guide to Flipping Properties*. John Wiley & Sons. 2004.
**BERGES Steve**. *The Complete Guide to Buying and Selling Apartment Buildings*. John Wiley & Sons. 2005.
**CLASON George**. *The Richest Man of Babylon*, Penguin Books. 1926.
**COVEY Steven**. *The 7 Habits of Highly Effective People*. Free Press. 2004.
**EKER Harv**. *Secrets of the Millionaire Mind*. Harper Collins. 2005
**ELDRED Gary**. *Investing in Real Estate*. John Wiley & Sons. 2009.
**HICKS Tyler**. *How to Make Big Money in Real Estate*. Prentice Hall Press. 2000.
**HILL Napoleon**, *Réfléchissez et Devenez Riche*. J'ai lu. Collection bien-être. 2010.
**HOLMES Ernest**. *The Science of Mind*. R.M. McBride & Co. New York. 1926.
**KELLER Gary**. *The Millionaire Real Estate Investor*. McGraw Hill. New York. 2005.
**KIYOSAKI Robert**. *Rich Dad Poor Dad*. Plata Publishing. Scottsdale. 2011.
**MAKIGUCHI Tsunesaburo**. *The Philosophy of Value*. Seikyo Press. Tokyo. 1964.
**MARCIANO Fabio**. *The Secrets of Wealth*. Four Green Houses Press. New York. 2003.
**PARKINSON Northcote**. *Parkinson's Law: The Pursuit of Progress*. John Murray Publisher. London, 1958
**ROBERTS Ralph, KRAYNAK Joe**. *Flipping Houses for Dummies*. Wiley Publishing. Indianapolis. 2007.
**ROSENTHAL Robert, JACOBSON L**. Pygmalion in the classroom : *Teacher expectation and pupil's intellectual development*. New York. Holt, Rinehart & Winston. 1968.
**SCHARTZ David**. *The Magic of Thinking Big*. Fireside. New York. 2007.
**SHEMIN Robert**. *Secrets of a Millionaire Real Estate Investor*. Dearborn Trade. 2000.
**STANLEY J. Thomas, DANKO D. William**. *The Millionnaire Next Door*. Pocket Books. 1996.
**TYSON Eric, GRISWOLD Robert**. *Real Estate Investing for Dummies*. Wiley Publishing. Indianapolis. 2009.
**VILLANI Rick, DAVIS Clay**. *Flip*. Mc Graw Hill. New York. 2007.
**WATTLES Wallace**. *The Science of Getting Rich*. Elizabeth Towne. 1910.

## Films

*Jacques Brel parle*. Film documentaire. Interview à Knokke. Réalisateur Marc LOBET. 1971.
*Le Secret*. Rhonda Byrnes. Prime time Productions. 2006.

## Sites internet

- Economic Time Series Page (USA). **Economagic.com**.
- Evolution du prix de l'immobilier d'habitation de 1936 à 2013 en France et de 1200 à 2013 à Paris. Conseil General de l'Environnement et du développement durable. **http://www.cgedd.developpement-durable.gouv.fr**
- Inflation harmonisée historique Europe. **http://www.inflation.eu**
- La brique en chiffre 2013. SPF Economie (Belgique). **http://statbel.fgov.be/fr/binaries/A5_FR_batibouw%202013_tcm326-213556.pdf**
- Point de vue économique. Desjardins Etudes économiques. 26 janvier 2012. **http://www.desjardins.com/fr/a_propos/etudes_economiques/actualites/point_vue_economique/pv120126.pdf** (Canada)
- Projet de loi relatif à la mobilisation du foncier public en faveur du logement et au renforcement des obligations de production de logement social. Sénat français. **http://www.senat.fr/rap/l11-757/l11-7571.html**
- Stadim. Valuation and Consulting in Real Estate. **http://www.stadim.be**
- Unites states Census Bureau. **http://www.census.gov**

Printed in Great Britain
by Amazon